CLÁSSICOS DA COMUNICAÇÃO

Dados Internacionais de Catalogação na Publicação (CIP)
(Câmara Brasileira do Livro, SP, Brasil)

Clássicos da comunicação : os teóricos : de
   Peirce a Canclini / Leonel Aguiar, Adriana
   Barsotti, (organizadores). – Petrópolis, RJ :
   Vozes, 2017.

   Vários autores.
   Bibliografia
   ISBN 978-85-326-5389-5

   1. Comunicação 2. Comunicação – História
I. Aguiar, Leonel. II. Barsotti, Adriana.

16-09162   CDD-302.209

Índices para catálogo sistemático:
1. Comunicação : História   302.209

LEONEL AGUIAR
ADRIANA BARSOTTI
(organizadores)

CLÁSSICOS DA COMUNICAÇÃO

OS TEÓRICOS

De Peirce a Canclini

Petrópolis

© 2017, Editora Vozes Ltda.
Rua Frei Luís, 100
25689-900 Petrópolis, RJ
www.vozes.com.br
Brasil

© Editora PUC-Rio
Rua Marquês de S. Vicente, 225
Projeto Comunicar – Casa Editora /
Agência Gávea
22451-900 Rio de Janeiro, RJ
Tel.: (21) 3527-1838/1760
edpucrio@puc-rio.br
www.puc-rio.br/editorapucrio

Editoração: Gleisse Dias dos Reis Chies
Diagramação: Mania de Criar
Revisão gráfica: Fernando Sergio Olivetti da Rocha
Capa: Felipe Souza | Aspectos

ISBN 978-85-326-5389-5 (Vozes)
ISBN 978-85-8006-199-4 (PUC-Rio)

Editado conforme o novo acordo ortográfico.

Este livro foi composto e impresso pela Editora Vozes Ltda.

Sumário

Apresentação

Vinte convites para ler Clássicos da comunicação

*Leonel Aguiar**
*Adriana Barsotti*****

É com imensa alegria que a Editora PUC-Rio e a Editora Vozes lançam mais um volume da bem-sucedida coleção *Os Clássicos*. Este livro apresenta uma lista de 20 teóricos que podem ser considerados clássicos da área da comunicação: eis uma singela explicação para o título *Clássicos da comunicação – Os teóricos*, aqui apresentada. Essa coletânea reúne 20 nomes que são compreendidos, pela área acadêmica de comunicação, como os pensadores mais relevantes para o campo dos estudos comunicacionais, além de serem referências frequentemente citadas nas mais diversas pesquisas. Podem ser, portanto, listados como autores clássicos da comunicação.

A parceria entre as duas editoras já levou ao lançamento das coletâneas *Os filósofos – Clássicos da filosofia*, *Os historiadores – Clássicos da história* e *Os antropólogos – Clássicos das ciências sociais*. A dúvida sobre como eleger os autores clássicos e o reconhecimento de que toda lista que enumera pensadores de um determinado campo do conhecimento sempre será inacabada e marcada pela falta, já foram problemas destacados em apresentações anteriores dessas coletâneas.

Concordamos que sempre haverá lacunas e dúvidas no processo de escolha dos autores e/ou obras que podem ser considerados "clássicos" em uma determinada área do conhecimento. A questão se torna mais complexa quando essa área de conhecimento pode ser considerada relativamente recente – como é o caso dos estudos em comunicação, que emergem no começo do século XX – e também possuir, como característica definidora, o consenso acadêmico de ser entendida como uma área de pesquisa interdisciplinar.

---

* Professor do Programa de Pós-Graduação em Comunicação da PUC-Rio. Coordenador de graduação do Departamento de Comunicação Social da PUC-Rio. Doutor em Comunicação (UFRJ).
** Professora dos cursos de Jornalismo da ESPM/RJ e Ibmec. Doutoranda do Programa de Pós-Graduação em Comunicação da PUC-Rio.

Ancorando-se em *Por que ler os clássicos*, de Italo Calvino, podemos afirmar que um autor clássico provoca questões para o pensamento, o que resulta em incessantes discursos críticos sobre sua produção teórica. Um autor clássico, portanto, exerce influência a partir do momento em que se torna uma referência recorrente. Assim, Calvino define que obras ou autores se tornam clássicos "quando se impõem como inesquecíveis e também quando se ocultam nas dobras da memória, mimetizando-se como inconsciente coletivo ou individual" (CALVINO, 1994). Em suma, um clássico é aquilo que persiste na atualidade, exerce uma determinada forma de influência e está, definitivamente, inserido no processo de construção social do conhecimento científico.

No conto "O idioma analítico de John Wilkins", o escritor argentino Jorge Luis Borges nos lembra que "não há classificação do universo que não seja arbitrária e conjectural" e cita uma possível biblioteca chinesa – a *Empório celestial de conhecimentos benévolos*, que divide os animais em "a) pertencentes ao imperador; b) embalsamados; c) domesticados; d) leitões; e) sereias; f) fabulosos; g) cães em liberdade; h) incluídos na presente classificação; i) que se agitam como loucos; j) inumeráveis; k) desenhados com um pincel muito fino de pelo de camelo; l) *et cetera*; m) que acabam de quebrar a bilha; n) que de longe parecem moscas" – para afirmar que todas as classificações são marcadas por "ambiguidades, redundâncias e deficiências".

Selecionar 20 pensadores que trouxeram contribuições significativas ao campo da comunicação é um desafio acadêmico que aponta para uma conhecida premissa filosófica: escolher é perder. Nesta perspectiva, a seleção de 20 teóricos da comunicação implica escolhas que resultam necessariamente em perdas, em nomes que não estarão lá contemplados. As listas serão sempre incompletas, radicalmente arbitrárias e profundamente injustas, mas poderão conter – talvez, quem sabe – as melhores companhias para as tarefas críticas do pensamento.

Do ponto de vista acadêmico, a obra *Clássicos da comunicação – Os teóricos*, em função do formato proposto, pode ajudar a suprir algum eventual vácuo editorial existente nas bibliografias utilizadas nos cursos de graduação em comunicação social. A relevância da coletânea, nesse sentido, é possibilitar que jovens estudantes sejam introduzidos no complexo processo de produção do conhecimento da área através de textos que descrevam e contextualizem – com uma linguagem fluente, marcada pela clareza e a precisão das informações – os principais autores do campo comunicacional.

A obra *Clássicos da comunicação – Os teóricos* é dirigida para dois tipos de público: em um viés específico, ao público universitário; em uma perspectiva mais ampla, aos que se interessam pelos debates acadêmicos do campo da comunicação no Brasil.

No primeiro caso, temos: 1) os estudantes dos cursos de comunicação social, especificamente no nível de graduação, e também nos programas de pós-graduação em comunicação e áreas afins; 2) os professores de graduação e de pós-graduação em comunicação; 3) os alunos dos demais cursos universitários inseridos na grande área das ciências sociais. No segundo, ampliamos para um público de leitores interessados em conhecer e discutir as questões acadêmicas relativas ao campo da comunicação.

Conforme os últimos dados do Censo da Educação Superior – divulgados pelo Instituto Nacional de Pesquisas e Estudos Educacionais Anísio Teixeira, do Ministério da Educação (Inep/MEC) –, existem cerca de 221 mil alunos matriculados em pouco mais de mil cursos de graduação da área de comunicação social. Esses cursos e habilitações somados ocupam o sétimo lugar entre os 10 maiores cursos em número de matrículas. No nível da pós-graduação *stricto sensu*, existem 50 programas de pós-graduação em comunicação (46 cursos de mestrado, 24 cursos de doutorado e quatro mestrados profissionais) em funcionamento, de acordo com o reconhecimento da Coordenação de Aperfeiçoamento de Pessoal de Nível Superior (Capes/MEC).

A proposta editorial para expor o pensamento comunicacional dos autores clássicos da área implicou na produção de artigos acadêmicos que oferecem um texto introdutório de alta qualidade escrito por especialistas. Os artigos são caracterizados por possuírem uma linguagem científica clara e acessível ao público a que se destina a coleção, sem abandonar o rigor acadêmico e a precisão de dados. Assim, cada artigo realiza a descrição sintética e a contextualização das principais obras do autor, além de apontar os conceitos mais relevantes. Também resume aspectos da vida do autor, demonstrando ainda a repercussão histórica e as influências do teórico na área da comunicação. Aponta ainda a bibliografia fundamental de cada autor, destacando especialmente as obras traduzidas para a língua portuguesa.

Os especialistas convidados para escreverem sobre os teóricos da comunicação possuem título de doutorado, identificados nas notas de rodapé de cada capítulo. De acordo com os critérios editoriais adotados, já que não cabiam nas referidas notas de rodapé, aproveitamos também essa apresentação para destacar as qualificações de pós-doutorado e livre-docência dos referidos especialistas. Por fim, vale ressaltar que os convites também visaram atender ao critério de diversidade regional, com instituições de ensino e de pesquisa de todas as regiões do país.

A coletânea é composta de 20 capítulos que foram ordenados conforme a data de nascimento de cada um dos teóricos da comunicação. Alguns articulistas chegaram a dar um título ao capítulo que escreveram. Por critérios editoriais, entretanto, os capítulos devem ter seus títulos sintetizados em um formato no qual conste apenas o nome do teórico da comunicação, seu ano de nascimento e de morte. Assim, por respeito aos articulistas convidados, os organizadores deste livro decidiram incluir, no texto que apresenta a obra, os títulos originalmente escritos para essa coletânea. O único motivo para não estarem presentes como título dos capítulos é pelo fato de romperem com o formato instituído por decisão editorial para a coleção *Os Clássicos*. Nesse sentido, desejamos afirmar aos nossos autores convidados que somos imensamente gratos pela compreensão.

Desejamos também deixar registrados, mais uma vez, nossos agradecimentos aos professores, professoras, pesquisadores e pesquisadoras das mais diversas universidades e institutos de pesquisa do país que aceitaram o desafio dessa proposta editorial e se prontificaram a produzir artigos acadêmicos inéditos sobre 20 teóricos do campo comunicacional. Passemos, então, a um resumo de cada capítulo.

Os vinte teóricos

O primeiro teórico apresentado é Charles Peirce, nascido em 1839, em Cambridge, Massachusetts, nos Estados Unidos, e falecido em 1914, na cidade de Milford, na Pensilvânia. Coube à ex-presidente da *Charles S. Peirce Society*, Lucia Santaella, expor a vida e obra do pensador norte-americano. Professora no Programa de Pós-Graduação em Comunicação e Semiótica da PUCSP – com pós-doutorado nos Estados Unidos e na Alemanha, além de livre-docência na USP –, Santaella demonstra a relevância teórica da semiótica para as pesquisas em comunicação no capítulo que abre a coletânea. Essa relevância pode ser sintetizada no título do capítulo: "Charles Sanders Peirce: a comunicação na interface com a semiótica". A autora aponta, ao evidenciar a articulação de conceitos na obra de Peirce, que só pode existir comunicação por também existir a produção de signos para serem interpretados. Ao discorrer sobre a vasta obra do teórico norte-americano, a especialista lembra que Peirce deixou 12 mil páginas publicadas em revistas científicas, além de 90 mil páginas de manuscritos que se encontram conservados na biblioteca de Harvard; porém, até hoje, apenas oito volumes – dos 20 originalmente planejados – dos *Collected Papers* foram editados.

O capítulo seguinte apresenta a vida e a obra de Ferdinand de Saussure, nascido em 1857, em Genebra, e que veio a falecer no ano de 1913, em Vufflens--le-Château, cantão de Waadt, na Suíça. A pesquisadora da Universidade Federal da Paraíba, Denise Lima Gomes da Silva, faz uma reflexão sobre o legado estruturalista da mais conhecida obra desse autor, o livro póstumo *Curso de linguística geral*. Doutora em Letras pela UFPB, com pós-doutorado na Universidade Católica de Pernambuco, a articulista tece as articulações entre signo e produção de sentidos para melhor compreender a semiologia de Ferdinand de Saussure. Para Denise Lima, apesar de ser o fundamento da Teoria Saussureana do Signo, o princípio da arbitrariedade ainda permanece incompreendido por muitos estudiosos. Para ela, a teoria proposta por Saussure indica que a arbitrariedade do signo é o princípio fundador dessa semiologia e, nesta perspectiva, a obra saussureana ultrapassa a fronteira da linguística e se insere no campo da comunicação.

Nascido em 1892, em Berlim, na Alemanha, Walter Benjamin é o teórico da comunicação apresentado no terceiro capítulo. Após a ascensão do nazismo ao poder, Benjamin, que era de família judaica, busca exílio na França; com a invasão de Paris pelos nazistas, ele decide empreender nova fuga, mas é detido na fronteira franco-espanhola pela polícia. Benjamin suicidou-se em 26 de setembro de 1940, na cidade catalã de Port Bou, na Espanha. Coube à Professora Vanessa Madrona Moreira Salles, do Programa de Mestrado em Estudos Culturais Contemporâneos da Universidade Fumec, apresentar a vida e obra desse teórico da comunicação, que teve, segundo ela mesma destaca, "uma existência intensa e extraordinária". Doutora e mestre em filosofia pela USP, Vanessa Salles discute os principais conceitos benjaminianos que contribuíram para as pesquisas no campo da comunicação. Dentre esses conceitos, destaca a alegoria, a aura e seu declínio, a iluminação profana, a percepção ótica e a percepção tátil, a reprodutibilidade técnica e o valor de exposição.

O quarto teórico presente no livro é Roman Osipovic Jakobson, que nasceu em 1896, em Moscou, na Rússia, e morreu em Massachusetts, nos Estados Unidos, em 1982, onde ministrava aulas no MIT (*Massachusetts Institute of Technology*). O Professor Silnei Scharten Soares, doutor em Comunicação pela UnB e professor do Departamento de Comunicação Social da Universidade Estadual do Centro-Oeste do Paraná (Unicentro), é o especialista que aponta as contribuições de Jakobson para a semiótica e a Teoria da Comunicação, destacando a relação entre as ciências e a comunicação como troca, além de ressaltar o diagrama do ato comunicativo e a importância do código na obra do teórico russo. Para Silnei Soares, a obra de Jakobson possui a marca da interdisciplinaridade, pois mesmo tendo a Linguística como centro de suas pesquisas, sempre trabalhou na interface com outras ciências, como a Física, a Biologia, a Matemática, além da Teoria Literária, pela qual influenciou fortemente os poetas concretistas brasileiros.

Paul Lazarsfeld é o quinto teórico deste volume, apresentado pelo Professor Giovandro Marcus Ferreira, do Programa de Pós-Graduação em Comunicação e Cultura Contemporâneas da Universidade Federal da Bahia. Lazarsfeld nasceu em Viena, na Áustria, em 1901, e seu falecimento ocorreu em Nova York, nos Estados Unidos, em 1976. Conforme aponta Ferreira, doutor em Ciências da Informação pela Universidade de Paris II e com pós-doutorado no Canadá, Lazarsfeld é, muitas vezes, lembrado pelo "protagonismo em relação ao núcleo duro da história *standard* da comunicação", aparecendo como um dos "pais-fundadores" da área acadêmica da comunicação. É nesse sentido que o especialista convidado gostaria de ter dado, ao capítulo, o título que poderia sintetizar essa perspectiva: "Paul Lazarsfeld: os meios de comunicação pelo viés do universalismo científico". Como reforça Giovandro Ferreira, a importância fundamental do trabalho de Lazarsfeld se dá pelo pioneirismo em alçar as pesquisas em comunicação para o campo científico.

Harold Dwight Lasswell, nascido nos Estados Unidos, em 1902, na cidade de Donnellson, Illinois, e falecido no ano de 1978, em Nova York, é o teórico exposto do sexto capítulo pela Professora Rafiza Luziani Varão Ribeiro Carvalho, do Curso de Comunicação Social da Universidade Católica de Brasília. Doutora em Comunicação pela UnB, Rafiza Varão é autora da tese "Harold Lasswell e o campo da comunicação", na qual resgata o pensamento do cientista político Harold Lasswell sobre comunicação e o reinsere no núcleo central da história das teorias da comunicação. Para a especialista, Lasswell acabou se tornando "uma referência desconhecida, um clássico que não se lê". Para ela, os autores clássicos "não devem repousar no passado, mas devem permanecer no presente, possibilitando o diálogo entre a tradição e a contemporaneidade".

Em trabalho conjunto, articulado pelo professor da Universidade Federal de Mato Grosso, Yuji Gushiken, doutor em Comunicação e Cultura pela UFRJ, os pesquisadores Silvia Ramos Bezerra – doutora em Ciências da Comunicação pela USP –, Celso Francisco Gayoso – doutor em Comunicação e Cultura pela UFRJ – e Joelton Nascimento – doutor em Sociologia pela Unicamp – se debruçaram sobre a vida e a obra de Theodor Adorno. Nascido em 1903, na cidade de Frankfurt am Main, Alemanha, e falecido em 1969, em Visp, na Suíça, Adorno é um dos mais conhecidos teóricos da Escola de Frankfurt, denominação informal dada ao Instituto para Pesquisa Social, um centro de pesquisa vinculado à Universidade de Frankfurt. Os quatro autores não só apresentam, resumidamente, os modelos teóricos para estudos da comunicação e a comunicação como ciência crítica, como também inserem a questão interdisciplinaridade e materialismo histórico na Teoria Crítica da Comunicação. É nesta perspectiva que os quatro autores gostariam de dar, ao capítulo, o título "Theodor Adorno e a Teoria Crítica na constituição das teorias da comunicação". Os autores lembram que, atualmente, o lugar da Teoria Crítica, no campo das teorias da comunicação, pode emergir como um alerta aos atuais estudantes e aos jovens profissionais de comunicação que formam um imenso mercado de reserva de mão de obra: "a *que* e a *quem* pretendem servir com sua inteligência e juventude".

A tarefa de expor a vida e obra do teórico presente no oitavo capítulo ficou a cargo da Professora Heloisa Juncklaus Preis Moraes, que atua como docente do curso de Comunicação e do Programa de Pós-Graduação em Ciências da Linguagem na Universidade do Sul de Santa Catarina. Nascido em 1907, em Marietta, Ohio, nos Estados Unidos e falecido em 1987, em Honolulu, no Havaí, Wilbur Schramm teve forte influência na América Latina com a instalação do Centro Internacional de Estudios Superiores de Periodismo para a América Latina (Ciespal) pela Unesco, em 1959, atualmente denominado Centro Internacional de Estudios Superiores de Comunicación para América Latina. O capítulo, que poderia ter o título "Wilbur Schramm: um olhar social e desenvolvimentista da comunicação", discute os conceitos de campo de experiência, grupos de referência e *feedback*, dentre outros, além de também demonstrar como a relação entre Schramm e a Unesco é importante para compreender a sua produção teórica pela perspectiva dos meios de comunicação enquanto propulsores do desenvolvimento econômico e social.

O capítulo nove é destinado a Marshall McLuhan, que nasceu em Edmonton, Alberta, no Canadá, em 1911, e morreu em Toronto em 1980. Coube à professora do Mestrado em Estudos de Linguagens e do Curso de Comunicação Social da Universidade Federal de Mato Grosso do Sul, Márcia Gomes Marques, realizar a apresentação do teórico canadense. Doutora em Ciências Sociais pela Pontifícia Università Gregoriana e com pós-doutorado na Espanha, a professora configura o mcluhanismo para além da originalidade de suas proposições sobre os meios de comunicação e as tecnologias midiáticas, discutindo as proposições "os meios como mensagem" e "os meios como extensão". É nesse sentido que o capítulo poderia ter o título "Os meios e a mensagem em McLuhan: deslocamentos e desafios", dado pela especialista, pois a teoria de McLuhan contraria a crença de que os meios e as tecnologias são instrumentos à disposição dos seus usuários, alertando que os aparatos tecnológicos de informação e comunicação impõem suas prerrogativas sobre todas as instâncias sociais.

O francês Roland Barthes, que nasceu em 1915, na cidade de Cherburgo, e faleceu em 1980, em Paris, é o teórico exposto no décimo capítulo do livro. O coordenador do Programa de Pós-Graduação em Comunicação Universidade Federal de Ouro Preto, Professor Frederico de Mello Brandão Tavares, inicia seu texto fazendo referência a duas biografias sobre o teórico francês, uma delas lançada exatamente no ano do centenário de Barthes, e prevê o desafio que terá: apresentar vida e obra de um pensador cuja produção intelectual já foi compreendida como uma "tentativa de descrever a si próprio" e que também é o autor do livro *Roland Barthes por Roland Barthes*. O desafio amplia-se quando o Professor Frederico Tavares, doutor em Ciências da Comunicação pela Unisinos, decide olhar Barthes pelo viés da comunicação, marcando essa perspectiva no título apresentado: "Roland Barthes pela comunicação: um por todos e todos por um". Conceitos fundamentais para a Teoria da Comunicação, especialmente para a análise da imagem fotográfica, e para as teorias do jornalismo, como *fait-divers*, são aqui discutidos.

Elisabeth Noelle-Neumann, a autora apresentada a seguir, nasceu em Berlim, em 1916, e morreu em Allensbach, na Alemanha, em 2010. Os principais conceitos da teórica alemã assim como sua controversa biografia são apresentados por Danila Gentil Rodriguez Cal Lage, professora do Curso de Comunicação Social e do mestrado em Comunicação, Linguagens e Cultura da Universidade da Amazônia. Doutora em Comunicação pela UFMG, Danila Cal discute a contribuição mais conhecida no campo das teorias da comunicação da cientista social: o modelo da espiral do silêncio, que conceitua como a percepção que se dá em relação à opinião pública dominante influencia o comportamento discordante. Além da relevância desse modelo para as pesquisas sobre os efeitos da mídia, a especialista destaca a sistematização de métodos empíricos para analisar a opinião pública e o papel da mídia como lugar de articulação da espiral do silêncio como importantes contribuições de Noelle-Neumann.

Edgar Morin é o pensador que tem sua trajetória intelectual apresentada no capítulo 12 pela Professora Iluska Coutinho, do Curso de Jornalismo e do Programa de Pós-Graduação em Comunicação da Universidade Federal de Juiz de Fora. Nascido em 1921, em Paris, esse pensador francês é o mais antigo presente nessa coletânea e, certamente, o que mais tem publicado. Seu primeiro livro – *O ano zero na Alemanha* – foi lançado em 1946, quando era chefe do departamento de propaganda do governo militar francês na Alemanha ocupada, no

14

período do pós-guerra. A Professora Iluska nos lembra que o atual sobrenome Morin era, na verdade, o codinome do Tenente Edgar Nahoum que, entre 1942 e 1944, participou da Resistência, como tenente das forças combatentes francesas. "Contrabandista de saberes", como se autointitula, Morin – diplomado em Direito, Geografia e História – escreveu, ao longo de mais de três décadas, os seis volumes da obra *O método*, no qual defende – como aponta a Professora Iluska, pós-doutora pela Universidade Nova de Lisboa – uma "reforma do pensamento", ao apresentar a proposta de uma teoria da complexidade, "um método transversal e multidimensional".

O capítulo de número 13 é dedicado à vida e obra de Noam Chomsky, nascido em 1928, na cidade de Filadélfia, na Pensilvânia, Estados Unidos. A apresentação do teórico norte-americano foi realizada pela Professora Célia Maria Ladeira Mota, pesquisadora-associada ao Programa de Pós-Graduação da Faculdade de Comunicação da Universidade de Brasília, que explanou a contribuição científica ao estudo da linguística dada por Chomsky a partir das propostas da gramática gerativa. Doutora em Comunicação pela UnB, a professora também destacou as análises críticas da mídia e de sua influência na política e na economia norte-americanas realizadas pelo linguista. Para a especialista, nas análises sobre o jornalismo, Chomsky demonstra – utilizando a Teoria dos Filtros na produção da notícia – como são produzidos os processos de manipulação ideológica e de controle político do público, resultantes de um problema sistêmico que remonta à estrutura econômica das empresas jornalísticas e distorce sistematicamente a cobertura noticiosa.

Nascido em Düsseldorf, em 1929, na Alemanha, Jürgen Habermas é o autor discutido no 14º capítulo. Adilson Vaz Cabral Filho, com pós-doutorado na Espanha, e Eula Dantas Taveira Cabral, pós-doutora pela Uerj, resgatam as principais obras de Habermas vinculadas ao campo da comunicação com o objetivo de compreender as aproximações e distinções em relação aos outros pensadores da Escola de Frankfurt e a Teoria Crítica da Cultura. "A contribuição de Habermas para os estudos de comunicação" bem poderia ter sido o título do capítulo escrito pela dupla de especialistas, ambos doutores pela Umesp. Respectivamente, professor do Instituto de Artes e Comunicação Social da UFF – onde também leciona em dois programas de pós-graduação – e pesquisadora do Instituto Brasileiro de Informação em Ciência e Tecnologia (Ibict), eles apresentam a abordagem habermasiana sobre o papel dos meios de comunicação na esfera pública e como ocorrem as influências da mídia na legitimação de deliberações. Além de destacarem a Teoria da Ação Comunicativa, os dois articulistas apontam a contribuição de Habermas para um debate que possui implicações em processos decisórios que incidem sobre a formação e a atuação ética e profissional no campo da comunicação.

O 15º capítulo expõe a vida e a obra do francês Guy Debord, que nasceu em Paris, no ano de 1931, e suicidou-se em 1994, no departamento de Haute-Loire. A professora da Escola de Comunicação da UFRJ, Anita Matilde Silva Leandro – que possui doutorado na Université Sorbonne Nouvelle/Paris III – e a doutoranda Isabel Costa Mattos de Castro, da ECO/UFRJ perfazem a trajetória intelectual do autor do conhecidíssimo livro *A sociedade do espetáculo*. Conforme enfatizam as especialistas, além de teórico, Debord é um cineasta e ensaísta que realiza uma das mais contundentes críticas aos meios de comunicação de massa – especialmente da imprensa e da televisão, além da publicidade e das artes – e ao problema da centralidade da imagem na sociedade contemporânea. Anita Leandro e Isabel Castro destacam que, além de produzir uma teoria da comunicação, a obra do pensador francês – na qual se incluem não só os livros, mas, também, documentários e diversas publicações coletivas e independentes – foi "uma forma radical de atividade política" longe dos partidos políticos. Os principais conceitos debordianos – como espetáculo, situação, deriva e desvio – são abordados pelas pesquisadoras.

A morte de Umberto Eco, em fevereiro de 2016, na cidade de Milão, surpreendeu a Professora Gabriela Machado Ramos de Almeida, do Curso de Comunicação Social da Universidade Luterana do Brasil (Ulbra), responsável por explanar a vida e a obra do teórico e escritor italiano no capítulo 16. Para ela, a ampla repercussão mundial do falecimento de "um dos mais profícuos intelectuais do século XX" reflete não apenas o modo como a academia e a mídia reverenciam o pensador – nascido em Alessandria, na região de Piemonte, Itália, em 1932 –, mas também demonstra que Eco se tornou "uma figura *pop* que transitou entre diversos saberes", reconhecido fora da academia como escritor de *best-sellers* (seu primeiro romance, *O nome da rosa*, vendeu mais de 10 milhões de cópias, foi adaptado para o cinema e traduzido para 30 línguas) e autor de frases irônicas. Doutora em Comunicação e Informação pela UFRGS, Gabriela Almeida relembra a trajetória de semioticista de Umberto Eco, que desde 1971 lecionou Semiótica na Universidade de Bolonha, publicando inúmeros livros sobre esse campo científico. Ainda assim, Eco é mais frequentemente citado, pelos estudantes de comunicação, por ter nomeado dois típicos modelos de análise – o dos autores "apocalípticos" e o dos "integrados" – das obras culturais produzidas pelos meios de comunicação de massa na década de 1960.

O autor presente no 17º capítulo é o fundador da Faculdade de Comunicação da Universidad del Valle, situada em Cali, na Colômbia: Jesús Martín-Barbero. O Professor Marcos Paulo da Silva, do mestrado em Comunicação da Universidade Federal de Mato Grosso do Sul, abre seu texto apresentando Barbero como um pensador que transita "da infância em um pequeno povoado localizado entre Madri e Ávila, na Espanha, ao protagonismo no cenário acadêmico em toda a América Latina". O percurso biográfico do pensador espano-colombiano certamente justifica o título atribuído ao capítulo: "Jesús Martín-Barbero: descolocamentos e cartografias". Doutor em Comunicação Social (Umesp), Marcos Paulo da Silva analisa os principais conceitos articuladores do pensamento comunicacional de Jesús Martín-Barbero – mestiçagem, mediação cultural e resistência –, resenhando as construções teóricas do autor espano-colombiano em relação à questão do popular na cultura e aos processos de hegemonia. As novas complexidades presentes nas relações constitutivas entre comunicação, cultura e política discutidas por Barbero são também apresentadas pelo pesquisador da UFMS.

No capítulo seguinte, o teórico da comunicação é o argentino Eliseo Verón, nascido em 1935 em Buenos Aires e falecido em 2014 na mesma cidade. Conforme relata a Professora Maria Cristina Gobbi – livre-docente em História da Comunicação e da Cultura Midiática na América Latina pela Unesp, onde também leciona em dois programas de pós-graduação –, a trajetória de Verón no campo latino-americano da comunicação tornou-se marcante a partir das pesquisas que teorizam sobre os modos de exercício do poder da imprensa. A essas teorias, ele denominou semiose social. Foi nessa perspectiva que a articulista convidada deu ao capítulo o título "Processos comunicativos na América Latina. O percurso intelectual de Eliseo Verón". Segundo a professora, o núcleo da teoria comunicacional de Verón é o conceito de "circulação discursiva", uma inovação acadêmica ao propor a análise da circulação dos discursos entre produção e recepção. Além disso, ela destaca um dos estudos sobre mídia mais conhecido, no qual Verón analisa como se realiza o agendamento de um acontecimento – o acidente nuclear de *Three Miles Island*, ocorrido nos Estados Unidos, perto da cidade de Harrisburg, capital da Pensilvânia – pela imprensa na esfera pública.

Maxwell McCombs, nascido em Birmingham, no Alabama, Estados Unidos, é o teórico apresentado no penúltimo capítulo da coletânea. Precursor da Teoria da Agenda, McCombs tem sua trajetória científica apresentada pela Professora Jan Alyne Barbosa Prado, professora do Mestrado em Comunicação e Temporalidades e do Curso de Jornalismo da Universidade Federal de Ouro Preto, e também autora de tese de doutorado sobre a Agenda-Setting e de artigos sobre o teórico norte-americano. Em entrevista concedida à professora em abril de 2015, McCombs ressaltou que a Teoria do Agendamento permanece sendo uma promissora área de pesquisa e que, ao longo de mais de 40 anos, continua tentando solucionar o "quebra-cabeça intelectual sobre o papel dos *media* na formação da opinião pública". A professora da Ufpo lembra que foram as pesquisas quantitativas e de base estatística que, historicamente, forneceram os alicerces para a consolidação e expansão do paradigma do agendamento. Por outro lado, ressalta, as pesquisas em comunicação no Brasil estão longe de possuírem uma tradição de pesquisa quantitativa. Desse modo, a Professora Jan Prado conclui que as poucas obras de pesquisadores brasileiros que fazem referência à Teoria da Agenda se concentram "mais nos enunciados e conclusões de pesquisas ligadas à primeira e segunda fases da teoria, e menos nas bases epistemológicas que dão sustentação ao paradigma".

O teórico argentino Néstor García Canclini, nascido em 1939 na cidade de La Plata, encerra a coletânea. Professor da Universidade Autônoma Metropolitana do México desde 1990, Canclini é reconhecido por ter transformado, com o seu conceito de culturas híbridas, o debate acadêmico no continente latino-americano sobre a cultura, pois, no seu entendimento, a noção de híbrido aponta para a forma criativa com que a sociedade local lida com as questões da interculturalidade. A obra do autor é discutida pela Professora Maria das Graças Pinto Coelho, coordenadora do Programa de Pós-Graduação em Estudos da Mídia da Universidade Federal do Rio Grande do Norte, e pelo Professor Sebastião Faustino Pereira Filho, chefe do Departamento de Comunicação Social da UFRN. Para a dupla de articulistas, as reflexões teóricas de Canclini fornecem importantes contribuições sobre a noção de interações interculturais. Além disso, destacam os especialistas – ambos com doutorado em Educação pela UFRN –, seu pioneirismo transdisciplinar teórico-metodológico possibilitou uma compreensão extremamente crítica da vida social latino-americana a partir dos sistemas culturais. "O diálogo com um autor como Néstor García Canclini representa várias visões antecipadas sobre cultura, política, economia e sociedade", concluem os articulistas.

Ao finalizar essa apresentação, talvez seja importante reconhecer que é impossível inventar uma biblioteca ideal – ou mesmo uma simples lista ideal – que contenha os teóricos que possam ser considerados autores clássicos na área da comunicação. Ainda assim, queremos ressaltar que, pela nossa proposta, uma lista de autores considerados clássicos deve funcionar como uma potência virtual para o pensamento, como um meio móvel para se aprender a pensar criticamente. Acreditamos que a possibilidade de criação crítica do pensamento não apenas enseja rupturas, transgressões e singularidades do pensar como também produz as condições para dar continuidade ao fluxo de pensamentos das obras clássicas.

Esperamos que desfrutem dessas melhores companhias para o envolvimento com as tarefas críticas e criativas do pensamento.

Charles Sanders Peirce (1839-1914)

*Lucia Santaella**

C.S. Peirce: vida e obra[1]

Peirce (1839-1914) viveu no transcorrer do século XIX, mas a relevância de seu pensamento só foi reconhecida um século mais tarde. Com relação a Peirce, pode-se dizer que se repete, de certo modo, a condição vivida pelo poeta brasileiro Sousândrade. Em 1877, quando foi publicada sua obra magna, *O guesa errante*, o poeta afirmava: "Ouvi dizer já por duas vezes que *O guesa errante* será lido cinquenta anos depois; entristeci – decepção de quem escreve cinquenta anos antes". Não apenas estava certo, quanto também otimista, pois, na realidade, assim como Peirce, a obra de Sousândrade só seria valorizada 100 anos depois (cf. esp. CAMPOS & CAMPOS, 1964). Em suma: tragédia de quem nasceu um século antes do seu tempo.

Peirce nasceu em Cambridge, Massachusetts. Era filho de Benjamim Peirce, um dos maiores matemáticos norte-americanos do século XIX. Não só o pai, mas toda a família, gozava de formação intelectual sólida. Tendo crescido nesse meio e premiado por um intelecto privilegiado, pré-adolescente, o menino já ensaiou a escritura de um livro sobre a história da química e, poucos anos depois, herdou do tio um laboratório de química. Foi nessa área que se formou com sucesso na Universidade de Harvard e, muito cedo, começou a trabalhar na Costa e Inspeção Geodésica dos Estados Unidos, na qual permaneceu até os 56 anos de idade. Esses dados biográficos, entretanto, constituem-se apenas na pontinha de um grande *iceberg*.

Ele foi também matemático, físico, astrônomo, além de ter realizado contribuições importantes no campo da Geodésia, Metrologia e Espectroscopia. Estudou ainda Biologia, Geologia e, quando jovem, havia feito estudos intensivos de classificação zoológica sob a direção de Agassiz. Seus conhecimentos e competências nunca se limitaram às ciências exatas e naturais, pois também se devo-

* Professora do Programa de Pós-Graduação em Comunicação e Semiótica da Pontifícia Universidade Católica de São Paulo. Doutora em Teoria Literária (PUC-SP).

tou à linguística, filologia e história. Foi o primeiro psicólogo experimental dos Estados Unidos, conhecia mais de uma dezena de línguas, além de ter realizado estudos em arquitetura e cultivado a amizade de pintores. Conhecia literatura, apreciador em especial de Shakespeare e Edgar Allan Poe, fez elaborados estudos de dicção poética e chegou a escrever um longo conto (*A Tale of Thessaly*) para o qual não encontrou editor. Mais para o fim de sua vida estava escrevendo uma peça de teatro. Praticava ainda a "arte quirográfica", além de ser um grande experimentador de vinhos, aprendizagem esta desenvolvida numa estada de seis meses em Voisin. Como se não bastasse, foi também filósofo. Aos 16 anos de idade, já sabia quase de cor a *Crítica da razão pura*, de Kant.

O que pode explicar tanta diversidade? Comandando tudo isso, encontrava-se uma paixão irrefreável pela lógica, numa época em que a lógica sequer era considerada como ciência e na defesa de uma concepção de lógica como lógica das ciências, ou seja, da lógica ou lógicas que presidem à variabilidade dos métodos praticados pelas ciências. Vêm daí o conhecimento e a prática de Peirce nas mais diversas ciências, pois os métodos são distintos de uma ciência para a outra, assim como também mudam historicamente, dentro de uma mesma ciência. Praticar as variadas ciências é tomar conhecimento vivido dos seus métodos.

Do século XIX para cá, a lógica simbólica, dedutiva, converteu-se em importante campo da ciência. Entretanto, para Peirce, esse seria apenas um ramo da lógica, além do qual, há outros dois ramos, o abdutivo (o método da descoberta) e o indutivo (o método das ciências empíricas), os quais ele passou décadas de sua vida para desenvolver. Ademais, na sua noção extensiva, a lógica era concebida como sinônimo de semiótica. E aqui começa uma longa história que coincide com o trajeto de construção de sua gigantesca obra.

A recepção da obra

Ao morrer, Peirce deixou nada menos do que 12 mil páginas publicadas em revistas científicas da época. Deixou ainda 90 mil páginas de manuscritos que sua mulher doou para a biblioteca de Harvard, onde estão conservados até hoje. Cópias desses manuscritos encontram-se no *Peirce Edition Project*, na Universidade de Indiana, em Indianápolis, um projeto para a publicação cronológica de mais de 20 volumes a partir da organização criteriosa de seus manuscritos. Infelizmente, desde 1976, por vicissitudes que não vêm ao caso aqui relatar, até hoje, apenas oito volumes vieram à luz (W 1-8). O que os estudiosos têm à mão, portanto, são ainda os oito volumes dos *Collected Papers* (CP 1-8) e um número muito grande de obras sobre Peirce, de especialistas de várias partes do mundo, que passaram muitos meses no *Peirce Project* explorando os manuscritos. (Cf., p. ex., EISELE, 1979; FISCH, 1986; KENT, 1987; COLAPIETRO, 1989; JOHANSEN, 1993; KETNER, 1995; COLAPIETRO & OLSHEWSKY (eds.), 1996; SHORT, 2007, e muitos outros.)

Além de cobrir apenas pequena parte da obra de Peirce, os *Collected Papers* são uma edição fragmentada e cronologicamente desordenada. Infelizmente, foi essa obra que serviu de base para todos os compêndios mais longos ou mais breves de tradução de alguns dos escritos de Peirce em várias línguas, inclusive os três volumes de tradução para o português (PEIRCE 1972, 1974, 1977). A natureza fragmentada dessas obras é, entre outras razões, aquilo que justifica a publicação em todos os países de uma literatura secundária que seja capaz de recuperar os fios de ligação entre as partes da intrincada obra peirceana. (No Brasil, p. ex., cf. BACHA, 2002, 2003; IBRI, 1992; QUEIROZ, 2004; SANTAELLA, 1980, 1983, 1992, 1993, 1995, 2001, 2003, 2004; SANTAELLA & NÖTH, 2004; SILVEIRA, 2007.)

Seus contemporâneos não o compreenderam de modo algum. Na física determinista de sua época, Peirce era um antideterminista indomável, ao considerar o papel do acaso no mundo físico. Antecipou questões que só viriam a ser cogitadas na biologia informacional, depois da descoberta do DNA, de Watson e Crick. Praticou experimentos na psicologia que se tornariam lugar-comum no século XX. Na sua fenomenologia, decidiu retomar uma tarefa, abandonada desde Hegel, de trazer à luz as categorias mais universais do pensamento e da natureza. No coração de sua filosofia, de natureza falibilista, que leva em conta a irremediável falibilidade e incompletude do pensamento humano, mesmo quando bem-fundamentado, encontra-se sua lógica, semioticamente compreendida, muito distinta das outras semióticas, de base linguística. Tudo se orquestrava contra o reconhecimento do seu labor.

Depois de sua morte, os filósofos engatinharam na originalidade de seu pensamento. Um pensamento original paga o preço de sua lenta compreensão, pois é sempre mais fácil e confortável tentar compreender o novo com olhos nos rótulos passados. Apesar de estar fundada nos alicerces de 25 séculos de filosofia, as ideias de Peirce, inclusive a terminologia dada aos seus conceitos, são desconcertantemente inesperadas. Foi só em meados do século XX, graças ao *boom* da semiótica no mundo, que sua obra começou a ser resgatada mais integralmente e incorporado o papel desempenhado pela semiótica na sua filosofia.

A articulação conceitual

Peirce concebeu a filosofia como um certo tipo de ciência com especificidades próprias. Se considerarmos que sua concepção de ciência era generosa e evolutiva, essa visão não será capaz de ofender os filósofos. Ciência como coisa viva, em permanente transformação e metabolismo, é aquilo que os cientistas vivos estão fazendo. E cientista é aquele que está devorado pela sede de aprender, não importa em que estágio de aprendizagem estiver. Sede de aprender significa inclusão na comunidade dos cientistas e, consequentemente, também dos filósofos.

Concebeu a filosofia arquitetonicamente, ou seja, composta por um edifício de disciplinas que começa na fenomenologia (bem distinta da fenomenologia continental), continua nas ciências normativas (Estética, Ética e Lógica). Estas estudam os fins e ideais do sentimento, das ações e do pensamento humanos. Nestas reside a chave do seu pragmaticismo, um nome suficientemente feio, segundo ele, para diferenciar seu pragmatismo de quaisquer outros tipos de pragmatismos. Por fim, a metafísica é o terceiro grande tronco da filosofia. Bem no centro desse edifício, como se pode ver, encontra-se a lógica ou semiótica, inseparavelmente atada à ética e à estética. A semiótica tem três grandes ramos: a) a Teoria Geral dos Signos (também chamada de gramática especulativa), b) a lógica crítica (abdução, indução e dedução) e, por fim, c) a metodêutica que, baseada na lógica crítica, delineia as operações fundamentais que estão na base de toda a variabilidade dos métodos das ciências. Para chegar a isso, ou seja, à metodêutica, Peirce levou 60 anos. Na verdade, essa era a mira que ele tinha em mente desde a juventude, alimentado por sua paixão pela lógica como método das ciências. Retomemos brevemente esse percurso.

Se Peirce estava interessado nos métodos que levam a inteligência humana a crescer, seu ponto de partida não poderia ser outro. Retornou a Descartes e, respeitosamente, desconstruiu as teses cartesianas em alguns textos que ficaram conhecidos como a série cognitiva, publicada originalmente no *The Journal of Speculative Philosophy*, a saber: "Questões concernentes a certas faculdades reclamadas para o homem", 1868, "Algumas consequências das quatro incapacidades", 1868 e "Fundamentos para a validade das leis da lógica", 1869 (CP 5.213-357, ou W2, p. 193-272). Referindo-se a esses artigos, W.B. Gallie (1975: 62) afirmou que, "se Peirce tivesse morrido no ano em que os completou – quando tinha menos de 30 anos de idade –, eles teriam sido suficientes para confirmar sua genialidade como filósofo".

É nesses textos que ele anunciou suas grandes teses anticartesianas de que não há pensamento sem signos e de que todo pensamento, mesmo e muito mais aquele que brota nas supostas luzes da intuição, é irremediavelmente falível, devendo ser submetido ao teste da experiência ou à crítica de uma comunidade de investigadores. Para compreender a tese do pensamento-signo é preciso se livrar da ideia, herdada do estruturalismo, de que signo é necessariamente verbal. Tudo e qualquer coisa que está presente à mente é signo. Em qualquer momento que tenhamos um pensamento, estará presente na consciência algum sentimento, imagem, concepção ou outra representação que serve como signo. Disso advém que aquilo que chamamos de consciência e de "eu" tem a natureza de signo.

Ademais, signos são dialógicos e sociais por natureza, até mesmo quando não são externalizados, pois o pensamento se dá em fluxos – como foi esplendidamente realizado na literatura por Joyce, Virginia Woolf e, no Brasil, Clarice Lispector – nos quais um eu presente dirige seu pensamento a um eu futuro que vai emergindo no fluxo do tempo. Considere-se, além disso, que pensamentos-signos que realmente importam são aqueles que são extrojetados e corporificados em signos materiais, tomando seu lugar na realidade e assumindo mais eficazmente sua natureza social. Signos corporificados em textos, imagens e sons são coletivamente compartilháveis, passíveis de crescimento por meio de processos de comunicação nos intercursos sociais.

Se pensamentos são signos não necessariamente verbais, então não há pensamento nem há raciocínio possível, nem mesmo o pensamento puramente matemático, que faça uso apenas de signos simbólicos, tais como são basicamente as palavras nas línguas naturais, os signos matemáticos, as notações musicais etc. Diante disso, o caminho não poderia ser outro: antes de se direcionar para o seu alvo, o estudo dos raciocínios e dos métodos das ciências, deveria ser enfrentada a tarefa de desenvolvimento de uma ciência dos signos, de suas combinações e dos modos como os signos crescem. Embora haja variados modos de conhecimento, é a ciência que se constitui em meio privilegiado de crescimento da inteligência e do saber humanos. Um crescimento que não prescinde da pesquisa.

Antes do desenvolvimento de uma doutrina de todos os tipos de signos como propedêutica para estudar os métodos das ciências, havia uma tarefa ainda mais preliminar da qual, segundo Peirce, nenhum pensador pode se furtar: a radical análise de todas as experiências possíveis, ou seja, trazer à baila as categorias gerais, abstratas e formais, onipresentes em quaisquer fenômenos de quaisquer espécies. Depois de muito estudo, idas e vindas, suas famosas três categorias que, com o tempo, ele esvaziou de quaisquer conteúdos paralelos a fim de reduzi-las aos seus sentidos puramente lógicos: primeiridade, secundidade e terceiridade.

São categorias puramente lógicas, a lógica monádica, a diádica e a triádica respectivamente. É isso que permite que, em cada campo da realidade, elas apareçam com uma vestimenta própria daquele campo. Por exemplo, na física, elas aparecem como acaso, lei e tendência do universo a adquirir novos hábitos. Já na psicologia, elas surgem na roupagem do sentimento, ação-reação e pensamento-tempo. Como bússola de orientação é interessante reconhecer quais seriam os territórios de abrangência de cada uma das categorias. Onde houver acaso, indeterminação, vagueza, indefinição, possibilidade, originalidade irresponsável e livre, espontaneidade, frescor, potencialidade, presentidade, imediaticidade, qualidade, sentimento, aí estará a primeiridade. Já a secundidade corresponde ao determinado, terminado, final, objeto, correlativo, necessitado, reativo, estando ligada às noções de relação, polaridade, negação, matéria, realidade, força bruta e cega, compulsão, ação-reação, esforço-resistência, aqui e agora, oposição, efeito, ocorrência, fato, vividez, conflito, surpresa, dúvida, resultado. A terceiridade é o meio, devir, o que está em desenvolvimento, dizendo respeito à generalidade, continuidade, crescimento, mediação, infinito, inteligência, lei, regularidade, aprendizagem, hábito, signo. Assim, por exemplo, o fio da vida é um terceiro, devir sem começo nem fim; o destino que corta a vida e a determina, força bruta e cega, é o segundo; seu começo indefinido, indeterminado, frescor da potencialidade livre e espontânea de tudo que apenas começa, é o primeiro.

As categorias constituem-se nas bases fundantes de todo o edifício filosófico de Peirce. A doutrina peirceana dos signos ou semiótica está inteiramente alicerçada nas três categorias e não há como compreender as sutilezas de suas inúmeras definições e classificações de signos sem um conhecimento cuidadoso da fenomenologia. O mais importante, no entanto, é o modo como a semiótica peirceana é extraída diretamente do interior da fenomenologia, pois a forma mais simples de terceiridade é a noção de signo. Este se define como qualquer coisa de qualquer espécie que seja (uma palavra, um livro, uma biblioteca, uma pintura, um museu, uma pessoa, um vídeo etc.) que representa uma outra coisa, chamada de objeto do signo, e que produz um efeito interpretativo em uma mente real ou potencial, efeito este que é chamado de interpretante do signo.

Além dos signos de terceiridade ou genuínos, há também quase-signos, isto é, signos de secundidade e de primeiridade. Peirce levou a noção de signo tão longe que tanto o signo nele mesmo quanto o seu interpretante, quer dizer, o efeito que o signo produz, não precisam ter a natureza de palavras, frases ou pensamentos organizados, mas podem corresponder a uma ação, reação, um mero gesto, um olhar, um êxtase fugidio, um gosto na boca, devaneios incertos e vagos, estados de expectativa, alegria, desespero, enfim, qualquer reação que seja, ou até mesmo algum estado de indefinição do sentimento que sequer possa receber o nome de reação. É por isso que qualquer coisa pode ser analisada semioticamente. Qualquer outra coisa que qualquer coisa possa ser, ela também é um signo.

As intersecções da semiótica com a comunicação

Se considerarmos as razões que levaram Peirce a se dedicar à construção de uma teoria de signos, que ontologicamente são existentes que agem no mundo e epistemologicamente exercem um papel mediador no acesso humano ao mundo, ao outro e a si mesmo, veremos que, em seu edifício filosófico, a semiótica é apenas uma propedêutica para estudar os tipos de raciocínio que se dão em signos, e dos raciocínios passar aos fundamentos dos métodos das ciências. Para ele, a semiótica geral deveria funcionar como uma teoria fundacional, como um método geral da-e-para a investigação científica, ou seja, como um mapa cognitivo de orientação fenomenológica, ontológica e epistemológica para ser usado por qualquer disciplina de qualquer espécie (cf. SANTAELLA, 1992, 2004). Ora, se isso é verdadeiro para qualquer campo científico ou disciplina, é ainda mais verdadeiro para a comunicação como campo de conhecimento, visto que a semiótica não apenas pode ser vista como uma teoria da comunicação, como também pode-se dizer que a noção peirceana de semiose tomou como ponto de partida o processo comunicacional.

Passemos brevemente em revista alguns princípios: a) não há comunicação sem intercâmbio de algum tipo de conteúdo; b) todo conteúdo se expressa em uma mensagem, ou narrativa, ou discurso, ou enunciado, ou qualquer outro nome que se lhe queira dar; c) toda mensagem encarna-se em signos; d) não há intercâmbio de mensagens sem um canal de transporte. Todos esses aspectos são aqueles que revelam, em um nível básico, as inter-relações entre comunicação e semiótica.

Entretanto, na semiótica peirceana, concebida como uma lógica fundacional, essas inter-relações brotam num nível mais profundo. Que a semiótica está indissoluvelmente enroscada na comunicação está implícito, em primeiro lugar, no fato de que não há comunicação sem signos. Em segundo lugar, no fato de que a semiose é, antes de tudo, um processo de interpretação, pois a ação do signo é a ação de ser interpretado em um outro signo. Por isso mesmo, o significado de um signo é um outro signo e assim por diante, processo através do qual a semiose está em permanente devir. Como poderia haver comunicação se não houvesse produção de signos para serem interpretados?

Semiose quer dizer ação do signo, ou seja, ação de ser interpretado em um quase-signo, por exemplo, um sentimento, uma reação ou em um outro signo, qual seja, um pensamento verbal ou uma resposta discursiva. Os exemplos de signos são inumeráveis, especialmente do século XIX para cá, quando os signos passaram a crescer desmesuradamente, a partir da multiplicação de mídias que se seguiram à invenção da fotografia. Entretanto, não importa quão diversos os exemplos de signos podem ser, pois a sua noção genérica de signo não foi extraída de um estudo indutivo das suas existências empíricas. O método peirceano, ao contrário, nasceu da tentativa de desenvolver uma definição muito abstrata do modo como os signos e quase-signos agem em geral. Assim sendo, qualquer coisa que seja que exiba um tal modo de ação – uma molécula ou a lei da gravidade, por exemplo –, será *ipso facto* um signo. Ora, a ação do signo é uma ação triádica que implica um objeto e um interpretante do signo. Onde houver uma tal ação, lá estará o signo.

A concepção de semiose funciona, portanto, como um modelo comunicacional abstrato que, para Peirce, tem início no *dictum* de que todo pensamento deve ser considerado como dialógico na sua forma, talvez aberto e ocorrendo entre duas ou mais pessoas diferentes, talvez recoberto e ocorrendo dentro do pensamento de uma só pessoa. Dialogicidade não começa, necessariamente, na comunicação entre emissores e receptores, mas já na semiose protocomunicativa, no pensamento e na cognição de cada um, sem comunicante externo, pois "o pensamento ocorre sempre na forma de um diálogo – um diálogo entre as distintas fases do ego" (CP 4.6). É, pois, na conversação consigo mesmo ou no diálogo entre pessoas que Peirce encontrou a fonte empírica do funcionamento sígnico e troca de signos (MS 283: 119). Nas suas palavras, "Não devemos começar conversando sobre ideias puras – pensamentos vagabundos que vagueiam pelas vias públicas sem qualquer habitação humana –, mas devemos começar com os homens e suas conversações" (CP 8.112).

> Peirce começou onde nós mesmos começamos, com um modelo que, tomado em si mesmo, sugeriria uma definição muito estreita, a saber, o modelo de uma conversação entre dois falantes de uma mesma língua. [...] Com alguma assistência que vem do movimento dos lábios e dos gestos, cada um dos falantes interpreta a sequência de sons pronunciada pelo outro como sendo palavras, frases, cláusulas, sentenças na língua que eles compartilham (FISCH, 1986: 357).

Portanto, a qualquer momento, em uma tal conversação, os signos são emitidos, de um lado, e recebidos, de outro. Esse parece ter sido o paradigma da semiose. A esse respeito, Peirce (MS 318: 17) afirma: "A ação do signo geralmente ocorre entre duas partes, o emissor e o intérprete. Mas estes não precisam ser pessoas, pois um camaleão e muitos tipos de insetos e mesmo plantas fazem suas vidas emitindo signos ou mentindo através de signos". Além disso, emissor e receptor alternam-se, pois o que importa, no caso, é o fluxo dos signos. Por isso mesmo, emissores e receptores não são simplesmente emissores e receptores, uma vez que o fluxo de signos está sempre prenhe de vozes, ecos de discursos de outros.

Como se pode ver, é a estrutura do diálogo que Peirce submeteu ao grau mais elevado de abstração, até o ponto em que a figura da mensagem, ou daquilo que é enunciado, veio a se constituir no termo técnico "signo", a noção do emissor passou a se constituir no objeto do signo e a noção do receptor veio a ser a do interpretante. A relação básica entre objeto, signo e interpretante foi derivada, portanto, da ideia de um emissor, um enunciado e um intérprete, através de um método analítico que Peirce caracteriza como uma busca pelos ingredientes essenciais desses três elementos presentes em todo diálogo (MS 318: 52-79, apud RANSDELL, 1977: 172). Isso quer dizer que a famosa tríade da semiose é uma extração, em nível de abstração máxima, dos três elementos fundamentais de todo processo comunicativo. Em outras palavras, 1) signo; 2) objeto; 3) interpretante é a tríade na qual a tríade do emissor-enunciado-intérprete se transformou quando esta última foi levada até à sua essência lógica. A pretensão de Peirce foi abstrair do emissor e do intérprete os ingredientes que são vitais à noção triádica do signo. Desse modo, o ato comunicativo ou interativo comum foi tomado como um caso paradigmático da ação sígnica, do qual seria possível extrair os componentes nucleares dessa ação (BERGMAN, 2004: 11). O termo técnico "signo" é derivado da noção logicamente mais crua de "enunciado", a noção de objeto é uma extração lógica do emissor e a noção de "interpretante" é um refinamento lógico da noção de "intérprete". Disso resultou a generalidade da definição de signo. Dentre as muitas que existem, escolhi a seguinte: "Um signo é qualquer coisa que é de um tal modo determinada por uma outra coisa que é capaz de determinar um efeito sobre uma pessoa, efeito este que chamo de seu interpretante, este último sendo, por consequência, mediatamente determinado pelo primeiro" (NEM 3: 886).

As definições peirceanas do signo costumam assustar e afastar os iniciantes, justamente devido ao seu elevado grau de abstração. No entanto, é preciso se perguntar: Por que Peirce levou essa abstração tão longe? A que consequências pragmaticistas ela se presta?

A caminhada rumo à abstração dos conceitos

Quanto mais abstrata é uma definição, mais seu potencial se expande para ser aplicada e servir de orientação para o entendimento de uma maior variação de casos. Tomemos, por exemplo, esta outra definição de signo a seguir:

> Um signo intenta representar, em parte (pelo menos), um objeto que é, portanto, num certo sentido, a causa ou determinante do signo, mesmo que o signo o represente falsamente. Mas dizer que ele representa seu objeto implica que ele afete uma mente, de tal modo que, de certa maneira, determina naquela mente algo que é mediatamente devido ao objeto. Essa determinação da qual a causa imediata ou determinante é o signo e da qual a causa mediada é o objeto pode ser chamada de interpretante (CP 6.347).

À luz dessa definição, pode-se constatar que palavras, frases, cláusulas, sentenças e conversações estendidas são signos, assim como são signos os poemas, ensaios, contos, romances, orações, dramas, óperas, artigos de jornal, relatórios científicos e demonstrações matemáticas. Desse modo, um signo pode ser um elemento constituinte de um signo mais complexo, e todas as partes constituintes de um signo complexo são também signos. Por isso mesmo, a noção peirceana de signo também inclui imagens, sintomas, livros inteiros, bibliotecas, sinais, comandos, microscópios, representantes no parlamento, concertos e suas *performances* etc. (cf. MS 634: 18).

Contudo, o signo só age como tal, só funciona efetivamente como signo, no momento em que encontra uma mente interpretadora na qual ele passará por uma operação tradutória em que se verá convertido em outro signo. Os pensamentos que a leitura deste meu texto está produzindo na mente do leitor implica a tradução de minha fala em fala própria do leitor. Mas esse efeito interpretativo, que é produzido na mente de cada leitor singular, não esgota a noção da interpretação. Esta implica uma generalização que leva o interpretante além de cada interpretação particular.

Assim, a definição peirceana do interpretante é também fruto de um refinamento lógico da noção mais crua de interpretação. Essa definição é, de fato, tão refinada que a ideia mais ou menos vaga que costumamos ter de um processo interpretativo é precisamente traduzida na semiótica peirceana por uma bateria conceitual de nada menos do que 12 graus do interpretante sobre a qual não discorrerei aqui. Para isso, remeto o leitor para Santaella (2004). Essa bateria conceitual minuciosamente evidencia, passo a passo, o modo como qualquer processo de interpretação se desenvolve. Esses passos incluem os aspectos potenciais, psicológicos, emocionais, energéticos, coletivos, lógicos, habituais e transformativos do processo interpretativo.

Por isso mesmo, interpretante não se confunde com intérprete. O interpretante é um conceito muito mais vasto que inclui o intérprete, mas não se reduz a ele. O intérprete corresponde apenas a um dos níveis do interpretante, que Peirce chama de interpretante dinâmico. Desse modo, o intérprete tem um papel importante a desempenhar na interpretação, mas esta envolve outros aspectos que não se esgotam na função desempenhada por um indivíduo particular, por mais importante que esta função possa ser (cf. SANTAELLA, 1996, 1995).

Considere-se, entretanto, que a fonte da semiose se encontra no objeto do signo. É o objeto que determina o signo. É o objeto que o signo intenta representar, indicar ou sugerir. Isso não diminui o quão enigmático é considerar que o objeto é uma abstração da noção de intérprete. Mas estudemos isso passo a passo. A mim parece bastante esclarecedora a explicação que Ransdell (1977) nos fornece dessa questão à primeira vista tão enigmática. Em última instância, o emissor de um signo, de qualquer fenômeno interpretável, é a realidade ela mesma. Isso é verdadeiro especialmente no caso de um falante humano, quando somos levados a pensar que é a realidade que fala através do falante. Essa postulação pode ser complementada na afirmação peirceana de que a linguagem não está em nós, somos nós que estamos na linguagem, uma postulação que nos oferece um caminho de resposta à pergunta filosófica e psicanalítica que, muitas vezes, inconscientemente nos assalta: "Quem fala em mim quando eu falo?"

Trocando em miúdos, o emissor é aquele que constrói e emite o enunciado ou signo. Ora, o objeto preenche uma função similar. Ou seja, o objeto não é aquilo que está expresso pelo signo, mas é aquilo que o signo só pode indicar e que deve ser conhecido do intérprete por experiência prévia e colateral. Do mesmo modo que o emissor não é criado pelo signo, mas pode ser visto como a fonte do signo, também o objeto parece preceder o signo. Entretanto, sem signos não haveria emissores, assim como não haveria nada a dizer. Isso sugere que seria mais acurado dizer que são os signos que precedem os emissores e não o contrário. A engenhosidade lógica é aqui bastante intrincada A linguagem fala através de nós, uma constatação que retira do emissor qualquer veleidade de ser o senhor onisciente de seu discurso. A fonte da semiose não está em cada emissor, mas na linguagem, nos signos que o atravessam. Como bem explica Bergman (2004: 12), que o objeto funcione como uma espécie de substituto abstrato de um emissor não significa que o objeto seja uma espécie de repositório com algum tipo de poder autossustentado de gerar significado. Qual, então, é o papel do emissor que, na abstração peirceana, converteu-se em objeto do signo? A explicação de Bergman (p. 12) sobre isso também é esclarecedora:

> Ou o objeto é algo bem conhecido tanto do emissor quanto do receptor em uma troca comunicativa ou ele deve, de algum modo, ser mostrado ou explicado de tal maneira que o intérprete seja capaz de determinar a sua identidade em um grau relevante (MS 318: 98). Em outras palavras, o papel semiótico do objeto não é o da enunciação no sentido da produção de sentido; o aspecto crucial do emissor que o objeto preenche é aquele de um contextualizador da semiose. Servindo como iniciador da comunicação, o emissor determina sobre o que o diálogo será. De modo similar, o objeto também delimita a ação dos signos.

É por isso que se pode afirmar que o objeto do signo é o contexto do signo, tudo aquilo a que o signo se aplica que, em contrapartida, o signo representa. Contudo, a engenhosidade não para aí, mas avança na intrincada relação que o signo mantém com o objeto. O objeto é aquilo que determina o signo. Mas o fato de determinar não o leva a funcionar como um primeiro na relação triádica. O primeiro é sempre o signo em relação ao objeto que é um segundo. Ou seja, o contexto não vem nunca antes do enunciado ou signo que o recorta, mas é, isto sim, representado, indicado ou sugerido pelo signo.

Não há dúvida de que essa noção abstrata da função semiótica do emissor é bastante peculiar, mas, ao mesmo tempo, muito sintonizada com as ideias pós-estruturalistas e psicanalíticas da primazia da linguagem e das sobredeterminações do sujeito pela linguagem. As implicações filosóficas desse argumento são muito complexas, não cabendo aqui a sua discussão mais aprofundada. De todo modo, valeria a pena enfatizar que a definição triádica do signo, derivada da tríade mais crua do emissor, mensagem e receptor, é um constructo que foi abstraído do modelo de uma conversação que pode ocorrer entre humanos, humanos e animais, animais e animais, humanos e máquinas, máquinas e máquinas, moléculas e moléculas etc. Uma noção tão estendida de conversação só foi possível dado o alargamento a que Peirce submeteu a noção de signo. De fato, trata-se de um tal alargamento ou generalidade abstrata que nos permite pensar em até mesmo uma interação molecular como um processo de semiose e, consequentemente, como um processo comunicativo (cf. SANTAELLA & NÖTH, 2004). Igualmente nos permite pensar a inteligência das plantas e a comunicação entre os vegetais, tema que recentemente está sendo colocado em pauta de pesquisa.

31

Relevância da semiótica para a comunicação

Neste capítulo discorri sobre a obra de Peirce, com especial ênfase na semiótica, aqui tratada de tal modo a argumentar que ela se constitui em uma teoria da comunicação. De fato, nela podem ser encontrados elementos conceituais, de um lado, para o trabalho com as características peculiares dos diferentes sistemas de linguagens, sonoros, visuais e verbais. Nesse nível o que se exploram são os componentes dos signos em si mesmos que, segundo Peirce, apresentam três níveis principais: o quali-signo, ou seja, as qualidades inerentes ao signo, tudo aquilo que os signos nos fazem ver, ouvir, cheirar, degustar, apalpar, em suma, tudo aquilo que nossos sentidos captam. As qualidades dos signos inerem em algo existente. Esse é o segundo nível do signo, o sin-signo, ou signo de existência. O signo só funciona como tal porque existe no tempo e no espaço, nas relações que mantém no universo dos outros existentes, quer dizer, só funciona como signo porque apresenta-se em uma materialidade que lhe é própria. É por isso que não faz sentido afirmar que a semiótica ignora a materialidade dos signos e das mídias. Sem essa materialidade as qualidades não poderiam nele inerir, nem o signo poderia funcionar como réplica de tipos gerais abstratos, a saber, o terceiro nível do signo em si mesmo: o legi-signo. Este é um signo de lei, como são as palavras, como são os padrões que se apresentam nos sistemas de signos como, por exemplo, padrões de visualidade, de sonoridade e assim por diante.

Se o aspecto do signo que está sob exame é apenas o qualitativo, então, na relação com seu objeto, ele só pode ser um ícone e, portanto, manter com seu objeto uma relação de evocação, sugestão, conjectura, hipótese, pois qualidades não têm outro poder senão aquele de se assemelhar a outras qualidades. Disso a música é exemplar, pois seu poder de representação de algo que está fora da própria música não passa do aspecto evocativo. Por essa razão, quali-signos icônicos só podem produzir qualidades de sentimentos e hipóteses como signos interpretantes, que na semiótica são chamados de remas.

Se aquilo que está em foco é o aspecto existencial do signo, então, como existente, ele é parte de um universo de existentes muito maior do que o próprio signo e de que ele é uma parte. Vem daí o poder dos existentes funcionarem como índices. Apontam para o contexto do qual são partes. Uma fotografia, por exemplo, é parte da realidade visível que ela fragmentariamente capturou. Na relação com o interpretante, o sin-signo indicial surge como um dicente, ou seja, uma proposição que afirma ou nega a relação da parte, o signo, para o todo, o contexto a que o signo pertence.

Quando o foco é colocado no aspecto de lei, na generalidade de um tipo ou gênero ou padrão de algo, então, na relação com o objeto, esse signo é simbólico e, na relação com o interpretante, é um argumento ou princípio de sequência do qual discursos são gerados.

Os três níveis são inseparáveis, o que não impede que se atente apenas para um aspecto deixando os outros na sombra. Mas isso não pode levar à postulação da inexistência dos outros aspectos ou níveis. A realidade psíquica, social, comunicacional ou qualquer outra é feita de misturas. Os conceitos semióticos nos ajudam a dar atenção e discriminar os elementos presentes nas misturas que se nos apresentam, para poder extrair deles sua força potencial.

Em suma, longe de se constituir em forasteira no campo da comunicação, a semiótica cumpre, na realidade, tanto o papel de coadjuvante nos processos manifestos de comunicação em quaisquer mídias nas quais se fazem presentes, quanto também de coadjuvante do pesquisador e analista que com ela aprende a extrair prazer e consequências do escrutínio cuidadoso dos signos, dos seus contextos e dos processos interpretativos que estão aptos a produzir psíquica e socialmente.

Nota

1. No original da autora, este trabalho recebeu o título "Charles Sanders Peirce: a comunicação na interface com a semiótica".

Referências

BACHA, M.L. *Realismo e verdade* – Temas de Peirce. São Paulo: Legnar, 2003.

_____. *A indução de Aristóteles a Peirce*. São Paulo: Legnar, 2002.

BERGMAN, M. *Fields of Signification* – Explorations in Charles S. Peirce's Theory of Signs. Vantaa: Philosophical Studies from the University of Helsinki, 2004.

CAMPOS, A. & CAMPOS, H. (1964). *Re visão de Sousândrade* – Textos críticos, antologia, glossário e bibliografia. São Paulo: Perspectiva, 1964.

COLAPIETRO, V. *Peirce's Approach to the Self* – A Semiotic Perspective on Human Subjectivity. Nova York: State University of New York Press, 1989.

COLAPIETRO, V. & OLSHEWSKY (eds.). *Peirce's Doctrine of Signs*. Berlim: Mouton de Gruyter, 1996.

EISELE, C. *Studies in the Scientific and Mathematical Philosophy of Charles S. Peirce*. The Hague: Mouton, 1979.

FISCH, M. *Peirce, Semeiotic, and Pragmatism* – Essays by Max. Bloomington: Indiana University Press, 1986 [H. Fisch, K.L. Ketner et al. (eds.)].

GALLIE, W.B. *Peirce and Pragmatism*. 2. ed. Westport, Conn.: Greenwood, 1975.

IBRI, I. *Kosmos Noetos* – A arquitetura metafísica de Charles S. Peirce. São Paulo: Perspectiva, 1992.

JOHANSEN, D. *Dialogic Semiosis* – An Essay on Signs and Meaning. Bloomington: Indiana University Press, 1993.

KENT, B. *Charles S. Peirce* – Logic and the Classification of the Sciences. Kingston/Montreal: McGill-Queen's University Press, 1987.

KETNER, K.L. *Peirce and Contemporary Thought* – Philosophical Inquiries. Nova York: Fordham University Press, 1995.

PEIRCE, C.S. *The Writings of Charles S. Peirce* – A Chronological Edition. Bloomington: Indiana University Press, 1982 [Fisch et al. (eds.)] [Referida como W, seguido pelo número do volume].

_____. *Semiótica*. São Paulo: Perspectiva, 1977 [trad. Teixeira Coelho].

_____. *The New Elements of Mathematics*. Berlim: Mouton de Gruyter, 1976 [Carolyn Eisele (ed.)] [Obra referida como NEM].

_____. *Os Pensadores*, vol. XXXVI. São Paulo: Abril, 1974 [trad. Armando Mora D'Oliveira].

_____. *Semiótica e filosofia*. São Paulo: Cultrix, 1972 [trad. Octanny S. da Mota e Leonidas Hegenberg].

_____. *The Collected Papers*. 8 vols. Cambridge, MA: Harvard University Press [Hartshorne, Weiss e Burks (eds.] [Obra referida como CP. Os manuscritos (MS) foram citados de acordo com a paginação do *Institute for Studies in Pragmaticism*. Lubbock: Texas, 1931-1958].

QUEIROZ, J. *Semiose segundo C.S. Peirce*. São Paulo: Educ/Fapesp, 2004.

RANSDELL, J. Some leading ideas of Peirce's semiotics. *Semiotica*, 19 (3-4), p. 157-178.

SANTAELLA, L. *Teoria Geral dos Signos* – Como as linguagens significam as coisas. 3. ed. São Paulo: Thomson, 2004.

_____. *O método anticartesiano de C.S. Peirce*. São Paulo: Unesp/Fapesp, 2004.

_____. *Semiótica aplicada* – Publicidade, vídeo, arte, literatura, instituições. São Paulo: Thomson, 2003 [6. ed., 2013].

_____. *Matrizes da linguagem e pensamento*: sonora, visual, verbal. São Paulo: Fapesp/Iluminuras, 2001.

_____. *Teoria Geral dos Signos* – Semiose e autogeração. São Paulo: Ática, 1995.

_____. *Estética*: de Platão a Peirce. São Paulo: Experimento, 1994 [3. ed., 2002].

_____. *(1993). Percepção* – Uma teoria semiótica. São Paulo: Experimento, 1993 [2. ed., 1998].

_____. *A assinatura das coisas* – Peirce e a literatura. Rio de Janeiro: Imago, 1992 [1. reimpr., 1999].

_____. *O que é semiótica*. São Paulo: Brasiliense, 1983 [33. reimpr., 2004].

_____ *Produção de linguagem e ideologia*. São Paulo: Cortez, 1980 [2. ed., 1996].

SANTAELLA, L. & NÖTH, W. *Comunicação e semiótica*. São Paulo: Hacker, 2004.

SHORT, T. *Peirce's Theory of Signs*. Cambridge: Cambridge University Press, 2007.

SILVEIRA, L.F.B. *Curso de Semiótica Geral*. São Paulo: Quartier Latin, 2007.

Ferdinand de Saussure (1857-1913)

Denise Lima ★

Signo e sentidos: a semiologia de Saussure

Qualquer que seja o tema, apresentar uma leitura a partir de um pensamento em formação como o de Ferdinand de Saussure não é uma tarefa fácil, nem muito grata. Não importa de que aspecto o abordaremos, somos sempre colocados diante de um dilema: Por onde começar? A pergunta, como bem coloca Arrivé (2010), perturba todo leitor de Saussure, até mesmo porque é perceptível, em numerosos pontos da própria reflexão do mestre genebrino, a mesma hesitação quando o objetivo é formular uma teoria do signo.

Considerado o fundador da semiologia francesa[1], a Teoria do Signo saussureana ainda hoje é alvo de interpretações equivocadas. Não é difícil encontrar conceitos, cuja autoria é atribuída a Saussure, mas que não pertencem ao pensamento do professor. A maioria das críticas se fundamenta em leituras superficiais da edição do *Curso de Linguística Geral (CLG)*. Os leitores não levam em conta a complexidade da obra, e por muitas vezes adotam o *Curso* como voz oficial de Saussure. Assim é comum encontrar ideias[2] de que Saussure teria excluído o referente e os sentidos, e de que em sua teoria o signo estaria fechado sobre si mesmo, restrito apenas ao código.

Indo em direção contrária, este ensaio convida a uma outra leitura, procurando propor que a Teoria do Signo saussureana é, antes de tudo, um trabalho com a produção de sentidos e de que a arbitrariedade é o princípio fundador daquilo que podemos entender como a semiologia saussureana. E é justamente nesta medida que o legado de Saussure ultrapassa a fronteira da linguística e se insere no campo da comunicação.

Para isto, a reflexão traz além do *Curso de Linguística Geral, CLG*, os *Escritos de linguística geral*, as anotações de aula dos alunos de Saussure do Curso de Linguística Geral e pesquisas de estudiosos que trabalham com a releitura de Saussure.

★ Pesquisadora da Universidade Federal de Campina Grande. Doutora em Letras (UFPB).

O CLG: o legado estruturalista

Como nos mostra Calvet (1977) no ano de 1906, no dia 6 de dezembro, Saussure, então professor de Gramática Comparada e Sânscrito, foi convidado a ministrar na Universidade de Genebra duas horas de linguística geral. O curso foi ministrado em três períodos: no primeiro curso, de janeiro a julho de 1907 (seis alunos matriculados), Saussure abordou a fonologia, a linguística evolutiva, a etimologia popular; no segundo curso, de novembro de 1908 a junho de 1909 (11 alunos matriculados), Saussure abordou a Teoria do Signo e da Língua, oposição sincronia e diacronia; no terceiro curso, de outubro de 1910 a julho de 1911 (12 alunos matriculados), Saussure tratou da linguística externa (as línguas).

Em 1916, três anos após a morte de Saussure, a partir dos cadernos de anotações de alguns alunos do curso e alguns escritos pessoais de Saussure, Charles Bally e Albert Sechehaye, com a colaboração de A. Riedlinger, publicaram o *Curso de Linguística Geral*. A imagem de Saussure passaria à posterioridade ligada à edição do CLG e o mestre ficaria então conhecido historicamente como o fundador da linguística moderna.

Conforme Faraco (2004), o real impacto do curso acontece no final da década de 1920, principalmente a partir do Primeiro Congresso Internacional de Linguística em Haia, em 1928, do Primeiro Congresso dos Filólogos Eslavos em Praga, em 1929, e da Primeira Reunião Fonológica Internacional de Praga, em 1930. Nestes três fóruns as teses saussureanas aparecem pelas mãos de Roman Jakobson e Nikolai Troubetzkoy.

Em virtude de sua repercussão histórica e da importância que ocupa na fundação da linguística moderna, o CLG, durante muito tempo, permaneceu intocado. A integridade do texto não foi colocada em dúvida. Somente a partir da década de 1960, com os estudos dos manuscritos de Saussure, novos discursos começaram a surgir nas edições críticas de Engler, Godel e De Mauro. As pesquisas realizadas por eles mostram, além de tudo, que ao contrário do que Bally e Sechehaye deixam transparecer no CLG, o pensamento de Saussure não se revela como algo acabado, mas sim como um pensamento que estava em construção. Apesar dos editores procurarem apresentar os ensinamentos de Saussure como um todo orgânico e definitivo, podemos encontrar, conforme coloca Salum no prefácio da edição brasileira, um Saussure inquieto com as aulas de linguística geral.

> Vejo-me diante de um dilema: ou expor o assunto em toda a sua complexidade e confessar todas as minhas dúvidas, o que não pode convir para um curso que deve ser matéria de exame, ou fazer algo simplificado, melhor adaptado ao auditório de estu-

dantes que não são linguistas. Mas a cada passo me vejo retido por escrúpulos (SAUSSURE, 1975: XVII).

O fato de ser uma obra póstuma faz do CLG no mínimo uma obra polêmica. Considerando que são notas de alunos, o CLG dificilmente representa exatamente as palavras de Saussure, mas sim um reflexo da exposição oral do professor. Diante dos cadernos dos estudantes não há dúvidas de que as dificuldades encontradas por Bally e Sechehaye na edição foram diversas, a começar pela busca dos apontamentos de Saussure do Curso de Linguística Geral. Os editores tinham a intenção de elaborar uma publicação fundamentada na união das anotações de Saussure e as anotações dos alunos. Entretanto pouquíssimo material na época foi encontrado.

Atualmente, as dissonâncias apresentadas entre os textos originais e o CLG, atreladas à forma como o curso foi organizado pelos editores, contribuem para que haja uma tendência em considerar o CLG como uma edição que: ou representa as ideias de Saussure ou as deforma por completo. No entanto, preferimos perceber o CLG além desta dicotomia.

Não há como negar que o *Curso* ocupa historicamente um lugar fundamental no movimento de fundação da Linguística enquanto ciência e consequentemente da corrente estruturalista. Entretanto, não podemos esquecer que o *Curso* é uma obra póstuma e que as notas dos alunos dificilmente representam exatamente as palavras de Saussure, e sim um reflexo da exposição oral do professor. E ainda que, diante dos cadernos dos estudantes, as dificuldades encontradas por Bally e Sechehaye na edição do CLG foram diversas. Desta forma, em qualquer leitura do CLG é preciso levar em consideração que a obra apresenta tanto as marcas de Saussure quanto a dos seus editores.

Acreditamos, como Silveira (2003), que o CLG traz o pensamento de Saussure, mas o que se perde são os laços internos desse pensamento. E é aí que reside toda a dificuldade de um estudo sobre Saussure, unir os laços perdidos, montar as peças de um quebra-cabeça. Os laços não são fáceis de serem recuperados. Ao lermos os *Escritos de linguística geral*, por exemplo, nos deparamos com frases inacabadas, espaços em branco, rabiscos. As lacunas deixadas por ele mostram um caminho sinuoso a percorrer.

É dessa forma lacunar que observamos a noção de uma semiologia em Saussure. A noção de signo e consequentemente o princípio de arbitrariedade são noções complexas, muitas vezes retomadas e reformuladas por Saussure, como veremos a seguir.

A semiologia do signo saussureano

O princípio da arbitrariedade representa o fio condutor da teoria saussureana sobre o signo. A importância do princípio pode ser percebida claramente em uma das passagens do CLG (1975: 82) em que o professor afirma que as consequências do arbitrário são inúmeras. "É verdade que nem todas aparecem, à primeira vista, com igual evidência; somente ao cabo de várias voltas é que as descobrimos e, com elas, a importância primordial do princípio."

Segundo De Mauro (1995, nota 138) este parágrafo do CLG é um reflexo fiel das fontes manuscritas. Para o autor, a passagem é importante porque leva a considerar que Saussure tinha descoberto, no princípio do arbitrário, o alicerce de sistematização de sua teoria, dando assim um primeiro passo na compreensão profunda do tema do arbitrário.

Como se sabe, as reflexões sobre a linguagem representar ou não a realidade vêm desde a filosofia grega. O primeiro texto ocidental sobre a linguagem[3], o *Crátilo*, de Platão, questiona se a linguagem tem vínculo direto e essencial com a realidade física e espiritual ou se é puramente arbitrária. Saussure (2004: 282) retoma a questão, criticando qualquer concepção da língua enquanto nomenclatura e defende que a relação que a língua estabelece não é de nomes com objetos exteriores, mas sim de termos entre si, se a língua consistisse apenas em denominar objetos, "os diferentes termos dessa língua não teriam relação entre si, ficariam tão separados uns dos outros quanto os próprios objetos".

Em notas datadas entre os anos de 1893 e 1894, encontra-se em Saussure uma formulação radical da arbitrariedade do signo. Na nota ele (2004: 198) escreve:

> Antes o objeto, depois o signo, por conseguinte (o que negaremos sempre) base externa dada ao signo, e a representação da linguagem por esta relação:
>
> Objetos $\left\{ \begin{array}{c} \star \_a \\ \star \_b \\ \star \_c \end{array} \right\}$ nomes
>
> Enquanto que a verdadeira representação é: a – b – c, fora de qualquer conhecimento de uma relação efetiva como $\star$ – a –, baseada em um objeto.

Esta mesma posição também aparece no esboço de um artigo em homenagem a Whitney, em 1894, em que Saussure (2004) coloca que os símbolos independentes são aqueles cuja característica consiste em não ter nenhuma espécie de relação com o objeto a designar e consequentemente de não fazer parte dele, nem mesmo indiretamente.

Não existe nada em comum entre um signo e aquilo que ele designa, o objeto. O signo é formado pela associação de dois elementos igualmente imateriais e absolutamente diferentes: o significado e o significante. É acidental quando o signo corresponde a um objeto e esta correspondência não deve ser tomada como padrão. O signo, então, não une um nome a uma coisa, mas um significante a um significado. Saussure (2004: 23) enfatiza várias vezes que o significante não é o som material, mas a impressão psíquica do som.

É possível observar que não há exclusão do objeto, mas a recusa de estabelecer uma relação natural com o objeto. Saussure defende que não há ideias preestabelecidas e sem o recurso do signo não seríamos capazes de distinguir duas ideias de maneira clara. O signo se constitui entre duas massas amorfas: o pensamento e o som. O pensamento é definido como uma massa amorfa e indistinta, uma nebulosa onde nada está distinto. A substância fônica é uma matéria que se divide por sua vez para "fornecer os significantes dos quais o pensamento tem necessidade" (SAUSSURE, 1975: 130).

Depois de Saussure, segundo De Mauro (1995, nota 129), a crítica da concepção tradicional do signo enquanto nomenclatura foi retomada entre os linguistas a exemplo de Hjelmslev e de Martinet. Na tradição filosófica, conforme o autor (1995) Wittgenstein aproximou-se de uma visão bem próxima da de Saussure, apesar de seu ponto de partida ser diferente. No entanto, De Mauro (1995) coloca que seria um erro acreditar que a crítica saussureana tem sido comumente compreendida.

Como se percebe, a maioria das críticas sobre a arbitrariedade se limita ao capítulo do CLG, *A natureza do signo linguístico*. Há uma tendência em vincular a teoria saussureana do arbitrário ao conteúdo deste capítulo que inclusive parece ser o mais lido de todos. Acontece que o pensamento de Saussure sobre a arbitrariedade ultrapassa as fronteiras deste capítulo, seria um erro então julgar o mestre por apenas seis páginas de uma obra complexa e inacabada.

Há em Saussure uma noção de arbitrariedade do signo fundamentada no conceito de arbitrário absoluto e de arbitrário relativo. Vejamos que Saussure (1975) explica que o princípio da arbitrariedade do signo não impede distinguir o que é radicalmente arbitrário (imotivado) do que é relativamente arbitrário (motivado). Apenas uma parte dos signos é absolutamente arbitrária, enquanto que em outras o signo pode ser relativamente arbitrário.

> Assim *vinte* é imotivado, mas *dezenove* não o é no mesmo grau, porque evoca os termos dos quais se compõe e outros que lhe es-

tão associados, por exemplo, *dez, nove, vinte e nove, dezoito, setenta* etc.: tomados separadamente, *dez e nove* estão na mesma condição que *vinte*, mas *dezenove* apresenta um caso de motivação relativa. O mesmo acontece com *pereira*, que lembra a palavra simples *pera* e cujo sufixo-*eira* faz pensar em *cerejeira, macieira*; nada de semelhante ocorre com *freixo, eucalipto* etc. (SAUSSURE, 1975: 152).

Distinguir não significa necessariamente separar. A ideia de arbitrariedade implica tanto uma relação que é radicalmente imotivada quanto uma relação que é relativamente motivada, as duas conjuntamente formam um movimento que permite um equilíbrio. Saussure (1975) observa que o sistema da língua em algum momento repousa no princípio irracional da arbitrariedade do signo e que aplicado sem limites levaria a uma complicação suprema. Diante disto se faz necessário então que se introduza um princípio de ordem e de regularidade, esta é a função do relativamente motivado. E é exatamente entre os dois limites entre o mínimo de regularidade e o mínimo de arbitrariedade que se encontram todas as variáveis possíveis.

Partimos então para uma reflexão sobre o arbitrário absoluto para que possamos depois chegar à arbitrariedade relativa.

Estudos minuciosos como o de De Mauro (1995) revelam que, em virtude da forma como foi organizado, o capítulo sobre a natureza do signo linguístico, que apresenta a noção de arbitrário absoluto, traz problemas para a compreensão da teoria saussureana do arbitrário. Os acréscimos feitos pelos editores contribuem para uma distorção da ideia de arbitrariedade, dando margem a interpretações equivocadas. O autor faz considerações importantes sobre o capítulo, mostrando que as marcas deixadas pelos editores são bastante incisivas.

O primeiro ponto que o autor destaca (1995, nota 128) refere-se ao título do capítulo. Ele explica que duas semanas após explanar sobre a natureza do signo linguístico, em apêndice no dia 19 de maio, Saussure retoma o título da aula – *a natureza do signo linguístico* – datada do dia 2 de maio, propondo-lhe um novo título, que seria: *a língua como sistema de signos*. O título, no entanto, foi ignorado pelos editores. Para De Mauro (1995), a sugestão de Saussure em alterar o título, decorre do fato do mestre ter percebido com clareza a possibilidade de propor uma tese sobre a interpretação da língua enquanto sistema de signos.

Outra questão apontada encontra-se na própria definição de arbitrário. Vejamos que conforme está no CLG (1975), o laço que une o significante ao significado é arbitrário, e sendo o signo resultante da associação de um significante

41

com um significado pode-se dizer que o signo linguístico é arbitrário, isto é, que não existe um vínculo natural com a realidade, não há relação analógica entre significante e significado, o significante é imotivado em relação ao significado.

No entanto, conforme De Mauro (1995, nota 136), a palavra *radicalmente*, presente nas anotações de aulas (B. Engler), desaparece no texto dos editores. Nas anotações consta que o vínculo que une o significante ao significado é radicalmente arbitrário. O autor acredita que, como se tratava de uma formulação muitas vezes analisada por Saussure, é pouco provável que o advérbio *radicalmente* tenha sido usado como pleonasmo. O que seria mais legítimo pensar é que este advérbio teria na formulação um sentido pleno: "o vínculo é arbitrário *radicitus*, em seus próprios fundamentos, à medida que ele liga entre si duas entidades produzidas de maneira semelhante, graças ao corte arbitrário na substância acústica e na substância significativa" (DE MAURO, 1995, nota 136).

De Mauro (1995, nota 132) destaca ainda que os desenhos que representam o signo também apresentam alguns equívocos. Das três figuras que estão no capítulo do CLG, apenas as duas primeiras correspondem às fontes manuscritas, a terceira com o desenho da árvore foi acrescida pelos editores.

As flechas nas três figuras, e a frase: "Esses dois elementos estão intimamente unidos e um reclama o outro" (CLG, 1975: 80), que explica as flechas, referindo-se à relação entre significado e significante, também foram inseridas, assim como também, o emprego de *palavra* para designar *arbor*. Para De Mauro (1995, nota 132) tais acréscimos trazem consequências graves, pois resulta na impressão de que para Saussure o significante é o vocábulo e o significado a imagem de uma coisa e que um chama o outro, contradizendo, portanto, a essência do pensamento de Saussure sobre o signo.

É pertinente destacar ainda que outra dificuldade da leitura do CLG (1975) está relacionada à ambiguidade do termo signo. A preocupação de Saussure quanto ao uso terminológico da palavra signo é expressa várias vezes nas notas dos alunos. Na aula de 2 de maio de 1911, podemos observar em anotações de Constantin (KOMATSU & HARRIS, 1993: 75) que Saussure questiona quanto ao uso da terminologia signo/significante.

> É preciso decidir se chamaremos de signo o total (a combinação do conceito com a imagem acústica), ou melhor, apenas a própria imagem acústica pode se chamar signo [...]. Esta é uma questão que confessamos não poder decidir. Há um ponto de terminologia a ser resolvido. Seria preciso duas palavras diferentes. Nós faremos o possível para evitar as confusões que poderiam ser muito graves[4] (tradução nossa).

Somente na aula datada de 19 de maio de 1911, ainda conforme anotações de Constantin (KOMATSU & HARRIS, 1993), Saussure introduz pela primeira vez o par terminológico: *significante e significado*. Sabemos que o propósito de Saussure era evitar a ambiguidade terminológica que a frase *o signo linguístico é arbitrário* dita na aula datada de 2 de maio poderia evocar, assim propõe que seja substituída por outra: *o vínculo que liga um significado a um significante é arbitrário*.

Entretanto, os editores não fazem menção no CLG aos questionamentos de Saussure. A posição do mestre aparece de forma sutil no trecho do capítulo "A natureza do signo linguístico", em que se lê: "Chamamos signo a combinação do conceito e da imagem acústica; mas, no uso corrente, esse termo designa geralmente a imagem acústica" (SAUSSURE, 1975: 81).

Na visão de Bouquet (2000), o CLG apresenta um reflexo deformado da problemática do arbitrário. O autor defende que das 16 passagens que tratam do arbitrário no CLG, nenhuma corresponde a uma formulação original de Saussure. Partindo então dos textos originais, propõe uma outra leitura sobre a noção de arbitrariedade.

Bouquet (2000: 232) indica que o fato de os editores não terem exposto no CLG as reflexões de Saussure quanto à terminologia significante/signo comprometeu a noção de arbitrário, uma vez que o conceito de arbitrário do signo "como uma dimensão mais ampla do que a do arbitrário do significante diante do significado" aparece no CLG como um conceito opaco.

O texto que faz uma referência explícita ao fato do arbitrário tal como concebeu Saussure no apogeu de sua reflexão, conforme o autor, pertence à aula de 12 de maio de 1911, em que Saussure apresenta uma conclusão da primeira aula datada de 2 de maio que tratou do arbitrário, e faz ao mesmo tempo uma exposição sobre o arbitrário absoluto e o arbitrário relativo.

Referindo-se às anotações de Constantin (KOMATSU & HARRIS, 1993) daquela aula, Bouquet (2000) defende que há na teoria saussureana dois graus de arbitrário: um primeiro grau de arbitrário que pode ser denominado arbitrário interno do signo e um segundo grau de arbitrário que pode ser denominado arbitrário sistêmico do signo.

O primeiro grau de arbitrário consiste na relação interna ao signo, entre significante e significado, e está relacionado ao fato de um significante dado corresponder a um significado dado, o fenômeno pode ser considerado em três aspectos: a) tomando por objeto o significante, é arbitrário que tal significado seja ligado a ele; b) tomando por objeto o significado, é arbitrário que tal significante seja ligado a ele; c) tomando por objeto a própria relação, é arbitrário que tal significante e tal significado sejam ligados no signo.

O segundo grau de arbitrário, o arbitrário sistêmico do signo, compreende dois fatos arbitrários distintos: o arbitrário do sistema fonológico e o arbitrário do sistema semântico. No arbitrário do sistema fonológico, é arbitrário que o "número dos significantes e as características distintivas dos significantes" de uma língua sejam o que são. No arbitrário do sistema semântico é arbitrário que o "número dos significados e as características distintivas dos significados" de uma língua sejam o que são (BOUQUET, 2000: 235).

A noção do segundo grau de arbitrário parece, então, ser um aprofundamento da noção do primeiro grau. Bouquet (2000) lança um olhar que atravessa a relação entre significante e significado e percorre a relação interna do sistema fonológico e do sistema semântico, "no corte realizado por um signo na substância a qual lhe dá forma" (BOUQUET, 2000: 235).

Gostaríamos de destacar que, apesar de propor uma releitura da arbitrariedade, percebemos que o autor não faz qualquer menção à noção da arbitrariedade relativa. A reflexão sobre os graus do arbitrário leva em conta apenas o caráter do arbitrário absoluto.

Voltamos então para as anotações de Constantin (KOMATSU & HARRIS, 1993: 89), em que Saussure afirma:

> Mais je n'ai voulu en cela qu'indiquer l'opposition des éléments arbitraires ou relativement arbitraires comme un phénomène facile à surprendre. Nous n'avons pas pénétré autant qu'il est nécessaire dans le phénomène lui-même. <Il> met en présence deux relations <que je n'ai> pas separes< jusqu'ici sans les opposer>. L'idée de relativement arbitraire fait intervenir deux relations qu'il faut soigneusement distinguer[5].

> Nous avons d'une part cette relation dont il a été question:

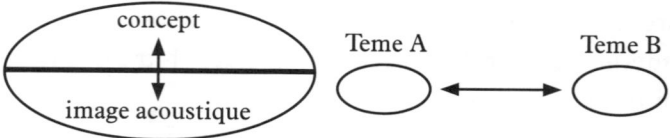

Retomando a figura apresentada na citação, podemos observar que, conforme Constantin (KOMATSU & HARRIS, 1993), Saussure coloca que a ideia de relativamente arbitrário faz intervir duas relações que é preciso distinguir cuidadosamente. Saussure então segue explicando que existe uma relação interna entre o significante e o significado e que cada signo implica esta relação. A ideia de relativamente motivado necessariamente implica evocar um outro signo externo a esta relação interna. Saussure coloca que à primeira vista parece não haver nada em comum entre a relação interna (significante e significado) e a relação entre signos. No entanto, aponta que a relação entre dois signos só existe em virtude das relações internas e que isto não é algo observável imediatamente no primeiro momento.

Saussure, conforme Constantin (KOMATSU & HARRIS, 1993), então procura explicar utilizando como exemplo o signo *desireux*. No signo *desireux* se tem uma quantidade a qual é *désir* e outra a qual é *eux*, o que é suficiente para invocar a coexistência da palavra *désir*. Conforme vemos na figura 1:

Figura 1 Representação da arbitrariedade relativa

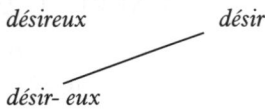

désireux   *désir*

désir- eux

Fonte: Komatsu e Harris, 1993.

De acordo com Constantin (KOMATSU & HARRIS, 1993), Saussure coloca que só haveria possibilidade de aproximação entre os dois signos se tanto o significado de *désir* e o significante de *désir* quanto o significante de *désireux* e o significado de *désireux* estivessem ambos envolvidos, conforme a figura 2:

Figura 2 Representação da arbitrariedade relativa

conceito *désir*	conceito *désireux*
imagem acústica *désir*	imagem acústica *désireux*

Fonte: Komatsu e Harris, 1993.

A relação entre o significado e o significante, coloca Saussure, pode existir sem relação com um termo externo, mas a relação entre dois termos não pode existir sem a recíproca intervenção das duas relações internas.

Vemos que Saussure, conforme as anotações de Dégallier (GODEL, 1969: 84) quando faz referência à motivação relativa, também coloca que o fenômeno presentifica duas relações:

Le phénomène de la motivation relative met en présence deux relations: 1) celle du concept et de l'image acoustique: 2) celle des termes (unités linguistiques) entre eux, soit d'une part:

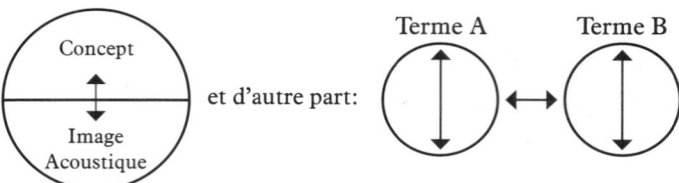

La première peut exister sans la seconde; mais toute relation d'un mot avec un autre n'est concevable qu'à condition d'invoquer d'abord la relation interne qui, en chacun, unit l'image et le concept[6].

A partir das anotações de Constantin (KOMATSU & HARRIS, 1993) e de Dégallier (GODEL, 1969) compreendemos que entre o significante e o significado existirá sempre uma relação. Num momento qualquer o significante e o significado são unidos por um vínculo radicalmente arbitrário formando o signo. Em outro momento, o laço que os une poderá estar suscetível de se afrouxar, permitindo a coexistência de outro signo. Retomando o exemplo dado por Saussure em Constantin (KOMATSU & HARRIS, 1993) no signo *désireux*, vemos que há um momento em que *désireux* permite observar a coexistência do significante *désir*, em contrapartida, para que haja signo, o significante se ligará consequentemente a um significado. Como não se pode nunca conceber a relação entre signos sem conceber a relação interna entre significado e significante, a conexão somente é possível, como nos mostra Saussure, tendo em vista a relação entre o significante e o significado *désir* e o significante e o significado *désireux*.

Partindo da noção do caráter arbitrário absoluto, vemos que a relação arbitrária entre o significante e o significado poderá em um determinado momento permitir a existência de uma outra relação, que motivará um outro signo. Então podemos pensar que entre o arbitrário absoluto e o relativo haveria uma implicação mútua, como se os dois princípios estivessem em uma correlação tão estreita que, quando pensamos em um, não podemos esquecer do outro. Há em Saussure uma noção de uma arbitrariedade fundamentada na ideia de um movimento entre arbitrários que se implicam e se complementam. E é este movimento dinâmico e infinito que abre as portas para a produção de sentidos.

Quando Saussure (KOMATSU & HARRIS, 1993; GODEL, 1969) mencionou que a ideia de relativamente motivado faz intervir duas relações que é preciso distinguir, podemos pensar que o caráter relativo então faz intervir duas relações na medida em que participa de uma relação interna que envolve o significante e o significado, ao mesmo tempo em que participa de outra que implica a presença entre signos. Pois a relação do conceito com a imagem acústica pode existir sem a relação com um termo externo, mas a relação entre dois termos não pode existir sem a recíproca intervenção de duas relações internas.

Sendo assim, a noção de relativamente arbitrário acontece na presença de uma relação interna no signo e na presença de uma relação entre dois signos, coexistindo, portanto, duas relações, como afirmou Saussure (KOMATSU & HARRIS, 1993; GODEL, 1969). As anotações de Constantin e de Dégallier nos levam a pensar que não podemos afirmar que a noção de arbitrário relativo pertence apenas à relação entre signos, pois pertence também à relação interna no signo. Embora o CLG traga uma divisão e uma distinção, as anotações nos apontam para uma dificuldade de delimitação dos movimentos de arbitrariedade e principalmente indica que a noção de arbitrariedade em Saussure ultrapassa a dicotomia: absoluto e relativo, isolado e sistêmico. Como o próprio Saussure nos indica na afirmação abaixo:

> Toda língua forma um *corpus* e um sistema [...]. Neste sentido, ela não é completamente arbitrária, onde lhe é preciso reconhecer uma razão relativa. *A questão não é, entretanto, decidida pela distinção entre signos relativamente motivados e signos totalmente arbitrários, uma vez que não se tem o direito de inferir que estes últimos estariam fora do sistema.* A motivação relativa é um fenômeno ao nome do qual se pode distinguir graus de arbitrariedade. [...] A língua é um sistema em que todas as partes são mais ou menos solidárias (SAUSSURE, apud GODEL, 1969: 227[7]; tradução e grifo nossos).

Considerações parciais

O debate em torno da arbitrariedade do signo vem desde a Grécia antiga. Entretanto, a originalidade de Saussure está no momento em que ele inaugura a ideia de que, em virtude da arbitrariedade, os signos não possuem característica própria, não são definidos em si mesmos, mas sim pela relação. O conceito assume um papel fundamental na Teoria do Signo, uma vez que Saussure desloca a relação entre objeto e signo para a relação entre signos. Isto não quer dizer que há exclusão do objeto, mas sim uma recusa de que existe vínculo natural entre o signo e o objeto.

Embora constitua o alicerce da Teoria do Signo em Saussure, o princípio da arbitrariedade ainda parece ser malcompreendido. De Mauro (1997) nos mostra que a forma como o capítulo do CLG sobre a natureza do signo linguístico foi organizado traz consequências graves para entendimento da noção de arbitrário, pois os acréscimos feitos pelos editores contribuíram para contradizer a essência do pensamento de Saussure.

O conceito de arbitrário absoluto é amplamente discutido por Bouquet (2000), que partindo dos textos originais sugere que há na teoria saussureana dois graus de arbitrário. Mas a proposta refere-se apenas ao conceito de arbitrariedade absoluta, o autor não faz menção alguma ao conceito de arbitrariedade relativa.

Realmente, Saussure parece ter deixado apenas alguns indícios quanto à noção de arbitrariedade relativa. Conforme as anotações de Constantin (KO-MATSU & HARRIS, 1993) e de Dégallier (GODEL, 1969), Saussure nos mostra que o mecanismo da arbitrariedade relativa acontece na presença de duas relações: uma relação interna (entre significante e significado) e uma relação entre signos. Conforme Constantin e Dégallier, percebemos em Saussure uma dificuldade de delimitação entre os graus de arbitrário. O que o mestre parece nos mostrar é que as noções de arbitrário absoluto e arbitrário relativo estão tão implicadas uma na outra que, quando pensamos em uma, não podemos esquecer da outra. É como se as duas noções não pedissem delimitação, sendo difícil perceber a linha que as separa.

É justamente neste caráter dinâmico do signo no qual a arbitrariedade apresenta possibilidades de uma produção de sentidos, uma vez que os signos estão em constante movimento que é possível observar em Saussure os rastros de uma semiologia. O princípio saussureano de arbitrariedade vem colocar em questão algumas das críticas que afirmam ter Saussure desconsiderado o dinamismo do signo. Ao contrário do que parece à primeira vista, a noção de arbitrariedade provê um signo em movimento, aberta a rupturas. A noção de arbitrariedade leva à compreensão de que o signo em Saussure não é algo estático, mas sim é antes algo que permite os deslizamentos de sentidos. Estando longe de ser fechado em si e por si, é dinâmico e em constante movimento, onde o inesperado acontece. É neste processo que o signo produz sentidos, e é possível observar o seu caráter semiológico.

Notas

1. Barthes, 1964.

2. Dosse, 1993.

3. Weedwood, 2002.

4. Il faut savoir si l'on veut appeler signe le total <combinaison du concept avec image> ou bien si l'image acoustique elle-même peut être appelée signe [...]. C'est une question que nous avouons ne pouvoir trancher [...]. Il y a là un point de terminologie à résoudre; il faudrait deux mots différents. Nous tâcherons d'éviter les confusions qui pourraient être très graves.

5. Mas eu quis indicar a oposição dos elementos arbitrários ou relativamente arbitrários como um fenômeno fácil de surpreender. Nós não penetramos tanto quanto era necessário no fenômeno. <Ele> presentifica duas relações <que eu não> separei, <até aqui sem opô-las>. A ideia de relativamente arbitrária faz intervir duas relações que é preciso distinguir cuidadosamente. Temos de um lado esta relação que envolvia [...] e de outro lado esta relação (tradução nossa).

6. O fenômeno de motivação relativa presentifica duas relações: 1) uma do conceito e da imagem acústica; 2) outra dos termos (unidades linguísticas) entre si, são, de uma parte [...] e de outra: [...]. A primeira pode existir sem a segunda; mas toda relação de uma palavra com a outra é apenas concebida, na condição de invocar primeiro a relação interna que, em cada uma, une a imagem acústica e o conceito (tradução nossa).

7. Toute langue forme un corpus et un système […]. C'est le côté par où elle n'est pas complètement arbitraire, où il lui faut reconnaître une raison relative. *La question n'est pourtant pas encore tranchée par la distinction entre signes relativement motivés et signes totalement arbitraires, car on n'est pas en droit d'en inférer que ces derniers seraient hors système.* La motivation relative est un phénomène au nom duquel on peut distinguer des degrés d'arbitraire. La langue est un système dont toutes les parties sont plus ou moins solidaires.

Referências

BARTHES, R. *Elementos de semiologia*. São Paulo: Cultrix, 1964.

BOUQUET, S. *Introdução à leitura de Saussure*. 2. ed. São Paulo: Cultrix, 2000.

_____. *Introduction à la lecture de Saussure*. Paris: Payot & Rivages, 1997.

DE MAURO, T. *Ferdinand de Saussure* – Cours de linguistique générale. 4. ed. Paris: Payot, 1995.

DOSSE, F. O corte saussureano. In: DOSSE, F. *História do estruturalismo*. Vol. I. Campinas: Unicamp, 1993.

GADET, F. *Saussure une science de la langue*. Paris: Presses Universitaires de France, 1987.

GODEL, R. *Les sources manuscrites du cours de linguistique générale de F. de Saussure*. 2. ed. Genebra: Droz, 1969.

KOMATSU, E. & HARRIS, R. (eds.). *Saussure's third course of lectures on general linguistics* (1910-1911): from the notebooks of Emile Constantin. Oxford: Pergamon, 1993.

KOMATSU, E. & WOLF, G. (eds.). *Saussure's first course of lectures on general linguistics* (1907): from the notebooks of Albert Riedlinger. Oxford: Pergamon, 1996.

NÓBREGA, M. *O mesmo e o outro* – A constituição dos sentidos na articulação entre linguística e psicanálise. Porto Alegre: PUCRS, 2002 [Tese de doutorado].

PAVEAU, M.-A. *As grandes teorias da linguística*: da gramática comparada à pragmática. São Carlos: Claraluz, 2006.

SAUSSURE, F. *Escritos de linguística geral*. São Paulo: Cultrix, 2004 [org. de S. Bouquet e de R. Engler].

_____. *Curso de Linguística Geral*. 7. ed. São Paulo: Cultrix,1975.

SILVEIRA, E.M. *As marcas do movimento de Saussure na fundação da linguística*. Campinas: Unicamp, 2003 [Tese de doutorado].

WEEDWOOD, B. *História concisa da linguística*. São Paulo: Parábola, 2002.

Walter Benjamin (1892-1940)

*Vanessa Salles**

O teórico da comunicação e o seu tempo

Walter Benjamin (1892-1940) foi, segundo Hanna Arendt (1987), o mais importante crítico de sua época e que, graças também às aventuras e desventuras histórico-biográficas, teve uma existência intensa e extraordinária. Originário de uma família burguesa judia berlinense, Benjamin nasceu sob os auspícios do Império Alemão, Estado estabelecido a partir da unificação da Alemanha (1871). Durante sua juventude a Primeira Guerra Mundial (1914-1918) é deflagrada. Vê a instauração da República de Weimar (1918), depois vivencia o período entre guerras marcado pela hiperinflação, pelo desemprego e pela diminuição da produção industrial alemã. No início do ano de 1933, Hitler é nomeado chanceler. Neste ano, Walter Benjamin abandona a Alemanha para nunca mais retornar.

Como se vê, a vida de Benjamin tem como pano de fundo uma grande transformação do mundo moderno. Os textos benjaminianos evidenciam o estado sempre alerta de um livre-pensador atento a vários aspectos da efervescente cultura da época.

Os processos de industrialização e de mercantilização intensificam-se de forma extraordinária nesse período. A consciência que essa época tem de si mesma é o que chamamos Modernidade. Mas como é a ordem burguesa capitalista que rege a Modernidade, esta metamorfoseia o que de fato é mera repetição sob o disfarce do novo.

Benjamin será um intérprete perspicaz da Modernidade e elegerá como "objetos" de análise não somente assuntos "nobres" advindos da filosofia, da teologia, das artes visuais, da literatura, mas analisará também elementos da cultura material, como as estruturas arquitetônicas, os brinquedos, a moda; personagens da cidade, como o *flâneur*, a prostituta, o colecionador, a criança. Recolherá para

---

* Professora do Programa de Pós-Graduação em Estudos Culturais Contemporâneos da Universidade Fumec. Doutora em Filosofia (USP).

reflexão uma diversidade de elementos que vão desde os movimentos artísticos contemporâneos, como, por exemplo, o expressionismo e o surrealismo, às inovações tecnológicas, como os panoramas, a fotografia e o cinema. Em busca de rastros para compreender a Alemanha presente, sua coleta retorna também a elementos do passado, como os dramas alemães do século XVII. Obras literárias, culturais, artísticas, filosóficas do passado trazem em germe, para Benjamin, possibilidades que não floresceram e são pistas para novas investidas do presente em busca de um futuro mais justo. Benjamin promove o resgate de significados subterrâneos e ressemantiza princípios apropriando-se deles para conectá-los com seu tempo presente. Atento aos detalhes, por mais insignificantes que possam parecer, sua interpretação geralmente segue na contramão do conhecimento tradicional e das metodologias usuais. O método que apresenta em *Origem do drama barroco* alemão será o método que adotará em sua escrita: o caminho indireto. Ao contrário da escrita linear, Benjamin usa essa metodologia, a do desvio das interpretações consagradas, da visada original sobre fragmentos do mundo moderno, do uso de trechos do legado da escrita – as citações, da contemplação de acontecimentos e coisas malogradas do passado em busca da compreensão da contribuição dos mesmos para o "esclarecimento" do presente. É interessante observar que este ensaísta, especialmente em sua numerosa coletânea de citações diversificadas – *Passagens* (BENJAMIN, 2006) – recolhe material histórico que está, no tempo de Benjamin, rapidamente se tornando ultrapassado, buscando as energias revolucionárias presentes no "antiquado". Esse material sinaliza para a definição das linhas mestras da Modernidade: a efemeridade e a obsolescência.

Na juventude, Benjamin participa de um grupo liderado pelo pedagogo Gustav Wyneken, que pretendia incutir nos jovens o sentido da autonomia e da responsabilidade. Este relacionamento foi rompido devido ao apoio de Wyneken à Primeira Guerra Mundial.

Em 1912, ingressa na Universidade de Albert-Ludwigs, em Friburgo, com intuito de estudar filosofia. Com a irrupção da Primeira Guerra Mundial, Benjamin retorna a Berlim e passa a integrar o "Grupo dos Estudantes Livres", tornando-se seu presidente. Em 1915, Benjamin conhece Gershom Scholem, jovem judeu que imigrará para a Palestina em 1923 e que será um importante interlocutor de Benjamin por toda sua vida. Será também em 1915 que Benjamin iniciará seus estudos na Universidade Ludwig-Maximillians, em Munique.

Em seus escritos iniciais apresenta interrogações metafísicas sobre os movimentos de juventude, o judaísmo e a filosofia da linguagem. Publica "Duas poesias de Friedrich Hölderlin" (1915), "A vida dos estudantes" (1915), "Sobre a

linguagem em geral e a linguagem humana" (1916), "Programa para uma filosofia vindoura" (1918), dentre outros.

Em 1917, Benjamin casa-se com Dora Sophie Pollak, que será a mãe de
seu único filho, e de quem se divorciará em 1930. Com o início da guerra é con-
vocado, mas finge paralisia, consegue adiamento (FERRIS, 2004: XII) e depois
se muda para a Suíça. Em outubro de 1919, o jovem Walter Benjamin obtém o
título de doutor *summa cum laude* com a tese sobre *O conceito de crítica de arte no
romantismo alemão* (BENJAMIN, 1993), na Universidade de Berna. Dificuldades
econômicas o impedem de prosseguir seus estudos na Suíça. Benjamin retorna
a Berlim, onde se dedica à publicação de artigos e resenhas em revistas como
o *Frankfurter Zeitung*. Dedicou-se também a fazer traduções para o alemão de
vários textos, como os *Tableaux Parisiens* e partes de *Fleurs du mal*, de Baudelaire.

Os anos de 1920 foram anos profícuos. São vários os textos redigidos cujo
tema nuclear é a literatura, como "A tarefa do tradutor" (BENJAMIN, 1992) e as
"Afinidades eletivas, em Goethe" (BENJAMIN, 1994). Em 1923, conhece Theodor Adorno. Nesse ano, Scholem, ao embarcar para a Palestina, recebe de presente de Benjamin "um rolo escrito, sem título, que ele [Benjamin] chamou 'uma
análise descritiva do declínio alemão'" (SCHOLEM, 1984: 122). Esse trabalho,
que com pequenas alterações será incluído no livro *Rua de mão única* (BEN-
JAMIN, 1987), com o título "Panorama imperial – Viagem através da inflação
alemã", ilustra as condições econômicas da Alemanha após o primeiro conflito
mundial, e – de forma premonitória – as consequências catastróficas destas condições: a deflagração da Segunda Guerra Mundial. Na redação de *Rua de mão
única*, Benjamin recorre a características formais vanguardistas – como o uso de
aforismos e a descrição material do mundo. Nesse livro, Benjamin utiliza técnicas e temas surrealistas. A cidade é vista com olhos imaginativos, erotizantes,
que se atêm a objetos, sonhos, lugares, pessoas, aparentemente insignificantes, e
os transmuta em fonte de iluminação crítica. Estas imagens são justapostas e formam um mosaico. É a Modernidade compreendida como um mundo de sonhos.
Um mundo de sonhos fragmentados, por vezes, arruinado.

A crise da República de Weimar no início da década de 1920 agravara a
adversidade pessoal de Benjamin. Em 1922, ele é pressionado pelo pai a trabalhar
no ramo do comércio, o que o leva novamente a sondar as perspectivas de Habilitação. Uma futura carreira na universidade alemã seria uma forma de justificar a
manutenção da subvenção financeira paterna (BENJAMIN, 1979: 269). Ingressa
na Universidade de Frankfurt e elege como objeto de pesquisa de sua Habilitação
o *Trauerspiel und Tragödie*[1] (o drama barroco e a tragédia), assunto que já havia

sido abordado pelo ensaísta em 1916. Entretanto, sua tese de livre-docência, *Ursprung der deutschen Trauerspiel* (Origem do drama barroco alemão) (BENJAMIN, 1984), não fora compreendida pelos professores que o avaliariam e, em julho de 1925, Benjamin se vê forçado a retirar seu pedido de Habilitação para não se submeter a uma situação ainda mais constrangedora: a reprovação (SCHOLEM, 1984; BENJAMIN, 1979). Encerram-se assim as chances de ingresso de Walter Benjamin no meio acadêmico de sua época, que o conduzirá a uma "carreira" de ensaísta e filósofo sem cátedra, um *freier Schriftsteller* (escritor livre).

Em 1927, inicia a compilação de material para um projeto ao qual se dedicará até sua morte e que deixará inacabado: *Passagens* (BENJAMIN, 2006). Além dos ensaios, nos anos de 1920, Benjamin tenta fundar um jornal cujo título seria *Angelus Novus* (nome de uma gravura do artista Paul Klee, comprada por Benjamin no ano de 1923) e inicia uma série de transmissões radiofônicas em Frankfurt e Berlim.

No final desta década conhece Bertold Brecht graças a Asja Lacis, jovem letã, atriz e diretora de teatro, membro do Partido Comunista, por quem Benjamin se apaixona indo, inclusive, a Moscou para visitá-la (dezembro de 1926 a fevereiro de 1927). Nessa viagem tem a oportunidade de ter contato com a produção artística da vanguarda russa e apresenta suas impressões no livro *Diário de Moscou* (BENJAMIN, 1989).

Na última década de sua vida, os anos de 1930, Benjamin firma-se como crítico literário, redigindo ensaios tratando particularmente da literatura de vanguarda. Em 1930 planeja com Brecht a publicação de uma revista, que se denominaria *Krise und Kritik* (Crise e crítica), mas desiste do projeto no ano seguinte. Passa a colaborar com a Revista do *Institut für Social Forschung* (Instituto para Pesquisa Social), em torno do qual se concentrarão as atividades de vários intelectuais e que ficará conhecido como a "Escola de Frankfurt".

Benjamin escreveu numerosos artigos e resenhas, foram mais de 300 artigos publicados até 1933 (KONDER, 1989). Especialmente os textos da década de 1930, escritos no período de exílio, evidenciam a preocupação benjaminiana com as consequências sociais da cultura de massa, já alertando para a necessidade de compreendê-la e confrontá-la. Nesse período publica alguns de seus ensaios que se tornarão postumamente célebres: "Pequena história da fotografia" (em 1931), "Crônicas berlinenses" (em 1932), "Ensaios sobre Kafka" (em 1934), "O narrador" (em 1936), "Edward Fuchs, o historiador como colecionador" (em 1937), "Infância em Berlim, por volta de 1900" (em 1938). Escreve "A doutrina da semelhança" (em 1933), "Sobre a Faculdade Mimética" (em 1933), a primeira versão de "A obra de arte na época de sua reprodutibilidade técnica" (em 1935), "Paris do segundo império em Baudelaire" (em 1938). No ano de irrupção da Segunda Guerra Mundial – 1939 –, Benjamin publica "Alguns motivos em Baudelaire" e "O que é o Teatro Épico". No ano seguinte redige "Sobre o conceito de história".

O suicídio de Benjamin, em 1940, é o desenlace da trama de adversidades materiais e espirituais de sobrevivência deste pensador que deixara a Alemanha em 1933. Em 1939, após a invasão da Polônia pela Alemanha e a declaração de guerra da França e da Inglaterra, Benjamin, como outros refugiados de origem alemã que estavam na França, será expatriado e internado em um campo de trabalhadores voluntários. Será liberado, mas permanecerá em Paris até a ocupação desta cidade, pelos nazistas, em junho de 1940. Benjamin resolve então aceitar o convite de Max Horkheimer e emigrar para os Estados Unidos, onde agora funcionava a sede do Instituto para Pesquisa Social. Com um pequeno grupo de refugiados Benjamin caminha pelos Pireneus até a cidade catalã de Port Bou, com o intuito de sair pela Espanha para a América. Não obtém permissão para atravessar a fronteira. À noite, Benjamin ingere alta dose de morfina. Na manhã do dia 26 de setembro sofre um derrame cerebral e morre (cf. "Carta da Sra. Gurland de 11 de outubro de 1984", apud SCHOLEM, 1979: 222-223).

Percursos e influências

Os escritos de Walter Benjamin articulam-se como constelação em torno de três astros: a teologia, a arte e a política. As diferentes fases de sua vida intelectual são determinadas pela história social, política e intelectual do século XX. Sua forma de abordagem de outros textos sempre apresenta uma espécie de diálogo, de confrontação, com questões que possibilitam compreender a Modernidade.

Seus primeiros textos juvenis mostram a influência de pressupostos kantianos a partir da leitura de textos de um neokantiano: Herman Cohen. No início dos anos de 1920, por sugestão de Ernst Bloch, lê *História e consciência de classe*, de Georg Lukács, e fica entusiasmado com os instrumentos que o marxismo oferecia para sua reflexão sobre o presente. Contribuíram também para esta inflexão de esquerda seu contato com Asja Lacis, Bertold Brecht e, a partir de 1929, a crise alemã.

Gershom Scholem e Theodor Adorno foram amigos de juventude, já Bertold Brecht se tornou amigo de Benjamin a partir de 1924. Estes três nomes emblemáticos contribuíram para que um feixe de forças teóricas diversificadas e, por vezes, antagônicas se exercesse sobre os escritos benjaminianos. Scholem tornou-se amigo de Benjamin, num momento em que este tinha interesse pela cultura religiosa judaica, ainda que não professasse a religião. Temas provenientes da Cabala se mesclaram a ideias de autores românticos e ao neokantismo. No entanto, Benjamin nunca visitou o amigo que se mudara para Jerusalém e, ainda que a amizade tenha permanecido entre os dois, progressivamente outras influências se faziam mais marcantes na reflexão benjaminiana.

Adorno, que migrara para os Estados Unidos, auxiliou Benjamin publicando vários artigos na Revista do Instituto para Pesquisa Social e conseguindo uma remuneração modesta para o crítico a partir de 1934. Entre os teóricos ligados a este instituto e Benjamin havia uma série de confluências: postura antifascista, influência marxista, restrições ao modelo soviético, recusa do determinismo, investimento contra concepções ideológicas. No entanto, Adorno e Horkheimer têm uma postura política cética e recusa da indústria cultural, ao contrário de Benjamin, que investiga as contradições e ambiguidades das novidades técnicas no reino da produção cultural.

Bertold Brecht, importante dramaturgo alemão, contribuirá decisivamente para a inflexão marxista aparecer de forma mais explícita nos textos benjaminianos. Será considerado por Benjamin como o exemplo de uma atitude exitosa, porque revolucionária, ao promover ligação entre a vida e a arte. Brecht estabelece uma produção artística que toma como imperativo transformar as relações de produção.

Vários biógrafos de Walter Benjamin estabelecem três momentos do pensamento benjaminiano que seriam quase-dialéticos: um primeiro, em que se evidencia a influência da metafísica neokantiana e da teologia judaica; um segundo, sob a influência de Brecht, que seria marxista e materialista; e um terceiro estágio, no período de exílio em Paris, quando se associa ao Instituto para Pesquisa Social, e que seus escritos se filiariam a uma teoria crítica da sociedade, sob a ascendência de Adorno (cf. BUCK-MORSS, 2002: 28).

Benjamin viveu em um ambiente muito instigante. Contava, entre seus amigos, com jornalistas, músicos, atores e vários artistas ligados a movimentos artísticos de vanguarda. Foi contemporâneo de movimentos artísticos diversos, como o cubismo, o futurismo, o dadaísmo, o expressionismo, o surrealismo, entre outros. Participou de debates sobre as possibilidades que as novas tecnologias e práticas industriais descortinavam para a produção cultural.

Mas Benjamin também foi influenciado por constelações geográficas. Várias cidades deixam sinais indeléveis em sua trajetória intelectual. As cidades alemãs, como sua cidade natal, Berlim, Frankfurt e Weimar, Berna, na Suíça, as cidades italianas, Capri, Ibiza, Nápoles, San Gimignano; Moscou, Paris – a capital do século XIX –, foram alguns dos locais que visitou e habitou.

Benjamin apresenta as ruas das metrópoles modernas como "morada do coletivo" e local de exercício do poder político, onde as escolhas urbanísticas têm intenções subjacentes de controle das massas, como as que se evidenciam nas reformas de Haussmann, na Paris do século XIX. Esta reforma urbanística poderia ser vista equivocadamente como sintoma de uma modernidade que caminha a passos largos em direção à consolidação do domínio do homem sobre a natureza, uma espécie de segunda natureza, cujo ritmo progressivo é tomado como inexorável e positivo. Resulta, portanto, um efeito perverso: provoca "nos parisienses estranhamento em relação à sua cidade. Nela não se sentem mais em casa. Começam a tomar consciência do caráter desumano da grande cidade" (BENJAMIN, 2006: 49). O que aos olhos do engenheiro parecem formas urbanísticas de dominação, surge, para a maioria dos moradores de Paris, como ameaça.

A Editora Suhrkamp publicou as obras completas de Walter Benjamin, em 1982.

Principais conceitos

Walter Benjamin não é, *stricto sensu*, um teórico da comunicação[2]. No entanto, muitas de suas intuições estão relacionadas à questão da comunicabilidade e da incomunicabilidade, como é o caso do conceito de experiência. Há ainda sua própria relação com meios de comunicação de massa que estão inseridos no contexto da Modernidade, marcada pelo advento das massas e suas consequências. Apresentaremos aqui alguns conceitos benjaminianos que muito contribuíram e contribuiriam para as investigações no campo da comunicação.

Alegoria

A alegoria, como conceito central para Benjamin (BENJAMIN, 1984), é a alegoria como foi estabelecida e compreendida no barroco. A etimologia da palavra alegoria (*allos* = outro e *agourein* = dizer) indica a dupla possibilidade de operação alegórica: é técnica retórica de construção de imagens e também procedimento de interpretação de imagens. As imagens teatrais dos dramaturgos alemães do século XVII apresentam a vida na corte marcada por crueldade, traições, fraqueza de caráter, ambição desenfreada e têm como outro dizer a concepção da história como essa época a compreendia: "como história mundial do sofrimento, significativa apenas nos episódios do declínio" (BENJAMIN, 1984: 188).

No livro sobre o drama barroco, Benjamin apresenta a figura que faria o contraponto para a plena compreensão da alegoria, o símbolo. No símbolo, o significado é arbitrário e construído pelo sujeito, o que obriga a existência de um conhecimento compartilhado de códigos para que a comunicação social se efetue. Na alegoria, instaura-se uma cadeia de significados que implica uma comunicação instável, sempre aberta a outro dizer.

Em ambas as figuras, no entanto, o sentido é especificado, cultural e historicamente. A imagem, por si só, está prenhe de ambiguidade quanto ao seu significado. Seu sentido depende do contexto em que foi criada e do contexto mental de quem a frui – seus gostos, instrução, cultura, opiniões, preconceitos, em suma, sua história.

Nos textos sobre Baudelaire, Benjamin destaca o uso da alegoria como forma de expressão, uso esse anacrônico entre os poetas da Modernidade. No entanto, será com essa forma antiquada que o poeta francês vai dar conta de um fenômeno contemporâneo: a decadência da metrópole moderna, sob o signo da mercadoria e regida pelo interesse econômico capitalista.

Aura e seu declínio

O termo aura aparece em textos benjaminianos que datam de 1928, *Haxixe*. O conceito de aura também aparece no ensaio sobre "Pequena história da fotografia", em 1931, para tratar de imagens fotográficas. No entanto, o declínio da aura será tratado e se tornará um conceito célebre no texto "A obra de arte na era de sua reprodutibilidade técnica", cuja primeira versão data de 1935. Nesse ensaio, Benjamin explica que a aura é uma dimensão do objeto, que pode ser natural ou artístico e implica a existência de três valores: a autoridade, a unicidade e a autenticidade. Benjamin argumenta sobre as razões – predominantemente sociais – que levaram ao processo, de dessacralização e racionalização das visões de mundo, decorrente do advento da Modernidade. Benjamin desloca o conceito de aura de sua origem religiosa para um contexto estético profano.

A aura só se constitui quando a observação se efetiva, e pressupõe esse momento de contemplação, de contato. Um objeto aurático tem que ser reconhecido por alguém que historicamente esteja capacitado para observá-lo e ser remetido a uma esfera transcendente. E este fenômeno ocorre no instante de contato com o objeto único, portador de história. A aura, como reconhecimento de outrem distante, só se presentifica se forem compartilhadas as condições históricas em que vigore um determinado imaginário sociocultural. Com a reprodutibilidade técnica, as condições capitalistas de produção, o mundo não é mais adequado à identificação de dimensões auráticas, que deixam de ter relevância.

Iluminação profana

A experiência surrealista da cidade traz outro elemento importante que, no léxico benjaminiano, chamar-se-á iluminação profana, termo de inspiração materialista e antropológica, ou seja, expansão do espírito para além do êxtase religioso ou das impressões sob efeito de substâncias alucinógenas. Através da iluminação profana é possível perceber objetos corriqueiros, cotidianos – por exemplo, as passagens e os jardins, ruas e *bulevares* –, como extraordinários. De acordo com Benjamin, a habilidade de desorientar a percepção costumeira através da iluminação profana faz dessa prática um catalisador da revolução social. Benjamin se refere a *O camponês de Paris*, de Louis Aragon, e *Nadja*, de André Breton, como obras que anunciam a iluminação profana. Ler, pensar, esperar, se dedicar à *flânerie* são formas de iluminações profanas. Os surrealistas transformaram em experiência revolucionária o cenário desolado da metrópole moderna. Aragon e Breton "fazem explodir as poderosas forças 'atmosféricas' ocultas" nas coisas banais da vida cotidiana.

Percepção ótica x percepção tátil

Para Benjamin, as novas possibilidades técnicas da fotografia e do cinema modificam também a nossa percepção do mundo. Ela nos permite ver o que a olho nu nos passa despercebido, destaca objetos que nossos olhos veriam indistintamente entre vários outros etc.

A percepção ótica será acompanhada, com o advento do cinema, de uma nova forma de percepção, a percepção tátil, a percepção de choque, semelhante à percepção exigida pelos tempos modernos. A percepção ótica é dependente de um órgão sensorial – o olho, que a princípio somente nos habilita a enxergar superfícies cromáticas e não, necessariamente, distingui-las. Para Benjamin, com a câmera e seus recursos, o mundo ótico perceptível foi alterado. A tactibilidade é a forma de percepção capaz de estabelecer a compreensão distintiva dos objetos, porque seria como se o olho "tocasse" o objeto, permitindo determinar o limite e o caráter impermeável desse objeto.

No ensaio sobre a reprodutibilidade técnica é apresentada uma comparação entre a ação do pintor e a ação do cinegrafista. Articulado em termos de analogia entre o mágico (pintor) e o cirurgião (o cinegrafista), o texto afirma que este penetra a realidade e aquele preserva a distância natural entre a realidade e a intervenção. Assim, mostra que o registro do trabalho do pintor é o da percepção ótica, enquanto o cinegrafista, ao fazer incisões na realidade, invoca a percepção tátil. Enquanto a percepção ótica preserva a totalidade, a percepção tátil a esfacela.

Nos filmes, a movimentação da câmera que se detém com atenção em algo particular, o *close-up*, permite ao observador ficar tão próximo do objeto que é como se o "tocasse". Não há, neste procedimento, possibilidade de observação contemplativa e distante. Esta proximidade marca potencialmente a cultura dita de massa, não só em relação ao cinema. Esta percepção tátil contrapõe-se à historicamente constituída percepção burguesa baseada na ilusão, na imaginação.

Benjamin mostra ser preciso não fazer escolhas dicotômicas – privilegiar a percepção tátil, em detrimento da percepção ótica, ou vice-versa –, mas apresentar as várias possibilidades de ver o mundo, pois o despertar da consciência implica não abrir mão de nenhuma possibilidade, e mais, não se comprometer com uma leitura unidimensional da história.

Reprodução, mecânica

Possibilidade de multiplicação de obras existentes recorrendo a meios mecânicos, por exemplo, as cópias de pinturas, a impressão de livros com tipos móveis etc.

Reprodutibilidade técnica

É a capacidade de reprodução utilizando meios técnicos, como a máquina fotográfica ou a câmera cinematográfica.

Valor de exposição

Segundo Benjamin, em "A obra de arte na era de sua reprodutibilidade técnica", o valor de exposição será o novo valor da obra de arte, em substituição ao seu valor de culto, relacionado ao contexto religioso em que antes se encontrava a arte. Esta mudança decorre das transformações sociais, em que o vínculo religioso é superado pelas relações sociais, e da nova condição de possibilidade de produção de cópias acessíveis às massas consumidoras.

Experiência

A problematização do conceito de experiência está presente em vários textos de Benjamin.

Há duas palavras em alemão, *Erfahrung* e *Erlebnis*, para as quais encontramos apenas um vocábulo, "experiência", na tradução em português. Esses conceitos-chave no pensamento benjaminiano encontram-se em vários textos importantes, a saber: "Sobre o programa da filosofia vindoura", "Experiência", "Experiência e pobreza", "O narrador" e "Sobre alguns motivos em Baudelaire".

Mas o significado dos termos sofre variações nestes textos. Grosso modo, teríamos uma definição geral em que *Erfarung* é a experiência ligada à tradição, tanto na vida coletiva quanto na vida privada, enquanto a *Erlebnis* é a experiência vivida pelo sujeito. "A *Erlebnis* contém, por um lado, a provisoriedade do *Erleben*, do viver, do estar presente a, e, por outro lado, o de que se produz. A *Erlebnis* conjuga no espaço do "estar em vida" como presença, a fugacidade do evento e da duração do testemunho, a singularidade do ato de vida e a memória que o conserva e transmite. A *Erlebnis* não tem momentos de negação: ela é o fazer e o produto desse fazer, é a universalização de uma singularidade que transcende o espaço da singularidade" (MATOS, 1993: 145).

Considerações da ensaísta

Walter Benjamin é um crítico atento às profundas mudanças sociais que ocorrem nas primeiras décadas do século XX e discutirá em vários ensaios as implicações dessas transformações na constituição da percepção moderna. Essas modificações decorrem de novas condições criadas pelas novas experiências da vida cotidiana, tais como as intervenções urbanísticas, políticas, sociais, nas grandes cidades, o surgimento da reprodutibilidade técnica, a publicidade, a moda etc., e da alteração do valor e da importância das práticas tradicionais.

Não é um nostálgico em relação ao tempo passado e tampouco um ufanista dos novos tempos. Será um crítico perspicaz com uma visada oblíqua sobre a metrópole, a contrapelo dos enquadramentos consagrados.

Ainda que não seja um "teórico da comunicação social" em sentido restrito, em vários ensaios Benjamin trata de "processos comunicativos", de "meios de comunicação" dentro de um viés crítico e reflexivo, sendo um dos primeiros a abordar as transformações na experiência humana em virtude das novas condições sociais, políticas, históricas, culturais e técnicas. Discorre sobre as condições de transmissibilidade, sobre mudanças perceptivas, sobre problemas relativos à linguagem, sobre signos, particularmente o símbolo e a alegoria, sobre a pauperização da experiência comunicativa, sobre as novas condições de produção, sobre os novos meios de produção e circulação de bens culturais – destacadamente a fotografia e o cinema, e suas injunções sobre as formas tradicionais de arte, tudo manuseado no cadinho de transformações da Modernidade, que promoveu uma reorientação radical das formas de representação e da experiência do espaço e do tempo. O homem moderno, no projeto benjaminiano, é aquele que atravessa o corredor sob as arcadas de vidro e ferro numa caminhada em busca do consumo cuja largada decisiva se dá no século XIX. E as imagens da metrópole onde ele habita serão utilizadas por Benjamin como instrumentos para decifrar a "mitologia da Modernidade".

Sua cidade natal será palco de instalação dos novos recursos midiáticos – as torres de rádio e televisão, nos anos de 1920. A invenção da fotografia no século XIX contribuirá para a reformulação da pintura, assim como as novas condições do mercado editorial alterará o papel da literatura e do escritor. Berlim também será o cenário de apropriação dos meios de comunicação de massa para uso fascista pelo Terceiro Reich.

Benjamin sempre esteve atento à potência estético-filosófico-política dos meios de expressão e dos novos gêneros. Aposta que a forma tem que ser revolucionária para estar à altura das exigências de explicitação dos novos tempos. Utilizará os recursos inovadores de sua época, seja na escrita experimental, ensaística, em *Rua de mão única*, na elaboração de programas para o rádio, nas tentativas frustradas de edição de revistas – *Angelus Novus* e *Krise und Kritik*.

Por exemplo, na conferência proferida em 1934, "O autor como produtor", Benjamin recomenda que o autor, além de transmitir uma mensagem justa para seus leitores, deve também usar recursos formais que sejam também críticos, como é o caso da concepção brechtiana da peça didática, que modificou a função do teatro tradicional, propondo o uso dos meios teatrais como instrumento de comunicação de proposições políticas revolucionárias.

Benjamin também teve atuação na mídia como autor, produtor e locutor de seus trabalhos radiofônicos e como crítico literário, com publicação de artigos em jornais e revistas. É interessante destacar que muitos desses programas foram feitos para um público de crianças e adolescentes. Outros para adultos, e tratavam de questões cotidianas sem apelos sensacionalistas e impactantes, visando promover a análise crítica sem abrir mão da fantasia (BOLLE, 1994).

Para Benjamin, no texto "A imagem de Proust", de 1929, o romancista francês parte da experiência vivida (*Erlebnis*) que o possibilitará aceder a uma lembrança que não é meramente subjetiva. O romance comunica-nos acerca de um saber coletivo, e o sujeito é apenas uma espécie de *madeleine* que desencadeia a história de uma época e suas contradições. Proust busca conexões entre o passado e o presente, analogias. Ele constrói de forma primorosa com dados da vivência a história do presente a partir das semelhanças identificadas no passado. E reconhece que o presente estava como um presságio, no passado.

No ensaio "Franz Kafka, a propósito do décimo aniversário de sua morte", de 1934, Benjamin discorre sobre a impossibilidade de esquecer e o absurdo de uma sociedade que contrapõe o indivíduo ao grupo, rompendo assim uma regra básica da vida compartilhada.

No ensaio de 1933, "Experiência e pobreza", Benjamin chama a atenção para a incomunicabilidade da experiência de guerra que torna mudos aqueles que viram os terrores das batalhas e sobreviveram a elas. "Pois jamais houve experiências tão desmoralizadas como as estratégicas pela guerra de trincheiras, as econômicas pela inflação, as físicas pela fome, as morais pelos donos do poder" (BENJAMIN, 1986).

Em "O narrador – Considerações sobre a obra de Nikolai Leskov", de 1936, Benjamin argumenta sobre a morte de uma forma de saber compartilhado em decorrência da mudança nos meios de produção. O esmorecimento da capacidade narrativa decorre da transformação da experiência (*Erfahrung*) que deixa de ser coletiva e própria de uma comunidade e torna-se uma experiência vivida (*Erlebnis*) do indivíduo partícipe do fenômeno das massas, fragmentada e mundana. Segundo Benjamin, são os modos de produção capitalista que estabelecerão os novos parâmetros da comunicação social – tal concepção é também o ponto de partida de sua reflexão sobre a obra de arte que lhe é contemporânea.

Talvez seu ensaio mais conhecido seja "A obra de arte na época de sua reprodutibilidade técnica"[3]. O alerta original benjaminiano, nesse trabalho, consiste em mostrar que as novas técnicas de reprodutibilidade técnica – a indústria fonográfica, a fotografia e especialmente o cinema alteraram a própria natureza da arte, seja por interferirem na forma das artes tradicionais, seja por se constituírem em um tipo de arte inaudito. No preâmbulo desse ensaio Benjamin apresenta seu objetivo: oferecer um prognóstico sobre as tendências evolutivas da arte nas condições de produção capitalistas e, para realizá-lo, abandonar conceitos tradicionais – "como criatividade e gênio, validade eterna e estilo, forma e conteúdo" (BENJAMIN, 1985: 167) e estabelecer novos. Benjamin mantém a noção de obra de arte, mas apresenta a exigência de ela ser reformulada para fazer jus às mudanças econômicas e técnicas ocorridas a partir do século XIX. Também, nesse trabalho, Benjamin articula suas proposições sobre arte com uma teoria da percepção, atento às mudanças perceptivas decorrentes das imagens em movimento que se sucedem diante dos olhos.

Em *Passagens*, atém-se a novas formas tecnológicas de produção, consumo e circulação de imagens divulgados nos meios de comunicação de massa – jornais. A sociedade se organiza em fragmentos. Buck Morss (2002: 47) coloca como perguntas benjaminianas a serem respondidas no projeto das *Passagens*:

63

[...] poderia a montagem, como princípio formal, ser utilizada para reconstruir um mundo de experiência de tal modo que oferecesse a visão necessária para a reflexão filosófica? [...] Poderiam as metrópoles de consumo, o alto foco da cultura capitalista-burguesa, serem transformadas, de um mundo de encantamento mistificado a um mundo de iluminação tanto metafísica quanto política?

Diferentemente dos autores frankfurtianos, Walter Benjamin não postula uma rejeição das mídias de massas, e propõe uma análise crítica e histórica do novo fenômeno. Apresenta a intrigante tese de que a perda da aura na era da reprodução técnica permitiria à obra de arte assumir uma função política na medida em que traz em germe promessas de uma nova organização social.

Ao falar na possibilidade de politização da arte, vislumbra uma função social para o cinema, contrariando a estetização da vida política realizada por regimes fascistas. Mas a história não corroborou sua tese e o que tivemos foi o nacional-socialismo servindo-se dos meios de comunicação de massa a seu favor e contra a vida.

Notas

1. Em suas memórias Asja Lacis descreve qual seria, para Benjamin, a diferença entre *Tragödie* e *Trauerspiel*. O filósofo teria dito a ela que os "os dramas do barroco (*trauerspiele*) expressam desespero e desprezo do mundo – são realmente peças tristes e trágicas; já a atitude dos tragediógrafos gregos e dos poetas propriamente trágicos em relação ao mundo e ao destino é a de uma total inflexibilidade. Essa diferença de atitude e de sentimento do mundo é importante. Tem de ser levada em consideração, e implica por fim uma distinção de gêneros – concretamente, da tragédia e do drama trágico (*trauerspie*). A dramaturgia barroca está, de fato, na origem das peças em que predominam a tristeza e o luto, muito comuns na literatura alemã dos séculos XVII e XIX" (LACIS, A., apud BARRENTO, J. In: BENJAMIN, 2011, contracapa).

2. Como texto introdutório à dimensão filosófica dos escritos de Walter Benjamin, cf. Gagnebin, 2009.

3. Este ensaio teve quatro versões: três em alemão e uma em francês: 1ª versão (1935), 2ª versão 1935-1936, versão francesa (1936) e a versão de 1936-1939 (BOLLE, 1994: 129).

Referências

Obras de W. Benjamin

Gesammelte Schriften (7 vols.). Frankfurt am Main: Suhrkamp, 1974-1989 [ed. de R. Tiedemann e H. Schweppenhäuser].

Edição crítica

G. S. I-1, I-2, I-3. *Abhandlungen.* Frankfurt am Main: Suhrkamp, 1974 [org. de R. Tiedemann e H. Schweppenhäuser].

G. S. II-1, II-2. *Aufsätze, Essays, Vorträge.* Frankfurt am Main: Suhrkamp, 1977.

G. S. III. *Kritiken und Rezensionen.* Frankfurt am Main: Suhrkamp, 1972 [org. de H. Tiedemann].

G. S. IV-1, IV-2. *Kleine Prosa, Baudelair-Übersetzungen.* Frankfurt am Main: Suhrkamp, 1972 [org. de T. Rexroth].

G. S. V-1, V-2. *Das Passagen-Werk.* Frankfurt am Main: Suhrkamp, 1982 [org. de R. Tiedemann].

G. S. VI. *Fragmente vermischten Inhalts* – Autobiographische Schriften. Frankfurt am Main: Suhrkamp, 1985 [org. de R. Tiedemann e H. Schweppenhäuser].

G. S. VII-1, VII-2. *Nachträge.* Frankfurt am Main: Suhrkamp, 1989 [org. de R. Tiedemann e H. Schweppenhäuser].

Supplement I: Kleinere Übersetzungen. Frankfurt am Main: Suhrkamp, 1999 [org. de R. Tiedemann e H. Schweppenhäuser].

Supplement II: Marcel Proust "Im Schatten der jungen Mädchen". Frankfurt am Main: Suhrkamp, 1987 [trad. de W. Benjamim e F. Hessel; org. de H. Tiedemann-Bartels].

Supplement III: Marcel Proust "Guermantes". Frankfurt am Main: Suhrkamp, 1987 [trad. de W. Benjamim e F. Hessel; org. de H. Tiedemann-Bartels].

Textos em português

Haxixe. São Paulo: Brasiliense, 1984 [trad. de F. Menezes e N. Coutinho].

Origem do drama barroco alemão. São Paulo: Brasiliense, 1984 [trad., apres. e notas de S.P. Rouanet].

65

Origem do drama trágico alemão. Belo Horizonte: Autêntica, 2011 [ed. e trad. de J. Barrento].

Walter Benjamin. São Paulo: Ática, 1985 [antologia traduzida e anotada por F.R. Kothe].

Documentos de cultura, documentos de barbárie: escritos escolhidos. São Paulo: Cultrix/Editora da Universidade de São Paulo, 1986 [seleção e apres. de W. Bolle; trad. de C.H.M. Ribeiro de Sousa et al.].

Diário de Moscou. São Paulo: Companhia das Letras, 1989 [trad. de H. Herbold].

Sobre a linguagem em geral e sobre a linguagem humana. Lisboa: Relógio D'Água, 1992 [trad. de M.L. Moita].

O conceito de crítica de arte no Romantismo Alemão. São Paulo: Edusp/Iluminuras, 1993 [trad., pref. e notas de M. Seligmann-Silva].

A tarefa do tradutor. *Cadernos do Mestrado* – Literatura. Rio de Janeiro, 1994 [trad. de K. Barck].

Reflexões sobre a criança, o brinquedo e a educação. São Paulo: Duas Cidades/Ed. 34, 2002 [trad. de M.V. Mazzari].

Passagens. Belo Horizonte/São Paulo: UFMG/Imprensa Oficial, 2006 [org. de W. Bolle e O.C.F. Matos; trad. de I. Aron e C.P.B. Mourão].

O anjo da história. Belo Horizonte: Autêntica, 2012 [org. e trad. de J. Barrento].

A obra de arte na época de sua reprodutibilidade técnica. Porto Alegre: Zouk, 2012 [apres. Trad. e notas de F.A. Machado].

Outras obras

ARENDT, H. *Homens em tempos sombrios*. São Paulo: Companhia das Letras, 1987.

BOLLE, W. *Fisiognomia da metrópole moderna*. São Paulo: Editora da Universidade de São Paulo, 1994.

BUCK-MORSS, S. *Dialética do olhar*: Walter Benjamin e o projeto das Passagens. Belo Horizonte/Chapecó: Editora UFMG/Editora Universitária Argos, 2002 [Trad. Ana Luiza de Andrade].

FERRIS, D.S. (ed.). *The Cambridge Companion to Walter Benjamin*. Cambridge: Cambridge University Press, 2004.

GAGNEBIN, J.-M. Benjamin. In: PECORARO, R. (org.). *Os filósofos*: clássicos da filosofia, vol. III. Petrópolis/Rio de Janeiro: Vozes/PUC-Rio, 2009, p. 36-56.

KONDER, L. *Walter Benjamin* – O marxismo da melancolia. 2. ed. Rio de Janeiro: Campus, 1989.

MATOS, O. *O Iluminismo visionário* – Benjamin, leitor de Descartes e Kant. São Paulo: Brasiliense, 1993.

SCHOLEM, G. Walter Benjamin. In: *O Golem, Benjamin, Buber e outros justos* – Judaica I. São Paulo: Perspectiva, 1994 [sel. de textos de H. Campos e J. Guinsburg].

_____. *Walter Benjamin* – Correspondência, 1933-1940. São Paulo: Perspectiva, 1993.

_____. *Walter Benjamin* – História de uma amizade. São Paulo: Perspectiva, 1989.

Roman Jakobson (1896-1982)

*Silnei Scharten Soares**

Breve biografia

Roman Osipovic Jakobson nasceu em Moscou no dia 10 de outubro de 1896 no seio de uma família judia abastada. Estudou no Instituto Lazariev de Línguas Orientais e na Faculdade Histórico-filológica da Universidade de Moscou, onde concluiu seu mestrado em 1918. Nesta instituição, cursou Linguística Comparada e Filologia Eslava. A paixão pela linguagem o levou a aprender mais de 20 línguas e a colaborar com alguns dos mais eminentes linguistas do século passado. Em 1915, com apenas 19 anos, fundou o Círculo Linguístico de Moscou, juntamente com outros estudantes. No ano seguinte, em São Petersburgo, integrou a Opoiaz (Sociedade para o Estudo da Linguagem Poética), da qual faziam parte tanto estudiosos, como Yuri Tynianov, Boris Eikhenbaum e Viktor Chklovski, quanto poetas e escritores, como Boris Pasternak, Osip Mandelstam e Vladimir Maiakovski. Os dois grupos tinham por objetivo estudar a literatura (a poesia, principalmente) do ponto de vista estritamente linguístico, afastando-se das abordagens conteudistas, biográficas e historicistas então em voga. Esta orientação fez com que se tornassem conhecidos pelo epíteto de "formalistas russos".

Em 1920, Jakobson mudou-se para Praga para cursar o doutorado, defendido em 1930. Na então capital da Checoslováquia, participou da criação do Círculo Linguístico de Praga, fundado em 1926. Por ocasião do Primeiro Congresso de Filólogos Eslavos, organizado pelo Círculo em 1929, elaborou, conjuntamente com Vilém Mathesius, Jan Mukarovsky e outros, as teses que dariam origem ao estruturalismo linguístico. Foi durante este período que Jakobson desenvolveu o conceito de fonema como feixe de traços distintivos, em oposição à fonologia clássica, que o definia como a unidade fonológica mínima – portanto, indivisível.

---

* Professor do Departamento de Comunicação Social da Universidade Estadual do Centro-Oeste do Paraná. Doutor em Comunicação (UnB).

Fugindo à ocupação nazista, Jakobson deixou a Checoslováquia em 1939, estabelecendo-se na Noruega e na Dinamarca, de onde partiu novamente para refugiar-se na Suécia, em 1940. Um ano depois, desembarcou nos Estados Unidos, atendendo ao convite da École Libre de Hautes Études, de Nova York. Nesta cidade, ajudou a fundar o Círculo Linguístico de Nova York. Também foi professor nas universidades de Columbia e Harvard e, a partir de 1957, no MIT (Massachusetts Institute of Technology). Nos Estados Unidos, Jakobson pôde fazer uso de avançados laboratórios de acústica, o que lhe permitiu retomar as investigações em torno das relações entre som e sentido, iniciadas durante sua participação no grupo dos formalistas.

A convite da Faculdade de Filosofia, Ciências e Letras da Universidade de São Paulo (USP), esteve no Brasil em setembro de 1968. Mesmo tendo fixado residência nos Estados Unidos, Jakobson continuou circulando pelo mundo, participando de congressos científicos, ministrando aulas como professor-convidado e colaborando em projetos de pesquisa, numa atuação intelectual incansável, somente interrompida por sua morte, em 18 de julho de 1982, em Massachusetts. É considerado um dos maiores linguistas do século XX, com contribuições importantes para a semiótica e a Teoria da Comunicação.

A relação entre as ciências e a comunicação como troca

Embora tenha desenvolvido sua atividade intelectual como linguista e teórico da literatura, Jakobson sempre manteve uma postura marcadamente interdisciplinar, o que o levou a expandir constantemente as fronteiras das áreas em que trabalhou. Na juventude, junto aos formalistas russos, manteve diálogo intenso e produtivo com a poesia de vanguarda, tendo eleito a obra de Velimir Khlébnikov como objeto de análise de seu primeiro ensaio, "A letra enquanto tal", escrito em 1913. Em 1916, participou de uma coletânea de poesia *zaum* ("transmental"), elaborada a partir de arranjos fônicos de palavras não vernaculares, desprovidas de significado. Jakobson reconhece que o diálogo com poetas e artistas de vanguarda, juntamente com suas próprias experimentações poéticas, foi decisivo para a elaboração dos conceitos teóricos com os quais viria a reformular a fonologia e a linguística: "[n]a poética é que foram ensaiados os primeiros conceitos fonêmicos" (JAKOBSON, 1972: 150).

A interdisciplinaridade também seria a tônica das investigações de Jakobson realizadas nos Estados Unidos, onde conviveu com físicos, biólogos, teóricos da cibernética etc. Um dos cientistas com quem teve contato foi o físico Niels Bohr, de quem tomou de empréstimo o princípio de complementaridade, adaptado por Jakobson para explicar a relação que se estabelece entre o emissor e o receptor do ato comunicativo. Mas, talvez a parceria intelectual mais produtiva de Jakobson durante seu período estadunidense tenha sido com o antropólogo Claude Lévi-Strauss. O encontro aconteceu na École Libre de Hautes Études, em 1942, onde ambos eram professores, e rendeu a Lévi-Strauss a possibilidade de refundar a antropologia em bases culturalistas, afastando-a da orientação biologista então predominante.

Durante seu esforço para estabelecer relações interdisciplinares com outras ciências, tendo a Linguística como elemento aglutinador, Jakobson define o lugar teórico da Comunicação. Esta definição consta no artigo em que discute as relações da Linguística com outras ciências[1], visando estabelecer a base para uma cooperação entre as diversas ciências do homem, similar a que sustenta a conexão entre as ciências naturais, em toda sua complexidade e generalidade. É deste empreendimento que resulta a proposta de uma ciência da comunicação alicerçada sobre a linguística. De acordo com Jakobson (2007: 14):

> [...] o problema das inter-relações entre as ciências do homem parece centrar-se na Linguística. O fato se deve primordialmente à configuração inusitadamente regular e autossuficiente da linguagem e ao papel basilar que desempenha no quadro da cultura; e, de outro lado, a Linguística é reconhecida quer por antropólogos, quer por psicólogos como a mais progressista e precisa dentre as ciências humanas e, portanto, como um modelo metodológico para as restantes disciplinas da mesma área.

A principal razão da posição dominante da Linguística, entretanto, é outra: por ser o padrão estrutural de todos os outros sistemas de signos (seus substitutos ou derivados, como diz Jakobson), a linguagem situa-se no eixo axial das ciências humanas, que são então distribuídas ao seu redor sob a forma de círculos concêntricos. Elmar Hollenstein propõe representar este arranjo por meio de um esquema:

Figura 1 Distribuição das ciências humanas em torno da linguística

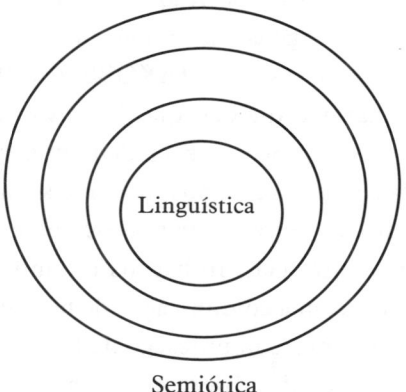

Semiótica

Ciência antropológica da comunicação

Ciência biológica da comunicação

Fonte: Hollenstein, 1978: 188.

No centro, localiza-se a linguística, já que seu objeto, a linguagem, ainda que seja "uma constituinte da cultura, [...] no conjunto dos fenômenos culturais funciona como sua subestrutura, base e meio universal" (JAKOBSON, 2007: 23). A natureza basilar da linguagem é confirmada ontogeneticamente: segundo Jakobson (2007: 20), o estudo do desenvolvimento infantil confirma a "antecedência dos signos verbais em face de todas as demais atividades deliberadamente semióticas".

Para Jakobson, a ciência da comunicação é o estudo da troca, em três níveis: antropológico ou cultural, em que se permutam companheiros; econômico, no qual se dão os câmbios de bens e serviços; e semiótico, onde ocorre a troca de mensagens. Pelas razões apontadas acima, a linguagem encontra-se no núcleo do modelo jakobsoniano de comunicação. Com isso, "a semiótica ocupa a posição central dentro da ciência total da comunicação e está na base de todas as outras províncias desta ciência; por sua vez, a semiótica compreende a linguística como seção central a fundamentar todas as outras províncias semióticas" (JAKOBSON, 2007: 25). Em graus crescentes de generalidade tem-se, então, a linguística, ao centro, destinada ao estudo das mensagens verbais; a semiótica, em seguida, responsável pelo estudo de mensagens em outros sistemas de signos, e, finalmente, "o estudo da comunicação = antropologia social juntamente com economia (comunicação de mensagens implícitas)" (JAKOBSON, 2007: 25). Embora o escopo

71

da linguística seja menor, se comparado às outras duas – especialmente no cotejo com a semiótica –, a ela reserva-se a posição central em função de que "qualquer comunicação humana de mensagens não verbais pressupõe um circuito de mensagens verbais, sem implicação inversa" (JAKOBSON, 2007: 21).

Aqui é possível flagrar o diálogo que Jakobson estabeleceu com Lévi--Strauss. Para o antropólogo francês, a sociedade poderia ser interpretada em função de uma teoria da comunicação, nos três níveis em que ocorrem trocas de "mensagens": no primeiro, as regras de parentesco e de matrimônio asseguram a circulação de mulheres entre clãs, linhagens e famílias; no segundo, são as regras econômicas que avalizam a comunicação de bens e serviços e, no terceiro, as regras linguísticas garantem a comunicação de mensagens verbais. "Todos os três dependem do mesmo método; diferem somente pelo nível estratégico em que cada um deles escolhe se situar no seio de um universo comum" (LÉVI--STRAUSS, 1970a: 320).

O método a que Lévi-Strauss faz referência é o da fonologia, tal como consta no programa exposto nas "Teses de 1929", apresentado por ocasião do I Congresso de Filólogos Eslavos, a que fizemos referência acima. Na segunda tese, lê-se:

> As imagens acústico-motoras e subjetivas só fazem parte de um sistema linguístico na medida em que nele desempenham uma função significativa diferenciadora. *O conteúdo sensorial de tais elementos fonológicos é menos essencial que as suas relações recíprocas no seio do sistema (princípio estrutural do sistema fonológico)* (JA-KOBSON; MATHESIUS & TRNKA, 1978: 85; grifos nossos).

É a incorporação do preceito de que as relações entre os elementos de um determinado sistema são mais importantes do que seu conteúdo sensorial/material que permite a Lévi-Strauss fundamentar sua teoria da comunicação apenas na definição das regras de intercâmbio, indiferentes à natureza dos jogadores.

Mas Lévi-Strauss dá um passo além: em "Linguagem e sociedade", terceiro capítulo de *Antropologia estrutural*, ele se pergunta "se diversos aspectos da vida social [...] não consistem em *fenômenos cuja natureza se assemelha à da linguagem*" (LÉVI-STRAUSS, 1970b: 79; grifos nossos), o que justificaria seu estudo a partir de métodos tomados de empréstimo à linguística. A hipótese de Lévi-Strauss é de que, num nível profundo de análise, seria possível a passagem de um aspecto da vida social a outro (da linguagem ao mito, p. ex.); neste caso, "isto significa elaborar uma espécie de código universal, capaz de exprimir as propriedades comuns às estruturas específicas de cada aspecto" (LÉVI-STRAUSS, 1970b: 79). Este código, para Lévi-Strauss, estaria alojado no inconsciente.

Jakobson cita essa passagem do texto de Lévi-Strauss para também postular uma homologia entre as estruturas da sociedade e da linguagem. Para que se compreenda o tratamento dispensado por Jakobson a este código universal inato é preciso adentrar no último círculo de seu modelo, a ciência biológica da comunicação. É neste nível que Jakobson estabelece como critério de distinção entre as formas de comunicação humana e animal a dependência que aquelas mantêm com relação à linguagem: "para a espécie humana, todo sistema de comunicação está correlacionado com a linguagem e, dentro da rede global de comunicação humana, é a linguagem que assume o lugar dominante" (JAKOBSON, 2007: 34). Esta distinção fica mais evidente quando se levam em conta as propriedades linguísticas (específicas) da espécie humana: o poder da imaginação e da criação; a capacidade de elaboração de abstrações e ficções (que permitem romper os limites temporais do aqui e agora, típicos da semiose animal); a dupla articulação da linguagem em unidades distintivas (fonemas) e significativas (palavras); as diversas funções que a linguagem está apta a exercer etc. Em contraposição, a comunicação animal restringe-se a mensagens que coincidem inteiramente com o código do qual fazem uso.

Apesar desta distinção, o que é inato e aquilo que é aprendido estão entrelaçados, tanto no desenvolvimento infantil quanto no desenvolvimento dos filhotes de animais: "padrões herdados e adquiridos acham-se estreitamente ligados, interatuam e se complementam mutuamente" (JAKOBSON, 2007: 38). Nesta trama, "o inato constitui a base necessária para a aculturação" (JAKOBSON, 2007: 36). No entanto, Jakobson ressalva que hereditariedade e aprendizado são diametralmente opostos em cada caso: nos filhotes de animais, os caracteres herdados são determinantes; nas crianças, o esforço por apreender a complexidade do código linguístico usado pelos adultos desempenha papel decisivo – em que pese o aprendizado da língua sustentar-se sobre as "instruções codificadas na célula germinativa" (JAKOBSON, 2007a: 39-40). Resultados deste empenho infantil no aprendizado da língua manifestam-se no uso criativo da linguagem, assemelhado aos jogos verbais e aos experimentos linguísticos dos poetas. Para Holenstein (1978: 121), a característica das "leis linguísticas 'aprioristicas' é a possibilidade individual de ultrapassá-las em empregos figurados e lúdicos". Contudo, adverte Jakobson (2007: 40), "a questão do dote genético surge tão logo tratamos com os próprios fundamentos da linguagem humana".

Estes fundamentos são padrões fonológicos e gramaticais universais inscritos "na lógica interna das estruturas linguísticas", de onde determinam a evolução da língua. Inerentes à linguagem, tais leis evolutivas "refletem certas 'leis gerais do pensamento'" (JAKOBSON, 2007: 38-39). Estas leis universais são responsáveis pela determinação dos traços definidores da linguagem: capacidade autorreguladora, poder de coesão e equilíbrio dinâmico. A afirmação de Jakobson sobre a correlação entre a linguagem e as leis do pensamento fundamenta-se nestas características. Tal afirmação, aliada ao postulado de que as leis da linguagem encontram-se registradas no "dote genético" da espécie, sustenta aquele que talvez seja seu salto teórico mais ousado: a proposição de uma homologia entre a estrutura da linguagem e o código genético.

Em 1953, as descobertas de Watson e Crick sobre a estrutura do DNA revelaram como a informação genética, responsável pela coordenação do funcionamento e desenvolvimento dos seres vivos, é transmitida hereditariamente por meio do envio de "mensagens", compostas por moléculas codificadas em sequências lineares de três bases chamadas códons; é a forma como estas bases se agrupam (produzindo "palavras" e "frases"), que determina a natureza da informação a ser transmitida. É o suficiente para que Jakobson assevere:

> [...] *as subunidades do código genético devem ser diretamente comparadas a fonemas*. Podemos portanto afirmar que, entre todos os sistemas condutores de informação, o código genético e o código verbal são os únicos baseados no uso de componentes discretos que, por si mesmos, são desprovidos de significado inerente, mas servem para constituir as mínimas unidades significativas, isto é, entidades dotadas de seu próprio significado intrínseco no código dado (JAKOBSON, 2007: 41; grifos nossos).

A comparação entre as unidades do código genético e os fonemas sustenta-se sobre a coincidência, em ambos, do modo de constituição semântica da "mensagem": intrínseco ao código, o significado constitui-se pelo agrupamento de unidades mínimas, as quais, por si sós, são desprovidas de "significado inerente". Além disso, também em ambos os casos, trata-se de códigos que integram um "sistema condutor de informação". A recorrência destas afinidades leva Jakobson a indagar-se sobre uma possível isomorfia entre o código genético e a estrutura da linguagem:

> [...] uma vez que [...] o projeto arquitetônico universal do código verbal é sem dúvida um dom molecular de todo *Homo sapiens*, poder-se-ia aventurar a legítima questão de saber se o isomorfismo exibido por esses dois códigos diferentes, genético e verbal, resulta da mera convergência induzida por necessidades similares, ou

se, *quem sabe, os alicerces dos evidentes padrões linguísticos, sobrepostos à comunicação molecular, foram moldados diretamente sobre os princípios estruturais dela* (JAKOBSON, 2007: 45; grifos nossos).

A resposta de Jakobson é afirmativa, baseada na admissão de uma dotação genética da linguagem. Mas há um detalhe importante nesta resposta: a hipótese que ela levanta é de que os padrões linguísticos universais – "dom molecular" de nossa espécie, que não encontram similaridade nos sistemas de comunicação animal – possam estar conformados à estrutura da *comunicação* molecular. Abre-se, assim, a possibilidade de uma reinterpretação da figura proposta por Holenstein, reproduzida acima: a Teoria Biológica da Comunicação, aparentemente a mais afastada da linguística (é o terceiro círculo a partir dela), na verdade a engloba, incluindo-a como um subsistema. Esta leitura é sugerida pelo próprio Holenstein, que salienta, no modelo jakobsoniano, a natureza da relação entre as formas de comunicação humana e as formas utilizadas pelos seres vivos, em geral: aquelas, ainda que privilegiadas, são apenas uma parte destas. É necessário, portanto, ampliar o alcance da afirmação de Jakobson (2007: 21) de que, neste concerto das ciências, a tarefa da linguística é "salientar a significação primordial do conceito de 'comunicação' para as ciências sociais", e incluir aí, além das ciências do homem, também as ciências da natureza.

Este passo adiante seria dado pela biossemiótica, segundo a qual, "[o] processo de intercâmbio de mensagens, ou *semiose*, é uma característica indispensável para todas as formas de vida terrestre" (SEBEOK, 1995: 50). A biossemiótica, portanto, estende às ciência da vida e da natureza os fenômenos comunicativos estudados pelas ciências sociais. Para Thomas Sebeok:

> A implicação desta forma de encarar a comunicação é que a capacidade de geração de mensagens e do consumo de mensagens, que é comumente atribuído aos humanos, pressupõe-se aqui que esteja presente nas formas mais humildes da existência, seja bactérias, plantas, animais ou fungos, e, além disso, em suas partes componentes, tais como unidades subcelulares (p. ex., a mitocôndria), células, organismos etc. Pode, e tem sido útil, analisar o código genético global em termos comunicacionais (SEBEOK, 1995: 51).

Comunicação passa a ser, assim, um conceito lato, estendido a toda e qualquer forma de vida.

O diagrama do ato comunicativo e a importância do código

A comunicação também marca presença nas reflexões de Jakobson durante suas atividades nos Estados Unidos por outra razão: retomar o conceito de função poética, elaborado no contexto de seus trabalhos junto ao Círculo Linguístico de Praga. Em solo norte-americano, esta retomada do conceito de função poética tem finalidade estratégica: legitimar a subordinação da poética à linguística. O empreendimento foi levado a cabo por ocasião da comunicação proferida por ele no encerramento de um seminário sobre estilos de linguagem, coordenado por Thomas Sebeok, na Universidade de Indiana, em 1958. Esta comunicação foi publicada dois anos depois em *Style in language* (1960), o livro que compilou os trabalhos apresentados no seminário. O texto de Jakobson, que se tornaria célebre, recebeu o título de "Linguística e poética". De saída, Jakobson propõe o seguinte silogismo: "A Poética trata dos problemas da estrutura verbal. [...] Como a Linguística é a ciência global da estrutura verbal, a Poética pode ser encarada como parte integrante da Linguística" (JAKOBSON, 2008: 119).

Após tê-la definido, Jakobson estabelece seu escopo: como parte da linguística, à poética caberia estudar a função poética em relação com as outras funções da linguagem, não apenas na poesia, onde ela se sobrepõe às demais, mas sempre que tal relação se mostrar manifesta em textos verbais, literários ou não. Mas há mais: como inúmeros traços poéticos são compartilhados por outros sistemas de signo, o alcance da poética igualmente se amplia, incluindo, além da arte verbal, "todas as variedades de linguagem" (JAKOBSON, 2008: 119).

Em "Linguística e poética", entretanto, o objetivo é mais modesto: determinar o lugar da função poética entre as demais funções da linguagem, situando-as no interior de um diagrama descritivo do ato de comunicação verbal. Adaptado do diagrama do sistema de comunicação, elaborado pela Teoria da Informação, de Shannon e Weaver para a transmissão eficaz de sinais entre uma fonte e um destinatário (não necessariamente humanos), o esquema fica assim:

Figura 2 Diagrama dos fatores constitutivos do ato de comunicação verbal

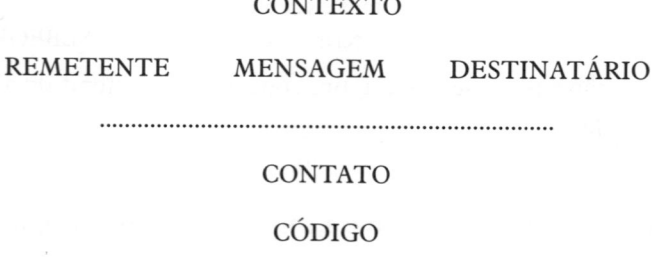

Fonte: Jakobson, 2008: 123.

No diagrama, as funções são definidas em relação aos fatores que compõem o ato comunicativo. A predominância de um fator sobre os demais é o que caracteriza cada função. O critério adotado por Jakobson consiste em identificar a *orientação* da mensagem em direção a cada um destes fatores: se orientada ao emissor, a função predominante é a *emotiva*; sendo voltada ao destinatário, prevalece a função *conativa*; se dirigida ao contexto, sobressai-se a função *referencial*; se ao código, a função *metalinguística*; ao contato ou canal, função fática e, caso ocorra um "pendor (*Einstellung*) para a MENSAGEM como tal, o enfoque da mensagem por ela própria, eis a função poética da linguagem [...] a função dominante, determinante [da arte verbal]" (JAKOBSON, 2008: 127-128).

Para definir o "critério linguístico empírico da função poética", Jakobson recorre às duas formas de arranjo do signo verbal, a *seleção* e a *combinação* (que correspondem, respectivamente, às relações *associativas* e *sintagmáticas*, em Saussure), extraindo daí a sua máxima: "*A função poética projeta o princípio de equivalência do eixo de seleção sobre o eixo de combinação.* A equivalência é promovida a recurso constitutivo de toda sequência" (JAKOBSON, 2008: 130). Embora se assemelhe ao procedimento metalinguístico, que também cria uma "sentença equacional" (do tipo A = A) de unidades equivalentes por meio da combinação de expressões sinônimas, a função poética a ela se opõe diametralmente, pois faz uso de uma equação para construir uma sequência. Jakobson dá como exemplo a famosa frase de Julio César: *Veni, vidi, vici*, na qual a simetria entre os verbos (dissílabos, iniciados pela mesma consoante e finalizados com a mesma vogal) expressa não apenas a sequência dos eventos, mas também a gradação entre eles. Em resumo, diz Jakobson (2008: 146-147), "a equivalência de som, projetada sobre a sequência como seu princípio constitutivo, implica inevitavelmente equivalência semântica".

O conceito de função poética fez história e incorporou-se ao cânone das teorias da literatura[2]; da mesma forma, durante muito tempo, o diagrama do ato comunicativo serviu de modelo para a Teoria da Comunicação. Apesar das críticas à linearidade do diagrama jakobsoniano e a sua caracterização do ato comunicativo como um processo transmissivo, o conceito de código acabou mostrando-se produtivo para a Teoria da Comunicação, principalmente em sua articulação com a semiótica.

Em sua formulação original na Teoria da Informação, o código é um instrumento de redução da incerteza subjacente à fonte de informação: é por meio do código que o número de mensagens a serem potencialmente enviadas pela fonte (no limite, este número tende ao infinito) é reduzido em termos probabilísticos. Um exemplo banal: na língua portuguesa, o código determina que a consoante a ser usada antes de P e B seja o M e não o N (porque M, P e B são todos bilabiais, ocorre uma assimilação dos fonemas: a articulação sonora de um fonema já antecipa a articulação do seguinte). Com isso, a probabilidade de escolha do falante da língua reduz-se consideravelmente.

O caráter restritivo do código, no entanto, também permite o exercício criativo de variações. Na língua, a liberdade do falante aumenta à medida que se "elevam" os níveis de articulação: no nível do fonema, a liberdade é nula, mas no nível das palavras e frases é possível romper com a rigidez do código de forma expressiva por meio de combinatórias não previstas no sistema. Para Irene Machado (2008: 76), "o código é um sistema invariante que não pode ser pensado fora das variações".

Entendido como dispositivo que coordena relações probabilísticas entre invariantes e variações, o código torna-se um conceito central não apenas para a linguística, mas também para a semiótica, na medida em que passa a ser adotado para a compreensão das operações tradutórias entre distintos sistemas de signos. Esta proposição foi apresentada por Jakobson em "Aspectos linguísticos da tradução", texto de 1959, em que define três tipos de tradução:

1) tradução intralingual: interpretação de signos verbais por outros signos verbais da mesma língua;

2) tradução interlingual: interpretação de signos verbais por signos verbais de outra língua;

3) tradução intersemiótica: interpretação de signos verbais por sistemas de signos não verbais.

Se a primeira refere-se à metalinguagem e a segunda à tradução propriamente dita, é na terceira que fica evidente a natureza semiótica da linguagem: é a possibilidade (e o exercício) da tradução de um sistema de signos por outro que revela a equivalência entre sistemas distintos. A analogia proposta por Jakobson entre o código genético e o modo de articulação dos fonemas (feixe de traços distintivos, sem significação intrínseca) constitui uma aplicação deste princípio.

Influências

Ao longo da vida, Jakobson desenvolveu um trabalho marcadamente interdisciplinar. Sempre tendo a Linguística como centro de suas pesquisas, operou continuamente na interface com outras ciências e disciplinas, como a Física, a Biologia e a Matemática, por exemplo – além da Teoria Literária, evidentemente, pela qual influenciou decisivamente os concretistas brasileiros Augusto e Haroldo de Campos e Décio Pignatari, tanto em sua produção poética quanto teórica. Na linguística, notadamente na fonologia, foi referência importante para o trabalho desenvolvido por Joaquim Mattoso Câmara Junior. Neste sentido, o mapeamento integral de sua influência revela-se trabalho árduo e extenso. Sendo este um texto de caráter introdutório, iremos nos restringir a sua contribuição para a Teoria da Comunicação.

Nesta área, uma das principais influências de Jakobson reflete-se no impulso dado à geração de modelos que visavam dar conta dos processos de comunicação, particularmente os que têm lugar na chamada sociedade de massas – tema candente na reflexão sobre comunicação ao longo dos anos de 1950 e de 1960, principalmente a partir de abordagens semióticas de base estruturalista. Neste contexto, o modelo da Teoria da Informação, sendo o "mais simplificado que por muito tempo esteve disponível", de acordo com Mauro Wolf (2008: 107), foi adotado sem reservas. Em parte, a difusão do modelo para muito além do âmbito meramente técnico em que teve origem (a engenharia de comunicação), graças a um abrandamento da especificidade de seus conceitos, deve-se ao trabalho do próprio Jakobson, um dos principais responsáveis tanto por esta expansão quanto pela rarefação conceitual; o que "permaneceu [foi] a forma total do esquema", segundo Wolf (2008: 116). Além disso, o modelo transmissivo linear mostrou-se adequado às pesquisas relativas aos efeitos das mensagens dos meios de comunicação de massa sobre as audiências.

Umberto Eco, juntamente com Paolo Fabbri, desenvolve dois modelos de comunicação baseados no modelo informativo de Shannon e Weaver, incorporando as contribuições de Jakobson relativas à questão da significação e ao potencial criativo do código, extrapolando, desse modo, a mera transmissão de informação do polo emissor ao receptor. No primeiro modelo, nomeado de semiótico-informativo, a ampliação do conceito de código é responsável por este ganho teórico: ao unir dois sistemas, o do significante e o do significado, o código permite que o sentido seja extraído da mensagem por parte do destinatário: "a mensagem se completa apenas ao interagir com o código. [...] Os significantes existem no espaço em que o código já se encontra definido" (ECO, apud WOLF, 2008: 113). Graças a esta revisão conceitual, o modelo semiótico-informativo atribui a produção de sentido à remissão das mensagens ao código, tanto por parte do emissor quanto do receptor; desse modo, o modelo extrapola a mera transmissão de sinais entre máquinas e, tal como em Jakobson, inclui em seu escopo a comunicação humana. Tem-se aí a passagem de um modelo de transmissão da informação (entre dois polos) para um modelo de transformação (de um sistema a outro), garantida pelo código.

A reformulação do conceito de código permite que se valorizem a decodificação – o acionamento das competências interpretativas do público – e a negociação, que resulta do compartilhamento destas competências entre destinador e destinatário nos vários níveis em que a significação da mensagem é produzida. É no interior destes limites que se definem as possibilidades de decodificação aberrante – aquela efetivamente produzida pelo destinatário à revelia das intenções do emissor –, de hiper ou hipocodificação, de discrepância entre os códigos etc. O modelo semiótico-informativo revela, portanto, a assimetria estrutural entre as diferentes funções comunicativas de emissor e destinatário, salientando a impossibilidade de se inferir, direta e linearmente, os efeitos de sentido produzidos na recepção meramente a partir do reconhecimento da gramática da produção.

O segundo modelo, chamado de semiótico-textual, mantém a assimetria entre emissor e receptor, mas promove um deslocamento conceitual ao postular que, na comunicação de massa, não ocorre simplesmente emissão de mensagens, mas um fluxo contínuo (sincrônica e diacronicamente) de conjuntos de textos, interpretado segundo determinadas práticas textuais. Embora desconheçam a gramática de produção, os receptores têm ampla familiaridade com agregados de textos, o que lhes permite interpretá-los a partir deste repertório de conhecimentos prévios. A afirmação inspira-se na distinção estabelecida por Lotman e Uspenski (2000) entre culturas gramaticalizadas e textualizadas: as primeiras, voltadas ao conteúdo, representam-se como um sistema de regras geradoras de textos; as últimas, orientadas para a expressão, são representadas como um conjunto de textos, reunidos em coleções ou antologias. Esta distinção aponta para um dado estrutural importante: a cultura erudita identifica-se com a cultura gramaticalizada, cujas regras de produção, explicitadas metalinguisticamente, são reconhecidas por uma comunidade discursiva; a cultura de massa, contrariamente, seria textualizada. Nesta última, "é provável que a competência interpretativa dos destinatários baseie-se e articule-se sobretudo em relação aos agregados de textos já fruídos, mais do que em relação a códigos explicitamente compreendidos e reconhecidos como tais" (WOLF, 2008: 126).

A natureza semiótica do modelo permite perceber como processos de decodificação do texto são antecipados pelo emissor, que pode, então, tomar decisões com base não apenas na informação que deseja transmitir, mas também na imagem que faz do seu destinatário-modelo (daí a relevância de se levar em conta os gêneros de discurso). Tais conjecturas a respeito dos saberes do receptor (a "função do destinatário") passam a fazer parte do próprio texto. Os conceitos de *feedforward* e *feedback*, oriundos da cibernética de segunda ordem, são decisivos para esta elaboração teórica.

Em resumo, o que os modelos recuperam das reflexões de Jakobson sobre a comunicação é a definição ampliada do conceito de código e sua importância para a significação e o exercício da criatividade semiótica.

Notas

1. "A linguística em suas relações com outras ciências" é o relatório apresentado por Jakobson durante a sessão plenária do Décimo Congresso Internacional de Linguística, em 30 de agosto de 1967, em Bucareste. Foi publicado posteriormente, ampliado em *Main trends in social research*, editado pela Unesco.

2. Mas não ficou imune a críticas, obviamente. A mais contundente talvez seja a de Aguiar Silva, 1986.

3. Em Portugal, foram publicados o livro *Seis lições sobre o som e o sentido*, pela Editora Moraes, de Lisboa, em 1977, e os artigos "O que fazem os poetas com as palavras", na revista *Colóquio/Letras*, n. 12, mar./1973, p. 5-9. Coletâneas importantes são *Fundamentals of language*, escrito em parceria com Morris Halle, e publicado pela Mouton, em 1956, e os *Selected Writings*, em 10 vol., publicados também pela Mouton de Gruyter entre 1962 e 2013, reunindo artigos em inglês, alemão, italiano, francês e russo. O livro de Elmar Hollenstein (1978) disponibiliza um levantamento bibliográfico das obras de Jakobson publicadas até 1974, ano da edição original. Hollenstein apresenta um panorama completo (porém, sucinto) e bastante equilibrado dos interesses de pesquisa de Jakobson ao longo de sua vasta produção. Recentemente, Irene Machado (2008) publicou obra em que recupera o pensamento semiótico de Jakobson (este é o subtítulo do livro), enfatizando a concepção, herdada de Charles Peirce, de semiose como geração de interpretantes por meio da ação da linguagem na esfera da cultura.

Referências

Obras de Ramon Jakobson publicadas no Brasil[3]:

JAKOBSON, R. Olhar de relance sobre o desenvolvimento da semiótica. *Revista Galáxia*, n. 19, jul./2010, p. 60-76. São Paulo.

_____. *Linguística e comunicação*. São Paulo: Cultrix, 2008.

_____. *Linguística, poética, cinema*. São Paulo: Perspectiva, 2007.

_____. *A geração que esbanjou seus poetas*. São Paulo: Cosac & Naify, 2005.

_____. O dominante. In: LIMA, L.C. (org.). *Teoria da Literatura em suas fontes*. Vol. 1. Rio de Janeiro: Civilização Brasileira, 2002, p. 511-518.

_____. *Poética em ação*. São Paulo: Perspectiva/Edusp, 1990.

_____. Regra dos danos gramaticais. In: KRISTEVA, J.; MILNER, J.C.; RUWET, N. (orgs.). *Língua, discurso, sociedade*. São Paulo: Global, 1983, p. 15-30.

_____. A escola linguística de Praga. In: TOLEDO, D. (org.). *Círculo Linguístico de Praga*: estruturalismo e semiologia. Porto Alegre: Globo, 1978, p. 20-29.

_____. O que é a poesia? In: TOLEDO, D. (org.). *Círculo Linguístico de Praga*: estruturalismo e semiologia. Porto Alegre: Globo, 1978, p. 167-180.

_____. O tcheco e o eslovaco literários. In: TOLEDO, D. (org.). *Círculo Linguístico de Praga*: estruturalismo e semiologia. Porto Alegre: Globo, 1978, p. 198-203.

_____. Do realismo artístico. In: TOLEDO, D.O. (org.). *Teoria da Literatura*: formalistas russos. Porto Alegre: Globo, 1973, p. 119-127.

_____. *Fonema e fonologia*. Rio de Janeiro: Acadêmica, 1972.

JAKOBSON, R.; BRØNDAL; ARNHOLTZ & BACH. A transformação poética: o Círculo de Praga visto pelo Círculo de Copenhague. In: TOLEDO, D. (org.). *Círculo Linguístico de Praga*: estruturalismo e semiologia. Porto Alegre: Globo, 1978, p. 73-78.

JAKOBSON, R. & LÉVI-STRAUSS, C. *Les chats* de Baudelaire. In: LIMA, L.C. (org.). *Teoria da Literatura em suas fontes*. Vol. 2. Rio de Janeiro: Francisco Alves, 1983, p. 269-289.

JAKOBSON, R.; MATHESIUS, V.; TRNKA, B. et al. As teses de 1929. In: TOLEDO, D. (org.). *Círculo Linguístico de Praga*: estruturalismo e semiologia. Porto Alegre: Globo, 1978, p. 81-106.

JAKOBSON, R. & POMORSKA, K. *Diálogos*. São Paulo: Cultrix, 1985.

MUKAROVSKY, J. & JAKOBSON, R. Formalismo russo, estruturalismo tcheco. In: TOLEDO, D. (org.). *Círculo Linguístico de Praga*: estruturalismo e semiologia. Porto Alegre: Globo, 1978, p. 3-9.

Outros livros

AGUIAR E SILVA, V.M. *Teoria da Literatura*. 7. ed. rev. Coimbra: Almedina, 1986.

HOLENSTEIN, E. *Introdução ao pensamento de Roman Jakobson*. Rio de Janeiro: Zahar, 1978.

JAKOBSON, R. Linguística e poética. In: *Linguística e comunicação*. São Paulo: Cultrix, 2008, p. 118-162.

_____. A linguística em suas relações com outras ciências. In: *Linguística, poética, cinema*. São Paulo: Perspectiva, 2007, p. 11-64.

_____. A fonologia em relação com a fonética. In: *Fonema e fonologia*. Rio de Janeiro: Acadêmica, 1972, p. 101-146.

JAKOBSON, R.; MATHESIUS, V.; TRNKA, B. et al. As teses de 1929. In: TOLEDO, D. (org.). *Círculo Linguístico de Praga*: estruturalismo e semiologia. Porto Alegre: Globo, 1978, p. 81-106.

LÉVI-STRAUSS, C. A noção de estrutura em etnologia. In: *Antropologia estrutural*. Rio de Janeiro: Tempo Brasileiro, 1970a, p. 299-344.

_____. Linguagem e sociedade. In: *Antropologia estrutural*. Rio de Janeiro: Tempo Brasileiro, 1970b, p. 72-83.

MACHADO, I. *O filme que Saussure não viu*: o pensamento semiótico de Roman Jakobson. Vinhedo: Horizonte, 2008.

SEBEOK, T. Comunicação. In: RECTOR, M. & NEIVA, E. *Comunicação na era pós-moderna*. Petrópolis: Vozes, 1995, p. 50-64.

WOLF, M. *Teorias das comunicações de massa*. São Paulo: Martins Fontes, 2008.

Paul Lazarsfeld (1901-1976)

Giovandro Marcus Ferreira ★

O sucesso da publicidade só poderá acentuar o fracasso da propaganda.

Paul Lazarsfeld

De Viena a Nova York: desenvolvimento de um paradigma

Paul Felix Lazarsfeld é tributário do seu percurso intelectual e geográfico, que se diferencia de carreiras clássicas na academia. Nascido no início do século XX, mais precisamente em fevereiro de 1901, na cidade de Viena, o então centro do Império Autro-húngaro. Oriundo da classe média, de uma família judia e austríaca, pai advogado e mãe psicóloga, ambos ativos socialistas, bem inseridos no meio intelectual e artístico vienense. Frequentavam a casa dos Lazarsfeld diferentes intelectuais como Max Adler, Otto Bauer, Karl Ranner e Rilke, entre outros.

Nesse ambiente de efervescência cultural, Paul Lazarsfeld, militante ativo do movimento estudantil socialista, trilha um caminho interdisciplinar para sua formação, na qual articula a matemática pura, sociologia, psicologia e a dedicação, ao longo de vários anos, aos estudos dos meios de comunicação. Como disse um dos seus biógrafos, "na verdade, toda a sua vida, Lazarsfeld investigou a ação individual (votação, a compra de produtos de consumo etc.) em um contexto social. Ele era consistente, mas os rótulos disciplinares foram se alterando durante a sua carreira" (ROGERS, 1997: 248). O objetivo último de Lazarsfeld era compreender as razões das ações e decisões dos agentes sociais.

Ao mesmo tempo em que cursava Matemática, Lazarsfeld participava dos seminários de Alfred Adler, que o fez articular uma aproximação entre a Matemática e a Psicologia, que se desdobra num empenho, mais tarde, no emprego da análise quantitativa aplicada ao comportamento. Na juventude, Lazarsfeld teve dificuldade com Adler nesta convergência de dois campos distantes e distintos

★ Professor do Programa de Pós-Graduação em Comunicação e Cultura Contemporâneas da Universidade Federal da Bahia. Doutor em Ciências da Informação Medias (Université Paris II/Panthéon-Assas).

para a época e começou a elaborar forma de análise estatística de série aplicada a testes mentais (ROGERS, 1997). Adler se opunha à utilização da análise quantitativa para as questões psicológicas.

Em 1925, Lazarsfeld obteve seu título de doutor em Matemática pela Universidade de Viena, um estudo sobre solução matemática à função einsteiniana sobre o movimento na órbita do Planeta Mercúrio e começa a ministrar aulas de Matemática e Física num *gymnasium*. Influenciado também pela sua participação no domínio da psicologia, tão fortemente presente na Viena do início do século XX, Lazarsfeld funda, em 1929, o Instituto de Pesquisa para Psicologia Social Aplicada na cidade de Viena, que teve muita dificuldade no domínio administrativo (ROGERS, 1997). Em setembro de 1932, parte para os Estados Unidos, munido de uma bolsa de estudo financiada pela Fundação Rockfeller. Com o término do prazo da bolsa, Lazarsfeld retorna à Europa.

Em 1934, o Partido Socialista da Áustria foi declarado ilegal, Paul Lazarsfeld perde seu trabalho na escola secundária e membros de sua família são presos. Ele mantém seus cursos na Universidade de Viena, que estavam ligados às atividades de pesquisa. Com ajuda de colegas norte-americanos, decide voltar aos Estados Unidos, empregando suas economias em uma passagem de terceira classe. Mesmo tendo enfrentado dificuldades no seu novo meio acadêmico, Lazarsfeld consegue realizar projetos que se iniciaram ainda na cidade de Viena.

Ele tem êxito na criação do Instituto de Pesquisa Social Aplicada (Bureau of Applied Social Research), que objetivava a aplicação da psicologia em estudos de problemas econômicos e sociais, na articulação de pesquisa qualitativa com métodos estatísticos. Esse instituto surge, inicialmente, em Newark e, mais tarde, desloca-se para a cidade de Nova York, na Universidade de Columbia.

Um fator importante nesta *démarche* de consolidação do paradigma dominante, do qual Lazarsfeld é a figura maior, foi a realização do Rockefeller Foundation Communication Seminar, de setembro de 1939 a junho de 1940. Mais amplamente, seria interessante e necessário estudos mais aprofundados sobre a influência de fundações (Rockefeller, Ford etc.) e órgãos governamentais no direcionamento da área de comunicação, sobretudo no tocante à constituição de paradigmas que quase monopolizam manuais de comunicação e os desdobramentos na institucionalização desta área nos espaços universitários. O Rockefeller Seminar teve à sua frente John Marshall, administrador da Fundação, que definia este evento da seguinte maneira: "[...] reunir em torno de 12 especialistas para encontros mensais a fim de obter um quadro teórico geral que permitisse à Fundação de precisar os critérios pertinentes para eventuais subvenções de projetos de pesquisa em comunicação" (PROULX, 2010: 40-41).

No momento que precedia a entrada dos Estados Unidos na Segunda Guerra, como a perspectiva da ampliação e implicação de países no conflito, a questão prioritária que norteava a agenda do seminário era "como o governo americano poderá utilizar os meios de comunicação para compor com a nova geopolítica e com a implicação eventual dos Estados Unidos numa guerra mundial?" (PROULX, 2010: 41). De uma certa maneira, os "pais da comunicação" se ocupam, nas suas preocupações científicas, de responder à necessidade de se obter um consenso da população americana numa perspectiva da entrada dos Estados Unidos na guerra, e como já dissemos, mais tarde, continuando respondendo demandas paralelas num clima de guerra fria, deslocando as pesquisa sob o manto da comunicação de massa e vendo nos novos inimigos as ações em torno da propaganda, termo cada vez menos usado nas pesquisas realizadas no meio acadêmico norte-americano.

Com o advento do Rockefeller Seminar, uma parte dos estudos de comunicação é organizado e consolidado como um desdobramento de um projeto de Estado. Nessa mesma época, Paul Lazarsfeld, na Universidade de Columbia, em Nova York, dirige o Bureau of Applied Social Research, em parceria com Robert K. Merton, quando formula um modelo que se torna um enquadramento dominante para articular os problemas dos especialistas da pesquisa em comunicação de massa nos Estados Unidos. Forma-se assim uma espécie de colégio invisível, no qual se pode inserir diversos pesquisadores (Harold Laswell, Carl Hovland, Kurt Lewin e outros) que têm proximidade no tocante aos problemas e temas de pesquisa, a partir sobretudo do enquadramento – quem, diz o que, através de que, qual canal, com qual efeito.

Lazarsfeld tem, então, um protagonismo em relação ao núcleo duro da história *standard* da comunicação que é lembrada e celebrada por muitos manuais que circulam nos cursos de Comunicação, como uma espécie de "assim nossos pais fizeram e nos contaram", demarcando como se fosse uma totalidade do passado do campo, configurado por alguns problemas circunscritos a partir da herança deixada.

Pode-se caracterizar essa história padrão sob duas vertentes, segundo Jefferson Pooley, de um lado, ela é construída por sociólogos, em especial Paul Lazarsfeld, Elihu Katz, mesmo apresentando uma metodologia frágil, mas duradoura – influência pessoal –, recorrem aos predecessores acadêmicos pré-guerra como ingênuos, amadores desinformados, que se agarravam à "teoria hipodérmica", à "agulha hipodérmica", à "teoria bala mágica" da mídia, ainda marcadamente influenciados pelos teóricos europeus da "Teoria da Sociedade de Massa". Essa visão dos predecessores, segundo o autor, foi contrastada pelo científico sofisticado (e tranquilizador) da abordagem dos "efeitos limitados". De outro lado, foi criação consciente de Wilbur Schramm, um consumado empreendedor acadêmico, como sendo o quase único responsável pela institucionalização da comunicação nas universidades, através de sua genealogia da importância dos quatro pais fundadores (Paul Lazarsfeld, Harold Lasswell, Kurt Lewin e Carl Hovland) e de sua importância na fundação e consolidação acadêmica da comunicação (POOLEY, 2008).

Uma história mais completa e diversificada das pesquisas de comunicação de massa ainda espera para ser escrita, até mesmo para fazer jus às diferentes contribuições, tendo como pesquisadores oriundos de outros campos científicos, que enriqueceram os problemas levantados sobre os meios de comunicação. Normalmente, há uma maneira simplista de resumir a história dos estudos dos meios de comunicação entre dois extremos, os "apocalípticos e integrados", fazendo jus a sua leitura dividida entre dois grupos antagônicos: de um lado, aqueles adeptos à noção de sociedade de massa, meios de comunicação de massa (com sua onipotência, onisciência e onipresença) e, consequentemente, o homem de massa. De outro, aqueles que minimizam o papel e os efeitos dos meios de comunicação pela interferência dos atores, indivíduos e instituições sociais. Só para ampliar a visão sobre essa história, pode-se revisitar, mesmo nos Estados Unidos, a Escola de Chicago com seus teóricos que também trabalharam a comunicação como John Dewey, Georges H. Mead, Robert Park, Charles Cooley. Há nesta escola uma compreensão da comunicação como um tipo de informação que permite a troca de experiências, o compartilhamento de ideias, articulando a comunicação com a educação, tornando a comunicação o centro de um processo, sendo o principal elemento na ligação entre os membros de uma sociedade, uma necessidade na formação de comunidades (VARÃO, 2014). Relacionando comunicação e educação, pode-se igualmente identificar inúmeras contribuições de pensadores latino-americanos, como Paulo Freire, que objetiva com sua educação problematizadora agilizar o trânsito entre a "consciência real" e a "consciência possível", que fundamenta o conceito de comunicação.

Mesmo tendo necessidade de chamar atenção para o contexto científico mais amplo, aqui vai-se colocar em relevo a influência de Lazarsfeld em relação aos seus contemporâneos, destacando, em especial, suas contribuições específicas. De início, é preciso ser dito: o estudo empírico dos meios de comunicação, realizado por Lazarsfeld e seus colegas, representa uma ruptura maior na história das teorias da comunicação, conduzindo os estudos desse domínio para a conhecida "corrente empírica":

> Sociólogo e psicólogo austríaco constrangido ao exílio nos Estados Unidos em 1935 como os filósofos da Escola de Frankfurt, Lazarsfeld é na verdade um portador de convicções que o levam a questionar suposições convencionais sobre os meios de comunicação em conjunto com as formas mais comuns de pensar sobre eles. Sua ligação com o positivismo – ele frequentou o Círculo de Viena à origem do "positivismo lógico" e reivindica a influência de Ernest Mach, de Henri Poincaré e de Albert Einstein – o conduz a privilegiar a coleta de informação e a análise dos comportamentos em detrimento do debate puramente especulativo (MAIGRET, 2003: 76).

Nesta perspectiva, a atividade científica passa ao largo de dar conta das possibilidades do conhecimento ou da especulação sobre o ser das coisas. Ela se constitui pelo ordenamento de verdades oriundas da experiência, pela qual toda questão pode ser formulada sob a forma de conceitos, que são sistema de classificação, podendo todo conceito ser codificado em índices matemáticos, sendo os resultados multidimensionais, ou seja, há vários índices para um só conceito (MAIGRET, 2003). O credo epistemológico adotado por Lazarsfeld se torna um ponto fora da curva de uma tradição de verdades espontâneas e especulativas, direcionando as pesquisas do domínio da comunicação em projetos de análise quantitativa da audiência articulados com empresas do ramo, o que lhe confere um dos protagonistas das pesquisas ditas administrativas.

Nesta *démarche* científica, Lazarsfeld se lança em diferentes pesquisas: a mensuração da audiência de um auditório recebida num laboratório; a análise de conteúdo de programas; enquetes de longa duração centradas em entrevistas regulares (*follow-up interviews*), atingindo um grande número de pessoas, com o intuito de testar a hipótese do processo de atomização dos indivíduos e o poder dos meios de comunicação na sociedade.

Do livro *The People's Choice* ao estudo de Decatur

Em 1940, Lazarsfeld e mais dois colegas – Bernard Berelson e Hazel Gaudet – vão estudar a campanha presidencial americana que opunha o candidato democrata à reeleição Franklin Roosevelt ao candidato republicano Wendell Wilkie. O candidato democrata tinha uma grande popularidade, mas sofria uma oposição dos grandes meios de comunicação do país. Lazarsfeld ressalta esse aspecto no livro *The people's Choice* (A escolha do povo), que o apoio dos grandes jornais era maior ao candidato republicano em 1940 do que, na eleição precedente, em 1936 (ATTALLAT, 1997).

Lazarsfeld e seus dois colegas veem uma boa oportunidade de analisar a influência dos meios de comunicação sobre o eleitorado americano que tinha, de antemão, uma preferência pelo candidato democrata, contrariamente à grande imprensa do país. Pelo modelo de S-R (Estímulo-Resposta) acerca dos meios de comunicação, esperava-se que tais meios iriam conduzir o povo americano a votar no candidato republicano. Pesquisa em curso, a equipe de investigadores percebe que a grande maioria, pelas entrevistas já realizadas, não estava sendo influenciada pelos meios de comunicação, mas sim influenciada pelos amigos e pessoas do seu convívio mais próximo. A força da escolha é fruto, então, sobretudo influenciado pelo contato pessoal e não pela relação com os meios de comunicação, que constroem nesta relação um papel de reforço ou cristalização de crenças preexistentes.

A escolha do voto é, então, rechaçada como sendo uma escolha individual, levada de maneira aleatória ou fruto de uma orquestração dos meios de comunicação. A escolha do voto, nesta pesquisa, é reflexo sobretudo das relações tecidas nas redes sociais nas quais os indivíduos estão inseridos. Tal escolha pode ser vista a partir de três variáveis sociais: a classe, a pertença geográfica e a religião. A primeira variável leva em consideração a situação econômica e social em geral que condiciona a inserção em associação, religião, lugar de moradia, aquisição de bens etc. Eles chegam à conclusão, por exemplo, que o voto democrata é mais urbano, católico e de um meio social mais desfavorecido (MAIGRET, 2003).

A escolha do voto articulado, com a influência dos meios de comunicação, leva à retenção de quatro termos-chave: contatos pessoais, grupos de pertença, reforço e líder de opinião. A conclusão que chegam Lazarsfeld e seus colegas é um distanciamento ou negação da hipótese do isolamento dos indivíduos. Muito pelo contrário, eles (os indivíduos) estão enredados em inúmeros grupos, que tornam suas escolhas um ato complexo tecido nas e pelas relações sociais cotidianas. Os grupos são formados por interesses comuns, tendo eles origens diversas: família, trabalho, escola, bairro, igreja etc.

Há, no interior dos grupos, contatos pessoais, face a face, entre amigos, que faz florescer a intimidade entre os pares, ganhando força em relação à opinião de um "estrangeiro", alguém exterior ao grupo. Lazarsfeld enumera seis vantagens dos contatos pessoais: 1) onipresença; 2) espontaneidade; 3) leveza,

4) recompensa – em assumir a posição do outro; 5) confiança – mais nos contatos pessoais do que em relação aos meios de comunicação; e 6) persuasão sem convicção (agir por amizade, votar em razão da escolha de um amigo).

> O grupo de pertença flexiona as informações oriundas do exterior, submetendo-as a uma troca mais ou menos informal no seu interior. Para continuar a pertencer ao grupo, ele (o membro) tem de compartilhar a opinião do grupo e que, se deixar de partilhar esta opinião, ele deve abandonar o grupo. O grupo de pertença reforça então suas próprias regras e crenças. Certas ideias, atitudes e crenças não são admitidas (ATTALLAT, 1997: 109).

Normalmente, as informações que penetram no grupo vêm reforçar suas crenças e quem as introduz do exterior são os líderes do grupo. Eles têm o papel de filtrar e funcionam como uma espécie de membrana do grupo na relação exterior-interior, já que eles são constituídos como um setor da população que se posiciona transversalmente no tocante à estratificação socioeconômica. Os líderes são aqueles que consomem, mais do que os outros membros do grupo, informações externas, que serão insumos no processo de influência no interior do grupo.

A caracterização dos líderes de opinião é construída a partir de um contexto social mais amplo, pois eles operam no interior do grupo relacionando com ocorrências externas. Por isso, baseado numa distinção feita pelo sociólogo alemão Tonnies entre comunidade e sociedade, há também a diferença entre o líder local e o líder cosmopolita, tencionado pelo consumo de informação, pela relação com os meios de comunicação. O primeiro – líder local – é oriundo da comunidade, da vivência do grupo, ou melhor, dos contatos pessoais e ele se baseia mais em conhecimento dos outros, incluso as informações dos meios de comunicação. Ele exerce influência em diferentes áreas, ele é polimorfo. Contrariamente, o líder cosmopolita, oriundo de outro ambiente, mas é detentor de um saber específico (médico, advogado, padre etc.) e exerce influência em especial num determinado domínio ou área.

A dinâmica global da formação de atitude, de opinião em diferentes domínios (econômico, social, político etc.), seja ela via os meios de comunicação ou não, se realiza em três direções em relação aos destinatários: 1) efeito de reforço ou cristalização – conserva decisões anteriormente tomadas; 2) efeito de ativação – transforma tendências em atitudes, comportamento efetivo; e 3) efeito de conversão ou transformação – leva a mudança de comportamento. Diante destas diferentes direções, é dentro da teia de relações que ganha força a formação de atitudes e comportamentos em conjunto com outros integrantes do grupo. Os líderes de opinião se tornam mediadores entre os membros do grupo (menos informados) e os meios de comunicação, gerando assim o fluxo de comunicação em dois níveis (*two-step flow*). É bem verdade que essa hipótese de fluxo comunicacional em dois níveis pressupõe uma baixa difusão dos meios de comunicação no interior da população, situação diferente dos dias atuais.

Os efeitos dos meios de comunicação são compreendidos a partir do funcionamento das redes sociais nas quais os indivíduos têm seu pertencimento, ou seja, os meios de comunicação fazem parte de um processo em que o contato pessoal (influência pessoal) é considerado o aspecto mais aderente e complexo. Provavelmente, nesta visão dos efeitos dos meios de comunicação não é tão acertado falar de efeitos limitados, mas outra maneira de ver o efeito, pois reforçar uma ideia, um comportamento não quer dizer fraqueza ou limitação. Como diz Mauro Wolf, numa das conclusões acerca dos resultados obtidos por Paul Lazarsfeld:

> Na minha opinião, a indicação fundamental desta teoria, que constitui uma aquisição definitiva para a *communication research*, diz menos respeito à limitação dos efeitos do que ao enraizamento completo e total dos processos comunicativos de massa em quadros sociais muito complexos, nos quais existem varáveis econômicas, sociológicas e psicológicas que exercem ação constante (WOLF, 1987: 47).

Nesta pesquisa que originou o livro *The people's choice*, além dos resultados relevantes já destacados acima, pode-se também incluir, entre outros, o abandono da concepção linear do processo de comunicação que determina os efeitos dos meios de comunicação. Nesta esteira foram também resgatadas as redes sociais que evidenciam a complexidade dos efeitos além dos aspectos psicológicos dos indivíduos, que, de certa maneira, dominou parte dos estudos de comunicação num passado não tão distante.

Um segundo estudo, nos anos de 1944-1945, na cidade de Decatur (Illinois) que vai aprofundar a noção de líder e os diferentes fluxos comunicativos, a partir de uma demanda de pesquisa que buscava aumentar a tiragem das publicações McFadden. Esta investigação fora construída, sobretudo, na problematização acerca dos hábitos domésticos de consumo no domínio da moda, de alimentação e do cinema. Junto com Paul Lazarsfeld estará Elihu Katz na condução desta pesquisa de mercado de um consumo que é destinado principalmente a um público feminino. O centro de interesse é saber: Quem influencia quem? Quem influenciou você? Você influenciou alguém? Há uma preocupação de estabelecer os elos da corrente de influência e como se deu efetivamente a passagem do conselho à ação. Um primeiro aspecto percebido por ambos pesquisadores é a confluência que ocorre no processo do fluxo de comunicação que vai além dos dois, identificados como *two-step flow*. Há sim vários elos da corrente de influência ou uma cadeia de influência complexa.

Essa complexidade no jogo de influência vai ter uma repercussão sobre a concepção em torno do líder de opinião, pois o papel do líder de opinião demonstrou ser uma função bastante partilhada. Segundo Katz e Lazarsfeld, a estrutura e os valores sociais explicam o fenômeno. Uma líder no setor de moda será uma jovem em vez de uma mãe de família com uma larga experiência. Isso explica pelos valores sociais em torno da juventude (ATTALLAT, 1997). Logo, o líder de opinião estará mais relacionado com as estruturas sociais que enquadram o grupo e menos na dinâmica, no enraizamento no interior do grupo. Como se interroga Paul Attallat:

> Ora, se a função do líder de opinião é determinada pelas estruturas sociais e não pelos grupos de pertencimento, talvez devesse rever profundamente o conceito mesmo de grupo de pertencimento. Os grupos de pertencimento não funcionam, provavelmente, segundo a fórmula do funcionalismo (ATTALLAT, 1997: 119-120).

Este estudo da cidade de Decatur oferece três interessantes descobertas em relação às pesquisas de comunicação, mesmo se for levado em conta os objetivos que nortearam essa investida científica que era de aumentar a tiragem de publicações consumida na cidade: 1) A cadeia de influência não se restringe aos dois fluxos tão difundidos a partir de estudos precedentes, sendo ela mais complexa e longa; 2) há uma porosidade na função do líder, pois ela é partilhada por membros do grupo; 3) a influência pessoal extrapola o funcionamento do grupo (normas, regras etc.) e são dependentes das estruturas sociais, ou seja, o poder do líder não está ancorado na sua personalidade, nem no seu grupo, mas no poder e seu contexto.

O resultado do estudo de Decatur reforça o distanciamento da noção de S-R (Estímulo-Resposta), de uma visão psicológica dos processos de influência e de comunicação, como também do primado dos contatos pessoais (tão explorados no livro *The people's choice*). As redes sociais continuam em pleno funcionamento, mas elas são impulsionadas não pela força centrípeta do grupo, mas pela força centrífuga tencionadas pelas estruturas sociais.

Comunicação de massa, gosto popular e a organização da ação social

O artigo mais lido e conhecido de Paul Lazarsfeld no Brasil é, provavelmente, *Mass communication, popular taste and organization social action* (Comunicação de massa, gosto popular e a organização da ação social), escrito em conjunto com Robert K. Merton e publicado nos Estados Unidos, em 1948, numa coletânea intitulada *The communication of ideas*. Ele faz parte de três coletâneas publicadas no Brasil, com boa difusão no meio acadêmico: a primeira, intitulada *Teoria da Cultura de Massa*, organizada pelo Professor Luiz Costa Lima, nos anos de 1960, após uma reprodução quase integral do seu Curso de Sociologia da Comunicação de Massa, oferecido pelo Departamento de Sociologia Política da PUC-Rio (Pontifícia Universidade Católica do Rio de Janeiro). A segunda é uma tradução da coletânea intitulada *Mass Culture* (Cultura de Massa), organizada por Bernard Rosenberg e David Manning White, publicada em 1957 nos Estados Unidos e no Brasil em 1973. A terceira, organizada pelo Professor Gabriel Cohn, com o título *Comunicação e indústria cultural*, publicada, em várias edições, nos anos de 1970.

Além de sua difusão, esse artigo é também considerado o mais teórico de Lazarsfeld, no qual ele busca – juntamente com Merton – explorar as fronteiras do funcionalismo, evidenciando as possibilidades dessa teoria, na articulação entre as comunicações de massa, o gosto popular e a ação social organizada e, consequentemente, lançando bases para o desenvolvimento futuro desta tradição de pesquisa. No interior do título, torna-se explícita a indagação de fundo da incidência da comunicação sobre as formas de organização social. Os regimes políticos são de certa maneira ligados às suas formas de comunicação?[1]

> O problema anunciado pelo título é, então, no sentido estrito, um problema político que coloca em relação as formas de comunicação, o nível de cultura e a ação social. Ele convoca a considerar as incidências de um sobre o outro e as modalidades próprias do controle dessas incidências. Ele poderia ser formulado sob a forma da seguinte equação: comunicação + cultura = sociedade (ATTALLAH, 1994: 68).

No início do artigo, os autores fazem menção à mudança da atenção dos homens ao longo da história e indicam como causa dessa mutação a imposição da sociedade e da economia, para logo questionar o interesse que se tem, nos últimos tempos, pelos meios de comunicação. Essa breve introdução serve para conduzir o artigo para destacar três fatores principais que colocam a comunicação na ordem do dia da preocupação social: 1) a onipresença e o poder dos meios de comunicação de massa; 2) a mudança na estrutura do controle social; e 3) os efeitos sobre a cultura popular e o gosto estético de seus públicos.

Porém, estas três razões, que dão sustentação à preocupação social com os meios de comunicação de massa, não são confirmadas pelos autores, mas sim interrogadas, questionadas. Todo percurso assumido por eles é eivado de críticas às crenças dos efeitos devastadores dos meios de comunicação de massa. Os autores avançam e indicam a necessidade, então, de conhecer melhor três problemas que vão repercutir sobre a compreensão de tais efeitos: 1) o que se sabe realmente dos efeitos dos meios de comunicação, para assim sustentar impactos tão profundos nas mentes e corações; 2) quais as interferências que podem ocorrer segundo às modalidades da estrutura de propriedade e de funcionamento dos meios de comunicação, levando em consideração as especificidades do sistema americano – majoritariamente privado, diferente de outros países da época (Inglaterra, União das Repúblicas Socialistas Soviéticas etc.); e, 3) por último, como poderia se relacionar os meios de comunicação com as políticas e táticas em favor de objetivos sociais, ou seja, políticas próprias para a utilização ou implicação dos meios de comunicação em causas sociais.

Colocados os objetivos e problemas do artigo, Lazarsfeld e Merton partem para a discussão, ou melhor, a exposição sobre "o papel social dos meios de comunicação de massa". Nessa parte do texto, os autores minimizam o papel da comunicação de massa, contrapondo com o automóvel que proporcionou, segundo eles, um impacto bem maior na sociedade. Esta comparação serve para a afirmação do argumento funcionalista, que contrapõe, de um lado, a fraqueza dos meios de comunicação e, de outro, a autonomia dos seus consumidores, protegidos pela racionalidade e liberdade (ATTALLAH, 1994). Uma nova indagação retorna à cena do texto:

> Se aceitarmos, por enquanto, o fato de que os meios de comunicação desempenham um papel relativamente menor na conformação de nossa sociedade, por que motivos são objetos de tamanho interesse popular e de tanta crítica. Por que tantas pessoas acabam absorvidas pelos "problemas" do rádio, do cinema e da imprensa, e tão poucas pelos problemas do automóvel e do avião? (LAZARSFELD & MERTON, 1978: 234).

Após esta indagação os autores buscam as razões além dos meios de comunicação. Inicialmente, explicando a partir das mudanças sociais, dos "movimentos de reformas", que almejavam conquistas mais cultas para o tempo livre, e o entretenimento, o que gerou uma espécie de sentido de traição: "Homens lutaram durante gerações para dar aos outros mais tempo de lazer, que hoje é gasto com a Rede Difusora Columbia e não com a Universidade de Columbia" (LAZARSFELD & MERTON, 1978: 235).

Voltando aos meios de comunicação de massa, com o apelo à inserção no seu contexto, os autores vão mostrar que eles (meios de comunicação) contemplam sobretudo três funções na sociedade: atribuição de *status*; reforço ou execução de normais sociais e a disfunção narcotizante. A primeira função (atribuição de *status*) é em razão da publicização, que gera normalmente a notoriedade, suscitando atração e conversa sobre o tema ou sujeito tratado. Aqui os autores fazem um elo entre os meios de comunicação e sua influência sobre a ação social organizada, pois eles vão interferir no *status* de grupos e pessoas que passam a fazer parte da ordem do dia gerada pelos meios de comunicação.

A segunda função – de reforço – é pelo fato de que os meios de comunicação reforçam e legitimam, em geral, as normas sociais. O ato público revela reações diversas balizadas pelo respeito e pela rejeição das normas sociais. A publicização dos meios de comunicação leva ao espectro da exclusão, contribuindo para o reforço das normas, ou melhor, como afirmam os autores no texto:

> A publicidade preenche o hiato entre "atitudes privadas" e "moralidade pública". A publicidade vai exercer pressão em prol de uma moralidade unívoca e homogênea, recusando qualquer espécie de moral "aberta", ao impedir digressões das questões em pauta (LAZARSFELD & MERTON, 1978: 238).

A terceira função, ou melhor, a disfunção narcotizante, representa aquilo que não funciona bem na sociedade provocado pelos meios de comunicação. Como se as duas primeiras equivalessem ao bom funcionamento, e essa última, no sentido oposto, atrapalhasse a normalidade, a estabilidade, demonstrando uma visão profunda do funcionalismo sobre sua leitura dos meios de comunicação e da sociedade. "Os meios de comunicação de massa devem ser incluídos entre os narcotizantes mais respeitáveis e mais eficientes. Chegam a ser tão eficazes a ponto de impedir os viciados de reconhecerem sua própria doença" (LAZARSFELD & MERTON, 1978: 241).

Com o retorno ao contexto dos meios de comunicação estudados – contexto americano, no caso –, o artigo se fixa na estrutura de propriedade e os seus desdobramentos. Os autores buscam separar o que concerne ao funcionamento ou operações da estrutura da propriedade e o que concerne aos aspectos de caráter tecnológico.

> Destarte, considerar os efeitos sociais dos meios de comunicação norte-americanos equivale a tratar, apenas, dos efeitos desses

meios enquanto empresas de propriedades dirigidas pela motivação do lucro. É de conhecimento geral que esta circunstân-
cia não constitui um fator inato ao caráter tecnológico dos meios
de comunicação [...]. As grandes empresas financiam a produção
e a distribuição dos meios de comunicação de massa. Afinal de
contas, quem paga ao flautista, em geral, dá o tom (LAZARS-
FELD & MERTON, 1978: 238).

Os desdobramentos em relação à questão da propriedade dos meios de
comunicação são apresentados em duas direções: conformismo social e impacto
sobre o gosto popular. O ponto de partida é o financiamento dos meios de comunicação pelos grandes interesses econômicos que vai gerar a manutenção do sistema. Eles jamais vão levantar "questões essenciais no tocante à estrutura social".
Pode aparecer artigos críticos na imprensa ou uma reflexão crítica em outros
meios, mas são exceções que se perdem num mar de matérias conformistas.

Pelo fato de que os meios de comunicação economicamente
comprometidos promovem uma ampla e inconsciente sujeição
à estrutura social, não podem empenhar-se em um trabalho de
transformação, mesmo limitado, dessa estrutura. [...] Os meios de
comunicação comercializados renunciam imediatamente a seus
objetivos sociais quando estes se mostram incompatíveis com os
lucros econômicos (LAZARSFELD & MERTON, 1978: 238).

Em suma, a pressão econômica sobre os meios de comunicação favorece
ao conformismo, levando-os a um afastamento das questões públicas de fundo,
cruciais, que afetam grande parte da população, como a desigualdade social, democratização dos meios de comunicação etc. Aqui vale uma observação de Paul
Attallah acerca deste item do artigo de Lazarsfeld e Merton: não se observa em
nenhum outro autor americano, sobretudo no que se refere ao funcionalismo, a
implicação do papel estruturante do sistema econômico. Ao contrário, em geral,
a questão econômica é substituída pela problemática da técnica e da psicologia
(ATTALLAH, 1994).

Em relação ao gosto popular, os autores partem de uma indagação subjacente: Pode-se afirmar que os meios de comunicação apequenam o gosto popular?
A perspectiva histórica é trazida em voga pela necessidade de se tratar os gostos estéticos em seu contexto social, devendo reconhecer as mudanças históricas no que toca ao público e sua relação com a arte. Esta relação, na história,
pertencia a uma minoria, a uma aristocracia, apenas uma pequena parcela da
população dispunha de meios para aquisição de livros, frequentar teatros etc.
No entanto, a ampla difusão da educação regular conjugada com a emergência

dos meios de comunicação ampliou para as artes um mercado mais promissor. Porém, "as grandes audiências dos meios de comunicação, apesar de instruídas em sua grande maioria, não são muito cultas" (LAZARSFELD & MERTON, 1973: 245).

Há um fosso neste contexto entre instrução e compreensão. A relação entre os meios de comunicação e o gosto popular chega, ao final do texto, como uma "questão complexa e inexplorável", precisando de muito aprender "quanto aos padrões apropriados para a arte em massa". As tentativas de se buscar, segundo os autores, elevar os padrões da programação, muitas vezes incompletas, foi uma coleção de fracassos, e as soluções para esses problemas são mais resultado de boa-fé do que de um conhecimento científico aprofundado sobre o sujeito.

O texto é finalizado com uma parte sobre "propaganda com objetivos sociais", que tem a seguinte questão norteadora: Quais são as possibilidades de se ter êxito nas propagandas sociais como a promoção da integração racial, atitudes positivas sobre o trabalho social, de solidariedade? Referindo-se a pesquisas, os autores dizem que há a necessidade de se contar, em vista do êxito, pelo menos com uma ou mais das três condições apresentadas: monopolização, canalização e contato pessoal.

A monopolização se caracteriza quando não há qualquer oposição nos meios de comunicação referente à difusão de valores, políticas ou imagens públicas. Em geral, o monopólio dos meios de comunicação, os autores associam mais aos regimes totalitários e autoritários em relação às questões políticas. Porém, no contexto norte-americano, o monopólio é refletido, sobretudo, nas propagandas comerciais, gerando uma espécie de "ídolo popular" com grande aceitação, que teria bem menor destaque se contasse também com a contrapropaganda, com algum tipo de negação. Diferentemente da propaganda política do que pela ação da oposição, permite um equilíbrio entre os interlocutores. Os autores lançam, então, que "a monopolização virtual dos meios de comunicação, em prol de determinados objetivos sociais, deverá, contudo, produzir efeitos visíveis sobre os públicos" (LAZARSFELD & MERTON, 1973: 249).

Os meios de comunicação têm sido usados como canalizadores no objetivo de consolidar atitudes tradicionais e influir no comportamento pessoal. A publicidade tem sido utilizada neste sentido de canalização de padrões preexistentes. Ela difunde marcas de sabonetes num ambiente que já foi cultivado e habituado em "naturalizar" rituais de higiene no cotidiano. "Uma vez estabelecido o padrão geral de comportamento ou atitude genérica, poderão ser canalizados em uma ou outra direção. A resistência é mínima" (LAZARSFELD & MERTON,

1973: 250). Aqui os autores reafirmam, mais uma vez, sua visão dos efeitos dos meios de comunicação no sentido de "canalizar atitudes básicas", distanciando-se de uma perspectiva de transformação ou de abolir "preconceitos étnicos e raciais muito profundos".

Enfim, a suplementação em relação aos contatos pessoais é outro papel que pode ser adotado pelos meios de comunicação no êxito da propaganda com fins sociais, ou seja, o arsenal de persuasão deveria operar *ad-extra* e *ad-intra* em relação aos meios de comunicação: o contato pessoal em organizações sociais contaria com um instrumento suplementar dos meios de comunicação. Ocorre o "efeito reiterativo" em que as discussões face a face servem para reforçar o conteúdo da propaganda em massa. "Nesse arranjo encadeado, o organismo local assegura uma audiência para o locutor nacional, enquanto este legitima o prestígio do primeiro" (LAZARSFELD & MERTON, 1973: 252).

> Estas três condições, entretanto, são raramente preenchidas em conjunto, no caso da propaganda em prol de objetivos sociais. Em geral, as questões sociais básicas exigem mais do que uma simples canalização de atitudes preexistentes. Envolvem muitas atitudes e comportamentos. Afinal, é claro, a íntima colaboração desses meios com centros localmente organizados, de molde a possibilitar contatos pessoais, ocorreu poucas vezes, no caso de grupos empenhados em uma mudança social planejada. Tais programas são muitos dispendiosos; e, por este motivo, quase nunca esses grupos dispõem dos amplos recursos necessários para este tipo de programa. Os chamados grupos de vanguarda, situados às margens da estrutura de poder, não possuem, via de regra, os vultosos recursos financeiros que estão ao alcance daqueles grupos "felizes", que detêm efetivamente centros de poder (LAZARSFELD & MERTON, 1973: 252).

Nesta perspectiva, os meios de comunicação vão investir em questões políticas e sociais periféricas que não ameacem a estabilidade dos negócios, consequentemente, do bom funcionamento da sociedade. É verdade, os autores recusam toda crítica simplista neste texto e, nas interrogações e problematizações, abrem um cenário para novas pesquisas a partir das articulações feitas no texto e, igualmente, na *démarche* científica realizada por Paul Lazarsfeld.

Dos usos e satisfações à folkcomunicação

A relevância do trabalho de Lazarsfeld ocorre pelo seu pioneirismo, na abertura do domínio dos estudos de comunicação para o universalismo científico, na sua busca pela construção de teoria de alcance médio, como ele mesmo afirmava. Ele buscou não cair "em especulações aventureiras radicalmente apartadas de observações". Lazarsfeld, com tais preocupações, vai investir no aporte conceitual das análises de enquetes à sociologia geral, buscando traduzir conceitos em índices, através do seguinte percurso: 1) a representação imaginada do conceito (inicialmente vaga); 2) a especificidade do conceito (dividir a representação imaginada em componentes do conceito); 3) a escolha dos indicadores (da representação imaginada à escolha de um conjunto de indicadores existe uma interferência sugerida pela experiência da vida cotidiana), e 4) a formação dos índices (a partir de cada dimensão, é preciso fazer uma síntese, pois não é possível tratar todas as dimensões e todos os indicadores separadamente) (LAZARSFELD, 1970).

Nesta *démarche*, cujas descobertas empíricas são geralmente apresentadas sob à forma de variações entre diferentes variáveis, Lazarsfeld buscava construir uma teoria de alcance médio, que ele enuncia da seguinte maneira:

> Numa sociedade de tipo ocidental, a estratificação social se perpetua pelo jogo de diversos mecanismos sociais: transmissão de bens pela via da herança, papel da influência social etc. Um desses mecanismos, que consiste em dar às crianças uma formação superior, tem ao menos duas consequências: ele procura situações mais vantajosas e ele oferece chance de sobrevida suplementar nas provações. Assim, a constatação da qual nós partimos (os soldados com formação superior resistem mais durante período de guerra) não se restringe a uma conduta específica em situação difícil, mas a um mecanismo social que explica como as elites se perpetuam de geração em geração (LAZARSFELD, 1970: 79-80).

A Teoria de Alcance Médio, elaborada por Lazarsfeld, almeja ser aplicada particularmente às organizações médias, mas também a toda sociedade, quando o autor faz um estudo da relação de sua perspectiva teórica com a do marxismo, entre outras. Esta tradição teórica, que tem como protagonista Paul Lazarsfeld, terá desdobramentos e novos pesquisadores levantando problemas e construindo novos conceitos.

Eliuh Katz publica em 1987 um artigo intitulado *Communication Research vince Lazarsfeld* (A pesquisa em comunicação após Lazarsfeld), no qual ele anuncia a posteridade do paradigma que já conta com sua segunda ou terceira geração. A partir das duas variáveis da mediação – a seletividade e as relações interpessoais – originou-se uma nova tradição de pesquisa em comunicação. De um lado, a seletividade engendrou a tradição de estudos de *uses and gratifications* (usos e satisfações) e, de outro, as relações interpessoais deram origem à tradição de pesquisa sobre a difusão e a inovação (KATZ, 1991).

> Rompendo de uma maneira geral com a representação do impacto dos meios de comunicação como total, imediato e sem mediação, a ideia de que a influência é um processo que toma tempo e que a conversa (contato pessoal) sobreviveu na Modernidade, permite estabelecer uma aproximação entre a pesquisa sobre os meios de comunicação e outros domínios de estudo – arqueologia, por exemplo, ou antropologia, o folclore, a história das religiões, o *marketing*, a epidemiologia e outros domínios semelhantes – que se interessam aos modelos e aos processos pelos quais se exerce uma influência (KATZ, 1991: 87).

O desdobramento dos estudos da comunicação pelo viés dos usos e satisfações faz uma inversão na problematização: em vez de se perguntar o que os meios de comunicação fazem com os indivíduos e a sociedade, pergunta-se o que os indivíduos fazem com os meios de comunicação. A mudança de perspectiva está assentada na seletividade, pois por mais potente que seja a mensagem dos meios de comunicação, ela não pode influenciar o indivíduo se este não faz uso dela. O efeito é visto, então, como consequência das satisfações que são alimentadas pelas necessidades do receptor. Mesmo que o receptor não tenha um papel autônomo, nem simétrico, em relação ao processo de comunicação, ele é visto e transformado em sujeito comunicativo a título inteiro, ou seja, tanto o emissor como o receptor são parceiros ativos no processo comunicativo.

Apesar de a hipótese dos usos e satisfações ser considerada, de um lado, "o desenvolvimento empírico mais consistente da teoria funcionalista dos meios de comunicação" e, de outro, de ser um "movimento de revisão e de superação do esquema informacional da comunicação" (WOLF, 1987: 62), ela (hipótese dos usos e satisfações) passou um longo período de introspecção e autocrítica, pois várias pesquisas se fixaram numa visão demasiadamente mentalista, empirista, psicologizante etc. na sua abstração no tocante à estrutura social.

A pesquisa sobre os usos e satisfações se aproximou do estudo da significação e a pesquisa sobre a difusão encontrou parceiros para o estudo da propagação, concentrando o interesse sobre o fluxo de influência através das redes sociais e dos meios de comunicação. Segundo Elihu Katz:

> Os meios de comunicação têm um papel múltiplo quando eles fornecem os conteúdos que circulam nas redes interpessoais, quando também eles estabelecem um elo entre essas redes e luga-

res que lhes são excêntricos e, também, de certa maneira, quando eles determinam a estrutura destas redes (KATZ, 1991: 88).

Elihu Katz e Daniel Dayan vão fazer um estudo sobre os *media events* – as grandes cerimônias na televisão, nas quais esses meio de comunicação "têm a possibilidade de unificar o mundo" e "reconciliar nações". Nas ocasiões extraordinárias dos grandes eventos mediáticos (viagem papal, tratado de paz etc.), a televisão está longe de restringir-se ao papel informativo, mas há, igualmente, sua inscrição no domínio do performativo, no reforço de consensos e valores, na mudança de opinião, na superação de crise. Como reforçam esses dois autores, a tecnologia do "ao vivo" se impôs nesses acontecimentos fornecendo a esse gênero (*media events*) uma participação total, imediata, sem intermediário (mediação), que o paradigma dos efeitos limitados tinha excluído (DAYAN & KATZ, 1999).

A folkcomunicação é outro desdobramento sob a inspiração dos trabalhos de Lazarsfeld, agora na América Latina e em especial no Brasil a partir inicialmente dos trabalhos de Luiz Beltrão. Esse pensador apresentou em 1967 sua tese de doutorado à Universidade de Brasília, intitulada "Folkcomunicação: um estudo dos agentes e dos meios populares de informação de fatos e expressão de ideias". Esse estudo estava ancorado na "dinâmica do folclore" de Edison Carneiro, variante gramsciana da "cultura das classes subalternas" que permitia uma "leitura crítica" do paradigma lazarsfeldiano *two-step-flow-of-communication*.

> Pesquisas recentes ampliaram a hipótese do fluxo de comunicação: não se trata apenas de uma difusão em dois estágios, dos meios através de líderes, para o público sob sua influência, mas, antes, em múltiplos estágios, compreendendo meios, líderes com seu grupo mais íntimo, líderes com outros líderes e, afinal, com a grande audiência de folk (BELTRÃO, 1980: 32).

Identificando os líderes no processo folkcomunicacional, Beltrão reconstrói o processo comunicativo a partir de uma fonte ligada aos meios de comunicação, e chega até a audiência, na qual se encontram os líderes de opinião, denominados de líderes-comunitários. Num processo ordinário, a cadeia se restringem fonte – meios (canal) –, audiência. Porém, na folkcomunicação, o ponto de chegada (audiência – líder) inicia-se um outro ciclo ou processo de comunicação. Os líderes tornam-se comunicadores, agora através de um meio ou canal folk, chegando à audiência folk (CORNIANI, 2009).

Fazendo um paralelo entre os líderes de opinião identificados por Lazarsfeld e os líderes de opinião folk, Beltrão observa algumas diferenças. Enquanto o líder de opinião articulado com os meios de comunicação na ótica de Lazarsfeld coincide-se, frequentemente, com outros prestígios e reconhecimento da sociedade (política, artes, ciência etc.), o líder agente-comunitário de folk nem sempre são "autoridades" reconhecidas, porém ele detém o carisma, atraindo leitores, ouvintes, admiradores, seguidores, como os repentistas do Nordeste, escritores de cordel, cantores de *funk*, *rap* etc.

A audiência folk é formada pelos grupos marginalizados ou integrantes das classes subalternas, identificados no estudo de Luiz Beltrão em três grandes grupos: os grupos rurais marginalizados (marcados pelo isolamento, penúria econômica e baixo nível intelectual); os grupos urbanos marginalizados (normalmente habitante das periferias das grandes cidades, privados de direitos sociais – educação, saúde etc. – e subinformados, com poucas condições de acesso) e os grupos culturalmente marginalizados (do meio rural ou urbano, que representam "contingentes aos princípios, à moral ou à estrutura social vigente") (BELTRÃO, 1980).

Atualmente, percebe-se uma renovação da disciplina Folkcomunicação, motivada fortemente pelo discípulo de Luiz Beltrão, Professor José Marques de Melo, juntamente com outros pesquisadores da América Latina, como se pode perceber, pela participação latino-americana, no II Encontro Internacional de Folkcomunicação em São Paulo, em 2015. A folkcomunicação tem se desenvolvido em diferentes perspectivas de estudo, entre eles, a presença e atuação de integrantes e grupos das classes subalternas no ciberespaço (CORNIANI, 2009).

Toda esta investida científica, que começa na Áustria no início do século passado, se desenvolve e se estrutura nas décadas seguintes nos Estados Unidos e chega ao século XXI com ramificações e influências em diferentes investigações e diversos países, demonstrando uma força criativa do pensamento de seu protagonista, o cientista Paul Felix Lazarsfeld.

Talvez seja oportuno aproveitar o final desse artigo e reproduzir a adivinhação lançada por Elihu Katz, que fora inspirada na horda primitiva de Sigmund Freud:

> Advinhação: Por que a pesquisa em comunicação se parece com uma série de TV grega? Antes de mais, porque tem muitos supostos pais, cuja paternidade não é reivindicada apressadamente por nenhum deles; em seguida, porque o bebê foi perdido ou sequestrado e encontrado muito tempo depois, tornou-se grande e sedutor, ignorando toda fabulosa herança a que ele pertence; finalmente, por que nós, os espectadores, sabemos que se conhece a identidade do verdadeiro pai quando se pergunta à prole (filhos) quem é o pai que ela quer eliminá-lo (KATZ, 1994: 90).

Nota

1. A reflexão sobre o artigo *Mass Communication, Popular Taste and Organization Social Action* de Lazarsfeld e Merton, tem como referência o estudo de Paul Attallat, que realizou um interessante trabalho no capítulo 5 intitulado "Lazarsfeld e Merton: os limites do funcionalismo", do livro *Théories de la Communication: sens, sujets, savoirs* (Teorias da comunicação: sentidos, sujeitos, saberes), 1994.

Referências

1 Livros mais importantes de Paul Lazarsfeld

The people's choice, 1944.

The language of politics, 1944.

The analysis of communication content, 1948.

Latent structure analysis, 1950.

Mathematical thinking in the social science, 1954.

Personnal influence, 1955.

The language of social research, 1955.

The uses of sociology, 1967.

Philosophie des sciences socials, 1970.

2. Outros livros

ATTALLAH, P. *Théories de la communication*: histoire, contexte, pouvoir. 2. ed. Sainte-Foy: Université du Québec, 1997, 318 p.

_____. *Théories de la communication:* sens, sujets, saviors. Sainte-Foy: Université du Québec, 1994, 326 p.

BELTRÃO, L. *Folkcomunicação* – A comunicação dos marginalizados. São Paulo: Cortez, 1980.

CORNIANI, F.R. *A internet na evolução do pensamento folkcomunicacional*. São Bernardo do Campo: Universidade Metodista de São Paulo, 2009 [Tese de doutorado].

DAYAN, D. & KATZ, E. *A história em directo* – Acontecimentos mediáticos na televisão. Coimbra: Minerva, 1999.

FERREIRA, G.M. Em busca da disciplinarização da comunicação: da noção de campo aos domínios de pesquisa. In: VASSALO DE LOPES, M.I. *Epistemologia da comunicação*. São Paulo: Loyola, 2003, p. 253-276.

KATZ, E. La recherche en communication depuis Lazarsfeld. In: *Hermès*, n. 4, 1989, p. 77-95. Paris: CNRS, 1989.

LAZARSFELD, P. *Qu'est-ce que La sociologie?* Paris: Gallimard, 1970 [Publicação no Brasil: *A sociologia*. Belo Horizonte: Bertrand, 1970].

LAZARSFELD, P. & MERTON, R. Comunicação de massa, gosto popular e ação social organizada. In: COHN, G. (org.). *Comunicação e indústria cultural*. 4. ed. São Paulo: Companhia Editora Nacional, 1978 [Publicação nos Estados Unidos: Mass Communication, Popular Taste, and Organized Social Action. In: BRYSON, L. (ed.). *The Communication of Ideas*. Nova York: Harper, 1948, p. 95-118].

LIMA, L.C. *Teoria da Cultura de Massa*. Rio de Janeiro: Paz e Terra, 1982.

MAIGRET, É. *Sociologie de la communication et des médias*. Paris: Armand Colin, 2003.

MATTELART, A. & MATTELART, M. *Histoire des théories de la communication*. Paris: La Découverte, 1995, 125 p.

MELO, J.M. *Teoria da Comunicação*: paradigmas latino-americanos. Petrópolis: Vozes, 1998, 412 p.

MELO, J.M. & FERNANDES, G.M. (orgs.). *Metamorfose da folkcomunicação*. São Paulo: Ediate!, 2013.

POOLEY, J. *The New History of Mass Communication Research*. In: PARK, D. & POOLEY, J. (ed.). *The History of Media and Communication Research*: Contested Memories. Nova York: Peter Lang, 2008, p. 43-69.

PROULX, S. Naissance du domaine des sciences de la communication dans le contexte militaire des années 1940 aux États-Unis. In: *Racines oubliées des sciences de la communication*. Paris: CNRS, 2010, p. 40-41 [Collection Les Essentiels d'Hèrmes].

ROGRES, E.M. *A history of communication study* – A biographical approach. Nova York: Free, 1997.

ROSENBERG, B. & WHITE, D.M. *Cultura de massa*. São Paulo: Cultrix, 1973.

SCHRAMM, W. *The beginnings of communication study in America*: a memoir. Thousand Oaks: Sage, 1997 [Ed. por Steven H. Chaffee e Everret M. Rogers].

_____. *Comunicação de massa e desenvolvimento* – O papel da informação nos países em crescimento. Rio de Janeiro: Bloch, 1970.

VARÃO, R. & CUNHA, R.C.V. O conceito de comunicação em John Dewey. In: *Anais II Congresso Mundial de Comunicação Ibero-americana*. Universidade do Minho, 2014.

WOLF, M. *Teorias da comunicação*. Lisboa: Presença, 1987.

Harold Lasswell (1902-1978)

*Rafiza Varão**

Na história da pesquisa em comunicação, o nome de Harold Lasswell ecoa, sem dúvida, como um de seus maiores clássicos, sobretudo quando se trata da tradição americana (*mass communication research*). Incluído no rol dos quatro fundadores do campo da comunicação nos Estados Unidos[1], Lasswell encontra "rival" em fama e importância apenas em Paul Lazarsfeld, outro clássico.

Apesar dessa importância reconhecida, entretanto, Lasswell é um autor cuja obra pouco se conhece e cujas ideias são pouco discutidas. De uma maneira quase geral, o cientista político é avaliado superficialmente, tendo suas contribuições para os estudos comunicacionais muitas vezes limitadas ao esquema que leva seu nome.

Filho do século, Lasswell presenciou, ano após ano, as mudanças que as tecnologias de comunicação foram efetuando na sociedade como uma testemunha ocular. Mais que isso, buscou decifrar o impacto dessas tecnologias sob a perspectiva científica. Como ele próprio contou:

> Quando comecei no campo da opinião pública e da pesquisa em comunicação, não existia Roper, Gallup, Cantril, Stouffer, Hovland. Lazarsfeld não era nem uma pessoa nem uma unidade de medida, nem mesmo uma categoria. Não havia *survey*, análise de conteúdo ou análise aprofundada de dados quantitativos, não existiam sistemas informatizados de armazenamento, recuperação e utilização de dados; não existiam redes universitárias de cooperação, não havia institutos de treinamento, *bureaus* de pesquisa, bibliografias profissionais ou associações. Na verdade, não existia praticamente nenhuma rádio nem radiodifusão televisiva, nenhuma fotografia instantânea, nem mesmo em preto e branco, nem sonares [radares], infravermelho ou laser (LASSWELL, 1972: 301).

O presente texto tem como objetivo redimensionar a figura de Harold Lasswell não apenas desenhando sua biografia, mas agregando novos elementos à compreensão de seu aporte teórico relacionado aos fenômenos comunicacionais.

---

* Professora dos cursos de Jornalismo e de Comunicação Social/Publicidade da Universidade Católica de Brasília. Doutora em Comunicação (UnB).

Os primeiros anos

Harold Dwight Lasswell nasceu em 1902 na pequena cidade de Donnellson, em Illinois, no Centro-Oeste dos Estados Unidos. Filho de Linden Lasswell, pastor presbiteriano, e Anna Prather Lasswell, professora, Lasswell cresceu em um ambiente intelectualmente estimulante, a despeito do pouco desenvolvimento das regiões em que morou com os pais.

Filho único, Lasswell não só teve uma educação esmerada, em especial pelos esforços de Anna, como acabou participando desde muito cedo de atividades que faziam com que convivesse mais com adultos do que com crianças, o aproximando, por vezes, de discussões políticas desde muito novo. Seus pais o levavam, muito comumente, ao Chautauqua, movimento voltado para a educação de adultos em áreas rurais, no qual era possível que o jovem Lasswell ouvisse os discursos de muitos políticos proeminentes, como William Jennings Bryan e Robert La Follette, ambos importantes na história americana.

Outra questão relevante na formação do precoce Lasswell foi a contínua mudança de cidade a que foi obrigado em função do ofício do pai. Segundo o próprio Lasswell, antes de completar 16 anos, ele já havia morado em cinco cidades diferentes: Donnellson, sua cidade natal; Enfield, Good Hope, Toledo e Mount Zion.

Foi nessa última cidade que Lasswell concluiu o ensino médio, em 1918, na *Decatur High School*, em que foi editor do jornal e orador da sua turma. Foi nesse mesmo ano que conseguiu uma bolsa para a Universidade de Chicago, após vencer uma competição sobre história moderna e inglês (ALMOND, 1987). Nesse período, Lasswell já havia travado contato com a obra de vários autores importantes no início do século passado, como Freud, Marx, Havellock Ellis e Durkheim. Quando entrou na Universidade de Chicago, no outono desse mesmo ano, Lasswell estava em sintonia com a pesquisa que se realizava na instituição, mas ainda longe da Comunicação, que não era uma área consolidada. Lasswell optou por estudar Economia.

De 1918 a 1922, portanto, Lasswell se dedicou às relações econômicas, e foi bastante ativo como estudante em Chicago. De acordo com ele, foi

> [...] presidente da minha Fraternidade (Tau Kappa Epsilon), [...] *marshal student*[2], [...] representante estudantil no Conselho de Capela. [...] membro da equipe de debates, [...] líder de um clube de meninos na Casa de Assentamento da Universidade, e [...] membro do então recém-organizado Clube Liberal. Quando a Sociedade Intercolegiada Socialista fundiu-se a um grupo de

alunos liberais, não socialistas, em 1921, para formar a Liga para a Democracia Industrial, eu me tornei membro[3].

Além disso, ministrou cursos para sindicatos e para veteranos da Primeira Guerra Mundial sobre negócios e administração, na Mayo Business College, em Chicago (MUTH, 1989). As aulas geraram seu primeiro livro, em colaboração com Willard Atkins[4], *Labour Attitudes and Problems*[5], publicado em 1924.

Entretanto, a parceria mais importante desenvolvida por Lasswell nos anos em que frequentou a Escola de Economia foi com Charles Merriam, seu futuro orientador de doutorado, "Fundador e líder da 'Escola de Chicago' de Ciência Política" (ALMOND, 1991: 338). Merriam foi o responsável por instigar Lasswell quanto às relações entre política e comunicação.

De política e comunicação

Em 1922, Lasswell abandonou a economia, portanto, e voltou suas pesquisas para o campo da política, iniciando o doutorado em Ciências Políticas, formação pela qual ficaria mais conhecido. Em carta aos pais, justificava a mudança: "[...] a economia é um campo que, infelizmente, necessita de uma reorganização geral do lado teórico"[6].

Nesse período, a orientação de Merriam possibilitou a aproximação de Lasswell com o campo da comunicação e o ajudou a escolher a propaganda como objeto de estudo, o que o transformaria na maior autoridade no tema (PETERS & SIMONSON, 2004: 47).

Merriam foi chefe da propaganda americana em Roma durante a Primeira Guerra Mundial, investigando os efeitos da propaganda dos Estados Unidos na Itália. Pouco antes de orientar Lasswell, havia publicado o trabalho *American Publicity in Italy* (Publicidade americana na Itália), em 1919, que se tornaria uma das bases para o trabalho de Lasswell.

American publicity in Italy sintetizava o momento vivido pelos estudos políticos e pelos estudos sobre comunicação na época. Representa um estágio pré-científico nas discussões acadêmicas acerca dos temas que aborda, mas também simboliza o início das pesquisas com base nos preceitos da Escola de Chicago sobre a propaganda. Merriam, contudo, estava mais interessado nos processos de formação de voto que não estavam diretamente relacionados à ação dos meios de comunicação de massa, como as festas dos partidos políticos, e a definição mais geral dos estatutos epistemológicos da ciência política.

Sob muitos ângulos, *American publicity in Italy* condensava as diversas faces e a importância que os estudos sobre a propaganda, nos Estados Unidos, iriam assumir a partir de então, tendo como auge a criação do Instituto de Análise da Propaganda, em 1937. Todavia, há poucos escritos de Merriam sobre comunicação além desse relato resultante de sua atuação como alto comissário no Comitê de Informação Pública. Coube a Lasswell a promoção mais efetiva da propaganda a objeto de estudo científico.

Essa promoção se consolidou em uma de suas viagens à Europa. É o próprio Lasswell quem conta:

> De janeiro a março de 1924, eu estava na Sorbonne, em Paris. Nesta altura, eu tinha definitivamente escolhido como tema para minha tese de doutorado as táticas de propaganda empregadas na Primeira Guerra Mundial, e passei a maior parte do meu tempo em Paris numa biblioteca especial do governo dedicada ao material de propaganda de guerra. Meus estudos com o Professor Merriam, que foi particularmente ativo, neste momento, no campo geral da formação cívica e como fonte de lealdade cívica, tinham centrado o meu próprio interesse na propaganda política, suas origens, efeitos e (sobretudo) sua psicologia, o que acabou se tornando o assunto da minha vida profissional[7].

Assim, em junho de 1926, após passar um período em universidades de Londres, Berlim, Paris e Genebra, Lasswell defendeu *Técnica de propaganda na Guerra Mundial*, dando prosseguimento às ideias de Merriam na ciência política. *Técnica de propaganda na Guerra Mundial* concretizou o caráter mais científico que Merriam esperava da ciência política – e que ele próprio, em função da carreira no governo, não conseguira materializar.

A tese de Lasswell é um marco pelo menos em duas outras frentes: é o primeiro trabalho científico sobre a propaganda nos Estados Unidos, além de ser considerada a obra pioneira na utilização da análise de conteúdo (WOLF, 2000). O trabalho possui um *corpus* bastante extenso para os padrões atuais, abarcando propagandas de guerra americanas, inglesas, francesas e alemãs durante a Primeira Guerra Mundial. O objetivo não era apenas descrever essas campanhas, mas entender os efeitos políticos e psicológicos das ideias veiculadas por esse material.

Lasswell afirmava, logo no primeiro capítulo de *Técnica de propaganda*, que sua intenção era escrever uma teoria explícita e geral sobre as estratégias da propaganda utilizadas na Primeira Guerra Mundial, não só escrever uma história da propaganda – o que já era um tema razoavelmente comum nos Estados Unidos e em outras partes do mundo. Para ele, a propaganda era uma forma de unificar a mente dos cidadãos, uma sugestão direta, capaz de manipular as crenças, atitudes e ações do público. É assim que Lasswell oferece uma das primeiras definições de propaganda, cuja acepção "se refere unicamente ao controle da opinião pública por símbolos significativos, ou, para falar mais concretamente, por histórias, boatos, relatórios, retratos e outras formas de comunicação social"[8] (LASSWELL, 1938: 8-9).

A tese foi publicada no ano seguinte e se, por um lado, causou certa polêmica[9], por outro consolidou o nome de Lasswell como o de principal especialista em propaganda – visto que, mesmo que outros estudos sobre o assunto passassem a ser mais frequentes (como *The Propaganda Menace*, de Frederick Elmore Lumley, de 1933), ainda careciam de uma base científica mais estruturada. Apesar da enxurrada de livros sobre propaganda que circulavam na época[10], a maior parte dos trabalhos não estava interessada em teorizar e analisar a propaganda a partir de um método mais sistemático. Portanto, Lasswell se torna um dos poucos, ou o único, a tratar a propaganda de forma mais científica e passa a ser reconhecido como uma referência nesses estudos, dado o caráter pioneiro de *Técnica de propaganda na Guerra Mundial*. Ocupando esse lugar, na altura da publicação de sua tese, Lasswell já era "[...] uma LENDA no CAMPUS"[11].

O cientista político era extremamente produtivo. Entre 1926 e 1927, já havia trabalhado com grande parte dos importantes nomes da Universidade de Chicago: Edward Sapir, Elton Mayo, Robert Park, George Herbert Mead, Harold Gosnell. Ainda em 1927, utilizando uma abordagem psicológica, deu início ao seu primeiro curso especializado, um seminário sobre propaganda política. Dois anos depois, escreveu sua obra mais importante desde sua tese de doutorado: *Psicopatologia e política*, publicada em 1930. A grande influência nesta obra é, sem dúvida, a de Elton Mayo[12]. A intenção de Lasswell era adaptar os métodos mais gerais de Mayo, voltados às questões das relações humanas, ao estudo das personalidades políticas. O envolvimento com a psicologia levou Lasswell a procedimentos bastante controversos, analisando voluntários[13]. A experiência resultou numa série de artigos e ajudou a estabelecer o campo da psicologia política, do qual Lasswell é considerado o fundador.

Os anos de 1930 representam um ponto de virada na carreira de Lasswell. Ele inicia uma série de contribuições originais ao campo da ciência política, ao mesmo tempo em que suas pesquisas sobre propaganda avançam e o transformam numa peça-chave para os estudos sobre comunicação.

De comunicação e propaganda

Entre a sua entrada na Universidade de Chicago e seu doutoramento, a influência dos meios de comunicação de massa nos Estados Unidos se tornou gigantesca, e seria bastante difícil não se questionar sobre os seus efeitos. Essa influência acabou, para usar uma expressão já bastante conhecida, "fermentando" o campo da comunicação (com o aumento do número de obras sobre os *media* massivos), gerando, posteriormente, sua institucionalização na década de 1940.

Esses anos prepararam o terreno para o desenvolvimento da pesquisa comunicacional nas décadas de 1930 e de 1940. São anos que também vão selar, definitivamente, o vínculo entre a obra lasswelliana e o campo da comunicação. Essa ligação fica mais clara ao fazermos uma comparação entre o volume de publicações de Lasswell, antes e depois das décadas citadas. Enquanto na década de 1920 Lasswell produziu apenas quatro trabalhos sobre propaganda (*The Status of Research on International Propaganda and Opinion*, de 1925; *The Theory of Political Propaganda*, de 1927; *The Function of the Propagandist*, de 1928 – além de *Técnica de propaganda na Guerra Mundial*), entre os anos de 1930 e 1950 foram produzidos 48 textos sobre comunicação e/ou propaganda, incluindo o verbete "Propaganda" da *Enciclopédia de Ciências Sociais*.

É importante percebermos que o crescente interesse e valorização do tema por Lasswell é também fruto de um contexto histórico no qual a propaganda continuava a ser alvo de grande curiosidade e recebia cada vez mais investimento por parte dos governos e instituições mundiais, que a julgavam como elemento fundamental nos rumos que a sociedade tomou a partir da Primeira Grande Guerra. De acordo com Rosana Pavarino, "[...] a Primeira Guerra Mundial foi a primeira em uma sociedade de massa a demandar 'devotamento total de todos os recursos da nação'" (2012: 21), de modo que o termo propaganda adquiriu, definitivamente, um caráter ideológico, pois era o momento em que:

> Comodidades materiais tinham que ser sacrificadas; o moral tinha que ser mantido elevado; as pessoas tinham que ser persuadidas a deixar as famílias e alistarem-se; o trabalho nas fábricas tinha que ser realizado com vigor inabalável; e, não menos importante, era preciso conseguir dinheiro para financiar a guerra (p. 21).

A Revolução Russa, de 1917, empregou a propaganda ostensivamente, fazendo com que o assunto fosse alvo de mais investigações, até porque se tornava necessário combater o "fantasma" do comunismo. Acreditava-se que sua expansão se daria especialmente pelo uso da propaganda, ideia cujo peso pode ser visto

111

numa afirmação do próprio Lasswell, segundo a qual "o comunismo é sempre propaganda" (LASWELL, 1935: 189).

Outro ponto fundamental a ser lembrado é que, com a ascensão e organização dos regimes totalitários pós-Primeira Guerra, a propaganda tem seu caráter bélico potencializado, com a criação de uma série de departamentos e cargos destinados à produção e controle das comunicações. Embora alguns desses departamentos e cargos houvessem sido instituídos ainda durante a Primeira Guerra, seu papel se fortalece no período até 1942, a despeito das terminologias adotadas (propaganda, comunicação, informação). Com isso:

> [...] Os nazistas tiveram seu Ministério do Esclarecimento Popular e da Propaganda e os soviéticos o seu Comitê de Propaganda do Partido Comunista, mas os britânicos tinham um Ministério da Informação e os americanos um Departamento da Informação de Guerra[14] (TAYLOR, 2003: 14).

Nos Estados Unidos, a crença nesse poder da propaganda e a noção de que ela seria fundamental em outros conflitos armados que porventura pudessem surgir (o que era iminente) fizeram com que se investisse alto nas pesquisas sobre o assunto. E embora o jornalismo representasse um nicho importante das pesquisas sobre os fenômenos comunicacionais, foi a propaganda que suscitou o maior debate.

Já em 1935, foi possível que Lasswell organizasse um livro que seria essencial nesse período, *Propaganda and Promotional Activities: an Annotated Bibliography*, em parceria com Ralph D. Casey e Bruce Lannes Smith, com uma larga bibliografia sobre propaganda. São 372 páginas só de obras sobre propaganda e temas correlatos, menos de 10 anos depois da tese de Lasswell ter sido publicada.

Na segunda metade da década de 1930, a pesquisa em comunicação nos Estados Unidos já estava bem mais forte do que nos primeiros anos do século XX, e já se desenvolvia em linhas gerais, ainda que estivesse longe de comportar uma unidade explícita. Isso decorre sobremaneira do trabalho de figuras-chave no desenvolvimento de estudos mais institucionalizados sobre a propaganda e outras formas de comunicação. Podemos elencar aí, notadamente, os autores que se seguiram a Lasswell e aqueles da Universidade de Chicago, além daqueles que iriam despontar na Universidade de Columbia, como Paul Lazarsfeld (que conduziu o Escritório da Pesquisa em Rádio[15], a partir de 1937) e aqueles que se aglutinaram em torno dos institutos do governo, com destaque para Carl Hovland, vindo de Yale, que trabalhou para o Exército estadunidense, pesquisando os efeitos psicológicos da persuasão nos produtos de comunicação. Mas sobre o que se perguntavam esses estudos? Sobretudo, a questão que se fazia presente era: Que efeitos os meios de comunicação têm sobre os membros de uma sociedade? (Pergunta que já era feita desde o final do século XIX.)

A lista de autores que buscavam responder a essas perguntas nesse momento é extensa, e embora Mauro Wolf intitule os anos de 1930 como a "época de ouro" (WOLF, 2000: 29) da teoria hipodérmica, é perceptível que a pesquisa começou a substituir a análise dos meios de comunicação de massa e da propaganda pelo viés "oferecido" pelo senso comum e cedeu espaço a propostas que tentavam avançar na compreensão do fenômeno, mais científicas. O próprio Wolf (p. 29) aponta que a "superação" da teoria hipodérmica tem seu início nos anos de 1930, com a elaboração do esquema de Lasswell, cujas variáveis teriam organizado os setores específicos da pesquisa:

> Qualquer uma dessas variáveis define e organiza um setor específico da pesquisa: a primeira caracteriza os estudos dos emissores, ou seja, a análise do controlo sobre o que é difundido. Quem, por sua vez, estudar a segunda variável, elabora a análise do conteúdo das mensagens, enquanto o estudo da terceira variável dá lugar à análise dos meios. Análises da *audiência* e dos efeitos definem os restantes setores de investigação sobre os processos comunicativos de massas. A fórmula de Lasswell, ordenando aparentemente o objeto de estudo segundo variáveis bem-definidas, sem omitir nenhum aspecto relevante dos fenômenos em causa, na realidade depressa se transformou – e assim permaneceu durante muito tempo – numa verdadeira teoria da comunicação (WOLF, 2000: 30).

Normalmente identificado como o grande norteador da pesquisa em comunicação (p. ex., NARULA, 2006; REDDI, 2009; STEINBERG, 2007), o esquema costuma ser referenciado a partir do seguinte modelo, delimitando cada área de estudo que teria se formado no campo da comunicação:

Gráfico 1 Representação gráfica do esquema de Lasswell, com as respectivas áreas de pesquisa segmentadas por sua divisão

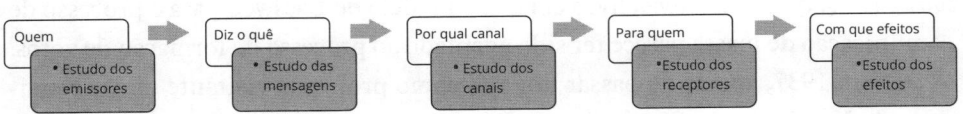

Fonte: VARÃO, R. *Harold Lasswell e o campo da comunicação*. Brasília: UnB, 2012 [Tese de doutorado].

Contudo, ao tomarmos contato com o material produzido pela Divisão Experimental para o Estudo das Comunicações em Tempo de Guerra[16], onde o esquema de Lasswell foi desenvolvido mais amiúde, verifica-se a ausência de intenção nessa segmentação apontada acima. Pelo contrário, a utilização do esquema servia a uma compreensão "totalizante" do processo de comunicação, alinhada com a pretensão de domínio desse mesmo processo, como se todas as suas variáveis, ao serem conhecidas, pudessem também ser previstas e controladas ao máximo. Para que se conseguisse tal efeito, o próprio Lasswell conta que foram recrutados e treinados mais de 50 funcionários para a Divisão Experimental para a Comunicação em Tempos de Guerra[17], os quais se orientavam por documentos que ensinavam precisamente como utilizar o esquema de Lasswell. Mesmo que a coleta de dados fosse realizada tendo por base as categorias do esquema, a finalidade era a somatória das informações referentes a cada pergunta-chave, possibilitando a compreensão global das mensagens (foco central dos estudos), desde seu produtor até os efeitos pretendidos ou alcançados.

De qualquer maneira, foi o esquema de Lasswell que organizou o trabalho em comunicação que se seguiu aos anos de 1930, exercendo grande influência na percepção desenvolvida na pesquisa comunicacional nos anos da Segunda Grande Guerra.

Os anos de 1930 também trouxeram outros elementos aos estudos de comunicação, que mais tarde poderiam sair da rota estabelecida pelos pesquisadores estadunidenses, adotando uma metodologia menos quantitativa. Em 1935, a Escola de Frankfurt aportou em Nova York, vindo a constituir "a contracorrente de muita *communication research*" (WOLF, 2000: 82). A Escola de Frankfurt e sua teoria crítica se tornaram, a partir da década de 1940, o contraponto mais corriqueiro à forma como a pesquisa em comunicação nos Estados Unidos se desenvolvia – e que em grande parte era capitaneada por Lasswell.

Sem ter sofrido grande impacto da Escola de Frankfurt, o trabalho de Lasswell seguiu realizando o balanço entre política e propaganda, centrado nos ideais democráticos referenciados por Dewey e na metodologia que já era empregada nos Estados Unidos. Em 1936, o cientista político lançou *Política: quem consegue o quê, quando, como*, livro em que o modelo de Lasswell para o processo de comunicação de massa parece ter sido adaptado ao processo de formação de votos.

Em 1937, apesar de passar um ano como professor-visitante na Universidade de Yenching, na China, Lasswell manteve-se produzindo incansavelmente material sobre a propaganda política, como *Propaganda and the Channels of Communication e Propaganda in a Planned Society*, e ajudou a fundar a revista

Public Opinion Quartely, uma das mais importantes e tradicionais da área de ciências sociais.

De volta a Chicago, entretanto, Lasswell tomou uma atitude inesperada: demitiu-se da universidade e partiu rumo à capital dos Estados Unidos, aparentemente sem emprego certo[18] (MUTH; FINLEY & MUTH, 1989), em 1938. Na mudança de Chicago a Washington, a caminhonete em que Lasswell viajava sofreu um acidente que teve algumas consequências desastrosas.

> Em primeiro lugar, suas ideias foram de alguma forma reorientadas, pois suas notas de pesquisa foram perdidas. Por outro lado, alguns materiais de pesquisa aparentemente criaram um pequeno desconforto quando foram encontrados após o acidente. Estes incluíam livros de Marx, que, como Freud, influenciou o pensamento de Lasswell, e panfletos sobre o comunismo, um detalhe observado numa matéria de jornal sobre o acidente. Como resultado, Lasswell foi mais tarde perseguido por agências federais, questionado sobre seu patriotismo, e foi forçado, durante a era McCarthy, a desenvolver um relatório extenso para provar o seu amor à democracia, sua lealdade aos Estados Unidos, e seu ferrenho anticomunismo. Embora seus esforços tenham sido bem-sucedidos, a checagem o perseguiu durante toda sua carreira[19] (p. 14).

Isso repercute em algumas obras ao longo de sua carreira, que reforçam a defesa da democracia estadunidense e dos meios de comunicação como agentes democráticos, como *The Volume of Communist Propaganda em Chicago* (1939*)*, *Can we defeat the Propaganda of International Communism?* (1950), *Symbols of Democracy* (1952). Apesar do constrangimento sofrido por Lasswell durante todo esse tempo, seu lugar como principal especialista em propaganda dos Estados Unidos fez com que esse mesmo governo oferecesse cargos importantes (ainda que sob suspeita de ter inclinações comunistas). Dessa maneira, ao chegar a Washington, Lasswell desenvolveu uma série de trabalhos relacionados à educação e comunicação (como membro do Quadro Geral de Educação da Fundação Rockefeller).

Entre 1938 e 1939, com o início da Segunda Guerra Mundial e com o envolvimento cada vez maior dos Estados Unidos em esforços de defesa, as atividades de consultor acabaram sendo requisitadas mais fortemente pelo governo estadunidense. Em 1939, Lasswell, e outros cientistas sociais[20], foram reunidos pela Fundação Rockefeller para considerar "[...] o atual estado no campo da comunicação de massa e dos estudos de opinião pública"[21], no *The Rockfeller Foundation Communication Seminar*. Além dessa discussão, aventou-se a possibilidade de se desenvolver um projeto para a comunicação de guerra, o qual deveria ser submetido por Lasswell.

Foi assim que, em 1940, Lasswell tornou-se o chefe da Divisão Experimental para o Estudo das Comunicações em Tempo de Guerra, da Biblioteca do Congresso, em Washington[22]. A divisão foi inteiramente sustentada pela Fundação Rockefeller, e garantiu o aprofundamento dos estudos de Lasswell sobre propaganda.

A Divisão Experimental para o Estudo das Comunicações em Tempo de Guerra tinha como objetivo mais amplo "[...] fornecer novas abordagens para refinar o conhecimento na promissora área da comunicação, cujo objetivo maior era levar essa informação aos gestores públicos relevantes" (PARK & POOLEY, 2008: 164-165)[23]. A divisão fomentou aquilo que passou a ser conhecido como pesquisa administrativa estadunidense em comunicação, de base empírica.

O resultado mais opulento da Divisão Experimental para o Estudo das Comunicações em Tempo de Guerra foi o estudo *World Attention Survey*, uma análise colossal do conteúdo dos meios ao redor do mundo que interessava então: Estados Unidos e Europa. Boa parte do material produzido pelo Escritório de Informação de Guerra para a geração de *World Attention Survey* está disponível na *Coleção de Papéis de Harold D. Lasswell*, na seção de manuscritos e arquivos da Sterling Memorial Library, em Yale. Esse material revela, sobremaneira, o foco no quantitativo e na precisão matemática presentes na pesquisa da Divisão Experimental para o Estudo das Comunicações em Tempo de Guerra; a colaboração interdisciplinar entre seus membros; o rigoroso controle pelo qual os meios de comunicação de massa passavam nos Estados Unidos; a crença em uma propaganda poderosa e onipresente; e, por fim, a presença constante do esquema de Lasswell na organização dos materiais analisados.

A pesquisa da Divisão de Guerra representou o maior esforço coletivo para a consolidação de um cabedal teórico-metodológico para a compreensão da comunicação de massa nos Estados Unidos e gerou uma base para as pesquisas posteriores, inclusive no sentido de se construir uma *teoria* da comunicação – expressão que aparece mais marcadamente a partir das suas atividades. O arquivo *Termos-chave para uma teoria da comunicação*[24], de 1941, com 361 palavras, é um importante exemplo de como a ideia de uma teoria da comunicação se fazia presente. Segundo Park e Polley (2008), o papel de Lasswell foi crucial para a emergência do termo *comunicação* nos estudos da Divisão. A mudança de terminologia nos institutos não se deu ocasionalmente, apesar dos estudos ainda se concentrarem na propaganda.

A opção de Lasswell pela rubrica comunicação está diretamente relaciona-da à confluência das condições de guerra, em consequência das quais outorgan-tes, administradores e acadêmicos buscavam distanciar seu trabalho (o estudo da "comunicação") do inimigo (cuja produção era "propaganda"). Aqui, o consultor Lasswell atuou como um acadêmico construindo "teoria básica no campo da comunicação" (2008: 165)[25].

Embora o próprio Lasswell tenha continuado a usar ostensivamente a ex-pressão propaganda, *comunicação* começa a ser mais frequente em seus textos, como demonstram os títulos de seus trabalhos em 1942, ano em que produziu sete títulos devotados ao assunto: *Analyzing the Content of Communication: a Brief Introduction, The Communications Front: Strategies of Political and Moral Warfare, Communication Research and Politics, An Experimental Comparison of Four Ways of Coding Editorial Content, The Politically Significant Content of the Press: Coding Procedures, Propaganda Good and Bad, Radio in Wartime.*

O emprego do termo "comunicação" em substituição como um guar-da-chuva para os demais vocábulos presentes nos estudos da área, como "propa-ganda", "publicidade" e "opinião pública", cresceu enormemente nos anos que se seguiram à ação da Divisão. Um bom exemplo do aumento do uso da palavra "comunicação" em relação às demais expressões mostra que:

> O estudo da comunicação estava em andamento em 1930, mas foi somente em 1942 que os índices da *Psychological Abstracts* passaram a incluir regularmente "comunicação" como uma en-trada, e o total de tais entradas entre 1942 e 1947 foi de apenas 22 artigos. No entanto, em 1948, o número anual subiu para 16, daí para 32 em 1949, e 48 em 1950. As médias anuais, posterior-mente, tinham entre cinquenta e cem artigos durante a década de 1950, chegando a mais de cem nas décadas de 1960 e 1970, in-dicando o crescimento e a estabilidade do termo como um con-ceito focal importante na pesquisa em ciências sociais[26] (PARK & POOLEY, 2008: 164).

A Divisão Experimental para o Estudo das Comunicações em Tempo de Guerra encerrou suas atividades em 1944 (Lasswell permaneceu no cargo até 1943), mas seus ecos continuaram a ser ouvidos, não só nos trabalhos de Lasswell que se seguiram, mas no domínio que, passados os anos do conflito, consolida-va-se cada vez mais como campo da comunicação.

Quando o funcionamento da Divisão Experimental se encerrou, as abor-dagens ingênuas e pouco científicas sobre o fenômeno da comunicação já eram uma realidade um pouco distante. E embora se possam fazer muitas críticas à pesquisa estadunidense em comunicação, que ficou conhecida por sua corrente administrativa, é inegável o seu esforço na implantação de uma teoria da comunicação (ou, pelos menos, *sobre* a comunicação[27]) e o extenuante uso da quantificação com o objetivo de se aproximar mais e mais do conhecimento científico.

Em 1944, ainda sob o efeito do reconhecimento que o trabalho na divisão havia lhe rendido, Lasswell tornou-se membro da Comissão para a Liberdade de Imprensa, convidado para ajudar a organizá-la em sua fase inicial, mas a comissão só funcionou por dois anos. Com o fim da guerra em 1945, sua finalidade não era mais tão útil quanto parecia ser no momento da sua criação.

Os anos finais

Em 1946, Lasswell transferiu-se para a Universidade de Yale, onde assumiu o cargo de professor de Direito, na Yale Law School. Contudo, mesmo migrando para uma área distinta de suas formações, Lasswell permaneceu durante muito tempo norteando a pesquisa em comunicação, resultado do amplo trabalho desenvolvido nas décadas de 1930 e 1940. Gradativamente, seu nome vai ser substituído em importância pelo de Lazarsfeld, que se firma especialmente ao final dos anos de 1940 e durante toda a década de 1950.

Mesmo assim, o autor não parou de produzir sobre comunicação, escrevendo sobre o assunto até o ano de sua morte (1978), tendo, inclusive, títulos póstumos na área. As décadas que se seguiram à morte de Lasswell foram gradativamente afastando a comunicação de suas ideias, que permaneceram, entretanto, caricaturizadas e reduzidas ao esquema de Lasswell. Desse modo, Lasswell se tornou um paradoxo: uma referência desconhecida, um clássico que não se lê.

Esperamos que este texto, de caráter introdutório, estimule o conhecimento mais profundo não só da obra de Lasswell, mas nos sirva de base para refletirmos e modificarmos as relações que estabelecemos com nossos autores fundadores. Afinal, os clássicos não devem repousar no passado, mas devem permanecer no presente, possibilitando o diálogo entre a tradição e a contemporaneidade (VARÃO, 2012).

Notas

1. SCHRAMM, W. *The Beginnings of Communication Study in America*: A Personal Memoir. Thousand Oaks: Sage, 1995.

2. A mais alta distinção estudantil dada pela Universidade de Chicago.

3. No original: "[...] president of my fraternity chapter (Tau Kappa Epsilon), [...] a student marshal, [...] a student representative on the Chapel Council. [...] a member of the debating team, [...] the leader of a boys' club at the University Settlement House, and [...] a member of the then recently organized Liberal Club. When the Intercollegiate Socialist Society merged with non-socialist liberal student group, in 1921 to form the League for Industrial Democracy, I became a member".

4. Atkins era economista, professor na Universidade da Carolina do Norte. Foi assistente de Lei Comercial no Exército dos Estados Unidos durante a Primeira Guerra Mundial.

5. Em carta aos pais, em fevereiro de 1924, Lasswell se demonstrava pouco satisfeito com esse primeiro trabalho, pois considerava não haver nenhuma contribuição de pesquisa nele. Disponível em *Harold Lasswell's Papers*. Yale Manuscripts and Archives, Sterling Memorial Library. Universidade de Yale.

6. No original: "[...] economics is a field which is sadly in need of general reorganization on the theoretical side, although in research work it is farther along than political science, much farther". Carta a Anna e Linden Lasswell, 16 de abril de 1926. Disponível em *Harold Lasswell's Papers*. Yale Manuscripts and Archives, Sterling Memorial Library. Universidade de Yale.

7. No original: "From January to March of 1924, I [he] was at the Sorbonne, in Paris. By this time, I had definitely chosen as the subject-matter for my doctoral thesis the propaganda tactics employed on World War I, and I spent most of my time in Paris at a special government library devoted to war propaganda material. My studies with Professor Merriam, who was particularly active at this time in the general field of civic training and the source of civic loyalty, had focused my own interest on political propaganda, of which the origin, effects and (particularly) the psychology were to became the subject matter of my life work". Memorial de 23 de outubro de 1951, disponível em *Harold Lasswell's Papers*. Yale Manuscripts and Archives, Sterling Memorial Library. Universidade de Yale.

8. No original: "Refers solely to the control of public opinion by significant symbols, or, to speak more concretely and less acurately, by stories, rumors, reports, pictures and other forms of social communication".

9. O historiador Foster R. Dulles, p. ex., afirmou ser um texto maquiavélico, que deveria ser destruído (MUTH; FINLEY & MUTH, 1989).

10. Obras que o próprio Lasswell usou de base em sua tese.

11. No original: "[...] a LEGEND on CAMPUS". Memorial sobre Harold Lasswell escrito por Luis Kutner, advogado e ativista de direitos humanos norte-americano. Kutner ajudou a criar a Anistia Internacional, em 1961. Documento de 7 de abril de 1979. Disponível em *Harold Lasswell's Papers*. Yale Manuscripts and Archives, Sterling Memorial Library. Universidade de Yale. Essa é uma afirmação intrigante, uma vez que legenda, em latim, significa aquilo que deve ser lido.

12. Psicólogo e sociólogo australiano.

13. A proximidade de Lasswell com os estudos de psicologia vai culminar com sua efetiva eleição para compor o quadro de diretores da Escola de Psiquiatria em Washington, de 1936 a 1938.

14. No original: "[...] The Nazis had their Ministry of Popular Enlightenment and Propaganda and the Soviets their Propaganda Committee of the Communist Party, but the British had a Ministry of Information and the Americans an Office of War Information".

15. O instituto foi depois renomeado como Bureau de Pesquisa Social aplicada, em 1944. Lazarsfeld fundou o instituto em parceria com Hadley Cantril (1906-1969), da Universidade de Princeton, e Herta Herzog (1910-2010), então esposa do pesquisador austríaco. Cantril foi o principal nome na pesquisa sobre a transmissão radiofônica realizada por Orson Welles em 1938, baseada na *Guerra dos mundos*, livro de Herbert George Orwell (1866-1946). A transmissão de Welles, ao narrar a história da invasão da Terra por marcianos, deixou boa parte da audiência em pânico, por acreditar que se tratava de uma informação verídica e não de uma encenação para o rádio. O trabalho de Cantril analisando o pânico causado por essa transmissão, *A invasão vinda de Marte*, de 1938, teve importante participação de Herta Herzog.

16. Disponíveis em *Harold Lasswell's Papers*. Yale Manuscripts and Archives, Sterling Memorial Library. Universidade de Yale.

17. Em memorial exigido como documento para que tomasse posse como professor de Ciência Política na Universidade de Yale. Disponível em *Harold Lasswell's Papers*. Yale Manuscripts and Archives, Sterling Memorial Library. Universidade de Yale.

18. Segundo o próprio Lasswell (*memorial*), ele planejou a saída da Universidade de Chicago para assumir um lugar na Escola de Psiquiatria de Washington. Mas, de fato, não há nada que comprove que Washington já o esperava.

19. No original: "First, his intellectual pursuits were refocused somewhat since his research notes were lost. Second, some of his resource materials apparently created a small sensation when they were found after the crash. These included books by Marx – who, like Freud, had influenced Lasswell's thinking – and pamphlets about Communism, a detail noted in a newspaper report of the accident. As a result, Lasswell was later hounded by federal agencies about his patriotism and was forced, during the McCarthy era, to develop a copious dossier? To substantiate his love for democracy, his loyalty to America, and his staunch anticommunism. While his efforts were successful, background, checks followed him throughout his career".

20. A pesquisa em comunicação era uma grande frente nas pesquisas sociais, embora os programas das universidades estadunidenses ainda não reconhecessem, estando sempre filiada aos departamentos já existentes. Contudo, grandes nomes da sociologia, como Paul Lazarsfeld, e da psicologia, como Carl Hovland, já eram vinculados a pesquisas sobre os fenômenos da comunicação de massa.

21. No original: "[...] the existing state in the field of mass communication and public opinion studies". Em memorial exigido como documento para que tomasse posse como Professor de Ciência Política na Universidade de Yale, 23 de outubro de 1951.

22. Entre 1930 e 1940, Lasswell ainda exerceu a função de *lecturer* na New School of Social Research em Nova York e em Yale. A função é comumente desempenhada por acadêmicos em estágio inicial da carreira, conduzindo pesquisas e grupos de estudo.

23. No original: "[...] refine new approaches to knowledge in the promising area of communication, which the further objective was bringing this information to the attention of relevant government administrators".

24. Anexo I. Disponível na *Sterling Memorial Library*, Universidade de Yale.

25. No original: "Lasswell's turn to the rubric of communication was directly related to the confluence of wartime conditions whereby grantors, administrators, and academicians all sought to distance their work (the study of "communication") from that of the enemy (whose output was "propaganda"). Here consultant Lasswell continued to function as an academician building up "basic theory in the field of communication".

26. No original: "Communication study was afoot in the 1930s, but it was not until 1942 that the bounds indices of *Psychological Abstracts* regularly included

'communication' as an entry, and the total of such entries between 1942 and 1947 was but twenty-two articles. Yet by 1948, the annual number has risen to sixteen, thence to thirty-two in 1949, and forty-eight in 1950. Yearly averages thereafter were between fifty and one hundred articles in the 1950s, increasing typically to the upper 100s in the 1960s and 1970s, indicating the growth and stability of the term as a major focal concept in social science research".

27. A distinção é feita por Martino: "[...] teorias *sobre* comunicação e teorias *da* comunicação, ou seja, teorias que se ocupam de fenômenos comunicacionais no sentido amplo e teorias propriamente comunicacionais, que se caracterizam por um certo tipo de aproximação ou recorte da realidade" (2003: 30).

28. Cf. MUTH, R.; FINLEY, M.M. & MUTH, M.F. *Harold Lasswell*: an annoted bibliography. New Haven: Kuwer Academic Publishers, 1989.

Referências

Bibliografia do autor

A bibliografia de Harold Lasswell é extensa. Para se ter uma ideia, o trabalho de listagem das obras do autor, publicado em 1989 por Rodney Muth, Mary Finley e Marcia Muth[28], levou 10 anos para ser concluído e é composto por 337 páginas. Aqui, listamos apenas as obras pertinentes ao campo da comunicação, por ordem de publicação.

LASSWELL, H. The Status of Research on International Propaganda and Opinion. In: *Papers and Proceedings of the American Sociological Society*. Vol. 20. Chicago: University of Chicago Press, 1925.

_____. The Theory of Political Propaganda. In: *American Political Science Review*. Vol. 21. Chicago: University of Chicago Press, 1927.

_____. The Function of the Propagandist. In: *International Journal of Ethics*. Vol. 38. Chicago: University of Chicago Press, 1928.

_____. The Strategy of Revolutionary and War Propaganda. In: WRIGHT, Q. *Public Opinion and World-Politics*. Chicago: University of Chicago Press, 1933.

_____. Propaganda. In: *Encyclopaedia of the Social Sciences*, 1934.

_____. The Person: Subject and Object of Propaganda. In: CHILDS, H.L. (org.). *Pressure Groups and Propaganda* – Annals of the American Academy of Political and Social Science. Chicago: University of Chicago Press, 1935.

_____. The Scope of Research on Propaganda and Dictatorship. In: CHILDS, H.L. (org.). *Propaganda and Dictatorship*: A Collection of Papers. Nova Jersey: Princeton University Press, 1936.

_____. Propaganda and the Channels of Communication. In: ELLIS, E. (org.). *Education against Propaganda:* Developing Skill in the Use of the Sources of Information about Public Affairs. Cambridge: National Council for the Social Studies, 1937.

_____. Propaganda in a Planned Society. In: MACKENZIE, F. (org.). *Planned Society: Yesterday, Today, Tomorrow* – A Symposium by Thirty-five Economists, Sociologists, and Statesmen. Nova York: Prentice-Hall, 1937.

_____. *Propaganda Techniques in World War*. Nova York: Peter Smith, 1938.

_____. The Propaganda Technique of the Pamphlet on Continental Security. In: *Psychiatry*, 1, 1938.

_____. The Propaganda Technique of Recent Proposals for the Foreign Policy of the USA (Materials for the Study of Propaganda, n. 2). In: *Psychiatry*, 2, 1939.

_____. The Propagandist Bids for Power. In: *American Scholar*, 8, p. 1939.

_____. Radio as an Instrument of Reducing Personal Insecurity. *Studies in Philosophy and Social Science*, 9, 1941.

_____. The Communications Front: Strategies of Political and Moral Warfare. *Vital Speeches of the Day*, 8, 1942.

_____. Communications Research and Politics. In: WAPLES, D. *Print, Radio, and Film in a Democracy*. Chicago: University of Chicago Press, 1942.

_____. The Politically Significant Content of the Press: Coding Procedures. In: *Journalism Quarterly*, 19, 1942.

_____. *Public Opinion in War and Peace*: How Americans Make Up Their Minds. In: CUMMINGS, H.H. *Problems in American Life*. Washington: Departments of the National Education Association, 1942.

_____. New Rivals of the Press: Film and Radio. In: BUTLER, P. *Books and Libraries in Wartime*. Chicago: University of Chicago Press, 1945.

_____. The Science of Communication and the Function of Libraries. *College and Research Libraries*, 6, 1945.

_____. Freedom of the Press: A Summary Statement of Principle. In: THE COMISSION ON FREEDOM OF THE PRESS. *A Free and Responsible Press:*

A General Report on Mass Communication – Newspapers, Radio, Motion Pictures, Magazines, and Books. Chicago: University of Chicago Press, 1947.

_____. The Structure and Function of Communication in Society. In: BRYSON, L. *The Communication of ideas*. Nova York: Institute for Religious and Social Studies, 1948.

_____. The Rise of the Propagandist (The Propagandist Bids for Power). In: *The Analysis of Political Behaviour*: An Empirical Approach. Nova York: Oxford University Press, 1948.

_____. Detection: Propaganda Detection and the Courts. In: LASSWELL, H. & LEITE, N. *Language of Politics*: Studies in Quantitative Semantics. Nova York: George Stewart, 1949.

_____. Why Be Quantitative? In: LASSWELL, H. & LEITE, N. *Language of Politics Studies in Quantitative Semantics*. Nova York: George Stewart, 1949.

LASSWELL, H. & LEITE, N. *Language of Politics*: Studies in Quantitative Semantics. Nova York: George Stewart, 1949.

LASSWELL, H. Propaganda and Mass Insecurity. In: *Psychiatry*, 13, 1950.

_____. The Strategy of Soviet Propaganda. In: *Proceedings of the Academy of Political Science*, 24, 1951.

_____. Propaganda. In: *Encyclopaedia Britannica*, 1951.

_____. Key Symbols, Signs and Icons. In: BRYSON, L.; FINKELSTEIN, L. & McKEON, R.M.M. *Symbols and Values: An Initial Study* – Thirteenth Symposium of the Conference on Science, Philosophy and Religion. Nova York: Harper, 1954.

_____. *Symbols of Democracy*. Stanford: The Hoover Institute and Library on War, Revolution, and Peace at Stanford University and Stanford University Press, 1954.

_____. Educational Broadcasters as Social Scientists. *Quarterly of Film, Radio, and Television*, 7.2, 1954.

_____. *The "Prestige Papers"*: A Survey of Their Editorials. Stanford: The Hoover Institute and Library on War, Revolution, and Peace at Stanford University and Stanford University Press, 1954.

_____. *Research in International Communication*: An Advisory Report of the Planning Committee. Stanford: The Hoover Institute and Library on War, Revolution, and Peace at Stanford University and Stanford University Press, 1954.

_____. The Impact of Public Opinion Research On Our Society. In: *Public Opinion Quarterly*, 21, 1957.

_____. Communications as an Emerging Discipline. *Audio-Visual Communication Review*, 6, 1958, p. 245-254.

_____. Communication and the Mind. In: FARBER, S.M. & WILSON, R.H.L. *Control of the Mind*. Nova York: McGraw-Hill, 1961.

_____. The Role of Communication Arts and Sciences in University Life. *A V Communication Review*, 13, 1965.

_____. Freedom and Responsibility. In: DONNER, S.T. *The Future of Commercial Television*: 1965/1975. Stanford: Stanford University, Broadcasting and Film Division, 1966.

_____. Toward World Community Now. In: LARRY, N.G. *Alternatives to Violence*: A Stimulus to Dialogue. Nova York: Time-Life Books, 1968.

_____. Introduction: What Next? In: CASEY, R.D.; LASSWELL, H. & SMITH, B.L. *Propaganda and Promotional Activities*: An Annotated Bibliography. Chicago: University of Chicago Press, 1969.

_____. *Political Communication*: The Public Language of Political Elites in India and the United States. Nova York: Holt, Rinehart and Winston, 1969.

_____. Politics: Who Gets What, When, How. Nova York: The World Publishing Company, 1971.

_____. Communications Research and Public Policy. In: *Public Opinion Quarterly*, 36, 1972.

_____. Future Systems of Identity in the World Community. In: BLACK, C. & FALK, R.A. *The Structure of the International Environment*. Nova Jersey: Princeton University Press, 1972.

_____. *The Future of World Communication*: Quality and Style of Life. Honolulu: University of Hawaii, 1972.

_____. Research in Policy Analysis: The Intelligence and Appraisal Functions. In: GREENSTEIN, F.I. & POLSBY, N.W. *The Handbook of Reading*. Addison-Wesley, 1975.

_____. The Future of World Politics and Society. In: SCHRAMM, W. & LERNER, D. *Communication and Change*: The Last Ten Years - and the Next. Honolulu: University Press of Hawaii, 1975.

_____. Building as Political Communication: The Signature of Power on Environment. In: LERNER, D. & NELSON, L.M. *Communication Research – A Half-century Appraisal*. Honolulu: University Press of Hawaii for the East-West Center, 1977.

_____. *Communication in a divided world*: opportunities and constraints. Londres: International Institute of Communications, 1977.

_____. *The Signature of Power*: Buildings, Communication, and Policy. New Brunswick: Transaction Books, 1979.

_____. The Symbolic Instrument in Early Times. In: LASSWELL, H.; LERNER, D. & SPEIER, H. *Propaganda and Communication in World History*. Vol. 1. Honolulu: University Press of Hawaii for the East-West Center, 1979.

_____. The Future of World Communication and Propaganda. In: LASSWELL, H.; LERNER, D. & SPEIER, H. *Propaganda and Communication in World History*. Vol. 1. Honolulu: University Press of Hawaii for the East-West Center, 1980.

_____. *Emergence of Public Opinion in the West*. In: LASSWELL, H.; LERNER, D. & SPEIER, H. *Propaganda and Communication in World History*. Vol. 1. Honolulu: University Press of Hawaii for the East-West Center, 1980.

Outros livros

ALMOND, G.A. *Harold Dwight Lasswell (1902-1978)*: A Biographical Memoir. Londres: National Academy Press, 1987.

LASSWELL, H. Communications Research and Public Policy. In: *Public Opinion Quarterly*, 36, 1972.

_____. *Propaganda Techniques in World War*. Nova York: Peter Smith, 1938.

_____. The Person: Subject and Object of Propaganda. In: CHILDS, H.L. (org.). *Pressure Groups and Propaganda* – Annals of the American Academy of Political and Social Science. Chicago: University of Chicago Press, 1935.

MARTINO, L.C. Ceticismo e inteligibilidade do saber comunicacional. In: *Galáxia*, vol. 5, 2003, p. 53-67. São Paulo: PUCSP.

MERRIAM, C. American Publicity in Italy. In: *The American Political Science Review*, vol. 13, n. 4, nov./1919, p. 541-555.

MUTH, R.; FINLEY, M.M. & MUTH, M.F. *Harold Lasswell*: an annoted bibliography. New Haven: Kuwer Academic Publishers, 1989.

NARULA, U. *Communication Models*. Nova Deli: Atlantic, 2006.

PARK, D.W. & POOLEY, J. *The History of Media and Communication research*: contested memories. Nova York: Peter Lang, 2008.

PAVARINO, R.N. Publicidade: a prática e o fenômeno. In: *Anais do 35° Congresso Brasileiro de Ciências da Comunicação*. Fortaleza, 2012.

PETERS, J.D. & SIMONSON, P. (2004). *Mass Communication and American Social Thought*: key texts, 1919-1968. Lanham: Rowman & Littlefield.

REDDI, C.V. [Narasimha]. *Effective Public Relations and Media Strategy*. Nova Deli: PHI Learning Private, 2009.

STEINBERG, S. *An Introduction to Communication Studies*. Cidade do Cabo: Juta And Company, 2007.

TAYLOR, P.M. *Munitions of the Mind*. Oxford Road: Manchester University Press, 2003.

VARÃO, R. *Harold Lasswell e o campo da comunicação*. Brasília, UnB, 2012 [Tese de doutorado].

WOLF, M. *Teorias da comunicação*. Lisboa: Presença, 2000.

Theodor Adorno (1903-1969)

Yuji Gushiken
Silvia Ramos Bezerra
Celso Francisco Gayoso
Joelton Nascimento ★

Modelos teóricos para estudos da comunicação e a comunicação como ciência crítica

Na década de 1980 circulava nos cursos de graduação em Comunicação Social cópias de um *paper* (artigo) do professor e pesquisador Venício Artur de Lima, apresentado em um dos congressos científicos realizados anualmente no Brasil. No *paper*, o autor sugeria a organização das distintas abordagens de pesquisa em comunicação a partir de oito grandes modelos teóricos.

A proposta de organização dos modelos teóricos em oito grandes modelos chamava a atenção pelo fato de as teorias da comunicação, como disciplinas instituídas no ensino de comunicação, terem se apresentado numa amplitude interdisciplinar de alta complexidade e que demandava um princípio de categorização científica.

Os oito modelos teóricos de estudos das comunicações (no plural) propostos pelo pesquisador já naquela década de 1980 relacionavam-se com abordagens específicas e que traduziam distintas visões da comunicação como: 1) manipulação; 2) persuasão (influência); 3) função; 4) informação; 5) linguagem; 6) mercadoria; 7) cultura; e 8) diálogo.

Cada modelo teórico sugere a contribuição oriunda dos diversos campos do conhecimento que vieram constituindo, ao longo do século XX, o que viria

---

* Yuji Gushiken: professor do Programa de Pós-Graduação em Estudos de Cultura Contemporânea da Universidade Federal de Mato Grosso e doutor em Comunicação e Cultura (UFRJ). • Silvia Ramos Bezerra: doutora em Ciências da Comunicação (USP) e servidora da Prefeitura Municipal de Cuiabá. • Celso Francisco Gayoso: professor da Universidade Federal do Sul da Bahia e doutor em Comunicação e Cultura (UFRJ). • Joelton Nascimento: professor da Universidade Federal de Mato Grosso e doutor em Sociologia (Unicamp).

a se instituir no ambiente científico como "pesquisa em comunicação", configurando o lugar da comunicação no campo maior das ciências sociais aplicadas.

O *paper*, provavelmente copiado e reproduzido à exaustão entre professores das disciplinas de Teoria da Comunicação nos cursos de graduação, foi enfim publicado em 2001 como o capítulo 1 ("Breve roteiro introdutório ao campo de estudo da Comunicação Social no Brasil") do livro *Mídia: teoria e política*, pela Editora Fundação Perseu Abramo.

O relativamente longo período de latência das informações contidas no *paper*, entre apresentação/divulgação em congresso científico e sua efetiva publicação em livro, constitui um indício das muitas dificuldades – políticas, econômicas e propriamente acadêmicas – na formação da comunicação como campo do conhecimento no Brasil.

Na década de 1980, quando o *paper* começou a circular, o ensino de teorias da comunicação estava ligado enfaticamente aos cursos de graduação. A disciplina, não raro, era ministrada por docentes oriundos das áreas de ciências sociais (Ciência Política, Sociologia e Antropologia, principalmente) e humanas (História, Geografia etc.), das letras (Literatura e Linguística) e da Filosofia.

É nesta condição que historicamente emerge e se institui, na organização política e administrativa da ciência no Brasil, a comunicação como "Ciências Sociais Aplicadas"[1]. Ou seja, a comunicação constitui-se a partir de saberes adjacentes oriundos de outros campos científicos que, em maior ou menor medida, configuraram-se como matrizes disciplinares na formação do campo comunicacional, o que denota sua caracterização historicamente interdisciplinar.

Não por acaso, o ensino de teorias da comunicação, nos cursos de graduação, apresentava-se com uma complexidade por vezes exaustiva para docentes então em início de carreira e também incompreensível para estudantes dos primeiros semestres de bacharelado.

Nas décadas de 1980 a 1990, ainda era comum encontrar, em grades curriculares em diferentes cursos pelo país, disciplinas como "Filosofia da comunicação", "Sociologia da comunicação" e "Comunicação e linguagens", que designavam os modos como as ciências sociais e humanas, as Letras e a Filosofia passaram a ter os meios e as práticas (não necessariamente profissionais) de comunicação (imprensa, cinema, rádio, TV) como objetos de estudos.

Pode-se inferir que as atuais teorias da comunicação emergiram de disciplinas muito específicas no bojo do desenvolvimento das próprias ciências sociais e humanas, das letras e da filosofia, evidenciando como e em que medida cada disciplina buscou incorporar o fenômeno comunicacional ao seu rol de estudos e pesquisas.

E assim emergiu, também, a questão que ainda hoje coloca em pauta um certo mal-estar de ordem epistemológica e também organizacional da ciência: A quem compete praticar e pesquisar comunicação? Os primeiros programas de pós-graduação em comunicação no Brasil, criados na primeira metade da década de 1970, tiveram como primeiros docentes-pesquisadores pessoal oriundo das diversas áreas do conhecimento e que aos poucos vieram constituindo uma ideia de campo comunicacional em sua ampla ramificação interdisciplinar, até formar as primeiras gerações de doutores em comunicação.

Os oito grandes modelos teóricos para estudo das comunicações sugeridos por Venício Artur de Lima demandavam um princípio de organização a fim de que o extenso campo do conhecimento que se anunciava ganhasse contornos visíveis e mais facilmente passíveis de serem pesquisados.

O modelo teórico da comunicação como mercadoria, segundo Lima, reserva espaço privilegiado à chamada Teoria Crítica, desenvolvida pelo grupo de filósofos da Escola de Frankfurt, à qual se vincula Theodor Adorno.

A Teoria Crítica certamente contribuiu ao que vem se constituindo, desde a primeira metade do século XX, como uma das ramificações que foram se incorporando ao atual campo de estudos e pesquisas "em comunicação".

Os modelos teóricos para o estudo das comunicações (LIMA, 2001) devem ser constituídos de: 1) definição de comunicação; 2) geografia (país de origem); 3) contexto histórico; 4) mídia dominante; 5) fontes de recursos para pesquisa; 6) visão de sociedade; 7) questão básica de pesquisa; 8) disciplinas de apoio; 9) conceitos e categorias típicas de análise; 10) leitor/audiência (tipos de); 11) tipos de explicação; 12) metodologia de pesquisa; 13) objetivos teóricos; 14) autores principais (no Brasil e no exterior); e 15) profissões (no campo da comunicação) relacionadas.

Assim, o modelo teórico da comunicação como mercadoria, dotando-se de postura crítica com relação à modernização midiática no mundo ocidental capitalista, foi constituído com as seguintes caracterizações, na proposta de Lima (2001: 36-37):

• *Definição de comunicação*: mercadoria produzida pela indústria cultural.
• *Geografia*: Alemanha, com desdobramentos na Inglaterra, França e América Latina.
• *Contexto histórico*: crítica ao Iluminismo e debate sobre cultura popular[2] a partir da década de 1940.
• *Mídia dominante*: qualquer mídia, mas relacionada à cultura de massa.
• *Fontes de recursos para pesquisa*: pesquisa acadêmica.

- *Visão de sociedade*: sociedade dividida em classes sociais.
- *Questão básica de pesquisa*: Qual é a lógica da produção cultural?
- *Disciplinas de apoio*: materialismo histórico e economia política.
- *Conceitos e categorias de análise*: indústria cultural, agências, legitimação do Estado, aparelho ideológico do Estado, dependência cultural.
- *Leitor*: passivo (conformista).
- *Metodologia*: análise histórica crítica.
- *Objetivos teóricos*: elucidação de leis.
- *Autores principais*: membros da Escola de Frankfurt, Miliband, Althusser, Schiller (no exterior) e Gabriel Cohn, Rodrigues Dias e Sergio Caparelli (no Brasil).
- *Profissões*: sociólogo da cultura, crítico cultural, gestor de políticas públicas.

Assim, neste capítulo, além desta introdução sobre a formação do campo científico das comunicações e seus modelos teóricos, pretendemos apontar os seguintes tópicos: a) a concepção materialista de Theodor Wiesengrund-Adorno (1903-1969) no desenvolvimento da Teoria Crítica da Comunicação, b) A crítica à indústria cultural e o "enquadramento" de Adorno entre os apocalípticos da comunicação, c) e o modelo teórico da comunicação como mercadoria (ciência crítica) nas teorias da comunicação.

Theodor Adorno, interdisciplinaridade e materialismo histórico na Teoria Crítica da Comunicação

Uma das características mais marcantes do pensamento e da pesquisa da Teoria Crítica, da Escola de Frankfurt, é a interdisciplinaridade. Filosofia, psicanálise, sociologia, crítica literária e crítica musical fluíam nos escritos e nas intervenções dos autores da Escola, e especialmente nos escritos de Theodor Adorno.

Filósofo por formação, Adorno defendeu tese de doutorado em 1924, orientado por Hans Cornelius, cujo tema era o pensamento do filósofo alemão Edmund Husserl (ADORNO, 2010). Antes disso, Adorno realizou estudos de filosofia, musicologia, psicologia e sociologia, sob a influência de Siegfried Kracauer, Georg Lukács e Ersnt Bloch.

Entre 1921 e 1932, publicou perto de uma centena de artigos sobre crítica e estética musical (WIGGERSHAUS, 2002). Apenas em 1933, Adorno publicou sua primeira obra filosófica influente, uma criativa tese sobre o filósofo dinamarquês Søren Kierkegaard (ADORNO, 1969), fortemente influenciada pelo crítico literário Walter Benjamin, com quem manteve uma estreita amizade.

Desde a tese sobre Kierkegaard encontra-se em Adorno uma forte, e ao mesmo tempo peculiar, influência marxista. Adorno demonstra, em sua discussão filosófica, que a consciência, e mesmo o inconsciente, dos indivíduos é fortemente dependente do ser social. Sua tese, um requisito para o exercício do magistério superior na Alemanha, foi rejeitada pelo orientador Hans Cornelius, e Adorno retirou-se do concurso. Ainda assim, a tese gerou debates importantes e granjeou admiradores ao jovem pesquisador.

Em 1931, Max Horkheimer – professor, amigo e colaborador de Theodor Adorno – assumiu a direção do Instituto de Pesquisas Sociais, instituição independente, mas sediada na Universidade de Frankfurt, a base de onde surge, mais tarde, a designação de "Escola de Frankfurt". Adorno fez uma conferência naquela oportunidade, com o título *A atualidade da filosofia*, na qual discutiu seu método de pesquisa e análise da cultura e da sociedade (ADORNO, 1991).

Um dos conceitos fundamentais, que já aparecem nesses trabalhos acadêmicos do jovem Adorno, é do materialismo histórico associado a um *primado do objeto*. Quando se fala em materialismo, em geral busca-se uma certa contraposição ao *idealismo* e à afirmação das relações sociais decalcadas da produção e da reprodução materiais de vida.

Segundo Georg Lukács, a pretensão do materialismo histórico é "considerar o presente sob o ponto de vista da história, ou seja, cientificamente, e visualizar nela não apenas os fenômenos da superfície, mas também aquelas forças motrizes mais profundas da história que, na realidade, movem os acontecimentos" (LUKÁCS, 2003: 414-415). Ou, em outros termos, "a tarefa do materialismo histórico é formular um juízo preciso sobre a ordem social capitalista e desvelar sua essência" (LUKÁCS, 2003: 415).

O modo como se produz e se reproduz materialmente a vida pode orientar uma correta visão da consciência coletiva e individual de uma certa época e de uma certa cultura. A reflexão de Karl Marx e de Friedrich Engels na clássica obra *A ideologia alemã* (2007) é emblemática desta compreensão materialista dos fenômenos sociais e políticos.

No capitalismo, o modo como serão organizadas as forças produtivas apresentará as devidas consequências nas relações de poder entre quem controla os meios de produção econômica e a sociedade destinada a consumir os produtos culturais advindos dessa relação de produção. Adorno, todavia, acrescentará diversas teses e constatações de ordem epistemológica e histórica ao acervo crítico do materialismo histórico que nem sempre são admitidas como válidas entre os estudiosos do marxismo (SLATER, 1978).

Além de uma inversão da primazia do sujeito tal qual encontramos na filosofia de René Descartes a Immanuel Kant, para Adorno, a primazia do objeto deve pressupor, paradoxalmente, uma profunda reconsideração do sujeito. Como bem escreveu Antonio Aguillera, a "assimetria entre sujeito e objeto exige a contínua confrontação do pensamento e de todas as operações conceituais com o objeto aos quais se remetem" (AGUILLERA, apud ADORNO, 1991: 46-47; tradução nossa).

O materialismo adorniano reconhece que a objetividade material nos é exterior, ou seja, que a realidade existe "fora de nós". E reconhece ainda que a objetividade determina em grande medida nossas relações sociais, e mesmo as subjetivas. Em Adorno, o materialismo não dispensa um exame detido da subjetividade, sem deixar de ser, de modo algum, materialismo. Sim, os objetos estão "lá fora", determinando nossas relações sociais, contudo, o *eu* também está "lá fora", estruturando e sendo estruturado pelas relações sociais. Nas palavras precisas de Ricardo Musse, "embora o *locus* [lugar] da apreensão da objetividade ainda seja o sujeito, ele não é mais o *locus* da constituição" (MUSSE, 2003: 103).

Na prática, o princípio do *primado do objeto* implica escapar tanto do idealismo quanto do sociologismo de considerar a consciência apenas como um epifenômeno, mas um fenômeno derivado das relações materiais de produção e reprodução social. Adorno persegue muito coerentemente o princípio do *primado do objeto* até seus últimos escritos, antes de sua morte inesperada, em 1969. Este método norteará suas pesquisas filosóficas, e que serão acolhidas no campo da comunicação.

A filosofia adorniana, contudo, vai além e torna mais complexa este *primado do objeto* tal qual a encontramos no materialismo histórico de Karl Marx e Friedrich Engels. Ao ingressar, portanto, no Instituto de Pesquisa Social, na cidade alemã de Frankfurt, Theodor Adorno já possuía uma bagagem filosófica cujos temas e problemas principais estavam claramente anunciados. Em colaboração com Max Horkheimer, Adorno desenvolveu a perspectiva por eles denominada Teoria Crítica.

A Teoria Crítica, em contraposição à teoria tradicional, não separa a formulação da ciência de sua aplicação de maneira que fiquem estanques (a ciência pura e a aplicada, p. ex.). Antes, a aplicação e a elaboração teórica estão em uma unidade fundamental, mediada pelas formas sociais e culturais de uma dada época – em nosso caso a das sociedades capitalistas produtoras de mercadorias (HORKHEIMER, 1975).

Deste modo, a Teoria Crítica entende que a observação e a teorização científica não podem abstrair os constrangimentos que sofrem das formas sociais próprias do capitalismo, mas devem assimilá-las de modo que as potencialidades existentes e não realizadas em face destes constrangimentos possam ser socialmente superadas (NOBRE, 2004). É um tipo de construção científica que se coloca na perspectiva da emancipação social.

Desta forma, no trabalho epistemológico de Lima (2001), as contribuições da Escola de Frankfurt, em especial o trabalho de Theodor Adorno, assentam-se no modelo teórico da comunicação como mercadoria (ou como ciência crítica). Isto significa dizer que a Teoria Crítica adorniana, pensada como uma referência de análise de realidade social a partir do materialismo histórico, constitui instrumental teórico-metodológico no campo da comunicação.

Convém determinar a trajetória da Teoria Crítica nos modelos de estudos das teorias das comunicações (no plural, como sugere Lima). O lugar ocupado por Theodor Adorno no rol de estudiosos que compõem as teorias da comunicação não é fato recente. No Brasil, os livros de teorias da comunicação, desde a década de 1970, já apresentam e debatem o conceito de indústria cultural como parte importante da pesquisa nesta área do conhecimento (MOREIRA, 1979; BELTRÃO, 1977).

Desde as primeiras obras brasileiras, incluindo também os livros de história das teorias da comunicação (MATTELART & MATTELART, 1999; McQUAIL, 1983; WOLF, 2003), até os mais atuais (RÜDIGER, 2011), a inserção do pensamento filosófico de Adorno sempre esteve relacionada com sua crítica à pesquisa administrativa em comunicação (principalmente os trabalhos desenvolvidos por Harold Laswell e Paul Lazarsfeld) e condicionada à posição de grande opositor às manifestações culturais e artísticas produzidas nos moldes mercantis do sistema capitalista moderno.

Neste sentido, segundo o esquematismo dos principais livros de teorias da comunicação, o pensamento adorniano e dos autores ligados à Escola de Frankfurt, ao explicitar os conflitos historicamente obnubilados pela indústria cultural, foi classificado como *crítico-radical* (POLISTCHUK & TRINTA, 2003), como uma parte do *paradigma dos efeitos* (WOLF, 2008), como *alternativa crítica ao paradigma dominante da pesquisa administrativa* (SERRA, 2007), entre outros (McQUAIL, 2000).

O modo de se compreender a contribuição de Theodor Adorno, possivelmente como parte do paradigma dos estudos dos efeitos, marcou uma tendência dos estudos de Teoria da Comunicação de deslegitimar a crítica adorniana ao avanço da indústria cultural por sobre a cultura de modo geral e à constituição da sociedade moderna.

Como bem resume Francisco Rüdiger, o conceito de *indústria cultural* "tornou-se, para muitos, denuncismo rancoroso e espécie de discurso depressivo, metodologicamente desprovido dos meios para compreender as benesses da técnica e as contradições da sociedade, a cultura no plural e as mediações na comunicação" (RÜDIGER, 2002: 08).

Crítica à indústria cultural e Adorno entre os "apocalíticos"

É preciso considerar que a visão das contribuições da teoria adorniana para a comunicação deve-se, em parte, ao prestígio alcançado pela distinção criada por Umberto Eco na obra *Apocalípticos e integrados*, de 1964.

Ao referir-se às diferentes perspectivas teóricas diante do fenômeno da cultura de massas, Eco propõe dois tipos: os "apocalípticos", que apresentam uma imagem catastrófica da realidade social a partir de sua leitura da cultura de massas, e os "integrados", pensadores que defendem que a Modernidade trouxe uma ampliação do campo cultural através da cultura de massas.

Na condição de críticos do sistema capitalista, os pensadores da Escola de Frankfurt, com destaque para Adorno, passaram a ser considerados autores apocalípticos, a quem restava sobreviver "precisamente elaborando teorias da decadência" (ECO, 1984).

Além deste fator, é possível identificar que sempre houve pouco aprofundamento nas análises da obra adorniana no campo da comunicação. De modo geral, apenas uma obra serviu de referência para esta tendência de interpretação: o *Resumo d'a indústria cultural*, uma síntese do texto originalmente publicado no livro *Dialética do esclarecimento*, de 1947.

Neste sentido, é preciso, então, ir além. Theodor Adorno certamente tem sua trajetória acadêmica marcadamente ligada à reflexão filosófica. Esse fato, por si só, revela o caráter fundamental dos mal-entendidos nas leituras de sua obra e de sua importância para a pesquisa em comunicação.

Adorno, além de sociólogo, tem formação em filosofia, e suas preocupações voltam-se, sobremaneira, para as questões mais prementes relacionadas à constituição da realidade social e aos métodos de investigação desta realidade.

Ao emigrar da Alemanha para os Estados Unidos, por pressões políticas do nazismo, Adorno recebe a proposta de ligar-se ao projeto "O valor essencial do rádio para todos os tipos de ouvintes", na Universidade de Princeton, em 1938. É precisamente neste ponto que podemos demarcar sua incursão nos estudos comunicacionais.

Instalado em Nova York, próximo à instituição de pesquisa que desenvolve a metodologia e os resultados obtidos neste estudo sobre audiência de rádio da Universidade de Princeton, em Newark (Nova Jersey), Adorno participa do projeto chefiado por um dos grandes nomes da pesquisa em comunicação, Paul Lazarsfeld.

Na ocasião, Adorno pôde compreender: a) o processo de produção dos conteúdos midiáticos no meio de comunicação de maior alcance à época (o rádio) e b) como se dava precisamente a pesquisa administrativa na comunicação, voltada para, nas palavras do próprio Adorno, "acumulação de dados que deveriam ser utilizados na formulação da planificação, seja diretamente na indústria ou em instituições culturais e outras associações" (ADORNO, apud WIGGERSHAUS, 2002: 267).

O trabalho desenvolvido resultou em 161 páginas dos estudos *Music in Radio* (1938) e *Plugging Study* (1939) e os artigos *On Popular Music* (1939) e *The Radio Symphony* (1941), para o projeto sobre rádio em Princeton, de onde retira as observações que fundamentam a obra *Filosofia da nova música*, texto dos anos de 1940.

Em 1941, Adorno deixa o projeto, muda-se para a Califórnia e instala-se em local próximo à cidade de Los Angeles. Ali começa um processo de "reconhecimento" dos grandes estúdios da indústria cinematográfica, chegando mesmo a frequentar os bastidores das produções de Charles Chaplin e outros astros (DUARTE, 2007).

É precisamente influenciado por estas experiências e análises que Adorno escreve em 1944, em parceria com Max Horkheimer, o primeiro esboço do livro *Dialética do esclarecimento* e o consagrado capítulo sobre a *indústria cultural*, considerado o maior legado de Adorno para o pensamento comunicacional, mesmo que inicialmente esse texto não estivesse incluso no projeto de um livro sobre dialética (WIGGERSHAUS, 2002: 352).

Por *indústria cultural* pode-se entender o sistema que converteu a produção cultural em um ramo de atividade econômica (cf. ADORNO & HORKEIMER, 1985). Na leitura de Francisco Rüdiger: "O conceito designa basicamente o conjunto de práticas através das quais se expressam as relações sociais que os homens entretêm com a cultura no capitalismo avançado" (2002: 23).

Isso significa dizer que a *indústria cultural* constitui um processo no âmbito do capitalismo avançado em que os bens culturais – como a arte, a literatura, a música – passam a ser produzidos e comercializados com base em padrões estéticos determinados pelo caráter de mercadoria. Estes produtos, portanto, não levam em conta os reais desejos ou necessidades do público, mas forjam e simulam desejos e necessidades, visando os interesses, políticos e econômicos, da própria indústria.

E não somente, pois a lucratividade desta indústria (cultural) não é apenas resultante do quanto se vende, através da conversão da arte em publicidade, por exemplo, mas o quanto a publicidade consegue também "vender" a conformação dos indivíduos com a desigual e opressiva realidade social nas modernas sociedades capitalistas.

A consagração do conceito de *indústria cultural* deve-se precisamente à clareza com que os autores Theodor Adorno e Max Horkheimer trataram de analisar a relação entre o processo de produção cultural e a expansão do capitalismo pelo mundo.

Esta relação entre modo de produção econômica e produção cultural (incluindo a produção midiática e comunicacional de modo geral) fica evidente nas sentenças que constituem o capítulo: "o mundo inteiro é forçado a passar pelo filtro da indústria cultural", "A vida não deve mais, tendencialmente, deixar-se distinguir do filme sonoro", "A máquina gira sem sair do lugar", "Sua vitória é dupla: a verdade, que ela extingue lá fora, dentro ela pode reproduzir a seu bel-prazer como mentira", "A indústria cultural não cessa de lograr seus consumidores quanto àquilo que está continuamente a lhes prometer", "A diversão favorece a resignação, que nela quer se esquecer", "A indústria cultural realizou maldosamente o homem como ser genérico" (ADORNO & HORKHEIMER, 1985).

O texto de Adorno e Horkheimer com a crítica à *indústria cultural* teve impacto que não foi discreto nas pesquisas em comunicação de massa. É preciso reconhecer que a agudeza da crítica dos autores à sistemática de produção de bens culturais e aos fatores que determinam a importância destes bens para a manutenção do *status quo* econômico e político no mundo capitalista determinou em grande medida a criação de uma nova vertente de análise – necessariamente crítica – dos meios de comunicação.

Esta vertente crítica influenciou, em maior ou menor intensidade e com distintas nuances, trabalhos posteriores no campo da comunicação, como os *Cultural Studies*/Estudos Culturais (Hoggart, Williams, Thompson, Hall), a economia política da comunicação (Schiller, Guback, Gerbner, Golding, Miège, Flichy), a escola latino-americana de comunicação (Martin-Barbero, Canclini), a Teoria do Agir Comunicativo (Habermas), entre outras abordagens mais recentes (Enzensberger, Negt e Kluge, Barbrook).

Adorno persistiu, em textos posteriores, suas preocupações com o processo de produção de bens culturais, realizando investigações de natureza empírica no campo da sociologia, como nos textos *A personalidade autoritária* (1950), em que propõe uma escala para medir a tendência fascista presente nos indivíduos, e *Os astros descem à terra* (1953), em que se dedica a compreender os elementos pseudorracionais presentes em elementos da indústria cultural, como as colunas astrológicas de revistas e jornais, *Teoria da Semicultura* (1959), em que discute como as classes populares, impedidas do acesso à formação cultural, são submetidas a uma forma tecnologicamente mediada de semiformação: a *indústria cultural*.

Numa dimensão filosófica, Adorno ainda problematiza as questões referentes à indústria cultural em obras posteriores, como o tratado sobre a funcionalização da arte na contemporaneidade ou a defesa de sua radical inutilidade funcional: *Teoria Estética* (publicado postumamente em 1972) e nos ensaios *Prólogo sobre a televisão* e *Televisão enquanto ideologia* (ambos do início dos anos de 1950).

Certamente, a consagrada oposição entre Teoria Crítica e pesquisa administrativa em comunicação foi uma das consequências teórico-metodológicas mais evidentes do pensamento adorniano na comunicação (WOLF, 2008). Esta oposição deriva da afirmação de que a Teoria Crítica, relacionada aos estudos de comunicação, não levou em conta as importantes contribuições metodológicas que o modelo da pesquisa administrativa trouxe para este campo, como, por exemplo, as metodologias de coleta de dados. Nada parece mais inverídico.

Como vimos, o *primado do objeto*, como método adotado por Adorno desde o início de sua trajetória acadêmica, permitiu que o autor pudesse elaborar estudos que conseguiram examinar de modo mais detido os processos sociais inseridos na produção de cada mercadoria cultural para, a partir daí, compreender a sociedade que lhe deu vida. Como num prisma – título de um dos livros de Adorno – no qual em um feixe de luz branca podem ser "descobertas" diversas cores:

> O problema nuclear não consiste, porém, em apenas saber como são produzidas e chegam ao público consumidor; ainda mais relevante é saber como o processo social se estrutura em seu interior e de que modo podemos decifrá-lo em seu modo de posição dentro da sociedade (RÜDIGER, 2002: 219).

Aqui não interessaria apenas o modo como o produto cultural se comunica com o seu público. Daí por que não prevalece a inserção da crítica da teoria adorniana como parte do modelo de pesquisa dos efeitos da comunicação. Mas, principalmente, como a Teoria Crítica enfatiza a própria estrutura de produção e mesmo a constituição dos processos comunicacionais.

A Teoria Crítica sempre partiu da observação científica como aporte para pensar a emancipação social e aí se justifica sua inclusão no modelo proposto por Venício Artur Lima como modelo teórico da comunicação como mercadoria (ciência crítica). Os estudos sobre temas da comunicação, em Adorno, revelam, assim como pensava o autor também em relação às obras de arte, que cada bem cultural (filme, música, novela, livro etc.) poderia ser uma mônada do todo social, um pequeno universo em que se podia visualizar a fisionomia de toda a sociedade para que se pudesse construir sua superação.

Comunicação como mercadoria (ou comunicação como ciência crítica) nas teorias da comunicação

A Teoria Crítica, vinculada academicamente aos filósofos da Escola de Frankfurt, apresenta, em especial a partir da crítica de Theodor Adorno, a seguinte questão: Práticas midiáticas no rádio e no cinema constituem o campo das artes, se a técnica nada mais faz que favorecer a produção em série e a homogeneização da produção cultural?

Certamente polêmico, com muitos adeptos e também muitos adversários no campo teórico, o conceito de *indústria cultural*, no ensaio filosófico de Adorno (lembrando sempre da sua parceria com Max Horkheimer na redação do ensaio), é atravessado muito enfaticamente pelos modos como o desenvolvimento da técnica no mundo moderno esteve sempre favorecendo os setores sociais que exercem hegemonia no campo econômico (as tensões de classe social), com a devida dimensão ideológica (as dinâmicas de reprodução da ordem econômica e política).

A *indústria cultural* refere-se de modo muito próximo à indústria do entretenimento, promovendo seu controle sobre os consumidores na medida em que é mediada pela diversão. Na perspectiva crítica de Adorno e Horkheimer, a ideologia capitalista liga-se muito diretamente ao modo de *indústria cultural*. A crítica de Adorno provém, entre outros trabalhos, do seu conhecido texto filosófico *O conceito de Iluminismo* (ADORNO, 1996), que ele escreveu em parceria com Max Horkheimer. No Brasil há tradução do texto com o título de *O conceito de Esclarecimento* (ADORNO & HORKHEIMER, 1985), que o professor de Filosofia e tradutor Guido Antonio de Almeida assim justifica:

> [...] o esclarecimento de que falam não é, como no Iluminismo (Ilustração), um movimento filosófico ou uma época histórica determinada, mas o processo pelo qual, ao longo da história, os homens se libertam das potências míticas da natureza, ou seja, o processo de racionalização que prossegue na filosofia e na ciência (ALMEIDA, apud ADORNO & HORKHEIMER, 1985: 8).

A questão na modernidade capitalista é que o mito se atualiza na mitologização do próprio Iluminismo (Esclarecimento), na medida em que os processos de dominação da natureza, que passam pela *performance* da técnica, passam do otimismo inicial à posterior desilusão com relação ao seu potencial emancipador do homem genérico diante do desenvolvimento da técnica.

Em síntese, como se comenta na introdução da coleção Os Pensadores, o Iluminismo (ou o Esclarecimento, na tradução pela Jorge Zahar Editor) deveria libertar os homens do medo, tornando-os senhores e liberando o mundo da magia e do mito, atingindo-se este objetivo por meio da ciência e da tecnologia.

O Iluminismo, no caso, trouxe a crença de que o homem dominaria a ciência e a técnica. No entanto, considerando-se o desenvolvimento do modo de produção capitalista, o que se verifica é exatamente o contrário, ou seja, que o homem tornou-se "vítima de novo engodo: o progresso da dominação técnica" (ADORNO, 1996: 8).

Em outros termos, um dos argumentos de Adorno e Horkheimer é que a racionalidade técnica tornou-se a racionalidade da própria dominação econômica que os mais fortes exercem sobre a sociedade (ADORNO & HORKHEIMER, 1985: 114). Daí a observação de que a técnica, como produto do Iluminismo (Esclarecimento), transforma-se ela própria na mistificação das massas, quando se trata especificamente da produção cultural nas condições de reprodutibilidade técnica.

> O aumento da produtividade econômica, que por um lado produz as condições para um mundo mais justo, confere por outro lado ao aparelho técnico e aos grupos sociais que o controlam uma superioridade imensa sobre o resto da população. O indivíduo se vê completamente anulado em face dos poderes econômicos. Ao mesmo tempo, estes elevam o poder da sociedade sobre a natureza a um nível jamais imaginado. Desaparecendo diante do aparelho a que serve, o indivíduo se vê, ao mesmo tempo, melhor do que nunca provido por ele (ADORNO & HORKHEIMER, 1985: 14).

Empiricamente, é a técnica elevada ao seu mais alto nível de funcionalização num país industrializado e capitalista como os Estados Unidos, que Adorno e Horkheimer observam os modos como se produz bens culturais para o consumo das grandes massas. Na condição de imigrantes nos Estados Unidos, e tendo a cultura europeia como referência anterior, os autores apontam as estruturas de mercado e os processos ideológicos em que são produzidos sucessos da parada musical nas estações de rádio e as sensações do cinema na indústria cultural como indústria da diversão.

As práticas midiáticas como o cinema, o rádio e posteriormente a televisão realizaram-se com base no desenvolvimento de técnicas próprias. No capitalismo, o sugerido valor de uso das práticas artísticas, agora práticas tecnologicamente midiáticas e com elas se confundindo, foi convertido em valor de troca. Em outras palavras, produtos artísticos tornaram-se mercadorias agora em sua condição de produtos midiáticos/comunicacionais.

Na condição de mercadorias, os produtos culturais no capitalismo nada mais fazem do que oferecer às massas populacionais um modelo de linguagem epistemicamente acessível do que se considera como produção cultural (cinema, novelas, música, quadrinhos etc.).

A produção cultural no campo da comunicação (radialismo/audiovisual, publicidade, jornalismo, editoração etc.), na medida em que ganha o estatuto de entretenimento, evidencia a incorporação da produção de linguagem ao âmbito das trocas econômicas.

O entretenimento midiático, ao traduzir-se historicamente como a fase da cultura de massas desde a primeira metade do século XX, caracteriza-se, no liberalismo avançado, pela exclusão do novo. A repetição do mesmo ganha o estatuto dos produtos culturais que, reproduzidos em série, passam à condição de mercadoria, ou seja, que conseguem circular na dinâmica dos processos de troca econômica.

A cultura de massas, dado o cinismo institucionalizado no processo de produção, centrado nas mãos dos setores sociais que dominam política e economicamente os mercados, torna-se alvo por vezes de uma ironia indisfarçável, destilada por Adorno e Horkheimer ao longo do denso e conhecido texto sobre *indústria cultural* (ADORNO & HORKHEIMER, 1985).

Divertir-se com os produtos da indústria cultural, ao menos para as massas que constituem a força de trabalho nas modernas sociedades capitalistas, pode significar não mais que "prolongamento do próprio trabalho sob o capitalismo tardio. Ela é procurada por quem quer escapar ao processo de trabalho mecanizado para se pôr de novo em condições de enfrentá-lo" (ADORNO & HORKHEIMER, 1985: 128).

A crítica, francamente ácida de Adorno e Horkheimer com relação à cultura de massas e aos processos ideológicos envolvidos em sua produção econômica, pode ser percebida num trecho como este quando se trata de consumo e relações de classe social (burguesia x proletariado) no capitalismo:

> Assim como os dominados sempre levaram mais a sério do que
> os dominadores a moral que deles recebiam, hoje em dia as mas-

sas lograda sucumbem mais facilmente ao mito do sucesso do que os bem-sucedidos. Elas (*as massas*) têm os desejos deles (*os bem-sucedidos*). Obstinadamente, (*as massas*) insistem na ideologia que as escraviza. O amor funesto do povo pelo mal que a ele se faz chega a se antecipar à astúcia das instâncias de controle (ADORNO & HORKHEIMER, 1985: 125; grifos nossos).

A Teoria Crítica de Theodor Adorno, que certamente considera os processos de produção econômica e as relações de poder a eles ligados, insere-se nos modelos teóricos de estudos das comunicações apresentando, como o próprio nome sugere, uma visão crítica dos processos históricos em que são produzidas obras de arte e realizadas práticas midiáticas no tempo presente.

Provavelmente, a Teoria Crítica, nesta segunda década do século XXI, seja muito mais ensinada nas ciências sociais e na filosofia do que propriamente nos cursos de Comunicação. Um dos motivos é o fato de que os cursos de Comunicação, enfaticamente profissionalizantes e formadores de recursos humanos para o mercado, tendem a orientar-se academicamente para o enquadramento na imaginação da indústria cultural hegemônica, embora o campo comunicacional apresente constantemente as tensões ideológicas provenientes deste debate que se alastra ainda nos dias de hoje.

Nestas condições, a quem compete pensar, nas entranhas do modo de produção capitalista como experiência de modernidade, a comunicação como questão nos dias de hoje? É bem provável que os textos de Adorno, incluindo os que escreveu em parceria com Horkheimer, em sua complexa construção estilística e densa argumentação, vêm sendo lidos e debatidos com mais ênfase nas áreas adjacentes ao campo da comunicação.

Tem-se a impressão de que, no campo da comunicação, Adorno e a Teoria Crítica têm mais adversários do que adeptos, dada a emergência e a hegemonia de um pensamento liberal que tende a produzir um alinhamento de comunicadores e pesquisadores da comunicação a modelos de estudos e pesquisas que não passam pelo materialismo.

No entanto, historicamente, o enquadramento do pensamento de Theodor Adorno entre os modelos teóricos de estudos das comunicações crava-se como a insistência de uma visão crítica da produção cultural, incluindo a produção midiática, em meio ao desenvolvimento da técnica no mundo moderno, em especial quando se trata de cultura produzida como mercadoria.

Considerações finais

O materialismo instalado por Karl Marx promoveu um divisor epistemológico na Teoria Social ao propor conceitos e categorias de análise como a Teoria do Valor/Trabalho e a desvinculação da análise social da análise dos processos ideológicos relacionados à instância econômica.

Paralelo a este movimento, uma outra guinada epistemológica vai se instaurar a partir desta mesma data: a clivagem histórico-cultural do pensamento social, que atenderá aos interesses burgueses e promoverá, a partir do pensamento conservador, a manutenção de ordens estruturais da base vigente burguesa.

De certo modo, é nesse período que disciplinas como Sociologia e Economia surgem institucionalizadas, porém destituídas de uma ordem constitutiva: a economia, "deseconomicizada" ao expurgar os fundamentos econômicos da ordem social e desvinculada das análises sociais; a história, "desistoricizada", ao exilar as problemáticas advindas da exploração econômica.

Nessas condições é possível entender como a comunicação, enquanto campo do saber e legatária das ciências sociais e humanas advindas desta clivagem histórico-cultural, apresenta, em sua constituição, as mesmas características das disciplinas que a precederam e influenciaram a sua formação.

E assim boa parte da pesquisa em comunicação veio realizando análises da sociedade a partir das interações simbólicas com os meios de comunicação, que constituíram a vertente funcional da *mass communication research* (pesquisa em comunicação de massa), que se define como pesquisa administrativa ou as ciências sociais aplicadas ao campo da comunicação.

É precisamente este modelo de pesquisa em comunicação de massa, não raro funcional às ordens políticas e econômicas vigentes ou alheios às implicações ideológicas relacionadas, que veio constituir a vertente técnico-científica amplamente combatida pela tradição marxista dos pensadores da Teoria Crítica da Escola de Frankfurt.

A produção simbólica da *indústria cultural* justificava-se pela sua reprodutibilidade indiscriminada e tentativa de aplicabilidade, no plano da recepção, a uma parcela maior de consumidores que caracteriza a formação de mercados no capitalismo tardio. Daí a necessidade de se estabelecer o "nível mediano" de assimilação aos conteúdos produzidos por esses meios, que nada mais faz que bajular uma não mais que hipotética possibilidade de escolha entre uma palheta de produtos já pré-dados.

A economia política desenvolveu-se sobre o terreno preparado pelas teorias do imperialismo ou da dependência cultural que, influenciados pela Escola de Frankfurt, tiveram grande importância no campo da comunicação nos anos de 1970, dando origem a toda uma linha de pensamento comunicacional que se notabilizará nos debates e disputas em torno da Nova Ordem Mundial da Informação e da Comunicação (Nomic) no âmbito da Unesco (Organização das Nações Unidas para Educação, Ciência e Cultura).

Assim, a Teoria Crítica, no bojo do que hoje constitui o campo das teorias da comunicação (ou das comunicações), apresenta-se com um olhar devidamente distanciado da naturalização com que o pensamento comunicacional tendeu a se alinhar à hegemonia de um pensamento maior que lhe é contemporâneo: o pensamento liberal, traduzido, nos dias de hoje, pelas crises já anunciadas e que são próprias do modo de produção capitalista.

Adorno certamente anunciou através de sua crítica à *indústria cultural* o que outros autores vieram endossar com relação aos desdobramentos ideológicos da indústria do entretenimento. O conceito de "simulacro", de Jean Baudrillard, aponta e desnuda um mundo simulado pela indústria cultural e pela produção incessante de imagens já sem qualquer referente, constituindo uma contundente crítica que se alinha à perspectiva crítica com relação aos processos ideológicos da indústria do entretenimento do século XX e que se desdobra, em mil simulacros, no século XXI.

Se Adorno demonstrou como são difíceis os processos interculturais, justo ele um alemão de formação filosófica e vivenciando a emergente indústria cultural em pleno solo americano, certamente não ficaria surpreso se notasse, nos dias de hoje, como essa indústria tornou-se de fato um rol de simulacros no sentido de Baudrillard.

Vista e observada do Brasil, a partir de seus rincões litorais ou interiores, a *indústria cultural*, que se produz e circula em nível nacional ou regional/local, simula e dissimula um cenário que vai se naturalizando na paisagem midiática nacional: jornalismo tornou-se, propriamente, propaganda; matérias pagas passam, quase inocentes, por sérias reportagens jornalísticas; anúncios publicitários, supostamente legais, disfarçam relações pouco éticas entre proprietários de meios de comunicação e organizações públicas e privadas.

O lugar da Teoria Crítica nas teorias da comunicação, entre Adorno e seus contemporâneos, deve constituir, nos dias de hoje, uma espécie de aviso aos atuais e futuros estudantes de comunicação no Brasil e no mundo e, igualmente, a atuais e futuros profissionais da comunicação que constituem uma imensa reserva de mão de obra: a *que* e a *quem* pretendem servir com sua inteligência e juventude. Se a inteligência pode se reproduzir e ter longa duração no tempo, a juventude, com certeza, se perde e não retorna.

Afinal, como lembra Adorno: "Na indústria, o indivíduo é ilusório não apenas por causa da padronização do modo de produção. Ele só é tolerado na medida em que sua identidade incondicional com o universal está fora de questão".

Notas

1. Este enquadramento da comunicação como "Ciências Sociais Aplicadas (CSA)" tem servido como princípio de organização com base no desenvolvimento de órgãos político-administrativos da ciência brasileira, como a Coordenação de Aperfeiçoamento de Pessoal de Nível Superior, vinculada ao Ministério da Educação (Capes-MEC), com participação direta de membros da comunidade científica nacional, que tem como base organizacional as diversas entidades científicas. No caso da comunicação, a principal entidade, em dimensão representativa, é a Intercom (Sociedade Brasileira de Estudos Interdisciplinares da Comunicação), mas contando também com inúmeras entidades de pesquisa com suas especificidades temáticas e organizacionais como Compós, Rede Folkcom, Rede Alcar, Abrapcorp, entre outras.

2. É necessário apontar que a definição de "cultura popular" apresenta pontos de convergência e também de divergência com o conceito de "cultura de massa".

Referências

ADORNO, T. *Filosofia da nova música*. São Paulo: Perspectiva, 2011 [trad. Magda França].

_____. *Escritos filosóficos tempranos*. Madri: Akal, 2010.

_____. *Indústria cultural e sociedade*. São Paulo: Paz e Terra, 2002 [trad. Julia Elizabeth Levy, Augustin Wernet e Jorge Mattos Brito de Almeida].

_____. *Actualidad de la filosofía*. Barcelona: Paidós/Iceb, 1991.

_____. *Kierkegaard*. Caracas: Monte Ávila, 1969.

ADORNO, T. & HORKHEIMER, M. *Dialética do esclarecimento*: fragmentos filosóficos. Rio de Janeiro: Zahar, 1985 [trad. Guido Antonio de Almeida].

AGUILLERA, A. La logica de la decomposición. In: ADORNO, T.W. *Actualidad de la filosofía*. Barcelona: Paidós/Iceb, 1991.

BADIOU, A. & ALTHUSSER, L. *Materialismo histórico e materialismo dialético*. São Paulo: Global, 1986.

BAUDRILLARD, J. *Simulacros e simulação*. Lisboa: Relógio d'Água, 1991.

BELTRÃO, L. *Teoria Geral da Comunicação*. Brasília: Thesaurus, 1977.

CASSIRER, E. *A filosofia do Iluminismo*. Campinas: Editora da Unicamp, 1977 [Trad. Álvaro Cabral].

DUARTE, R. *Teoria Crítica da Indústria Cultural*. Belo Horizonte: EDUFMG, 2007.

ECO, U. *Apocalittici e integrati*: comunicazioni di massa e teorie della cultura di massa. Milão: Bompiani, 1964.

HARNECKER, M. *Conceitos elementais do materialismo histórico*. México: Siglo Veinteuno, 1975.

HORKHEIMER, M. Teoria tradicional e Teoria Crítica. In: ADORNO, T.; BENJAMIN, W. & HORKHEIMER, M. *Textos escolhidos*. São Paulo: Abril, 1975 [trad. Edgar Afonso Malagodi e Ronaldo Pereira Cunha].

HORKHEIRMER, M. & ADORNO, T. *Textos escolhidos* – Max Horkheimer, Theodor Adorno. São Paulo: Nova Cultural, 1996 [trad. Zeljko Loparié].

LIMA, V.A. *Mídia*: teoria e política. São Paulo: Fundação Perseu Abramo, 2001.

LUKÁCS, G. *História e consciência de classe*. São Paulo: Martins Fontes, 2003 [trad. Rodnei Nascimento].

MARCONDES FILHO, C. *Ideologia*. São Paulo: Global, 1997.

MARX, K. *O capital*: crítica da economia política (Livro 1). Rio de Janeiro: Civilização Brasileira, 2003 [trad. Reginaldo Sant'Anna].

MARX, K. & ENGELS, F. *A ideologia alemã*. São Paulo: Boitempo, 2007 [trad. Luciano C. Martorano, Nélio Schneider e Rubens Enderle].

MATTELART, A. & MATTELART, M. *História das teorias da comunicação*. São Paulo: Loyola, 1999.

McQUAIL, D. *McQuail's mass communication theory*. Califórnia: Sage, 2000.

MOREIRA, R.S.C. *Teoria da Comunicação*: ideologia e utopia. Rio de Janeiro: Agir, 1974.

MUSSE, R. Passagem ao materialismo. *Lua Nova*, n. 60, 2003 [Disponível em http://www.scielo.br/pdf/ln/n60/a06n60.pdf – Acesso em 10/10/2015].

NOBRE, M. *Teoria crítica*. Rio de Janeiro: Zahar, 2004.

POLISTCHUK, I. & TRINTA, A.R. *Teorias da comunicação*. Rio de Janeiro: Campus, 2003.

RÜDIGER, F. *As teorias da comunicação*. Porto Alegre: Penso, 2011.

_____. *Comunicação e Teoria Crítica da Sociedade*: fundamentos da crítica à indústria cultural em Adorno. Porto Alegre: Edipucrs, 2002.

SERRA, P. *Teorias da comunicação*. Lisboa: LabCom, 2007.

SLATER, Phil. *Origem e significado da Escola de Frankfurt*: uma perspectiva marxista. Rio de Janeiro: Zahar, 1978 [trad. Alberto Oliva].

WIGGERSHAUS, R. *A Escola de Frankfurt*: história, desenvolvimento teórico, significação política. São Paulo: Difel, 2002 [trad. Lyliane Deroche-Gurgel e Vera de Azambuja Harvey].

WOLF, M. *Teorias da comunicação de massa*. São Paulo: Martins Fontes, 2008.

Wilbur Schramm (1907-1987)

Heloisa Juncklaus Preis Moraes *

O teórico da comunicação e seu tempo

Estudioso da comunicação de massa, Wilbur Schramm foi notadamente o teórico de grande relevância na perspectiva de função do campo comunicacional e sua relação com o desenvolvimento. Nascido em 1907, em Marietta, Ohio, nos Estados Unidos da América, seu percurso intelectual é marcado por atividades de pesquisa, ensino e consultoria. Nos anos de 1930, obtém os títulos de mestre em Literatura Americana na Universidade de Harvard, doutor em Inglês e pós-doutorado em Psicologia pela Universidade Estadual de Iowa. Em 1943, volta a esta universidade como diretor da Escola de Jornalismo, onde executou uma "reforma curricular que ampliou o campo de estudos para a comunicação de massa, introduzindo uma agência de pesquisa de mídia e criando um doutorado em Comunicação" (MELO, 2007). Fundou, em 1947, o Instituto de Pesquisas em Comunicação e foi reitor do Departamento de Comunicações da Universidade de Illinois. Em 1955, passa a integrar o corpo docente da Universidade de Stanford e, lá, assume a direção do Instituto de Pesquisas em Comunicação. Em 1973, após aposentar-se naquela universidade, vai para a Universidade do Hawaii. Faleceu, em 1987, aos 80 anos, em Honolulu.

Esta trajetória ficou marcada pela dedicação do autor para discutir epistemologicamente a comunicação, sua constituição enquanto campo de conhecimento. Sua prática nos institutos e departamentos que coordenou foi no sentido de criar, nas universidades, reforçando suas postulações teóricas, estudos de comunicação, mais do que especificamente, jornalismo; criar diálogos com outras áreas do conhecimento e que os estudos da área migrassem do campo das letras e artes para o das ciências sociais (MELO, 2007).

Mesmo reconhecendo a complexidade do campo, ou talvez por isso mesmo, escreveu e dialogou pensando na abrangência da área, tomando como pre-

* Professora do Programa de Pós-Graduação em Ciências da Linguagem da Universidade do Sul de Santa Catarina. Doutora em Comunicação Social (PUCRS).

missa a inter-relação entre a conduta individual e o social. Em comunicação, estuda-se algo que é próprio às pessoas, não apenas um processo social, mas, como disse o autor, talvez "o processo" básico. A comunicação entre indivíduos ou grupos se define socialmente, e é aí que entra o potencial da estrutura massiva em prol do bem comum.

Schramm ganha notoriedade pela sua atividade de consultoria para a Unesco, refletindo e propondo ações estratégicas do uso da comunicação de massa para o desenvolvimento de países, especialmente os subdesenvolvidos. Seus ensaios e propostas dizem menos sobre a forma da comunicação e mais sobre o potencial social e de desenvolvimento. Uma força mobilizadora que poderia ser lançada para o bem-estar coletivo.

Seus escritos estão amparados em dois momentos que o caracterizam como um dos mais importantes pensadores dos estudos comunicacionais nos Estados Unidos com repercussão em outros países. Primeiro, na perspectiva da comunicação de massa e seu potencial desenvolvimentista, do qual nos referimos anteriormente. E, segundo, de maneira mais pontual, ao discutir os modelos de comunicação, introduz o conceito de *feedback* ao levar em consideração o "campo de experiência" em que os interlocutores estão inseridos. O modelo de Schramm, revisão e retomada do de Shannon e Weaver, apresenta o que ficou conhecido como a "Tuba de Schramm".

Pela institucionalização dos estudos da comunicação, na trajetória de encontros com Lasswell, Lazarsfeld e Hovland e a formação de uma série de discípulos que deram sequência à trajetória de seus pensamentos, Wilburn Schramm pode ser considerado um dos "pais da comunicação" (POLISTCHUCK & TRINTA, 2003; MELO, 2007).

Suas obras traduzidas e editadas no Brasil são *Panorama da comunicação coletiva* (1964) e *Comunicação de massa e desenvolvimento* (1964), frutos do destaque que as ideias do autor ganham na América Latina com a instalação do Centro Internacional de Estudios Superiores de Periodismo para a América Latina – Ciespal, pela Unesco, em 1959, em Quito, no Equador. Suas ideias e obras passam a circular nas discussões e estudos de pós-graduação. O que ecoa também no Brasil. As reflexões acadêmicas voltam-se ao estudo processual do modelo de Schramm, as máximas sobre o papel da comunicação no desenvolvimento nacional são utilizadas por governantes e os fundamentos passam a ser referenciados por pensadores da comunicação.

Percursos e influências

Durante o seu percurso acadêmico, W. Schramm conviveu com muitos outros teóricos que se tornaram conhecidos no campo da comunicação. Em seu *Panorama da comunicação coletiva* (1964), destaca que os estudos do processo e dos efeitos da comunicação, nos Estados Unidos, estavam em uma crescente, o que, apesar de ainda não a ter transformado em uma disciplina acadêmica, converteu-se num campo de pesquisa. Para ele, grande característica do progresso da pesquisa em comunicação por lá foi a criação de vários centros de pesquisa: Departamento de Pesquisa Social Aplicada da Universidade de Columbia, Programa de Comunicação e Mudança de Atitude da Universidade de Yale, bem como outros na Universidade de Stanford, na de Illinois, no Instituto de Tecnologia de Massachusetts e em várias outras universidades.

Ainda nesta obra, faz referência a quatro pesquisadores, os quais ele considera "pais fundadores da pesquisa sobre comunicação nos Estados Unidos" (SCHRAMM, 1964: 10), com os quais teve contato acadêmico e teórico: Paul Lazarsfeld, Kurt Lewin, Harold Lasswell e Carl Hovland.

No início da sua carreira docente, em Iowa, conheceu Kurt Lewin. Em 1941, fez parte do *Office of War Information*, em Washington, conviveu com Lazarsfeld, Hovland, Laswell e Margaret Mead. O primeiro, Lazarsfeld, "especializado em pesquisa, interessado nos efeitos dos meios de comunicação coletiva e sua relação na influência individual". Kurt Lewin tinha como interesse central "a comunicação em grupos e os efeitos das pressões, normas e atribuições do grupo no comportamento e atitudes de seus membros". Estudos da propaganda, estudos sistemáticos da comunicação nas nações e processos de comunicação política eram os grandes eixos de interesse e pesquisa, com o método analítico, de Lasswell. Já Hovland desenvolveu pesquisas na perspectiva da comunicação e mudança de atitude, com método experimental que, nas palavras de Schramm (1964: 12), era "uma teoria sistemática da comunicação".

Para o autor, esses caminhos que se cruzam, incluindo aí as suas teorias, mantêm uma certa característica: antes quantitativa do que especulativa.

> Seus praticantes são profundamente interessados por teorias, mas por teorias que possam verificar – e eles querem verificá-las. São essencialmente pesquisadores do comportamento: procuram descobrir algo sobre o motivo do comportamento dos homens, sobre as possibilidades de a comunicação fazê-los viver juntos, mais feliz e produtivamente. Não admira, portanto, que certo número de nossos pesquisadores tenha-se voltado ultima-

mente para o problema da comunicação efetiva entre nações e seu emprego para ajudá-las a se compreenderem e viverem em paz (SCHRAMM, 1964: 13).

Schramm, exatamente nesta concepção, é um dos principais responsáveis pela institucionalização dos estudos de comunicação e seus escritos caracterizam-se como um estado da arte (OTERO, 2004). Propõe superar o modelo unilateral dado à comunicação, com a inserção da sua noção de *feedback*, e propor o olhar sobre o receptor, com a noção de campo de experiência, como veremos adiante.

A relação entre Schramm e a Unesco é importante ao localizarmos a sua produção na perspectiva dos meios de comunicação como propulsores do desenvolvimento. O cenário pós-guerra vinha sendo motivo para projetos de revitalização dos países vitimados. "Beneficiários dos financiamentos oriundos dos fundos internacionais, os meios de comunicação impressos ou eletrônicos atuaram como suportes indispensáveis para motivar suas populações à retomada do desenvolvimento econômico" (MELO, 2007: 14). A partir destas experiências a Unesco passa a fomentar discussões e ações também para países que sofreram com o colonialismo, especialmente na Ásia, África e América Latina. Neste último, ainda segundo Marques de Melo (2007), difundidas através de traduções dos escritos de Schramm.

Como já citamos, o Ciespal serviu de ambiente de divulgação das ideias de Schramm entre professores, entre os quais Danton Jobim e Luiz Beltrão e alunos brasileiros, que foram apresentados aos escritos do pesquisador e, por vezes, frequentavam seminários ministrados pelos seus discípulos Paul Deutchman, Wayne Danielson, Malcolm McLean, John McNelly (MELO, 2007: 16).

Principais conceitos

A formação do campo da comunicação, estudo do processo e seus efeitos, justifica-se, segundo Schramm (1964b), pela máxima de que esta (a comunicação) seja o processo social básico. Ainda assim, pela diversidade de olhares sobre a área, o autor, à época, utilizou a metáfora da encruzilhada acadêmica: "muitos passam, mas poucos se detêm". Ao abordar estes processos, abre suas premissas para qualquer tipo de comunicação, "pelos quais o homem procura transmitir significados e valores ao seu semelhante", já que são os mesmos, independente dos meios utilizados. Neste sentido, Wilbur Schramm apresenta seu princípio básico da Teoria da Comunicação: "Os sinais têm apenas o significado que a experiência de um indivíduo lhe permite interpretar" (1964b: 14).

A esse conjunto de significados e experiência que permite o entendimento da mensagem, ele chama de *sistema de referência* ou, em algumas traduções, *campo de experiência*. É este que permite o estabelecimento de comunicação, com a necessidade de compreensão mútua e domínio do código. Polistchuk e Trinta (2003: 107) falam sobre este conceito em Schramm: "Conjunto de vivências sociais e culturais adquiridas na vida cotidiana, pelas quais cada pessoa pode determinar sua conduta em cada momento da sua vida. A mensagem liga um 'campo' a outro". As etapas de codificação e decodificação não são mais apenas um caráter técnico, mas ganham caráter semiótico, através da formulação de mensagens através de sistema de signos.

O processo de comunicação, nas palavras de Schramm (1964b: 17), depende de que "o emissor deve conseguir que ele seja escolhido, percebido, aceito pelo receptor e que vença a censura e normas contrárias dos grupos afetivos". São obstáculos a serem vencidos por quem quer enviar uma mensagem e ser entendido, ou seja, para além de um modelo linear, há necessidade de intercompreensão (e não apenas emissão) da informação. A seleção passa pela escolha entre os vários canais que disponibilizam o conteúdo e, ainda, carrega uma indicação importante: "quem" o emitiu. Para o autor, este é um fator determinante na aceitação e decisão a seu respeito. Utilidade e vantagem ofertadas pela notícia (sua função) também é importante nesta seleção. Depois da seleção sobre as informações a serem observadas, vem a maneira como elas são interpretadas. E isso vai depender do sistema de referência, a experiência acumulada do receptor. Quanto maior a experiência compartilhada – seja no campo cultural, social, semântico etc. – mais efetiva a comunicação. "A aceitação ou rejeição da mensagem depende de como ela se ajusta aos valores e crenças do emissor e da sua capacidade de fixar-se entre essas pessoas. Parte desse processo é racional e parte está além do nível do pensamento consciente" (SCHRAMM, 1964b: 17).

Outro desafio a ser enfrentado pela mensagem para afetar o indivíduo é relativo às crenças e normas do grupo. O autor enfatiza que a valorização dos membros de seus grupos faz com que o indivíduo avalie se a mensagem é relevante para os grupos dos quais participa ou gostaria de participar. O apreço faz comparar a mensagem com a sua opinião e a dos *grupos de referência*. Após vencer estas barreiras, há a etapa do *feedback*, o retorno de informações do receptor para o emissor que lhe diz se a mensagem está sendo bem recebida. Há uma dupla capacidade, codificação e decodificação, que torna a interação possível. Isso caracteriza um processo não linear de comunicação, a possibilidade de uma retroalimentação. Conceito este também acrescido pelo autor.

Schramm, ao revisar o modelo de Shannon e Weaver, coloca a comunicação no plano da construção social. Substitui as categorias transmissor e receptor por fonte e comunicador. Este, aquele que codifica a mensagem, aquele, quem a decodifica. Ambos situando-se nos já falados campos de experiência. O autor, ainda, faz a conexão entre a comunicação individual e coletiva. "Tratamos, portanto, da comunicação coletiva e individual; [...] de todos os sinais e símbolos pelos quais o homem procura transmitir significação e valores ao seu semelhante" (SCHRAMM, 1964: 13).

Este modelo, que leva em conta a experiência compartilhada, ficou conhecido como *Tuba de Schramm*, desenvolvida na década de 1950, que demonstra o funcionamento dos processos de comunicação coletiva. A experiência e a memória são categorias importantes para enfatizar que, diante da multiplicidade de mensagens, o receptor escolhe aquela que mobiliza menor esforço de significação e que melhor representa os valores e normas dos grupos dos quais faz parte. O modelo entende que o codificador produz a mensagem, em forma de notícia, pensando nos efeitos da mensagem, mas estes efeitos dependem de muitas forças até completar o processo. Ou seja, o poder do codificador está em dar forma e escolher o meio e quando transmitir a mensagem. A decodificação não é possível de ser controlada pelo codificador. Logo, o modelo não acata a possibilidade de audiência passiva, mas sim um processo de interação ativa, sempre retroalimentada pelos envolvidos.

Imagem 1 A tuba de Schramm

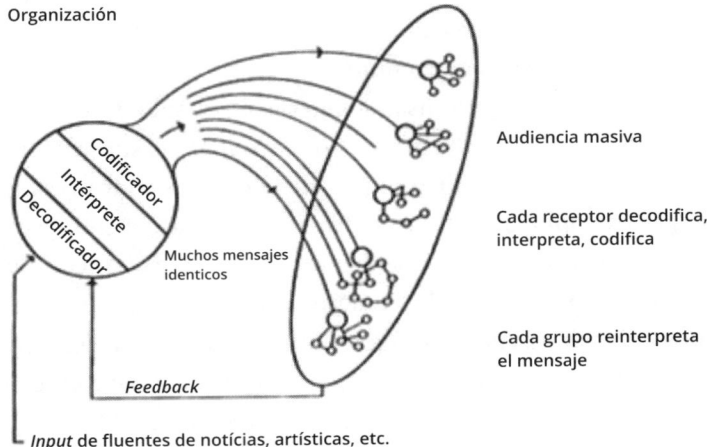

Fonte: RODRIGO, M. Modelos de la comunicación. In: *Portal de la comunicación* [Disponível em http://portalcomunicacion.com/uploads/pdf/20_esp.pdf].

Schramm, um dos pesquisadores mais conhecidos da *Communication Research*, propõe um modelo que dá amplitude ao processo de comunicação e discute seus efeitos sociais. De acordo com Miguel Rodrigo (2015), sua imersão na sociologia da comunicação dá ciência de que muitos dos temas que comentamos nos diversos grupos sociais dos quais participamos são fornecidos pelos meios de comunicação, e estes grupos reinterpretam as mensagens. Sua proposta insere-se nas perspectivas dominantes sobre os efeitos dos meios de comunicação, postuladas entre os anos de 1950 e de 1970, em que a influência dos meios estava submetida a uma série de variáveis que interferiam no processo comunicativo e não permitiam uma relação direta entre emissão e recepção.

Destaque para os líderes de opinião que têm certa legitimidade dentro dos grupos para selecionar, interpretar e repassar as mensagens. Quanto maior o nível de informação do indivíduo, maior a ascensão dentro do grupo. A influência do líder e do próprio grupo é importante, pois atua como "canal de informação, fonte de pressão para adaptação ao modo de pensar e atuar do grupo e base de apoio social e individual" (RODRIGO, 2015). A efetividade de posição de ressignificação se deve a fatores como a competência e confiança reconhecidas pelo grupo, o contato pessoal pode facilitar a adaptação da mensagem e o *feedback*. Nesta perspectiva, a influência interpessoal é um dos fenômenos-chave para estudar os meios de comunicação de massa e seus efeitos.

Este processo, em um nível massivo, funcionaria para manter ativas as relações entre indivíduos, grupos e nações, orientando mudanças e amenizando tensões. Para Schramm, os meios de comunicação deveriam ser usados com o objetivo de desenvolvimento nacional.

O potencial dos meios de comunicação como motivadores de desenvolvimento nacional é visto pelo pesquisador americano quando forem utilizados para uma comunidade em prol do seu progresso. Para além da supremacia dos meios, colocava em pauta a necessidade e importância de TVs educativas e jornais comunitários, por exemplo. Sua discussão teórica acerca dos meios de comunicação e desenvolvimento parte da premissa de que o subdesenvolvimento não se mede apenas pelos índices numéricos da situação econômica, mas também pela postura mental dos indivíduos. Assim, os meios de comunicação deveriam ser dispositivos para um processo didático, disseminando informação e conhecimento para que o povo seja atingido por uma "disposição construtiva". Ou seja, pelos meios seria possível mobilizar as pessoas, modernizar os padrões de vida para chegar à transformação social. Nas palavras de Schramm (1976: 362): "É aí que entra a informação na previsão do desenvolvimento. Faz-se necessária uma transformação social de grande magnitude. Para alcançá-la, o povo deve ser informado, convencido, educado".

Aqui, na sua proposição, entra o conceito de *feedback* visto em seu modelo processual teórico: "A informação deve fluir para ele, mas também *a partir* dele, de forma que suas necessidades possam ser conhecidas e ele alcance participar dos atos e decisões da construção nacional" (SCHRAMM, 1976: 362). Com este intuito, justifica-se a comunicação de massa como multiplicadora de informações e conteúdos em prol dos planos de desenvolvimento.

O autor é pontual na perspectiva de se utilizar os meios de comunicação para o progresso: disseminar novas técnicas para a indústria e agricultura e auxiliar nas proposições de educação, a fim de fornecer o "clima" de progresso. "A comunicação de massa é o grande multiplicador no desenvolvimento, o fator de difusão das novas ideias, concepções e conhecimentos de maior rapidez" (SCHRAMM, 1976: 363). Nessa obra, *Comunicação de massa e desenvolvimento*, fruto de seus estudos e publicações como consultor da Unesco, Schramm apresenta inúmeras análises daquele contexto para explicar, defender e exemplificar as suas proposições.

Ainda que por um viés otimista do papel dos meios de comunicação, o autor destaca que há de se compreender os limites de suas possibilidades, uma vez que os veículos são capazes de realizar tarefas básicas de informação. E uma mudança estrutural no desenvolvimento de um país, por exemplo, depende de modificações de concepções, crenças e normas sociais historicamente arraigadas. Voltamos às máximas em que os mecanismos de comunicação interpessoal e de grupo são fundamentais.

Schramm, em seus estudos para a Unesco, sempre destacando a relação entre comunicação de massa e desenvolvimento, levava em conta as mudanças tecnológicas que as sociedades, especialmente nos países subdesenvolvidos, vinham passando nas décadas de 1950 e 1960. Transformações de toda a ordem, mas as da comunicação começam a alterar a percepção do homem comum. O cientista social (apud BELTRÃO & QUIRINO, 1986: 72) destaca que o crescimento dos meios de comunicação "corre paralelo ao desenvolvimento de outras instituições da sociedade moderna, tais como escola e indústria... Todos os elementos essenciais de uma sociedade desenvolvem-se conjuntamente".

Para aumentar a eficiência dos meios de comunicação neste processo de decisão em prol de mudança e desenvolvimento, Schramm (1976) discute e propõe a utilização de pesquisas de comunicação com o objetivo de obter o *feedback* para orientar os veículos no planejamento de mensagens e campanhas de desenvolvimento. Além da educação formal, os meios de comunicação aparecem como potência de capacidade de transmitir novas ideias e técnicas de maneira rápida e a uma população heterogênea (inclusive àquela que não se serve da educação formal). Neste plano de desenvolvimento via meios de comunicação, Schramm (1976: 370-392) deixa recomendações que devem ser seguidas pelos países e que nos fornecem a dimensão da sua expectativa quanto ao papel dos veículos:

1) "Examinar o fluxo de informações dentro de suas fronteiras": conhecer os meios pelos quais a população se informa, quais as informações sobre desenvolvimento econômico e social e como são assimiladas.

2) "Examinar a utilização existente dos veículos de massa na multiplicação do fluxo de informação sobre o desenvolvimento": existência de meios que cubram a totalidade (quanto maior a abrangência, melhor) da população.

3) "Até onde haja possibilidade de planejamento, um país em desenvolvimento deve planificar um crescimento equilibrado e controlado para seus veículos de massa, considerando as relações entre os veículos e entre os veículos e outros aspectos de desenvolvimento": quanto mais desenvolvidos outros setores da sociedade (como agricultura ou indústria, p. ex.), mais tendem a se desenvolver os meios que, por sua vez, podem incentivar ainda mais o crescimento destas áreas. É o que o autor chama de "marcha pelo desenvolvimento", tendo como uma das formas os meios de comunicação.

4) "Não deve hesitar em investir num programa razoável de desenvolvimento e emprego de veículo de massa": primar não só pela quantidade de veículos, mas pela qualidade de seu serviço à nação. Na concepção de serviços dos meios proposta pelo autor, seria investimento propor tal programa.

5) "Tentar estabelecer relações de cooperação entre os órgãos de governo responsáveis pelo desenvolvimento de seus veículos de massa e os responsáveis pela educação e outros desenvolvimentos afins": a utilização dos meios para o progresso está interligada com outras áreas de desenvolvimento, e estas precisam dialogar e caminhar em uma mesma direção.

6) "Tomar providências para facilitar a circulação de notícias": não somente as questões técnicas são levantadas pelo autor, mas também as restrições políticas e comerciais que censuram a circulação das notícias.

7) "Facilitar o mais possível o estabelecimento e a manutenção dos 'veículos locais'": meios em que seja possível a aproximação dos indivíduos dos grupos para o fortalecimento do item a seguir.

8) "Dar atenção especial à combinação dos veículos de massa com a comunicação interpessoal": aqui, o autor reforça a necessidade de ligação entre

a comunicação interpessoal e a de massa, ou seja, criar espaços em que as vozes locais sejam pronunciadas.

9) "Rever suas restrições à importação de materiais de informação": relata uma série de ações promovidas pela Unesco a fim de diminuir a dificuldade de acesso, pelos países em desenvolvimento, de materiais internacionais de informação, tais como publicações e filmes.

10) "Considerar a possibilidade de estabelecer indústrias de comunicação".

11) "Fornecer treinamento adequado ao seu pessoal de informação": capacitação para as pessoas que criarão conteúdos em função do Plano de desenvolvimento também sugerido.

12) "Buscar o mais possível um *feedback* do público de seus veículos de massa": o autor retoma a necessidade de retroalimentação, neste caso, por sugestão, via pesquisa de público.

13) "Elaborar um estatuto especial para a informação, ao mesmo tempo em que estabelece os planos para o desenvolvimento econômico e social [...]": necessidade de estabelecer leis para salvaguardar os direitos e as liberdades relativas à informação.

14) "Não deve hesitar em utilizar os novos avanços técnicos em comunicação [...]".

15) "Devem intercambiar sua experiência na utilização dos veículos de massa e outros canais de informação para acelerar o desenvolvimento econômico e a transformação social": a publicação de experiências positivas pode ser incentivo a outros países, o que cria uma rede de processos positivos.

Em 1969, Schramm, ao escrever o capítulo *El desarrollo de las comunicaciones y el proceso de desarrollo*, enfatiza que o papel dos meios de comunicação e dos comunicadores é despertar o sentimento de nacionalidade, serem porta-voz do planejamento nacional, transmitir os conhecimentos necessários, expandir o mercado e preparar as pessoas para seu novo papel na sociedade e para desempenhar a sua nacionalidade. Acrescentando a esta relação entre comunicação e desenvolvimento que a estrutura daquela (comunicação) reflete a estrutura deste. Ou seja, a organização, a extensão e a multiplicação de cadeias de comunicação refletem o crescimento econômico de uma sociedade.

Vemos que a trajetória de Wilbur Schramm está ancorada na perspectiva de inter-relação entre a comunicação interpessoal – em um modelo de interação ou coparticipação dos sujeitos – e a comunicação de massa – potência para o desenvolvimento social. O desenvolvimento econômico e social depende, para o autor, de um multiplicador de informação, especialmente nos países em desenvolvimento. No contexto de modernização das sociedades nos anos 50 e 60 do século XX, a reflexão, muitas vezes coordenada por Schramm, vislumbrava a comunicação contribuindo com este processo. Seu papel seria promover aspirações na população, ensinar novas habilidades e socializar o cidadão no novo contexto que estava se formando. Funcionava, pois, como multiplicador deste clima ou ambiência que ora se formava (ou tinha a expectativa de, em países em desenvolvimento).

Considerações da ensaísta

Em seu contexto, Schramm foi responsável pela institucionalização dos estudos da comunicação, propondo a perspectiva de uma área de conhecimento. Sua atuação, através de textos e ações administrativo-acadêmicas, proporcionou a amplitude da área e formação de novos pensadores e pesquisadores em prol de uma ciência da comunicação. A comunicação entre centros de pesquisas, seus pesquisadores e teorias e a articulação em estudos fora dos Estados Unidos foram essenciais para a institucionalização da área e divulgação de seu pensamento.

Otero (2004), em seu capítulo *Wilburn Schramm: la institucionalización del tema*, destaca a abrangência e importância do teórico para a estruturação de um campo específico da comunicação. Sua base conceitual, nas palavras do próprio Schramm, está ancorada em algumas prerrogativas. Primeiro, a comunicação é um processo social e isso já lhe confere o caráter amplo, sendo que uma única disciplina não daria conta da amplitude de seu objeto, que passa pela relação da sociedade com a conduta humana. Segundo, o nível psicológico e o social não dariam conta, isoladamente, das explicações sobre o processo comunicacional, devendo estar combinados e integrados.

Depois, a comunicação não deve ser entendida como algo feito de alguém para outro alguém, e sim como uma relação, uma interação, uma experiência compartilhada. Aqui entra a mudança de rumo das teorias da comunicação até então disseminadas que viam a audiência como passiva, o que a perspectiva de Schramm rechaça ao colocar a audiência como ativa e seletiva. E, por último, a assertiva de que a comunicação é feita pelas pessoas e, ao estudar a comunicação, estamos estudando as pessoas e sua forma de interagir.

Sua perspectiva teórica, a princípio, revisa o modelo informacional de Shannon aos processos de comunicação humana permitindo o olhar ao receptor. Assim, faz a ponte entre a comunicação interpessoal e a comunicação de massa.

Otimista, Schramm vê na comunicação um potencial para o desenvolvimento do bem-estar coletivo. Sua preocupação teórica é com a discussão de como tornar os meios, que serão cada vez mais presentes, acessíveis não apenas fisicamente, mas portadores de acessibilidade social.

Adiante das transformações contextuais, econômicas e tecnológicas que nos distanciam do cenário incipiente que servia de base para as discussões de Schramm, vemos que suas preocupações poderiam ganhar eco ainda hoje (e talvez com mais amplitude e capilaridade em função da diversidade de meios). O hábito de dizer as coisas, repassar as informações às pessoas, sem o compromisso de encorajá-las a buscar informações e se apropriar delas é a crítica de "persistência das velhas concepções contraproducentes e uma falta perturbadora de informação essencial à construção de uma nação moderna" (SCHRAMM, 1964: 371). Mote que poderia servir para dar continuidade a uma perspectiva social de formação das pessoas e crescimento das sociedades, como pregava o autor.

A concepção de jornalismo poderia adentrar nesta contextualização sobre a função dos meios e seu potencial de desenvolvimento. Para isso, a área tem, seguindo os preceitos já apresentados, inserir-se mais na amplitude da relação entre processo social e de conduta humana e menos numa visão mecanicista (ou tecnicista) da área.

O grande legado de Schramm foi pensar em uma comunicação abrangente (e não setorizada ou segmentada), dando plenitude ao processo e percepção do todo da área da comunicação. Por isso mesmo, permitiu, através de suas proposições, pensar e institucionalizar o campo da comunicação. Necessidade de uma abordagem interdisciplinar, com relações com diversas outras áreas, mas que tem como área central a própria comunicação (SCHRAMM, apud OTERO, 1994: 121).

Além disso, pensar a comunicação em prol do bem coletivo é um desafio. Ainda que em um contexto muito diferente daquele que Wilbur Schramm teve como cenário para escrever as suas propostas, com o desenvolvimento tecnológico e a onipresença dos meios de comunicação de massa na sociedade, a desigualdade permanece. Talvez os índices de desenvolvimento da indústria da comunicação estejam além dos relacionados ao desenvolvimento social, como educação, por exemplo. Especialmente na América Latina.

Ainda assim, em essência, as concepções do cientista social podem servir ao contexto atual. O processo de comunicação segue o mesmo fluxo, talvez, com mais intensidade, mas mantém ativas as relações entre indivíduos, grupos e nações.

Referências

Livros de Schramm

SCHRAMM, W. *The beginnings of communication study in América*: a personal memoir. Londres: Sage, 1997.

_____. *Mass Communications*. Illinois: University of Illinois Press, 1969.

_____. *La ciência de la comunicación humana*. Quito: Ciespal, 1965.

_____. *Mass media and national development*: the role of information in the developing countries. Londres: Stanford University Press, 1965.

_____. *Comunicação de massa e desenvolvimento*. Rio de Janeiro: Bloch, 1964.

_____. *Panorama da comunicação coletiva*. Rio de Janeiro: Fundo de Cultura, 1964.

_____. *Proceso y efectos de la comunicación colectiva*. Quito: Ciespal, 1964.

_____. *Television in the Lives of Our Children*. Londres: Stanford University Press, 1961.

Outras obras

BELTRÃO, L. & QUIRINO, N.O. *Subsídios para uma teoria da comunicação de massa*. São Paulo: Summus, 1986.

HOHLFELDT, A. Teorias da comunicação: a recepção brasileira das correntes do pensamento hegemônico. In: FERREIRA, G.M.; HOHLFELDT, A.; MARTINO, L.C. & MORAIS, O.J. *Teorias da comunicação*: trajetórias investigativas. Porto Alegre: EDIPUCRS, 2010.

MELO, J.M. A recepção das ideias de Wilbur Schramm no Brasil. In: *Revista Latino-americana de Ciencias de la Comunicación*, ano IV, n. 6. jan.-jun./2007, p. 12-21.

OTERO, E. Wilburn Schramm: la institucionalización del tema. In: *Teorias de la comunicación*. 2. ed. Santiago: Universitaria, 2004, p. 117-126.

POLISTCHUK, I. & TRINTA, A.R. *Teorias da comunicação*: o pensamento e a prática da comunicação social. Rio de Janeiro: Campus, 2003.

RODRIGO, M. Modelos de la comunicación. In: *Portal de la comunicación* [Disponível em http://portalcomunicacion.com/uploads/pdf/20_esp.pdf – Acesso em mar./2015].

SCHRAMM, W. El desarrollo de las comunicaciones y el proceso de desarrollo. In: *Evolución política y comunciación de masas*. Buenos Aires: Troquel, 1969.

_____. *La ciencia de la comunicación humana*. Quito: Ciespal, 1965.

_____. *Comunicação de massa e desenvolvimento*. Rio de Janeiro: Bloch, 1964a.

_____. *Panorama da comunicação coletiva*. Rio de Janeiro: Fundo de Cultura, 1964b.

Marshall McLuhan (1911-1980)

*Márcia Gomes Marques**

Introdução

Entre os aspectos distintivos do século XX, o advento dos meios eletrônicos de comunicação se destaca particularmente, com sua expansão em nível planetário, sua crescente capacidade de produção, armazenamento e distribuição de informação. Contribuiu ao destaque e à importância social dos meios de comunicação no século passado o fato de a indústria da comunicação estar entre os setores produtivos que mais se desenvolveram, o que se expressou seja na crescente capacidade de absorver recursos humanos especializados, seja na perene demanda de recursos materiais e técnicos para suprir as transformações constantes de todas as instâncias desse setor.

O advento dos meios eletrônicos de comunicação e a transversalidade de sua presença nas sociedades e na vida dos indivíduos são, de modo geral, temas fundadores da área de estudos da Comunicação Social, assim como a discussão sobre a natureza dos meios de comunicação, em especial os eletrônicos, sobre o papel que desempenham na sociedade e sobre as relações que travam com as demais instituições sociais. Entre os autores que se destacam por sua proposta acerca da relação entre meios de comunicação e sociedade, ou sobre a natureza dos meios de comunicação, está Marshall McLuhan, autor de obras como *A galáxia de Gutenberg* (1972) e *Os meios de comunicação como extensões do homem* (1974). Entre as manifestações da importância e da contribuição desse autor para a área está a sua presença constante nos manuais de Teoria da Comunicação, a insistência com que sua obra – principalmente *Os meios de comunicação como extensões do homem* – é citada nos estudos da área, bem como o cíclico resgate e revisão de algumas de suas proposições centrais na reflexão teórica sobre a comunicação, com especial destaque para o meio ser a mensagem, a mais polêmica delas.

---

* Professora do Programa de Pós-Graduação em Estudos de Linguagens da Universidade Federal de Mato Grosso do Sul. Doutora em Ciências Sociais (Pontificia Università Gregoriana).

Nas diversas correntes teóricas presentes na área de estudos da comunicação é frequente observar a atenção posta ora no emissor, ora na mensagem, e com menor frequência no destinatário, como caminho de exploração do processo comunicativo e de suas consequências individuais e sociais. Um elemento relevante na obra de McLuhan é que ele deposita sua atenção nos meios e nas tecnologias da comunicação, depois de afirmar que são eles que realmente marcam, em última instância, os processos comunicativos das diferentes formações sociais. Propõe-se fazer um arrolamento dos efeitos dos meios, como bem indica o título de outra de suas obras, *O meio é a massagem: um inventário de efeitos* (2011). Além disso, examina a presença tecnológica nos processos comunicativos, a tecnologia da automação, a elétrica e a eletrônica, suas características e especificidades, e explora como se expressam nos padrões e *performances* comunicativas das sociedades. A tematização da tecnologia, amplamente presente em suas obras, tornou-se o centro das atenções com as transmissões via micro-ondas, via satélite ou via cabo de fibra ótica, com as transmissões com sinais digitais, e com o advento e a popularização dos computadores e da internet nas últimas décadas do século XX. Essa classe de tecnologias, segundo McLuhan, é integral, orgânica e descentralizadora, e se contrapõe à classe anterior, que é mecânica, linear e centralizadora.

A produção do autor é vasta, assim como as traduções e reedições de seus livros em vários idiomas. As obras de McLuhan publicadas no país são: *A galáxia de Gutenberg* (1972; 1962); *Os meios de comunicação como extensões do homem* (1974; 1964); *McLuhan por McLuhan: conferências e entrevista* (2005); *O Trivium Clássico* (2012). Em coautoria com Quentin Fiore publicou: *O meio é a massagem: um inventário de efeitos* (2011; 1967); e *Guerra e paz na aldeia global* (1971). Também em coautoria, publicou: com Edmund Carpenter, *Revolução na comunicação* (1968); com Wilfred Watson, *Do clichê ao arquétipo* (1973); com Harley Parker, *O espaço na poesia e na pintura – Através do ponto de fuga* (1975). Foram publicados também no Brasil, no livro *Cultura de massa* (1973), os artigos: "A propaganda norte-americana" e "Imagem, som e fúria".

O presente trabalho se propõe a examinar alguns dos tópicos centrais da contribuição teórica desse autor, assim como a fazer um escrutínio em como desloca, revitaliza ou desafia alguns dos preceitos dados como estabelecidos na Teoria da Comunicação. O maior dos desafios lançados por McLuhan é o deslocamento da atenção no conteúdo para o meio, e a discussão sobre o que a tecnologia representa no processo de comunicação: De que modo os artefatos culturais que os seres humanos utilizam para se comunicar interferem significativamente nos modos de intercâmbio com os demais e com o mundo ao redor? Para o autor, as tecnologias da comunicação não estão à mercê dos indivíduos, e imprimem suas marcas nos contextos onde se instalam, ou melhor, são instaladas pelos seres humanos.

Configurando o mcluhanismo

Além da originalidade de suas proposições sobre os meios e as tecnologias de comunicação, o desconserto ocasionado por suas obras também se dá pela combinação que faz entre trabalhos científicos, históricos e de cunho literário, assim como entre obras clássicas e contemporâneas como forma de sustentar suas ideias. O modo de escrever e de construir sua argumentação podem, em parte, ser melhor entendidos por sua formação e percurso acadêmico. McLuhan graduou-se em 1932 na Universidade de Manitoba, em Winnipeg, no Canadá, onde também obteve o mestrado em Literatura Inglesa em 1933. Mais adiante, em 1936, obteve seu segundo grau de bacharel em Cambridge, na Inglaterra, ocasião em que se converteu ao catolicismo. Após ter dado início a sua carreira acadêmica nos Estados Unidos, em 1939 volta a Cambridge, onde em três anos concluiu um mestrado e doutorou-se em Literatura Inglesa (WOLFE, 2005). Começou sua carreira de professor na Universidade de Wisconsin e lecionou em instituições católicas, como a Universidade de St. Louis, entre 1937 e 1944, a Assumption College em Windsor, Ontário, e a Faculdade Saint Michael da Universidade de Toronto, onde em 1963 foi nomeado diretor do Centro para a Tecnologia e a Cultura (OTERO, 2004).

Entre as principais influências em sua obra acadêmica, há consenso em apontar o historiador econômico Harold Innis como sendo a principal. Embora as citações ao trabalho de Innis não se destaquem entre as inúmeras feitas por McLuhan a um leque diversificado de autores e a textos literários, a influência central de Innis para o mcluhanismo é explicitada, entre outros momentos, quando em *A galáxia de Gutenberg* McLuhan afirma que:

> Innis também explicou a razão por que a palavra impressa gera nacionalismo e não tribalismo; e por que cria sistemas de preços e mercados tais que não podem existir sem a palavra impressa. Harold Innis foi o primeiro a perceber que o *processo* de mudança estava implícito nas *formas* da tecnologia dos meios de comunicação. Este meu livro representa apenas notas de pé de página à sua obra, visando explicá-la (1972: 82).

Em suas obras posteriores, McLuhan estende a proposta de Innis, aplicando-a aos meios eletrônicos de comunicação do século XX, de que os meios de comunicação, como recursos econômicos básicos e matérias-primas, moldam a cultura global na medida em que alteram os padrões sociais, educacionais, as fontes e condições do exercício do poder. Por esse prisma, contrapõe o padrão anterior, segundo ele regido pela lógica da mecanização, da imprensa e da tipografia, que possibilitou a projeção dos corpos no espaço, ao dos "novos" meios de comunicação, os eletrônicos, que projetaram o sistema nervoso central no tempo e no espaço, impulsionando a interconexão e o envolvimento de todos com todos em nível planetário.

Com referência à relação que os meios de comunicação guardam com os indivíduos e a sociedade, um dos elementos importantes é o direcionamento dessa relação: se é a sociedade que conduz e determina os caminhos empreendidos pelos meios, ou se são os meios de comunicação que guiam as ações e decisões sociais. Essas duas perspectivas de visão dão lugar à abordagem centrada na sociedade, por um lado, e à centrada nos meios de comunicação, por outro. Entre os tópicos envolvidos nessa discussão está o entendimento que se tem sobre como se dá e em que medida os meios de comunicação interferem sobre o exercício de poder na sociedade, sobre a promoção da integração social e sobre as mudanças e transformações sociais. "Nós criamos as tecnologias e elas nos criam, adverte McLuhan (1964)" (REAL, 1996: 248). Segundo esta afirmação, há uma circularidade nessa relação. Este, no entanto, é um dos pontos polêmicos da obra desse autor, visto que a ele e a outros autores da Escola de Toronto, como Harold Innis e Eric Havelock, é atribuída uma visão midiocêntrica dos fenômenos comunicativos (McQUAIL, 1993), com independência dos meios para com a sociedade, com direcionamento e determinação que vão dos meios para a sociedade, e não vice-versa (POLISTCHUK & TRINTA, 2003).

Entre as perguntas que norteiam a reflexão sobre o vínculo dos meios de comunicação com a sociedade e os indivíduos, uma das mais recorrentes é a que indaga sobre a natureza dos meios de comunicação, sobre quais são as suas características e especificidades, se são intrínsecas ou socialmente atribuídas, pelos usos sociais, por exemplo. Neste quesito, também, a obra de McLuhan tem especial contribuição, pois disserta sobre as características dos meios e os veículos de comunicação, seus limites e potencialidades, indicando-as como fator que interfere significativamente no tipo de comunicação levada a cabo em cada sociedade. Segundo ele, os meios moldam mais do que são moldados pela intencionalidade do emissor ou pela autonomia interpretativa do receptor.

Bem, se por um lado a obra de McLuhan disserta sobre alguns dos aspectos nodais da área de comunicação, é necessário não desconsiderar, por outro lado, que parte da polêmica gerada por sua obra se deve a que sua visão da comunicação não se ajusta a uma série de pressupostos dominantes na área. Controvérsias à parte, a atenção gerada por sua obra se deve, primeiramente, à sua originalidade, pois aborda os meios e a comunicação desde um viés inusitado ou incomum dentro desse campo de estudos. Proposta de forma coesa e sistemática, a repercussão de sua obra se deve, também, à sua visão discrepante com o que deve ser considerado (o canal, as tecnologias) para entender, em última instância, a comunicação e a sociedade. Adicionalmente, sua visão contradiz a preocupação, também fortemente arraigada neste campo de estudos, sobre a substituição da tradição livresca e letrada pelos meios de comunicação eletrônicos, principalmente pela televisão (SOUSA & RUSSI, 2012). Ele faz um resgate, por vezes marcadamente otimista, ou integrado (ECO, 1999), sobre como esse meio, ao romper com a cultura impressa e tipográfica, enriquece e complexifica a percepção cognitiva dos indivíduos, pois revigora alguns dos sentidos humanos que haviam sido acantonados, ou amputados, pelo alfabeto fonético e a escrita.

Por fim, outro ponto importante abordado em sua obra, que mais tarde veio a ser resgatado com recorrência, foi o impacto dos meios de comunicação na percepção do espaço e do tempo, ou a disjunção entre o tempo e o espaço vinculada à aceleração dos deslocamentos da comunicação mediada (THOMPSON, 2004). "A circuitação eletrônica derrubou o regime do 'tempo' e do 'espaço' e sobre nós derrama continuamente as preocupações e interesses de todas as outras pessoas. Ela reconstituiu o diálogo em escala global" (McLUHAN & FIORE, 2011: [s.p.]). Esse tema aparece associado, em sua obra, ao incremento crescente da interconexão entre as partes devido à abrangência das tecnologias eletroeletrônicas na sociedade do último século (McLUHAN & FIORE, 1971), à abundância de informação característica desses meios, à instantaneidade das trocas e deslocamentos, ao "tudoaomesmotempoagora" e à simultaneidade da aldeia global (McLUHAN & FIORE, 2011: [s.p.]).

Cabe ressaltar que, ainda na década de 60 do século XX, quando nem a televisão nem o transporte aéreo ou os computadores tinham se popularizado, ele introduz questões que mais adiante tornaram-se centrais no debate sobre a comunicação, como a globalização da comunicação, ou o advento da aldeia global, o impacto da introdução das tecnologias, como os computadores ou os aviões, no mundo do trabalho, da política ou da educação: "Quando os computadores aprenderem a fazer o seu serviço, o que é que você vai fazer?" (McLUHAN & FIORE, 2011: [s.p.]). Temas como o entretenimento, e sua disseminação nas diversas instâncias sociais, são abordados por ele. A seguinte passagem é um indicativo de quão controversas são algumas de suas afirmações. A respeito da educação na sociedade dos meios eletrônicos, McLuhan e Fiore afirmam que: "É possível que tenha havido um tempo em que o negócio do entretenimento era um negócio maior do que a educação. Hoje em dia, a educação se tornou o maior negócio do mundo. E também se está tornando em negócio de entretenimento" (p. 85).

Os meios como mensagem

Um pressuposto fundamental na reflexão sobre como se dá o processo comunicativo é o estabelecimento de quais são as partes implicadas nesse processo. Delimitando isso, um segundo passo é definir quais são as partes que predominam nos resultados produzidos pelo encontro entre as duas pontas do processo: quem fala e os que escutam, o emissor e o destinatário. Os contatos, trocas, encontros ou conversações entre duas ou mais partes são caracterizados, primeiramente, como ações intencionais, seja da parte de quem emite, seja da parte de quem recebe, e essa intencionalidade se manifesta seja no que é enviado pelo emissor, no conteúdo, na mensagem, no discurso, na fala, seja na forma com que esse algo é recebido pelo destinatário.

Além de quem envia e de quem recebe, então, os outros componentes da comunicação são a mensagem, o canal e os desdobramentos desse contato, seja em forma de influência, de efeitos, de produção de sentido a partir do que foi recebido, de construção conjunta de significados, de reação, interpretação ou compreensão do que foi proposto pelo emissor. Esses componentes se expressam nas perguntas geralmente feitas na investigação dos fenômenos comunicativos: Quem comunica com quem? Por que comunica? (Objetivo, motivação, interesse.) Como ocorre a comunicação? (Canal, linguagem.) Sobre qual tema? (Conteúdo, tratamento, código.) Com quais consequências? (McQUAIL, 1993). Um dos modelos muito utilizados para discernir os componentes da comunicação foi o de Lasswell, de 1948, que ressalta que a partir do seguinte elenco de perguntas se acede a descrever apropriadamente os atos comunicativos: Quem? Diz o quê? Através de que canal? A quem? Com qual efeito? Cada uma dessas partes, por sua vez, diz respeito a um setor específico de pesquisa: o emissor, a mensagem, o meio de envio, o recebimento, as consequências provocadas (WOLF, 1992).

Das duas pontas do processo comunicativo, quem envia tem despertado mais atenção dos estudos da área do que quem recebe, por ser quem desencadeia o processo, porque age de acordo com uma intencionalidade primeira que é vista como o fenômeno que dispara a ação de colocar-se em contato com o outro, e que por isso dá a tônica, ainda que inicial, do que vem a ser esse encontro e de quais resultados possa vir a ter. Mais do que propriamente ao emissor, a atenção está geralmente voltada ao que ocorre a partir do encontro entre as partes: busca-se entender como o que é enviado pelo emissor – guiado por seus interesses, sua intencionalidade – é acolhido, influi ou gera consequências sobre o outro polo de contato.

O componente mais investigado para explorar os desdobramentos dos atos comunicativos é o que se convencionou chamar de mensagem, o conteúdo (em uma forma) da comunicação, seja ele visual, escrito, sonoro, olfativo, tátil, ou tudo isso junto. Tem sido na mensagem enviada que se busca comumente identificar os interesses e propósitos do emissor, o que ele conseguiu ou pôde expressar no que foi emitido, intencionalmente ou não. É ali, também, que se busca explorar como organizar a forma e o conteúdo da mensagem, em termos de código, de linguagem, de tratamento, de tom e de estilo, por exemplo, para comunicar o pretendido: para trazer o receptor para a decodificação preferencial da mensagem – desde a perspectiva de quem a enviou. É a partir da análise dos textos e discursos, entendendo-os como mensagens, enquanto conteúdo formatado, que frequentemente se busca também encontrar os destinatários da comunicação: por um lado, desde a oferta cultural que consomem, ou de suas preferências de gênero, formato ou temática; por outro lado, buscando nos textos a imagem de público, o leitor modelo ou implícito, ou explorando as maneiras como os textos interpelam seus receptores, em sua estrutura ou nos valores que transmitem, por exemplo.

É com relação a essas tendências consolidadas nos estudos de comunicação que as várias propostas de McLuhan, associadas à de que os meios são as mensagens, ou de que são as massagens, colidem. Um elemento fundamental para *configurar* o conjunto de suas contribuições – adequando esse texto à proposta do autor, do predomínio das configurações e estruturas na era eletrônica – é ressaltar a discrepância que se manifesta com o uso corrente do que se entende por mensagem. A afirmação de que o meio é a mensagem é paradoxal, visto que, nos modelos predominantes na área, cada um desses componentes se localiza em momentos distintos do processo comunicativo: a mensagem, produzida pelo emissor, é fixada em um suporte (meio), distribuída através de um canal (meio), chega ao destinatário através de um suporte (meio), para então ser decodificada.

O autor, de fato, utiliza outra acepção do que vem a ser a mensagem, que não o de ser algo que denota uma afirmação acerca do mundo (POSTMAN, 2001). Nota-se, de início, que ele não a associa com os conteúdos veiculados ou compartilhados no ato comunicativo. Pelo contrário, sustenta, recorrentemente, que o conteúdo é algo secundário nesse processo, que não é ele que impacta, e sim os meios, tecnologias e veículos de comunicação. Afirma que os conteúdos são como "a 'bola' de carne que o assaltante leva consigo para distrair o cão de guarda da mente" (McLUHAN, 1974: 33). Insiste neste ponto ao dizer que o conteúdo cega os indivíduos com respeito à natureza do meio em que está. Além de despistar a respeito da tecnologia, o conteúdo é também a bola de carne porque cada meio tem como conteúdo o meio anterior. Assim sendo, o pensamento é o conteúdo da fala, a fala é da escrita, a escrita é do livro, o livro do cinema, o cinema da televisão, e assim por diante.

Há inúmeras objeções ao uso feito desse termo por McLuhan, desde autores que conflitam até outros que compartilham a totalidade ou aspectos de seu modelo, mas que usam outros termos para expressar a importância dos meios no processo comunicativo. Esse é o caso de Postman, por exemplo, que opõe-se a McLuhan no uso do termo mensagem e vê os meios como *instrumentos de conversação*. Para ele, o modo mais adequado é entendê-los como metáforas, que por suas "[...] implicaciones poderosas, pero discretas, imponen sus definiciones específicas de la realidad" (2001: 14). Essa forma de defini-los, no entanto, atenua o impacto que McLuhan ocasiona com sua associação, a força que deposita nos meios, ainda que mantenha seu sentido original, de que conseguem impor-se, mesmo quando discretamente, às demais instâncias sociais.

Concebendo a mensagem como o que tem entre suas características formais a potencialidade de provocar efeitos (ECO, 1999), de dar o recado, de imprimir suas marcas, profundas ou indeléveis, sobre quem a recebe, ou o que deixa no usuário e no ambiente onde se manifesta algo de si, McLuhan sustenta, então, que o componente do processo comunicativo que realiza tais ações não é o conteúdo do que é esparso ou difundido na comunicação, e sim a tecnologia que comporta esse conteúdo e que imprime sua própria lógica sobre todos os aspectos da comunicação. O meio é a mensagem porque produz efeitos inexoráveis em seus usuários, rompe com os padrões anteriores e dá forma ao ambiente, provocando uma mudança total onde se instala. E o impacto consegue ser ainda maior, porque, como afirma Bougnoux:

> [...] é próprio da mídia, a começar pelo nosso corpo, funcionar fazendo-se esquecer. [...] a leitura atinge sua otimização quando esqueço meu livro para vagar em imaginação pelo mundo que ele me abre; uma estrada quando desliza devagar, devorada pelos pneus; o cinema quando, tomado pelo filme, esqueço tudo da projeção etc. (1999: 101).

Essa passagem introduz outro aspecto importante do aforisma de McLuhan, pois, a par com o cinema e o livro, vem mencionada a estrada como mídia. Outro elemento que surpreende na obra de McLuhan é a ampliação que faz no rol de tecnologias, artefatos e utensílios culturais que inclui no que define como meios de comunicação: relógio, roupa, alfabeto fonético, luz elétrica, entre outros. Este aspecto, que será trabalhado a continuação, é fundamental para entender de que modo se manifestam como efeitos totais nas sociedades.

Os meios como extensões

Uma contraposição importante na sustentação de sua proposta é a que faz entre o que chama de galáxia de Gutemberg com o que define como a aldeia global. O primeiro desses dois ambientes se caracterizou pelo predomínio do alfabeto fonético, da tipografia e do livro, o segundo pela automação e pelo predomínio dos meios elétricos e eletrônicos. Ambos, por sua vez, foram precedidos por uma era anterior, onde havia o predomínio da comunicação oral e da sociedade tribal. A escrita e o livro destribalizaram essa primeira formação social, já as tecnologias eletroeletrônicas promoveram a retribalização, contraindo eletricamente o globo, que se tornou uma vila.

Como o autor caracteriza as diferentes eras pelo predomínio de certo tipo de tecnologias da comunicação, resta então saber como ele indica que se dá a passagem de uma sociedade a outra, ou do predomínio de um tipo a outro de tecnologia? Para McLuhan, as tecnologias são criações humanas, vêm da iniciativa dos seres humanos de estender, de potenciar o uso de algum de seus sentidos. São como próteses (SILVERSTONE, 2002), que estendem a pujança ou o poder dos sentidos humanos. Dentro dessa lógica, consta no elenco que compõem os meios de comunicação a roupa ou a casa, como extensão da pele, a roda, o carro, o trem, como tecnologias que estendem os pés, aumentando a capacidade de ir e vir dos seres humanos.

Cada tecnologia, então, estende uma ou mais partes do corpo. A fotografia, por exemplo, estende os olhos, a capacidade de visão, assim como o binóculo ou o livro. Ao mesmo tempo em que capacitam, que incrementam, elas amputam e incapacitam, pois à medida que o ser humano passa a se locomover de bicicleta, carro ou avião, tem amputadas as suas pernas, começa a usá-las cada vez menos, até senti-las atrofiar, ou nem isso: perdem a sensibilidade e nem se dão conta. Isso porque, segundo o autor, os seres humanos são cegos para as tecnologias, não alcançam a discerni-las com nitidez enquanto estão envolvidos por elas e pelo domínio de suas lógicas. Com exceção dos artistas, que, segundo ele, têm um olhar mais agudo e analítico do que lhes circunda, os outros seres se sentem captados pela tecnologia predominante, vivem imersos – às vezes fascinados – em seus limites e possibilidades.

A mudança de situação marcada pelo predomínio tecnológico se dá, por sua vez, desse sentir pinicar do sentido amputado, embora, como diz ele, os seres humanos não sentem necessidade de uma tecnologia antes de que ela se estabeleça. Como diz o autor, "Este poder da tecnologia em criar seu próprio mercado de procura não pode ser desvinculado do fato de a tecnologia ser, antes de mais nada, uma extensão de nossos corpos e de nossos sentidos" (McLUHAN, 1974: 88). A mudança de predomínio tecnológico vem, também, do estímulo para uma nova invenção advindo do ambiente sobre o seu corpo: os seres humanos reagem ao aumento de carga ou de velocidade, por exemplo, que os pressionam a engenhar-se, a responder inventivamente ao entorno. A mudança de padrão vinculada ao instalar-se das tecnologias se dá, por obra humana, pela busca dos seres por estender os sentidos que se encontram pouco utilizados ou que são demandados em suas ações corriqueiras.

> Quando o engenho obstinado do homem exterioriza certa parte de seu ser em tecnologia material, todo o equilíbrio e proporção de seus sentidos se alteram. Ele é então compelido a ver esse fragmento de si próprio, "fechar-se sobre si num colete de aço". Ao perceber essa nova situação, o homem é forçado a identificar-se e transformar-se nela (McLUHAN, 1972: 354).

Nesse aspecto se verifica, também, outro elemento importante em sua proposta, que é a ênfase na tendência à adequação dos seres humanos ao ambiente social (LITTLEJOHN, 1982), pois a introdução de cada tecnologia traz consigo a demanda de readaptação pela recomposição do equilíbrio sensório e perceptivo nas interações humanas (OTERO, 2004). Essa tendência se expressa seja na busca por reequilibrar os sentidos, seja na disposição por adequar-se ao padrão, ritmo ou escala introduzidos pelas tecnologias. Para McLuhan, "A verdadeira revolução, contudo, somente se efetiva nessa fase posterior e prolongada de 'ajustamento' de toda vida social e pessoal ao novo modelo de percepção estabelecido pela nova tecnologia" (1972: 46). A ênfase no equilíbrio e na tendência à adequação é central em seu modelo. Qualquer veículo ou tecnologia que venha a predominar, trará como contrapartida mudanças perceptivas e sensoriais, e as pessoas sentir-se-ão impelidas a acoplar-se aos novos padrões instaurados, o que afetará incluso seus modos de perceberem, em termos sensoriais, o mundo ao redor.

No dizer de McLuhan, cada extensão "afeta todo o complexo psíquico e social" (1974: 18), ou, ainda, mexe com a estrutura mesma da percepção, e possibilita tipos de usos específicos e formas de contato diferenciadas com seus usuários. Um elemento fundamental nesse quesito é a divisão que faz entre meios quentes e frios, pelo grau de empenho das faculdades humanas que solicitam de seus utentes. Essa é outra das questões centrais em sua proposta, que vai de encontro, outra vez, com o destaque posto no conteúdo, amplamente compartilhado na área. Isto porque, nos estudos de comunicação, buscam-se as razões para o envolvimento do receptor na construção da mensagem, ou seja, no conteúdo e forma do que é enviado a ele. McLuhan, pelo contrário, diz que é o meio que estabelece o grau de envolvimento – sensório, perceptivo – e a presença ou não de empatia e a inclusão na relação que mantém com os usuários. Nesse caso, o uso dos conceitos de participação e envolvimento é associado, basicamente, com a qualidade completa (saturada, em alta definição) ou incompleta dos dados, e não ao interesse ou à atenção depositada pelos espectadores no conteúdo dos veículos de comunicação (LITTLEJOHN, 1982).

Com relação ao grau de envolvimento solicitado pelos meios de comunicação, divide-os em duas categorias: os quentes e os frios. O uso que faz desses termos, outra vez, contraria o uso corrente, razão pela qual inicia a introdução da terceira edição em inglês de *Os meios de comunicação como extensões do homem*, explicando sua proposital inversão, ou melhor, indicando a acepção que propõe para cada um desses termos em sua obra. Na primeira categoria, os meios quentes, como o rádio, o cinema e a fotografia, prolongam um único sentido e transmitem em alta definição, por terem alta saturação de dados; na segunda categoria, os frios, está a fala, o telefone e a televisão, os meios com baixa definição, com "magra quantidade de informações" (McLUHAN, 1974: 38) e que, por isso, solicitam maior participação sensória, perceptiva e cognitiva (MACHADO, 2012) para preencher – completando – o que falta no que lhes é fornecido. Em suma, são basicamente dois os critérios de classificação nessas duas categorias: o primeiro, a maior ou menor definição, intensidade do sinal, quantidade de informação ofertada; o segundo, se são tecnologias que fragmentam e especializam, ou que promovem a integração entre as partes e os sentidos humanos. Por isso, os meios quentes são aqueles que estendem um dos sentidos humanos, em profundidade, e assim compartimentalizam, fragmentam e especializam. Um fator adicional, que vem como consequência desses critérios de classificação, se refere a que as tecnologias quentes, que promovem a especialização das atividades e do sensório-motor, excluem o usuário, solicitam baixo envolvimento e participação no processo de comunicação. Se as tecnologias quentes estendem principalmente um dos sentidos humanos, as frias, pelo contrário, estendem mais de um. Cabe ressaltar, no entanto, que essa classificação não é definitiva, visto que os meios podem ser aquecidos e esfriados, dependendo tanto de como esses critérios se ajustam nos diversos ambientes quanto pelas recombinações que se verificam entre os meios e tecnologias da comunicação.

Para finalizar, outro elemento contrastante em sua proposta com as tendências predominantes nessa área de estudos foi o de explorar as benesses e contribuições introduzidas pelos meios eletrônicos de comunicação, em comparação com as limitações (cognitivas e sensórias) dos padrões sociais ligados à égide do alfabeto fonético, da escrita, do livro e da tipografia. Contrariando a preocupação que marca parte do debate teórico nas décadas de 1950 e de 1960, que analisa o empobrecimento dos gostos ou padrões culturais ocasionados pela difusão crescente da televisão (LAZARSFELD & MERTON, 1973), e a diminuição – ou a não adesão – do consumo de jornais impressos e livros, McLuhan disserta sobre as possibilidades introduzidas pelos meios de comunicação eletrônicos em geral, e a televisão em especial, justo o mais ligado pela crítica à cultura de massa e ao que Adorno (1973) chama de cultura popular mais recente. A sua visão do advento das mídias eletrônicas, principalmente as populares, como a televisão, vai na contramão dos estudos que as visualizam como ameaça, pela superficialidade, pelos imperativos comerciais e pela espetacularização predominantes em sua programação.

Considerações finais

Dentre os elementos que chamam a atenção na obra de McLuhan, deve ser ressaltada, ademais de sua originalidade, a sua tendência a propor deslocamentos no uso de termos e conceitos como forma de "reajustá-los", ou de pô-los, segundo sua ótica, em sua real dimensão. Pode-se ressaltar, também, a sua irreverência, que se expressa no uso de aforismos e metáforas para montar seu modelo de compreensão dos fenômenos comunicacionais e sociais. Presença obrigatória nas bibliotecas especializadas na área de comunicação, a vigência de suas contribuições se manifesta na assiduidade de citações a sua obra nos estudos que problematizam o entendimento dos meios e tecnologias da comunicação.

Entre os aspectos distintivos da forma como o autor expõe suas ideias está o fato de que volta ciclicamente a alguns pontos importantes em seu modelo, evitando que passem despercebidos a qualquer leitor atento. Entre esses tópicos está, por exemplo, o de que as tecnologias da comunicação introduzem novas formas de percepção, ou estão inexoravelmente atreladas a formas de percepção específicas. Os "novos" meios, então, sempre se distinguem dos meios anteriores, e isso se manifesta na ruptura que impõe aos padrões sensoriais que preponderavam antes deles. Também fundamental em sua proposta está a questão de que toda tecnologia/meio de comunicação cria um ambiente humano díspar ao anterior, porque traz atrelada a si a transformação das formas de percepção e de interação social, o que implica um rearranjo dos fatores constitutivos das sociedades.

Segundo o autor, é possível identificar algumas fases principais da vida humana vinculadas às tecnologias da comunicação predominantes em cada uma delas, a saber: a comunicação oral, o alfabeto fonético e a escrita, o livro e a tipografia, as tecnologias eletroeletrônicas e a automação. Essa última fase provocou a contração do globo, e fez com que se tornasse uma vila. Esse é outro de seus paradoxos, visto o contraste sugerido pelas dimensões e feitios de uma vila e do globo terrestre. Nesse ambiente, o da aldeia global, a vivência dos seres humanos torna-se análoga a que se tem em uma vila, com a situação de contato e interdependência entre as partes relacionadas, promovida pela alteração da percepção do tempo e do espaço. Instaura-se a empatia e envolvimento de todos com todos devido à aceleração da velocidade de deslocamento, das trocas e dos contatos: por isso o sentido de instantaneidade, a ideia da simultaneidade entre ação e reação.

O tom de otimismo atribuído a sua proposta é de certo modo aplacado por dois fatores principais. O primeiro deles tem a ver com o seu entendimento dos meios como extensões que, ao mesmo tempo em que potencializam aspectos, amputam ou atrofiam outros, de modo que perdas e ganhos são combinados à revelia, a cada vez que se instaura um novo padrão perceptivo atrelado a uma nova tecnologia. O segundo aspecto se associa ao que tem sido advertido por outras correntes teóricas, que apontam que os receptores têm autonomia relativa em relação aos bens culturais que consomem, seja em termos da oferta, do tipo ou da qualidade do conteúdo e forma dos produtos, por exemplo. Até McLuhan, havia a crença de que os meios e as tecnologias sim eram manipulados por seus usuários, que lidavam com eles a seu bel-prazer. Esse autor contraria esse entendimento, dos meios como instrumentos à disposição, e adverte que eles impõem suas prerrogativas sobre todas as instâncias sociais.

Nota

No original, a autora deu a este ensaio o título "Os meios e a mensagem em McLuhan: deslocamentos e desafios".

Referências

ADORNO, T. A televisão e os padrões da cultura de massa. In: ROSENBERG, B. & WHITE, D. (orgs.). *Cultura de massa*: as artes populares nos Estados Unidos. São Paulo: Cultrix, 1973.

BOUGNOUX, D. *Introdução às Ciências da Comunicação*. Bauru: Edusc, 1999.

ECO, U. *Apocalittici e integrati*. Milão: Bompiani, 1999.

LAZARSFELD, P. & MERTON, R. Comunicação de massa, gosto popular e ação social organizada. In: ROSENBERG, B. & WHITE, D. (orgs.). *Cultura de massa*: as artes populares nos Estados Unidos. São Paulo: Cultrix, 1973.

LITTLEJOHN, S. *Fundamentos teóricos da comunicação humana*. Rio de Janeiro: Zahar, 1982.

MACHADO, I. Contribuições de McLuhan para uma visão de mundo global e inclusiva. In: SOUSA, J.; CURVELLO, J. & RUSSI, P. (orgs.). *100 anos de McLuhan*. Brasília: Casa das Musas, 2012.

McLUHAN, M. *McLuhan por McLuhan*: conferências e entrevistas. Rio de Janeiro: Ediouro, 2005 [Org. de Stephanie McLuhan e David Staines].

_____. *Os meios de comunicação como extensões do homem*. 4. ed. São Paulo: Cultrix, 1974.

_____. *A galáxia de Gutenberg*. São Paulo: Companhia Editora Nacional/USP, 1972.

McLUHAN, M. & FIORE, Q. *O meio é a massagem*: um inventário de efeitos. Rio de Janeiro: Imã, 2011.

_____. *Guerra e paz na aldeia global*. Rio de Janeiro: Record, 1971.

McQUAIL, D. *Le comunicazione di massa*. Bolonha: Il Mulino, 1993.

OTERO, E. *Teorías de la comunicación*. Santiago de Chile: Universitaria, 2004.

POLISTCHUCK, I. & TRINTA, A.R. *Teorias da comunicação*: o pensamento e a prática da comunicação social. Rio de Janeiro: Elsevier, 2003.

POSTMAN, N. *Divertirse hasta morir* – El discurso público en la era del "show business". Barcelona: Tempestad, 2001.

REAL, M. *Exploring media cultura* – A guide. Thousand Oaks: Sage, 1996.

SILVERSTONE, R. *Por que estudar a mídia?* São Paulo: Loyola, 2002.

SOUSA, J. & RUSSI, P. Profundo e nefasto: o debate sobre a televisão na obra de McLuhan e Adorno. In: SOUSA, J.; CURVELLO, J. & RUSSI, P. (orgs.). *100 anos de McLuhan*. Brasília: Casa das Musas, 2012.

THOMPSON, J.B. *A mídia e a Modernidade*: uma teoria social da mídia. 12. ed. Petrópolis: Vozes, 2004.

WOLF, M. *La investigación de la comunicación de masas*: crítica y perspectivas. México: Paidós, 1992.

WOLFE, T. Introdução. In: McLUHAN, S. & STAINES, D. (orgs.). *McLuhan por McLuhan:* conferências e entrevista. Rio de Janeiro: Ediouro, 2005, p. 7-24.

Roland Barthes (1915-1980)

Frederico de Mello Brandão Tavares*

"Não corra ao volante, você pode atropelar Roland Barthes." Este é o título da pequenina resenha, publicada no Blog da Editora Iluminuras[1], de autoria de Leda Tenório da Motta, ensaísta e professora, sobre o livro francês *Roland Barthes* (Ed. Seuil). Trata-se de uma, entre outras, biografias sobre o autor, esta lançada em 2015, ano em que se comemora o centenário de seu nascimento. O título do texto remete à introdução do livro, que relembra a morte trágica de Barthes, por atropelamento, em março de 1980, "numa calma rua do Quartier Latin, bem na frente do Colège de France, onde ele 'sonhava alto sua pesquisa'" (MOTTA, 2015a). E é bem sugestivo, na cautela que sugere: com Barthes é preciso ter cuidado, não ter pressa e, por que não, é preciso ter respeito. Seus escritos, componentes de uma extensa e rica obra, merecem atenção e dedicação, dado não apenas o volume e o adensamento cronológico, mas também a complexificação que lhe é marca. Seus textos, inclusive os autorreflexivos, agregam uns aos outros elementos para uma trama cuja síntese é algo difícil de se atingir. Seja pelo olhar à linguagem em geral – em seu significado mais amplo – seja no olhar entrecruzado sobre a cultura e os gestos humanos – desde a palavra e outras representações. Barthes, em si, é um desafio.

Motta é também autora de uma biografia do autor – *Roland Barthes: uma biografia intelectual* –, lançada em 2011 pela mesma Editora Iluminuras. No livro (MOTTA, 2011), a intenção da autora é exitosamente alcançada: tanto por apontar para a singularidade das ideias do teórico quanto por chamar atenção para o seu – devido – destaque no rol de outros intelectuais franceses famosos e que por nós, brasileiros, também possuem enorme presença: Foucault, Lacan e Lévi-Strauss. O exercício do tomo biográfico é primoroso em evidenciar o papel de Barthes na formação de um olhar "intelectual" sobre a língua, sobre o dizer e expressar humano. Barthes, para a autora, entre o grupo de pensadores estruturalistas, seria o mais hesitante, errático, o mais transitório[2]. Por ocasião do cen-

---

* Professor do Programa de Pós-Graduação em Comunicação e Temporalidades da Universidade Federal de Ouro Preto. Doutor em Ciências da Comunicação (Unisinos).

tenário, em artigo publicado no Dossiê da Revista *Cult*, de abril de 2015, Motta lança luz sobre o caráter do autor e ajuda a costurar um pouco mais do enlace de sua personalidade e de sua obra, lembrando essa tangência pelo estruturalismo:

> Na impossibilidade de aqui se dar conta de tudo, apontem-se alguns dos principais golpes dessa construção elegante, rigorosamente voltada para a vigilância das palavras, que, sim, ao contrário do que ficando estabelecido, leva a sério a hipótese de trabalho do movimento a que se diz que Barthes pertenceu: o estruturalismo. Ressalvado que houve tantos estruturalismos quantos foram os grandes estruturalistas, essa hipótese é a de que um objeto não pode ser nada antes de sua nomeação, ou de que as palavras e as coisas são homogêneas, o que é de consequência para o sujeito, a ser entendido, então, como simbólico, quer dizer, como nascido de formas que o precedem, matrizes de sentido que já lá estão, desde sempre, na cultura (MOTTA, 2015b: 31).

As nomeações sobre Barthes, em certa medida, se aproximam desse lugar do sentido. Definir o autor é dizer, ao mesmo tempo, do semiólogo, do filósofo, do crítico, do escritor. Também, como afirmado pelo próprio Barthes, é afirmar tudo isso, todas essas qualidades, com uma certa desconfiança. Motta (2015b) lembra a passagem do "professor" Barthes no discurso de sua aula inaugural no Collège de France, pronunciada em 7 de janeiro de 1977, três anos antes de seu falecimento: "Eu deveria começar por interrogar-me acerca das razões que inclinaram o Collège de France a receber um sujeito incerto, no qual cada atributo é, de certo modo, imediatamente combatido por seu contrário" (BARTHES, 2007: 6). São estas as primeiras palavras da Conferência, seguidas do olhar reticente sobre sua produção e completadas pela elaboração pessoal, outra marca barthesiana, acerca do significado da posse:

> É, pois, manifestamente, um sujeito impuro que se acolhe numa casa onde reinam a ciência, o saber, o rigor e a invenção disciplinada. Assim sendo, quer por prudência, quer por aquela disposição que me leva frequentemente a sair de um embaraço intelectual por uma interrogação dirigida a meu prazer, desviar-me-ei das razões que levaram o Colège de France a acolher-me – pois elas são incertas a meus olhos – e direi aquelas que, para mim, fazem de minha entrada neste lugar uma alegria mais do que uma honra; pois a honra pode ser imerecida, a alegria nunca o é (BARTHES, 2007: 7).

Esse jogo entre o homem e o autor figura em muitas das obras de Barthes[3] e casa, muito bem, com a ideia de uma biografia intelectual, tal qual exposto no título da obra da Professora Leda Motta, acima referenciada. Susan Sontag (1986) chega a afirmar que toda a obra do autor, imensamente complexa, é uma "tentativa de descrever a si próprio". O que não é exclusivo de Barthes, mas que, em Barthes e "por Barthes", para lembrar também parte do título de outro livro de sua autoria [*Roland Barthes por Roland Barthes*, publicado em 1975], ganha contornos próprios que merecem atenção[4].

Um de seus livros clássicos, publicado no ano de sua morte, *A câmara clara*, de 1980, é um exemplo desse trânsito barthesiano. A obra, contemporânea aos estudos do autor sobre o romance francês contemporâneo, último grande objeto dos seus Seminários ministrados no Collège de France entre 1978 e 1980, fala não apenas da fotografia, mas explicita o desejo de Barthes em falar de sua mãe, à época recém-falecida[5]. Tratar-se-ia de um livro ensaístico, por alguns classifica-do de romance (CARNEIRO, 2007; ENTLER, 2006; FONTANARI, 2015), no qual o luto é presente, assim como a busca, pessoal, pela preservação da imagem materna. Em *A câmara clara*, a foto como "registro e declaração de algo determi-nado ('ça a été') e a busca pela mãe consistem, pois, nos componentes do trabalho do luto vivenciado por Roland Barthes, que o descreveu como catalisador de uma nova prática literária e o incorporou à sua pesquisa desenvolvida sobre o romance" (CARNEIRO, 2007: 11). Além disso, é o próprio livro, uma espécie de diário, que se perfaz em teoria e coloca em cena um movimento subjetivista e epistemológico.

Como afirma Entler (2006), relembrando Samain (1998), *A câmara clara* foi escrito em 48 pequenos capítulos, cada um correspondente a 48 dias do ano de 1979 em que se deu sua escrita (15 de abril a 3 de junho). Registros em primeira pessoa, tal qual em outros de seus textos da década de 1970 (ENTLER, 2006), como *O prazer do texto* (1973), *Aula* (1977) e *Fragmentos de um discurso amoroso* (1977)[6]. Em 2009, quase 30 anos após a morte do autor, a editora parisiense Seuil publicou um texto inédito de Barthes, *Journal de deliu* (Diário de luto), cujo con-teúdo refere-se a 330 fichas manuscritas pelo autor, a maioria datada, também refere-se a "pinceladas" de Barthes sobre o luto, compreendendo os dois anos subsequentes da morte de sua mãe, entre 26 de outubro de 1977 – dia seguinte ao falecimento – e o dia 21 de junho de 1979 – algumas semanas depois do último apontamento de *A câmara clara*. A organização dos escritos é de Nathalie Léger, "que também anotou e apresentou os dois últimos cursos de Barthes no Collège de France, *A preparação do romance I e II*" (FONTANARI, 2010a: 115)[7]. Em tal obra, o espírito interrogante e pessoal de Barthes é, mais uma vez, evidente: "[...] ali expressa-se um Barthes final que se interroga sobre a possibilidade de escrever o presente e, sobretudo, escrever a vida em forma de escritura breve" (FONTANARI, 2010a: 115).

Esse "Barthes final", apontado por Fontanari (2010a: 115), guarda pontes com suas influências perenes, como a "poética mínima do *haikai*". Um tipo de escrita, breve, que oferece pequenas cenas a um "eu", "menos contemplativo do que observador, que se detém a registrar a passagem das horas, dos dias e das estações, já que o imperativo do *haikai* é o tempo que faz [...]". Um estilo que já em outras obras do autor, como em *O império dos signos* (1970), já pode ser percebido. Ou que, também pelo conteúdo, pela lógica do diário, pode ser remetido – por aqueles que possuam familiaridade com as obras de Barthes –, ao livro *Incidentes* (1987), organizado por François Wahl e também editado pela Seuil. Nele, dois intervalos de tempo –1968 a 1969, quando Barthes viveu no Marrocos, e 24 de agosto a 17 de setembro de 1979, já em Paris, com notas feitas meses antes da morte do autor – aparecem registrados sob o signo do diário (FONTANARI, 2010a).

Esse duplo movimento, pessoal e escritural, bem como suas respectivas marcas e influências – o *haikai*, por exemplo –, apoiadas por uma heterogeneidade de objetos – a publicidade, a fotografia, além da "cânone" literatura –, deixam ver, como aponta Silva (2014), a investida crítico-hermenêutica de Barthes sobre universos considerados dignos de pouca atenção. Barthes, diz Silva (2014: 128), é, e com razão, "mais conhecido e difundido como um crítico e teórico da literatura", mas "há, ainda assim, em sua obra, uma espécie de *constante negativa*, de obliteração sistemática" (grifo do autor). Como afirma a estudiosa do autor, Leyla Perrone-Moisés (1983: 80), em seu importante livro *Barthes: saber com sabor*, para Barthes era válida a ideia de que "a hipótese é uma miragem" e "o método uma bengala"[8] que "a certo ponto se pode jogar fora, e que todo trabalho que vale a pena se nutre do desejo e por ele se justifica".

Quando aproximamos Barthes de um esforço epistemológico comunicacional, considerando-o não como um autor da área, mas um autor que por ela transita – e muito! –, estes traços "desobedientes", porém profundos, encontram neste campo do saber um leito favorável. Seja pela afinidade interdisciplinar, seja pela sintonia com o universo empírico, rico de exemplos e fontes, comum aos estudos comunicacionais.

Em *O rumor da língua*, Barthes afirma que

> [...] o interdisciplinar, de que tanto se fala, não está em confrontar disciplinas já constituídas das quais, na realidade, nenhuma consente em *abandonar-se*. Para se fazer interdisciplinaridade, não basta tomar um "assunto" (tema) e convocar em torno duas

ou três ciências. A interdisciplinaridade consiste em criar um objeto novo que não pertença a ninguém (1988: 99).

Sem dúvida, tal afirmação, que se aproxima de discussões que versam sobre epistemologia em geral, encontra ecos no âmbito da discussão da chamada "epistemologia da comunicação". Se, por um lado, Barthes lidou com o entrecruzamento entre áreas distintas e afins como a linguística, a filosofia, a teologia, entre outras, é possível afirmar que sua busca por um objeto acabou por concretizar-se a partir de articulações autorais. No conjunto de sua obra, suas construções e "teorias", pelo fazer e dizer presentes, por meio de movimentos (ou "deslocamentos", como ele costumava dizer) "metaepistemológicos"[9], analíticos e autorreferenciais, permitem-nos afirmar um viés barthesiano e, mesmo que contraditoriamente a isso, relacioná-lo a campos de saber específicos.

Algo que não se distancia da dinâmica defendida por Braga (2011), ao refletir sobre o campo da comunicação e seu objeto, fazendo lembrar os ditos de Barthes e, por que não, pensar sobre a sua "aderência" a este campo.

> [...] o objeto da comunicação não pode ser apreendido enquanto "coisas" nem "temas", mas sim como um certo tipo de processos epistemicamente caracterizados por uma perspectiva comunicacional – nosso esforço é o de perceber processos sociais em geral pela ótica que neles busca a distinção do fenômeno. Que se busque capturar tais processos e suas características nas mídias, na atualidade, nos signos, em episódios interacionais – não faz tanta diferença. O relevante é que nossas conjeturas sejam postas a teste por sua capacidade para desvelar e explicitar os processos que, de um modo ou de outro, resultem em distinção crescentemente clara sobre o que se pretenda caracterizar como "fenômeno comunicacional" relacionado aos temas e questões de nossa preferência (BRAGA, 2011: 66).

A presença de Barthes na comunicação, assim, viria tanto por um viés de natureza epistemológica quanto pelo viés da contribuição analítica que, pode-se afirmar, tem o duplo eixo que costura sua presença nas diversas pesquisas do campo – ensaios, artigos, monografias, dissertações e teses – quando suas reflexões são ora base para todo o desenvolvimento e problematização, ora referência para a argumentação acerca de temáticas, conceitos ou materiais específicos.

Daniel Bougnoux (2012), um contemporâneo "teórico da comunicação" francês, afirma que Barthes, em seus estudos, promove uma "luta contra a espontaneidade e a naturalização e nos mostra as construções em que vivemos, construções sociais, construções técnicas, às vezes construções retóricas" (2012:

273). Como um "analista da poética", "da retórica", "como semiólogo", e, propõe Bougnoux, como também "midiólogo" – isto é, atento aos meios, aos meios do teatro da palavra, do teatro do poder, do teatro das instituições –, Barthes "nos torna conscientes daquilo que tendemos fortemente a naturalizar" (2012: 273-274). Trata-se, nesse sentido, de um

> [...] pensador – não um revolucionário, porque ele detestava essa ideia de revolução muito ingênua, sentimental –, alguém que nos torna conscientes das construções sociais e midiáticas do nosso mundo. E a semiologia é uma ferramenta crítica da qual Barthes se vale. Ele olha para objetos culturais bem visíveis dos anos de 1950 e tenta decifrá-los, e é esse exercício de deciframento que poderíamos fazer ainda hoje. Isso seria, sem dúvida, necessário para nos tornarmos menos ingênuos e menos dóceis em relação ao mundo do espetáculo, do *marketing* etc. (BOUGNOUX, 2012: 274).

Na explicitação de Bougnoux, Barthes pode ser visto como dotado de um "poder aglutinador", o que, de certa forma, vale não apenas para tomá-lo como inserido no pensamento comunicacional atual, como clássico que ajuda a formatar linhas de força neste campo, mas também como autor que está nos pilares de outras correntes e tendências de estudo. Assim, entender de forma pontual alguns dos percursos de Barthes, e como suas paragens relacionam-se aos apontamentos que até aqui nos guiam, deixará à vista sua relevância e força.

Roland Barthes: uma identidade centenária

A atribuição de semiólogo talvez seja a "alcunha" mais corriqueira a Barthes, uma vez que lhe é comum a definição de "teórico da ciência dos signos e símbolos" em função de seus diálogos e aportes com a tradição de Ferdinand de Saussure e de outros pensadores do campo das linguagens e dos sentidos.

Nasceu em Cherburgo, cidade portuária francesa, em 12 de novembro de 1915; e faleceu em 26 de março de 1980, vítima de uma infecção generalizada, consequência do atropelamento que lhe feriu gravemente a cabeça e os pulmões. O mar teve forte influência na infância de Barthes: seus pais, Louis e Henriette Barthes, se conheceram em um navio; com um ano de idade, em outubro de 1916, seu pai é morto a bordo de um velho barco pesqueiro convertido em "barco de patrulha" durante a Primeira Guerra; seu avô materno, Louis-Gustave Binger, foi oficial de infantaria da Marinha francesa durante o período colonial, além de ter escrito livros sobre expedições; também o mar é figura presente pelas cidades de Bayona e Biarritz, ao sudoeste francês, onde Barthes passa parte de sua infância, órfão de pai, em um "microcosmo fundamentalmente feminino, bastante digno de Proust, que inclui seu descobrimento sobre as ideias e os costumes da burguesia provincial" (BERTI, 2015; tradução nossa).

Barthes se muda para Paris com 9 anos, quando, conforme afirma sua mais atual biógrafa, Tiphaine Samoyault, sofre um "deslocamento sociológico", um corte com o meio social burguês e um ingresso mais explícito na pobreza (BERTI, 2015). É a partir desse período que Barthes passa a ter contato com suas primeiras leituras "decisivas" como Balzac, Proust e Mallarmé, autores que virão, no futuro, a se tornar objeto de suas reflexões. É o período de contato também com a poesia de Paul Valéry, por intermédio de sua avó materna, e familiarização com a música de Beethoven e de Schumann[10]. Quando também se originam seus primeiros projetos de escrita (BERTI, 2015).

Seus estudos, em Paris, foram inicialmente em letras clássicas – encerrados em 1939 – e, posteriormente, em gramática e filologia – concluídos em 1943. Nos tempos de universidade em Paris, também ajudou a fundar o "Grupo de teatro antigo da Sorbonne". Barthes, apesar de toda a trajetória intelectual, não concluiu sua tese de doutoramento. Os escritos para a tese, entretanto, anos depois, resultaram no livro *Sistema da moda*.

> Sua carreira intelectual foi atípica. Tendo sofrido de tuberculose com várias recaídas, começou como professor no estrangeiro e passou parte do tempo da Segunda Guerra em sanatórios. Somente nos anos de 1950 começou a ser notado como ensaísta literário originalíssimo (*O grau zero da escritura*), crítico de teatro e autor de crônicas ferinas em que analisava os mitos da sociedade francesa contemporânea (*Mitologias*) (PERRONE-MOISÉS, 2015: 44)[11].

De 1952 a 1959 trabalha no Centro Nacional de Pesquisa Científica francês. Datam desse período os seus dois primeiros livros, "na esteira dos temas moralistas de Sartre, com manifestos sobre a essência da literatura" (SONTAG, 1986: 127), *O grau zero da escrita* (1953), e "penetrantes retratos dos ídolos da tribo burguesa" (SONTAG, 1986: 127), os artigos reunidos em *Mitologias* (1957). Entre 1954 e 1963, chega a publicar cerca de 80 artigos em 22 revistas diferentes (BERTI, 2015).

Nos anos de 1960, atuou como orientador de pesquisas na École Pratique des Hautes Études (Ephe), em Paris, mais tarde conhecida apenas como École de Hautes Études en Sciences Sociales (Ehess), "onde se notabilizou como um dos representantes mais famosos do estruturalismo" (PERRONE-MOISÉS,

2015: 44). É Barthes quem irá propiciar, em 1967, a entrada de Gérard Genette na Ehess. E entre seus muitos alunos "famosos" terá os escritores Georges Perec (França) e Italo Calvino (Itália); além da filósofa, linguista e psicanalista búlgaro-francesa, Julia Kristeva.

Na década de 1970, seu trabalho é influenciado por Jaques Lacan, Jaques Derrida e Michel Foucault. É quando passa a ser efetivamente estudado para fora da França, na Europa e nos Estados Unidos. Nessa mesma década, além de assumir a cadeira de Semiologia Literária no Collège de France – como já apontado antes –, Barthes vê seu livro *Fragmentos de um discurso amoroso*, de 1977, ser alçado à condição de *best-seller*, com mais de 60 mil exemplares vendidos na edição de estreia. No Collége de France, Barthes ministrou quatro cursos anuais (*Como viver junto*, *O neutro* e *A preparação do romance 1* e *2*), que renderam livros importantes, além de sua famosa aula inaugural, *Aula*, publicada posteriormente e já aqui também referenciada. Este último trata-se, como afirma Perrone-Moisés (2015), de uma espécie de testamento intelectual do autor, cuja mensagem presente, "o saber com sabor", pode ser concretizada, como projeto, apenas nos três anos seguintes, dada sua morte prematura em março de 1980, aos 64 anos.

A "confusão" apontada sobre as nomeações de referenciação (Teórico da literatura? Crítico literário, teatral, cultural? Semiólogo? Conselheiro sentimental? Marxista? Estruturalista?) a Barthes relacionam-se, como afirma Perrone-Moisés (2015), a todo este conjunto biográfico e suas materializações bibliográficas. Não por acaso, afirma a autora, anos após sua morte, ainda hoje, na comemoração do centenário de seu nascimento, seus textos continuam a "fascinar os mais variados leitores, por sua inteligência e seu poder de sedução" (2015: 44). Mais que isso, prendem o olhar pela extensão e originalidade, o que reserva a Barthes não apenas inferências profissionais e acadêmicas, mas, também, alguns adjetivos. Para Susan Sontag (1986: 127), todos os escritos de Barthes são polêmicos.

> Entretanto, o impulso mais profundo do seu temperamento não era combativo, mas celebratório. Suas devastadoras incursões, que deixavam supor a disposição de se indignar com a futilidade, a estupidez e a hipocrisia, gradativamente amainaram. Estava mais interessado em elogiar, em compartilhar suas paixões. Era um taxonomista da exaltação e do jogo lúcido da mente.

Mais de 30 anos após sua morte, e revendo as congruências e viragens de suas obras, a pesquisadora Leda Tenório da Motta (2015b) classifica Barthes como um cético contemporâneo, um ceticismo relacionado às palavras. Motta vislumbra três grandes "viragens" conceituais na obra de Barthes, cada uma mais ou menos localizada nas três décadas de visibilidade de sua obra em vida. Como afirma (2015b: 33):

> Cada uma dessas reviravoltas é estimável em si. Mas elas tornam-se ainda mais notáveis quando paramos para pensar que, juntas, encaminham a tese de Barthes, num século iconoclasta: não são as imagens, mas as palavras que são enganosas. Dela decorre um ceticismo barthesiano, já que o cético, em sua fonte filosófica, é aquele a quem a palavra excessiva oprime e fatiga.

As viragens propostas por Motta (2015b) lembram, em certa medida, a ideia de um Barthes "semiólogo nômade", proposta por Bocca (2003), para quem o percurso semiológico de Barthes parte de uma adesão ao estruturalismo científico de cunho saussureano, percorrendo-o aos seus limites, até desembocar em sua renúncia, assumindo a análise hermenêutica como alternativa de compreensão da cultura (p. 11). Para o autor, em obras como *Mitologias* (1957), *Elementos de semiologia* (1964) e ainda em *Sistema da moda* de (1967), Barthes desenvolve uma análise "estrutural" referente "aos [funcionamentos dos] sistemas não linguísticos que priorizam a 'farta significação' como os mitos, a literatura, a propaganda e a moda" (p. 12). Bocca afirma que a partir do final dos anos de 1960, mais precisamente pós a publicação de *S/Z*[12], em 1970, que Barthes promoveria em sua semiologia uma espécie de "virada pós-estruturalista", identificando a semiologia com a hermenêutica. O que Bocca identifica em dois livros: *Fragmentos de um discurso amoroso* e *Aula*, ambos de 1977.

Apesar das distinções – sejam elas viragens, seja um "nomadismo", ciclos (SILVA, 2005) –, a obra de Barthes, como aponta Fontanari (2013), parece estar unida por uma estrutura em comum, vinculada a um projeto: a caça às falsas evidências. Para o autor (p. 114), havia em Barthes

> [...] essa vontade de desvendar e de revelar o compromisso histórico (político) de qualquer discurso, tendo na linguagem o seu material evidente, seja na forma de texto literário ou então encontrado por debaixo, raspando a crosta sígnica que recobre o discurso do vestuário, do cartaz publicitário em outros objetos da cultura.

Essa ideia faria com que, ao final, a obra de Barthes valha como um todo que corresponde a uma "semiologia da significação", mais ampla do que aquela proposta por Saussure, estendendo a língua para todos os fenômenos significativos e valorizando um viés mais sociológico, que observaria a presença da ideologia, da cultura, em processos de produção de significação (FONTANARI, 2013). Algo que também aponta Ramos (2008: 159) ao classificar a semiologia de

185

Barthes. Para ele, a semiologia barthesiana "transcende o território dos signos, fazendo-o dialogar com a territorialidade da subjetividade e do social. Não os vê, de forma linear, mas revestidos de um sentido dialético, através da importância da *conotação*" (grifo do autor).

Afirmar uma coerência ou coesão em toda a obra de Barthes, bem como apostar em um "determinismo" acerca de suas influências biográficas, é um movimento arriscado e restrito, do qual preferimos fugir. Não é possível, por exemplo, aferir-lhe uma linearidade exata – o que o próprio Barthes, o "intérprete dos signos" (PERRONE-MOISÉS, 2008), defendia em relação aos processos de significação – bem como uma cronologia fiel ou uma tipologia de atributos. No entanto, são também os conceitos que aparecem em tais obras, aliados a uma "*performance* de escrita" marcada, aqueles que dão pistas para percebermos algumas permanências e rupturas no todo barthesiano e suas apropriações vistas, a seguir, pela comunicação.

Conceitos e escritura: operações por Barthes e com Barthes

Na escalada das obras de Barthes, bem como na grande maioria dos textos que historicizam sobre o autor e seus percursos teóricos, certos livros possuem destaque e, pela data de sua publicação, dão pistas e indícios sobre "momentos" epistemológicos, evidenciando ou deixando entrever escolhas reflexivas. No Brasil, além das áreas da linguística e da literatura, a comunicação pode ser considerada um perceptível escoadouro das ideias e conceitos (e/ou categorias) barthesianos(as).

O primeiro livro do autor, sua coletânea *O grau zero da escrita* (1953), "reúne, aumenta e funde uma série de artigos publicados, de 1947 a 1951, numa revista de nome aguerrido – *Combat* –, bem no espírito de todas aquelas com que Barthes haveria de colaborar, daí por diante, e em que seus futuros livros se anteсipariam" (MOTTA, 2010: 234). A obra, dividida em duas partes, subdivididas, respectivamente, em quatro e seis capítulos, tem por tema mais geral

> [...] a responsabilidade do escritor por sua forma, ou uma "moral da forma", como escreve, inquietantemente, Barthes, partindo da ideia preliminar de um desenlace entre o escritor e o mundo burguês, que o obriga a marcar essa separação, a tomar nota do peso de sua linguagem, a inscrever, enfim, esse dilaceramento no que escreve (MOTTA, 2010: 235).

Trata-se de um livro que deixa evidente, já desde o texto de título homônimo ao da obra, então elaborado por um desconhecido Barthes, toda a preocupação do autor pela *écriture* (escrita ou escritura para os brasileiros), que vai ressignificar a ideia de estilo na literatura como um valor crítico datado e cuja preocupação e uso latentes, como maneira de pensar a literatura moderna, estarão presentes em outros de seus artigos (MOTTA, 2010)[13].

Há diversos estudos sobre este livro inaugural de Barthes, passando pelos seus flertes com a poesia, pela reflexão sobre a temporalidade social, por problematizações morais, entre outras questões. Na comunicação, no entanto, a primeira obra de Barthes com grande inserção e releituras trata-se de seu segundo livro, *Mitologias* (1957), seguida de outro livro importante, *Sistema da moda* (1967). Ambos, entremeados por *Elementos de semiologia* (1965), e de uma marcada influência estruturalista, circulam com facilidade nas citações e referências da área[14]. Não apenas por aquilo que trazem sobre as leituras da cultura de massa, mas pela rede conceitual que articulam, oferecendo ferramentas importantes para a realização de análises de viés cultural-semiótico, algo frequente nos estudos comunicacionais. O olhar sobre o mito na vida cotidiana, materializado em *Mitologias*, demonstra essa inflexão. Para Barthes (1999: 132), o mito tem ao seu dispor diferentes suportes: "o discurso escrito, mas também a fotografia, o cinema, a reportagem, o esporte, os espetáculos, a publicidade, tudo isso é suscetível de servir de suporte à fala mítica".

De 1964, no livro *Essais critiques*, vem outro conceito importante de Barthes para lidar com questões midiáticas (além de literárias): *fait divers*[15]. Também relacionado às observações de Barthes à mídia nos anos de 1950 e princípio dos anos de 1960, o conceito tornou-se um importante "diagrama de análise" (RAMOS, 2001) para pensar certas lógicas dos meios de comunicação, em especial os jornalísticos. Ramos (2001: 120), um dedicado estudioso de Barthes no campo dos estudos comunicacionais, aponta:

> Na década de 1950, quando a mídia não era, ainda, um polvo, com tentáculos globalizantes. Estava circunscrita à peregrinação das agências internacionais, que rasgavam céus e mares, com o pecado original da defasagem temporal. Barthes decodificou a sua importância antes que ela se revelasse importante.

Os *fait divers* (fatos ou casos diversos, numa tradução comum) referem-se, na mídia, a notícias tradicionalmente descontextualizadas, menores, extraordinárias, de natureza sensacionalista (ANGRIMANI, 1994; RAMOS, 2001, 2012). Como lembra Dion (2007: 124-125), refere-se também à "[...] seção de um jornal na qual estão reunidos os incidentes do dia, geralmente as mortes, os acidentes, os suicídios ou qualquer outro acontecimento marcante do dia". Não à toa, o termo é frequente hoje nas chamadas teorias do jornalismo[16], mas diz respeito também à nossa própria cultura narrativa romanesca[17], com origens na imprensa popular francesa do século XIX à qual também se associa o termo (COCA, 2013; SODRÉ, 2009). Barthes assim define o termo:

> [...] uma informação total, ou mais exatamente imanente; ela contém em si o seu saber; não é preciso conhecer nada para consumir um *fait divers*, ele não remete formalmente a nada além dele próprio, evidentemente o seu conteúdo não é estranho ao mundo: desastres, raptos, agressões, acidentes, roubos, esquisitices, tudo isso remete ao homem, à sua história, à sua alienação, a seus fantasmas, a seus sonhos, a seus medos (BARTHES, 2009: 216, apud COCA, 2013: 2).

À luz das proposições de Barthes, Ana Maria de Alencar (2007), sintetiza e esclarece a relação dos *fait divers* com o mundo noticioso: "em primeiro, observamos uma diferença estrutural entre o *fait divers* e outros tipos de notícia. Um crime político – por exemplo, a falência fraudulenta de uma multinacional – é uma informação parcial, cuja explicação depende de um contexto anterior e exterior ao fato noticiado". Nesse sentido, aponta a professora, "o *fait divers*, ao contrário, é uma narrativa total, autossuficiente, pois o acontecimento, surgido *ex nihilo*, não precisa do mundo para ser 'consumido', na expressão de Barthes".

Pelas tramas do discurso literário e suas pontes com outras manifestações discursivas, outra importante obra de Barthes, *Fragmentos de um discurso amoroso* (1977), apresenta-se entre os estudos comunicacionais, com destaque para aqueles de investigação da ficção serializada na mídia, ou mesmo para os elementos de dramatização que permeiam suas dinâmicas, o que também, pelo "emocional", já é encontrado nas proposições sobre os *fait divers*.

A emoção, aliás, é algo marcante em outras produções do autor. Em seu ensaio intitulado *O terceiro sentido*[18], Barthes afirma que, na fotografia de uma cena, há três níveis de sentidos: um nível informativo, que é o nível de comunicação; um nível simbólico, o da significação, e um terceiro nível, assim refletido pelo autor: "desconheço seu significado, pelo menos não consigo dar-lhe um nome, mas posso distinguir os traços, os acidentes significantes que compõem esse signo, no momento, incompleto" (BARTHES, 1990: 46). Segundo o autor, esse "terceiro sentido" encontra-se velado na imagem, atrás do que é mostrado de imediato, e "contém uma certa emoção" (CHRISTÓFARO, 2008). No decorrer do ensaio, Barthes confessa "ser prisioneiro da insegurança" ao descrever esse sentido, vindo a nomeá-lo de "sentido obtuso"[19].

O terceiro sentido está presente em *O óbvio e o obtuso* (1982), obra exaustivamente citada pelos estudos comunicacionais. Junto com ele, outros dois textos, *A mensagem fotográfica* e *A retórica da imagem* – publicados separadamente antes da compilação do começo dos anos de 1980, em períodos distintos[20] –, trazem alguns conceitos importantes, que tiveram ampla difusão nas pesquisas e ensaios da e na comunicação.

Em *A mensagem fotográfica*, Barthes aborda as dificuldades que envolvem uma leitura fotográfica e como se dá a sua codificação. Segundo ele, mesmo sendo, para o senso comum, uma espécie de *analogon* perfeito do real, a fotografia possui a característica ímpar de ser uma *mensagem sem código*; "proposição de que se deduz imediatamente um importante corolário: a mensagem fotográfica é uma mensagem contínua" (BARTHES, 1990: 13). Com base nesse raciocínio, o autor propõe a existência de duas mensagens na fotografia: uma denotativa e outra conotativa. E é exatamente nesta divisão que se dá aquilo que ele chama de "paradoxo fotográfico": "O paradoxo fotográfico consistiria, então, na coexistência de duas mensagens: uma sem código (seria o análogo fotográfico) e a outra codificada (o que seria a 'arte' ou o tratamento, ou a 'escritura', ou a retórica da fotografia)" (BARTHES, 1990: 14). A ideia da conotação e da denotação terão importância decisiva no desenvolvimento da semiologia atribuída ao autor (RAMOS, 2008) e suas pontes com aspectos culturais.

Por fim, entre as referências conceituais e textuais nos estudos da comunicação, vale indicar o protagonismo de *A câmara clara* (1980). Esse texto, também fonte de um número infindável de trabalhos sobre a imagem em geral e a imagem fotográfica, reserva aos pesquisadores e leitores de Barthes a menção de conceitos fulcrais.

No livro, Barthes afirma que em toda fotografia estão presentes o fotógrafo e o espectador. Etienne Samain (1998), refletindo sobre essa proposição barthesiana, pontua: para Barthes, em toda fotografia "existem pelo menos dois observadores e duas observações, distanciadas no tempo e no espaço, sempre em torno de um assunto passado que sempre ressuscita" (SAMAIN, 1990: 123). A esse duplo observado, Barthes dará os seguintes nomes: *operator* e *spectator*. "O *Operator* é o fotógrafo. O *Spectator* somos todos nós, que compulsamos, nos jornais, nos livros, nos álbuns, nos arquivos, nas coleções de fotos" (BARTHES, 1984: 20).

Seguindo sua reflexão sobre esses dois observadores fotográficos, nos quais ele mesmo se inclui, Barthes lança mão de dois conceitos que ele considerará como elementos existentes na fotografia, copresentes e em constante contraste. Ao primeiro elemento ele dará o nome de *studium*, e ao segundo de *punctum*. O *studium* está relacionado à informação clássica da foto, àquela que permite um reconhecimento cultural, codificado a partir dos elementos nela presentes e a partir do repertório individual e de quem a vê. É através do *studium* que reconhecemos (que é possível reconhecer), segundo Barthes a intenção do fotógrafo (*operator*), aprovar ou não essa intenção. "O *studium* é uma espécie de educação (saber e polidez) que me permite encontrar o *Operator*, viver os intentos que fundam e animam suas práticas, mas vivê-las de certo modo ao contrário, segundo meu querer de *Spectator*" (BARTHES, 1984: 48). Já o *punctum* não é aquilo que a foto me informa como um todo, que ela me oferece. Ele é aquilo que na foto vem me procurar, é algo que parte da cena, um ponto que punge, um raio, uma flecha que salta do detalhe e vem me atingir. O *punctum* não é da ordem da intenção nem do simbólico. "O *punctum* da fotografia em Barthes é o que a imagem cala, o indizível da imagem, o inesgotável da imagem" (SAMAIN, 1998: 130). Nas palavras de Barthes, é o *punctum* que nos permite ver o campo que não está explícito na imagem, ele nos sugere extrapolar o que é definitivo, sempre fixo, sempre codificado. "O *punctum* é este campo cego da fotografia que cativa aquele que não está apenas à procura de uma evidência e de um saber, e sim de um labor humano" (SAMAIN, 1998: 131). Perceber um *punctum* é entregar-se ao detalhe e permitir-se uma expansão para ir em busca de um desvelamento fotográfico. "Última coisa sobre o *punctum*: quer esteja delimitado ou não, trata-se de um suplemento: é o que acrescento à foto e *que todavia já está nela*" (BARTHES, 1984: 85; grifo do autor). Assim ao acrescentar algo na foto, ao permiti-la "buscar-me", a ela "entregando-me", poder-se-ia dizer: o *punctum* diz do *spectator* e somente dele. Ao contrário do *studium*, que diz tanto do *operator* quanto do *spectator*.

Em *A câmara clara*, ao pensar sua função fugidia e mesmo metonímica, o autor extrapola o sentido do detalhe fotográfico que punge. Além de ponto, minúcia que nos fere enquanto espectadores da foto, o *punctum* também intensifica, dramatiza, move e atrela-se a um outro estigma, o estigma do tempo. Ele permite assim, através da leitura, varrer a imagem, transcendê-la, temporalmente. Algo não muito diferente da obra do autor como um todo e do próprio Barthes. Como afirma Pino (2015: 43; grifo da autora), Barthes, em seus textos, não escreveu "o" romance, "mas ele *preparou* essa aventura", cabendo aos seus leitores continuá-la. Se olhamos Barthes pela comunicação e entendemos seu papel no arranjo e no enredo de análises ricas – quem sabe, ao seu estilo, "anárquicas" –, vale pensá-lo como um autor que está conosco, com todos, assim como todos, de certa forma, com ele estão.

Notas

1. Disponível em http://www.iluminuras.com.br/blog/index.php/2015/03/19/nao-corra-ao-volante-voce-pode-atropelar-roland-barthes/ [Acesso em 02/04/2015].

2. Luiz Guilherme Barbosa (2012) relembra essa passagem em resenha sobre o livro da autora.

3. Principalmente a partir dos anos de 1970, quando "com *O prazer do texto*, *Roland Barthes por Roland Barthes* e *S/Z*, abandonou o projeto semiológico e iniciou uma fase de escrita vincadamente pessoal, caracterizada pela aliança da inteligência crítica com a sensualidade verbal" (PERRONE-MOISÉS, 2015: 44).

4. Vale mencionar o texto "As mortes de Roland Barthes", de autoria de Jacques Derrida (2008), que não apenas transita pelas obras do autor, mas traz elementos de ordem subjetiva para falar dele.

5. A mãe de Roland Barthes, Henriette Barthes (★1893) faleceu em 25 de outubro de 1977.

6. Neste capítulo, sempre que o título da obra aparecer em itálico, seguido de um parêntese com um ano, este ano referir-se-á à data de publicação da primeira edição da obra, em francês.

7. Nathalie Léger foi "diretora-adjunta do Institut de Mémoires de L'édition Contemporaine (Imec)" (FONTANARI, 2010a: 115). A publicação dos originais de Barthes sobre os últimos Seminários no Collège de France, por ela preparada, teve sua publicação somente em 2003.

8. Motta e Fontanari (2012: 164) lembram "que, pouco a pouco, nos anos de 1970, Barthes vai se afastando desse universo de termos técnicos e alçando novos voos epistemológicos, pois para ele as pesquisas científicas se tornaram um conjunto de trabalhos indiferentes e indiferenciáveis em relação ao seu *corpus*".

9. Como nas bonitas palavras de Susan Sontag (1986: 128) sobre o autor: "Barthes fazia literatura no próprio ato de falar de literatura".

10. Como lembra Berti (2015), em sua resenha sobre a recém-biografia de Barthes (SAMOYAULT, 2015), a paixão do autor pela música foi uma constante em sua vida, a ponto de seu último texto completado antes de morrer chamar-se "Piano-souvenir".

11. Foi durante seus tempos de internação que Barthes teve acesso a diversos livros clássicos da literatura mundial, os quais leu com fervor e "obsessão"

(BERTI, 2015): O *idiota*, de Dostoievski; *Os cardos do Baragan*, de Panait Istrati; *O estrangeiro*, de Camus.

12. Trata-se de "uma análise textual da obra *Sarracine*, de Balzac, levada a cabo por Barthes em *S/Z*, onde o *S* representa o escultor Sarracine e *Z* o personagem Zambinella. O próprio título, no que tem de pouco esclarecedor sobre o conteúdo da obra, já é um convite a que se invista em diversas interpretações possíveis em sua leitura. A obra total constitui um exame semiológico de um texto clássico. Trata-se de um tipo de metodologia aberta de leitura de texto que chamaremos de "plural", o que procuraremos explicar nos parágrafos seguintes" (BOCCA, 2003: 23).

13. O texto de Motta (2010) sobre *O grau zero da escrita* é completo e elucidativo, além de situar a discussão do livro, tendo-o como objeto, numa linguagem e contexto próprios do universo de uma teoria da literatura.

14. Antônio Fidalgo (1998), em *Semiótica: a lógica da comunicação*, traz um interessante capítulo sobre a "pansemiotização" característica de Roland Barthes, a partir de um olhar comunicacional.

15. A menção ao termo aparece no texto *Structure du Fait-Divers*, presente na obra. Uma versão em português desse texto está disponível em https://bibliotecadafilo. files.wordpress.com/2013/10/barthes-a-estrutura-dos-fait-divers.pdf

16. Vale citar nesse rol os escritos recentes sobre o acontecimento jornalístico, nos quais o conceito de *fait-divers* é ricamente explorado e problematizado: Sodré, 2009; Marocco, 2004, 2012, 2013; Picado, 2011; Vogel, 2005, 2008.

17. "Na literatura, o *Fait Divers* inspirou os heróis de Balzac; as novelas de Flaubert, tal como *Madame Bovary*; e o romance de Stendhal *O vermelho e o negro*. Proporcionou a Beauvoir e Sartre material para seus textos e Breton usou essa estrutura na poesia. Muitos outros escritores, também, sofreram sua influência, assim como artistas que pintaram suas obras, baseadas em *Fait Divers*" (RAMOS, 2004: 102).

18. O texto foi originalmente publicado em 1970 na tradicional revista *Cahiers du Cinema*.

19. Também, em seu clássico *O prazer do texto* (1973), o autor nos faz lembrar que a experiência cognitiva que temos com os mais distintos objetos culturais é marcada, por meio da linguagem, pelo afeto, pelo humor, pela sensibilidade.

20. Ambos na revista *Communications*. O primeiro em 1961 e o segundo em 1964.

Referências

ANGRIMANI, D. *Espreme que sai sangue* – Um estudo sensacionalista na imprensa. São Paulo: Summus, 1994.

ALENCAR, A.M. *O que é fait divers?*, 2007 [Disponível em http://www.letras. ufrj.br/ciencialit/docente/trabalhos/ana_alencar_fait_divers.html – Acesso em 18/02/2015].

BARTHES, R. *Ensaios críticos*. Lisboa: Ed. 70, 2009.

_____. *Aula*. São Paulo: Cultrix, 2007.

_____. *Mitologias*. Rio de Janeiro: Bertrand Brasil, 1999.

_____. *O óbvio e o obtuso*: ensaios críticos III. Rio de Janeiro: Nova Fronteira, 1990.

_____. *O rumor da língua*. São Paulo: Brasiliense, 1988.

_____. *A câmara clara*: nota sobre a fotografia. Rio de Janeiro: Nova Fronteira, 1984.

BERTI, E. Una revolución llamada Roland Barthes. In: *La Nación*, 05/05/2015 [Disponível em http://www.lanacion.com.ar/1792811-una-revolucion-llamada-roland-barthes – Acesso em 16/05/2015].

BOCCA, F.V. Roland Barthes: um semiólogo nômade. In: *Revista de Filosofia: Aurora*, vol. 15, n. 17, 2003, p. 11-27. Curitiba.

BOUGNOUX, D. Roland Barthes e a comunicação: um resgate necessário. *Revista Rumores*, vol. 6, n. 11, 2012, p. 325-330 [Entrevista a Flávio Augusto Queiroz e Silva. Disponível em http://www3.usp.br/rumores/artigos.asp?cod_atual=343 – Acesso em 24/01/2015].

BRAGA, J.L. Constituição do campo da Comunicação. In: *Verso e Reverso*, vol. 25, n. 58, 2011, p. 62-77.

CALVET, L.-J. *Roland Barthes, uma biografia*. São Paulo: Siciliano, 1993.

CARNEIRO, M.C. *Luto e escritura em* A câmara clara de Roland Barthes. Rio de Janeiro: UFRJ, 2007 [Dissertação de mestrado].

CASA NOVA, V. & GLENADEL, P. (orgs.). *Viver com Barthes*. Rio de Janeiro: 7 Letras, 2005.

CHRISTÓFARO, B. Instrumentos: o uso do texto-imagem como ferramenta de estudo e reflexão crítica sobre uma criação. *Memória Abrace Digital*, vol. XI, 2008, p. 1-4.

COCA, A.P. A narrativa dos fait divers em un cuento chino. In: *Razón y Palabra*, vol. 81, 2012, p. 1-13.

CULLER, J. *As ideias de Barthes*. São Paulo: Cultrix/Edusp, 1988.

DERRIDA, J. As mortes de Roland Barthes. In: *RBSE* – Revista Brasileira de Sociologia da Emoção, vol. 7, n. 20, ago./2008, p. 264-336.

DION, S. O fait divers como gênero narrativo. In: *Letras*, n. 34, jan.-jun./2007, p. 123-131. Santa Maria [Disponível em http://w3.ufsm.br/revistaletras/artigos_r34/ revista34_8.pdf – Acesso em 29/04/2013].

ENTLER, R. Para reler a câmara clara. In: *Facom* – Revista de Comunicação da Faap, n. 14, 2006, p. 4-9. São Paulo.

FIDALGO, A. *Semiótica*: a lógica da comunicação. Covilhã: BOCC/Labcom, 1998.

FONTANARI, R. A inquietante câmara clara. In: *Revista Cult*, abr./2015, p. 36- 39.

_____. Roland Barthes e o signo fotográfico. In: *Revista USP*, vol. 97, 2013, p. 112.

_____. Roland Barthes: a dor do luto. In: *Revista Criação & Crítica*, n. 5, 2010a, p. 115-118. São Paulo [Resenha. Disponível em http://www.fflch.usp.br/dlm/ criacaoecritica/dmdocuments/08CC_N5_RFontanari.pdf– Acesso em 12/01/2015].

_____. Roland Barthes e a fotografia. In: *Discursos Fotográficos*, vol. 6, 2010b, p. 53-76.

MAROCCO, B. Fragmentos de vidas exemplares. In: *Revista Famecos* [On-line], vol. 20, 2013, p. 372-389.

_____. A morte iminente no fait divers. In: MAROCCO, B.; BERGER, C. & HENN, R. (orgs.). *Jornalismo e acontecimento*: diante da morte. Vol. 3. Florianópolis: Insular, 2012, p. 185-202.

_____. *Prostitutas, jogadores, pobres e vagabundos no discurso jornalístico*. São Leopoldo: Unisinos, 2004.

MOTTA, L.T. Não corra ao volante, você pode atropelar Roland Barthes. In: *Blog Iluminuras*, 2015a [Disponível em http://www.iluminuras.com.br/blog/index.php/2015/03/19/nao-corra-ao-volante-voce-pode-atropelar-roland-barthes/ – Acesso em 22/04/2015].

_____. Um cético contemporâneo. In: *Revista Cult*, abr./2015b, p. 30-33.

MOTTA, L.T. & FONTANARI, R. Roland Barthes em *A câmara clara*, o semiólogo infiel. In: *Matrizes*, vol. 6, 2012, p. 161-168.

_____. *Roland Barthes*: uma biografia intelectual. São Paulo: Iluminuras/Fapesp, 2011.

_____. Roland Barthes e seus primeiros toques de delicadeza minimalista. In: *Alea*: Estudos Neolatinos, vol. 12, 2010, p. 233-247.

PERRONE-MOISÉS, L. & CHAVES DE MELLO, E. (orgs.). O prazer da palavra. In: *Revista Cult*, abr./2015, p. 44-47.

_____. Roland Barthes: o intérprete dos signos. In: *IHU On-line*, ed. 270, ano VIII, 25/08/2008 [Entrevista a André Dick. Disponível em http://www.ihuonline.unisinos.br/index.php?option=com_content&view=article&id=2078&secao=270 – Acesso em 10/04/2015].

_____. *De volta a Roland Barthes*. Rio de Janeiro: Eduff, 2005.

_____. *Roland Barthes*: o saber com sabor. São Paulo: Brasiliense, 1983.

PICADO, B. De pastiches e perplexidades: limites e devires da discursividade visual no fotojornalismo. In: SILVA, G.; KUNSCH, D.A.; BERGER, C. & ALBUQUERQUE, A. (orgs.). *Jornalismo contemporâneo*: figurações, impasses, perspectivas. Vol. 1. Salvador: EDUFBa, 2011, p. 157-180.

PINO, C.A. A última aventura. In: *Revista Cult*, abr./2015, p. 40-43.

RAMOS, R.J. *Os sensacionalismos do sensacionalismo*: uma leitura dos discursos midiáticos. Porto Alegre: Sulina, 2012.

_____. Roland Barthes: a semiologia dialética. In: *Conexão*, vol. 12, 2008, p. 40-48.

_____. Mídia e sensacionalismo: uma relação semiológica. In: *Ícone*, vol. 7, 2004, p. 102-107.

_____. Roland Barthes: mídia, semiologia e *fait divers*. In: *Revista Famecos*, vol. 14, 2001, p. 123-127. Porto Alegre.

SAMAIN, E. Um retorno à câmara clara: Roland Barthes e a antropologia visual. In: SAMAIN, E. (org.). *O fotográfico*. São Paulo: Hucitec, 1998, p. 121-134.

SAMOYAULT, T. *Roland Barthes*. Paris: Seuil, 2015.

SILVA, M.R.P. Os impasses da escrita e o lugar da poesia: uma leitura de "O grau zero da escrita", de Roland Barthes. In: *Remate de Males*, vol. 34, 2014, p. 127-143.

SILVA, M.R.P. Lição crítica: Roland Barthes e a semiologia do impasse. In: *Alea* – Estudos Neolatinos, vol. 7, n. 1, 2005, p. 65-78. Rio de Janeiro.

SODRÉ, M. *A narração do fato*: notas para uma teoria do acontecimento. Petrópolis: Vozes, 2009.

SONTAG, S. *Sob o signo de Saturno*. Porto Alegre: L&PM, 1986.

VOGEL, D. A sobrevida do *fait divers*. In: *Contracampo*, vol. 18, 2008, p. 135-148.

_____. A ficção do relato jornalístico. In: *Caligrama* – Revista de Estudos e Pesquisas em Linguagem e Mídia, vol. 1, n. 3, set.-dez./2005 [Disponível em http://www.eca.usp.br/caligrama/n_3/DaiseVogel.pdf – Acesso em.: 22/11/2014].

Outros livros do e sobre o autor publicados no Brasil

BARTHES, R. *Diário de luto*. Rio de Janeiro: Martins Fontes, 2011.

_____. *Crítica e verdade*. São Paulo: Perspectiva, 2009.

_____. *Sistema da moda*. Rio de Janeiro: Martins Fontes, 2009.

_____. *Sobre Racine*. Rio de Janeiro: Martins Fontes, 2008.

_____. *Análise estrutural da narrativa*. Petrópolis: Vozes, 2008.

_____. *Aventura semiológica*. Rio de Janeiro: Martins Editora, 2008.

_____. *Escritos sobre o teatro*. Rio de Janeiro: Martins Fontes, 2007.

_____. *Império dos signos*. Rio de Janeiro: Martins Fontes, 2007.

_____. *A preparação do romance*. 2 vols. São Paulo: Martins Fontes, 2005.

_____. *Sade, Fourier, Loyola*. Rio de Janeiro: Martins Fontes, 2005.

_____. *Grão da voz*. Rio de Janeiro: Martins Fontes, 2004.

_____. *Incidente*. Rio de Janeiro: Martins Editora, 2004.

_____. *Inéditos*. 4 vols. Rio de Janeiro: Martins Editora, 2004.

_____. *O grau zero da escrita*. Rio de Janeiro: Martins Fontes, 2004.

_____. *Como viver junto*. Rio de Janeiro: Martins Fontes, 2003.

_____. *O neutro*. Rio de Janeiro: Martins Editora, 2003.

_____. *Roland Barthes por Roland Barthes*. São Paulo: Estação Liberdade, 2003.

_____. *Fragmentos de um discurso amoroso*. Rio de Janeiro: Martins, 2002.

_____. *O prazer do texto*. São Paulo: Perspectiva, 2002.

_____. *Elementos da semiologia*. São Paulo: Cultrix, 1996.

_____. *S/Z*. Rio de Janeiro: Nova Fronteira, 1992.

_____. *Michelet*. São Paulo: Cia. das Letras, 1991.

_____. *Racine*. Porto Alegre: L&PM, 1987.

_____. *Língua, discurso e sociedade*. São Paulo: Global Universitária, 1983.

Elisabeth Noelle-Neumann (1916-2010)

Danila Cal★

O teórico da comunicação e o seu tempo

A alemã Elisabeth Noelle-Neumann (1916-2010) foi uma das principais mulheres pesquisadoras do campo da comunicação a alcançar visibilidade internacional. De acordo com Donsbach, Tsfati, Salmon (2014: 2; tradução nossa), "a morte dela encerrou uma carreira com bastante visibilidade como cientista social, empresária, consultora política e jornalista não só na Alemanha, mas também internacionalmente". O reconhecimento do trabalho de Noelle-Neumann adveio, pela vasta publicação da autora, por ter sido pioneira em métodos empíricos para análise de pesquisa de opinião na Alemanha e também por ter liderado associações científicas como a Wapor (*World Association for Public Oppinon Research*) e ter atuado como consultora política de autoridades alemães, como o chanceler Helmut Kohl – 1982 a 1998 (VISWANATH, 1996; AVERBECK--LIETZ, 2014; DONSBACH; TSFATI & SALMON, 2014).

Elisabeth nasceu em Berlim em uma família privilegiada financeira e culturalmente. Seu pai, Ernst Noelle, era diplomado em Direito, e sua mãe, Eva Schaper, era filha de um conhecido artista e professor de Artes. Segundo Viswanath (1996), a família foi muito influente na construção da trajetória acadêmica e crítica de Elisabeth. Enquanto a mãe a ensinava artes e cuidados com a casa, o pai reservava tempo semanal para discutir questões políticas desde quando ela tinha 10 anos de idade.

Durante o ensino médio, Elisabeth fundou um jornal na escola, que foi banido após poucas edições. Isso a estimulou a seguir a carreia de jornalista. Estudou jornalismo, história, filosofia e estudos americanos na Universidade de Berlim, na Konigsberg e na Universidade de Munique (VISWANATH, 1996). Em 1937, financiada pelo Daad (Serviço de Intercâmbio Alemão), estudou na Escola de Jornalismo da Universidade Missouri-Columbia nos Estados Unidos,

★ Professora do Programa de Pós-Graduação em Comunicação, Linguagens e Cultura da Universidade da Amazônia. Doutora em Comunicação Social e Sociabilidade Contemporânea (UFMG).

onde coletou material para sua tese de doutorado. Essa viagem foi fundamental para direcionar o trabalho de Elisabeth para a discussão sobre opinião pública. Foi lá que conheceu George Gallup, pesquisador de referência em pesquisa de opinião. A própria Elisabeth afirmou saber que o método desenvolvido por Gallup significava uma "revolução científica":

> Fiquei emocionada, um novo mundo se abriu. Imediatamente escrevi para o meu orientador de doutorado, Emil Dovifat, em Berlim. Eu não queria mais fazer doutoramento sobre a questão de como os jornais americanos fazem para atrair mulheres como leitoras, mas apenas sobre o método Gallup (NOELLE-NEUMANN, 2006: 1; tradução nossa[1]).

Em 1939, ela retorna à Alemanha para escrever a tese e concluir o doutorado em 1940. Entre 1940 e 1945, durante a Segunda Guerra, Elisabeth atuou como jornalista em jornais alemães. Esse momento de sua biografia é marcado por forte controvérsia. Como afirma Viswanath (1996: 302; tradução nossa), alguns críticos "argumentam que as ações dela durante esse período, particularmente seus escritos, eram mais apoiadores do que críticos ao Partido Nazista e até mesmo refletiam antissemitismo". Elisabeth e seus sucessores negam esse tipo de acusação e há inclusive disputas judiciais contra biografias da autora que trazem alegações dessa natureza[2]. Aos 90 anos, em entrevista ao jornal alemão *Die Welt*, Elisabeth afirmou que tentou se manter afastada dos nazistas e que participou o mínimo possível. Ela relatou também que, quando era estudante em Munique, conheceu Hitler: "Ele estava à paisana e parecia francamente cordial. Para mim, ainda hoje é difícil entender que este homem fora responsável por um assassinato em massa horrível. [...] Ele não se parecia com um monstro" (NOELLE-NEUMANN, 2006: 1; tradução nossa). Averbeck-Lietz (2014) destaca que, mesmo após tantos anos, a relação entre Elisabeth e o nazismo continua marcada por ambiguidades, o que demandaria mais pesquisa tanto acadêmica quanto jornalística sobre o assunto. Contudo, "qualquer que seja o segmento da ideologia nazista que tenha ou não influenciado sua vida e obra, o fato é que a autora foi parte da elite que manteve a continuidade entre o início dos anos de 1940 e a jovem República Federal Alemã" (AVERBECK-LIETZ, 2014: 429).

Após a guerra, em 1947, Elisabeth e seu primeiro marido Erich Peter Neumann fundaram o Institut für Demoskopie Allensbach[3] (Instituto de Demoscopia de Allensbach), considerado a primeira organização de pesquisa de opinião pública da Alemanha (VISWANATH, 1996; PETERSEN at al., 2010; DONSBACH; TSFATI & SALMON, 2014). A partir do Instituto foi desenvolvida uma série de pesquisas de sondagem de opinião sobre questões políticas e também sobre o papel da mídia. Nesse período Elisabeth foi convidada por Adorno e Horkheimer a lecionar e pesquisar no Instituto de Pesquisa Social de Frankfurt, mas ela não aceitou o convite para poder se dedicar ao Instituto de Allensbach (VISWANATH, 1996). Nas palavras da própria Elisabeth, "Horkheimer e Adorno tentaram me levar para o seu Instituto. Contudo, eu sentia que Allensbach precisava de mim naquele momento e, assim, não aceitei. Eu ainda tenho uma cópia da carta que enviei a Adorno" (NOELLE-NEUMANN, 2006: 1; tradução nossa).

Em 1961, iniciou atividades de docência na Universidade Livre de Berlim sobre pesquisa em comunicação. Após 1964, tornou-se docente da Universidade da Mogúncia (Alemanha), onde fundou em 1966 o Institut fur Kommunikationsforschung (Instituto de Pesquisa em Comunicação) (VISWANATH, 1996; AVERBECK-LIETZ, 2014).

Elisabeth teve uma forte atuação internacional para consolidação da área de pesquisa de opinião pública. Foi presidente da Wapor em 1979, período em que a organização passava por uma crise: poucos associados, poucos recursos e falta de visibilidade internacional (PETERSEN et al., 2010). Uma das soluções encontradas foi a revitalização do periódico ligado à associação. "Essas decisões culminaram com a criação do *International Journal of Public Opinion Research* poucos anos depois. O objetivo era criar um periódico que poderia aderir aos mais altos padrões científicos e que também teria uma perspectiva claramente internacional" (PETERSEN et al., 2010: 152; tradução nossa). Assim, Elisabeth foi cofundadora e coeditora do *International Journal of Public Opinion Research*[4] e continuou desenvolvendo atividades relacionadas à Wapor e ao *Journal* durante toda a vida.

A inserção internacional de Elisabeth ocorreu também pela vasta produção da autora, que conta com mais 400 títulos (entre artigos científicos, capítulos e livros), alguns tendo sido traduzidos para 15 línguas[5]. Em pesquisa recente, Donsbach, Tsfati, Salmon (2014) analisaram as citações da autora no Google Acadêmico e evidenciaram a forte influência da perspectiva de Noelle-Neumann em artigos publicados nos principais periódicos internacionais, inclusive em áreas distintas da comunicação política, como saúde, por exemplo, e em autores de diferentes nações. "Graças à sua publicação regular em periódicos internacionais, ela influenciou o desenvolvimento da pesquisa em opinião pública ao redor do mundo" (PETERSEN et al., 2010: 151; tradução nossa). A teoria mais importante e influente foi a da Espiral do Silêncio publicada no formato de artigo em 1974 no *Journal of Communication* e, em livro, em 1980 na versão alemã, e em 1984 na versão em inglês.

Entre 1962 e 2000, Noelle-Neumann recebeu mais de 11 prêmios em reconhecimento ao seu trabalho científico na Alemanha e internacionalmente. Trata-se, portanto, de uma autora de relevância inquestionável para o campo da comunicação, principalmente na interface com a política. Na próxima seção vamos apresentar algumas das principais perspectivas que influenciaram o trabalho de Noelle-Neumann.

Percursos e influências

Noelle-Neumann sustentou seu trabalho em variadas concepções teóricas e analíticas, que adivinham de diferentes campos do conhecimento, como filosofia política, comunicação, psicologia entre outros. Donsbach, Tsfati, Salmon (2014) destacam o que consideram os cinco principais fundamentos da produção acadêmica e científica da autora: 1) o resgate filosófico do conceito de opinião pública; 2) a Teoria da Percepção Social; 3) a discussão sobre o controle social; 4) a natureza social do homem; 5) a pesquisa eleitoral; e, por fim, 6) as teorias da comunicação, especialmente dos efeitos dos *media*.

Em relação ao *conceito de opinião pública*, Noelle-Neumann recorre a Aristóteles, Locke e Hume para defender que a perspectiva de opinião pública com a qual ela trabalha, como um fenômeno sociopsicológico, já estava presente nos escritos desses autores (DONSBACH; TSFATI & SALMON, 2014). A discussão de Locke sobre as leis que regem a sociedade, a lei divina, a civil e a da opinião e reputação está presente na maioria dos textos da autora sobre a espiral do silêncio. Nesse sentido, a perspectiva de Locke é fundamental para que Noelle-Neumann reflita sobre a pressão da opinião sobre os indivíduos (NOELLE-NEUMANN, 1995). Hume, de modo complementar, contribui deslocando a discussão dessa pressão da opinião do indivíduo para os governos. Sobre esse ponto, Noelle-Neumann defende a importância de reconhecer o peso da opinião na esfera política, mas destaca também que não se pode prescindir da perspectiva de Locke a respeito da influência no indivíduo (NOELLE-NEUMANN, 1995).

A autora faz referência ainda ao conceito de opinião pública trabalhado por Habermas. Embora contemporâneos e vivendo o mesmo contexto alemão, ambos pensam na opinião pública de modo distinto. Por um lado, para Habermas, o que está no cerne do conceito é a ideia de opinião pública como resultado de um processo de escrutínio público. Por outro, no modelo de opinião pública de Noelle-Neumann, "a deliberação e a racionalidade do discurso não estão em questão" (AVERBECK-LIETZ, 2014). Sobre esse assunto, Noelle-Neumann é enfática: "Eu sustento que não há absolutamente necessidade de usar o termo 'opinião pública' para esse *public reasoning*'" (NOELLE-NEUMANN, 2014: 53). Isso porque "o papel desempenhado pela livre-discussão política na formação de opiniões numa democracia permanece totalmente inalterado se o debate público ele mesmo for classificado como 'opinião pública'" (NOELLE-NEUMANN, 2014: 53).

A respeito da *Teoria da Percepção Social*, Donsbach, Tsfati, Salmon (2014) informam que a teoria de Noelle-Neumann se baseia na ideia de que as pessoas têm a habilidade de perceber quais as opiniões minoritárias ou majoritárias que circundam seu ambiente social. De acordo com esses autores, o fundamento dessa afirmação remonta a Charles Cooley, que cunhou o conceito *looking-glass self*, segundo o qual estabelecemos uma ideia sobre nós mesmos a partir de três elementos: imaginação do que nós somos para uma outra pessoa; imaginação de como essa outra pessoa nos julga; e algum tipo de autossentimento como orgulho ou vergonha (DONSBACH; TSFATI & SALMON, 2014).

Sobre *o controle social*, Noelle-Neumann argumenta que o modo como esse tema vinha sendo discutido na Teoria Sociológica acabava por separar os conceitos de controle social de opinião pública. Para a autora, isso faz com que desapareça o poder que integra e constrange governos e sujeitos a respeitar o consenso social (NOELLE-NEUMANN, 1995). Desse modo, argumenta Noelle-Neumann (1995), se considerarmos a influência sobre os indivíduos, o controle social e a influência sobre os governos de opinião pública, perde-se a relação entre os dois tipos de influência.

Corroborando essa perspectiva, está a discussão sobre *a natureza social do homem*, essencial para sustentar a perspectiva de Noelle-Neumann sobre opinião pública e a espiral do silêncio. Segundo Donsbach, Tsfati, Salmon (2014), esse tema apresenta três nuanças distintas no trabalho de Noelle-Neumann: a) nossa necessidade de presença dos outros; b) tomada de decisões em comunicação e de modo coordenado com os outros; c) nossa dependência em relação à opinião dos outros sobre nós mesmos. Essas três abordagens levam a um ponto central na teoria da pesquisadora alemã: o medo do isolamento que, de certo modo, assombra-nos como sujeitos sociais.

A experiência em *pesquisa eleitoral* e os achados empíricos a partir das sondagens realizadas pelo Instituto Allensbach também alimentaram a reflexão teórica de Noelle-Neumann. Donsbach, Tsfati, Salmon (2014) relatam que a experiência vivenciada por ela durante as eleições gerais da Alemanha de 1965 foi determinante para o desenvolvimento da teoria sobre *clima de opinião*. Naquelas eleições, enquanto as intenções de voto permeneceram inalteradas, a percepção (clima de opinião) sobre quem ganharia as eleições sofreu uma forte mudança. Isso a fez pensar sobre "a hipótese de que a percepção da opinião dos outros pode influenciar o próprio comportamento, explicando, dessa forma, um fenômeno que já estava circulando em torno da pesquisa eleitoral (i. é, a oscilação de último minuto)" (DONSBACH; TSFATI & SALMON, 2014: 24; tradução nossa).

Por fim, a quinta grande influência na construção teórica de Noelle-Neumann se refere aos estudos sobre *os efeitos dos media*. Segundo a autora, "os *media* de massa devem ser vistos como criando opinião pública: eles fornecem o ambiente de pressão para o qual as pessoas respondem com entusiasmo, ou com a aquiescência, ou com o silêncio" (NOELLE-NEUMANN, 1974: 51; tradução nossa). Assim, a autora atribui importância significativa para o papel dos *media* na construção do clima de opinião e no modo como isso repercute no comportamento dos indivíduos. Nesse contexto, tal como Lazarsfeld, Noelle-Neumann considera que os líderes de opinião desempenham um papel fundamental na formação da opinião e da vontade da sociedade. Há, entretanto, uma distinção entre as perspectivas desses autores. Segundo Kepplinger (2014), a diferença entre eles reside no fato de que, para Noelle-Neumann, "a importância do papel dos líderes de opinião na difusão de informações e opiniões não minimiza, mas maximiza os efeitos dos *media* de massa" (KEPPLINGER, 2014: 74; tradução nossa).

Após a exposição das bases do pensamento da autora, iremos detalhar e discutir na próxima seção o conceito de opinião pública com o qual ela trabalha e a Teoria da Espiral do Silêncio, a contribuição mais significativa de Noelle-Neumann para reflexão política e para os estudos em comunicação.

Principais conceitos: opinião pública e a espiral do silêncio

Noelle-Neumann inicia o clássico artigo *The Spiral of Silence: a theory of Public Opinion*, de 1974, com uma referência a Tocqueville: "Com mais medo do isolamento do que de cometer um erro, eles se juntam às massas, ainda que não concordem com elas" (TOCQUEVILLE, 1856, apud NOELLE-NEUMANN, 1974: 43). Esse excerto é ilustrativo em grande medida da teoria que a autora irá explicar nas páginas seguintes. Noelle-Neumann (1974) argumenta que, para o indivíduo, mais importante do que seu próprio julgamento é não se isolar. "Para os nossos propósitos vamos assumir que este medo de isolamento (não apenas medo de separação, mas também a dúvida a respeito da própria capacidade de julgamento) é uma parte integral de todo o processo da opinião pública" (NOELLE-NEUMANN, 1974: 43; tradução nossa). Segundo ela, é nesse ponto que os indivíduos mostram-se vulneráveis, na medida em que podem ser punidos pelo grupo social se não se comportarem de acordo com as normas, ainda que essas sejam tácitas. Portanto, "os conceitos de opinião pública, sanção e punição estão intimamente ligados uns aos outros" (NOELLE-NEUMANN, 1974: 43).

De acordo com Noelle-Neumann (1974, 1979), o conceito de opinião pública refere-se às opiniões que, num contexto de controvérsia, podem ser vocalizadas em público sem que os indivíduos tenham medo de sanções ou de serem isolados. Esse processo alimentaria o que a autora chama de Espiral do Silêncio. Consideremos, por exemplo, o caso do reconhecimento do direito ao casamento de casais homoafetivos. Imagine que a discussão em favor desse direito goza de amplo assentimento na sociedade, inclusive com os *media* apresentando em produtos jornalísticos e de entretenimento, como as novelas, de modo bastante positivo essa natureza de relacionamento. Nesse contexto, quem pensa, por exemplo, que não pode haver casamento entre pessoas do mesmo sexo, pode se sentir coagido pela pressão da opinião pública a não manifestar seu posicionamento pelo receio de que receba muitas críticas e sejam isolados, de certo modo, do convívio social.

Nas palavras de Noelle-Neumann:

> O medo do indivíduo de ficar isolado leva a um compromisso entre suas próprias inclinações e as tendências que ele observa estarem dominando o ambiente social. Onde quer que encontremos esse compromisso, podemos assumir estar lidando com uma situação de opinião pública, ou, em outras palavras, que a pressão da opinião pública está envolvida (NOELLE-NEUMANN, 1979: 153).

A autora considera que os indivíduos podem sentir como está o clima de opinião em torno de determinados assuntos, mesmo que não tenham acesso a pesquisas de opinião sobre o tema em questão. Sobre as sondagens, Noelle-Neumann (1979) destaca que os resultados não significam necessariamente a expressão da opinião pública:

> Em muitos desses resultados de sondagens, o elemento "público" está completamente ausente porque não há risco de ser isolado se tomar uma posição a respeito de um assunto público. No entanto, quase todas as questões podem, em algum momento e sob certas condições, tornarem-se controversas. Por isso, parece razoável apresentar, sob o título de opinião pública, distribui-

ções de frequência, mesmo que elas representem apenas um "clima latente" ou preferências consideradas totalmente privadas (NOELLE-NEUMANN, 1979: 153).

Essa noção de opinião pública para autora é, assim, empiricamente operacionalizável, capaz de ser mensurada. Essa por sinal é umas das vantagens apontadas pela própria Noelle-Neumann (1979) a seu conceito de opinião pública. Ela, como mencionamos na seção anterior, critica conceituações de opinião pública que advêm de um processo argumentativo, como a perspectiva defendida por Habermas. Segundo a autora, essa é muito difícil de ser operacionalizada, enquanto que a ideia de opinião pública baseada na pressão e no medo de isolamento social é mensurável. Essa afirmação se alimenta da experiência da autora na coordenação de diversas pesquisas de opinião realizadas pelo Instituto de Allensbach.

Sobre esse processo de formação da opinião pública, Noelle-Neumann desenvolve a hipótese da Espiral do Silêncio, considerada por ela como um mecanismo sociopsicológico, que parte de algumas premissas: 1) as pessoas observam o clima de opinião ao redor delas; 2) elas não apenas observam, mas também são perspicazes o suficiente para perceber qual opinião está em ascendência e qual não está; 3) elas têm medo de serem isoladas socialmente; 4) elas podem estar relutantes ou dispostas a expressar uma opinião com base em tal percepção (NOELLE-NEUMANN, 1974; VISWANATH, 1996). Essa hipótese foi testada em diversos momentos pela própria Noelle-Neumann e também por seus seguidores, muitos dos quais a abordam como Teoria da Espiral do Silêncio.

De acordo com Viswanath (1996), Noelle-Neumann sustenta que a opinião pública é alimentada por duas fontes. A primeira refere-se à observação direta acerca do clima de opinião que circunda temas e indivíduos. A segunda refere-se à observação indireta por meio dos *media* de massa na medida em que os jornalistas possuem preferências políticas e essas afetam o modo como influenciam o clima de opinião a respeito de certos assuntos, o que pode levar a uma espiral do silêncio.

Elisabeth Noelle-Neumann e a relevância teórica para o campo de pesquisas da comunicação

Podemos destacar pelo menos três contribuições da construção teórica de Noelle-Neumann para as pesquisas em comunicação: a primeira refere-se ao próprio conceito de opinião pública que ela desenvolve; a segunda diz respeito à sistematização de métodos empíricos para analisar a opinião pública; e a terceira refere-se ao papel da mídia como "articuladora" dessa espiral do silêncio.

Em relação à noção de opinião pública, o livro *Espiral do silêncio – Opinião pública nossa pela social* (não traduzido ao português) oferece uma grande contribuição ao fazer um resgate histórico minucioso desse conceito. Isso por si só já é um auxílio para a pesquisa em comunicação, uma vez que as definições de opinião pública por vezes mostram-se imprecisas ou abrangentes demais. A perspectiva trabalhada pela autora acerca da pressão que a opinião pública exerce sobre os indivíduos também é frutífera para a área não apenas em estudos eleitorais. Pesquisas recentes têm sido desenvolvidas aplicando essa noção de opinião pública para análise do modo como sujeitos interagem e se manifestam em redes sociais on-line (MIYATA & YAMAMOTO, 2015; FOX & WARBER, 2015). Contudo, as apropriações do modelo conceitual proposto por Noelle-Neumann devem ser acompanhadas de reflexão crítica. Um dos pontos pelos quais ela foi mais criticada diz respeito ao modo vulnerável pelo qual apresenta o indivíduo, como "ser fraco e passivo diante da pressão da opinião pública" (AVERBECK--LIETZ, 2014: 428-429). Também não ganha proeminência na perspectiva de Noelle-Neumann a ação de associações e grupos políticos representantes de minorias, por exemplo, e a discussão sobre como eles podem influenciar esse processo de pressão da opinião pública.

Sobre a contribuição metodológica, merece destaque os esforços empreendidos por Noelle-Neumann para traduzir perspectivas teóricas abstratas (como o conceito de opinião pública) em possibilidades empíricas. O modelo desenvolvido por ela influenciou e ainda influencia pesquisas no mundo inteiro. Entretanto, Csikszentmihalyi (2014) afirma que existe uma lacuna metodológica entre o desenho de pesquisa feito por Noelle-Neumann e o que outros autores têm sugerido desde 1974. Esse autor ressalta as inovações metodológicas empreendidas por Noelle-Neumann, que, mesmo num período de poucas tecnologias de comunicação e informação, conseguia com agilidade realizar sondagens de opinião e também desenvolvia formas criativas de coleta de dados. Csikszentmihalyi (2014) defende a ideia de que não devemos considerar a Teoria da Espiral do Silêncio empiricamente aplicável como um todo. Trata-se, segundo ele, de ferramenta teórica que ajuda a explicar nuanças do processo de formação da opinião pública. Para Csikszentmihalyi (2014), é necessário pensar modos de compreensão do fenômeno que está por trás da espiral do silêncio e isso não quer dizer a adoção de um padrão único de investigação ou ainda das variáveis trabalhadas no modelo de Noelle-Neumann. Ao invés disso, o desafio é construir desenhos metodológicos capazes de refinar a sensibilidade para compreensão da dinâmica e dos processos relacionados à opinião pública que se realizam ao longo do tempo no plano individual (CSIKSZENTMIHALYI, 2014). Se por um lado Noelle-Neumann trouxe inovações ao campo da pesquisa em comunicação e política, por outro devemos manter a mente aberta e procurar o aprimoramento das ferramentas metodológicas e analíticas.

Por fim, podemos pensar a partir da teoria de Noelle-Neumann sobre o modo como os *media* atuam na constituição de opiniões públicas. Viswanath (1996) destaca que uma parte da teoria de Noelle-Neumann tem recebido pouca atenção: a ideia de que os *media* possuem uma "função articuladora". Essa noção parte da perspectiva de que se há uma maioria silenciosa é porque os *media* "não desenvolveram ou 'formularam' os argumentos que eles precisam articular" (VISWANATH, 1996: 305). Pensar nos *media* como "articuladores", portanto, estimula a reflexão não apenas sobre o que é tematizado nesses ambientes e a partir de qual abordagem, como também nos possibilita refletir sobre os processos de silenciamentos internos à cena midiática. Para Viswanath (1996), essa noção se aproxima dos estudos sobre os efeitos dos enquadramentos midiáticos, o que a faz pensar se Noelle-Neumann não teria sido pioneira nessa discussão, ainda que de modo bastante incipiente.

Notas

1. Disponível em http://www.welt.de/politik/article704802/Was-ist-das-Wichtigste-im-Leben-Frau-Noelle-Neumann.html

2. A cronologia dos processos está disponível no site criado por sucessores de Noelle-Neumann e pode ser acessada em alemão: http://noelle-neumann.de/wp-content/uploads/2014/12/Rechtliche-Auseinandersetzungen-J%C3%B6rg-Becker-08.15.pdf

3. Mais informações em http://www.ifd-allensbach.de/

4. Em 2015, o fator de impacto do periódico era 1.462, o que demonstra excelência científica. Mais informações em http://ijpor.oxfordjournals.org/

5. É possível acessar a lista das publicações de Noelle-Neumann no site http://noelle-neumann.de/wp-content/uploads/2014/12/Ver%C3%B6ffentlichungsverzeichnis.pdf

Textos de Elisabeth Noelle-Neumann

Apesar da extensa produção bibliográfica de Noelle-Neumann, há apenas um artigo traduzido para o português:

NOELLE-NEUMANN, E. Pesquisa eleitoral e clima de opinião. In: *Opinião pública*, vol. 1, n. 2, 1993, p. 74-97.

Outra possibilidade para os leitores brasileiros é recorrer à versão em espanhol do livro mais influente da autora:

NOELLE-NEUMANN, E. *La espiral del silencio*. Barcelona: Paidós, 1995.

A maior parte dos textos está em alemão e em inglês. Segue uma lista das principais obras:

NOELLE-NEUMANN, Elisabeth. Public Opinion and Social Control. In: DONSBACH, W.; SALMON, C.T. & TSFATI, Y. (eds.). *The Spiral of Silence*: New Perspectives on Communication and Public Opinion. Londres/Nova York: Routledge, 2014, p. 19-32.

_____. *The spiral of silence* – Public opinion: Our social skin. 2. ed. Chicago/ Londres: University of Chicago Press, 1993.

_____. Advances in spiral of silence research. *Keio Communications Review*, 10, 1989, p. 30-34.

_____. Federal Republic of Germany: Election forecasts and the public. *European Research*, 15, 1987, p. 162-165.

_____. Identifying opinion leaders. *European Research*, 13 (4), 1987, p. 18-23.

_____. International opinion research: how to phrase your questions. *European Research*, 12 (3), 1984, p. 124-131.

_____. *The spiral of silence-Public opinion*: Our social skin. Chicago/Londres: University of Chicago Press, 1984.

_____. The effects of media on media effects research. *Journal of Communication*, 33 (3), 1983, p. 157-165

_____. Experiments in the measurement of readership. *Journal of the Market Research Society*, 21, 1979, p. 251-267.

_____. Public opinion and the classical tradition. *Public Opinion Quarterly*, 43, 1979, p. 143-156.

_____. The spiral of silence a theory of public opinion. *Journal of Communication*, 24 (2), 1974, p. 43-51.

_____. Return to the concept of powerful mass media. *Studies in Broadcasting*, 9, 1973, p. 67-112.

Lista completa de publicações: http://noelle-neumann.de/wp-content/uploads/2014/12/Ver%C3%B6ffentlichungsverzeichnis.pdf

Referências

AVERBECK-LIETZ, S. Da ciência do periódico à "ciência da liderança nacional-socialista": como os estudos de imprensa adotaram o regime nazista na Alemanha. *Revista Famecos*, vol. 21, n. 2, 2014, p. 418-437.

CSIKSZENTMIHALYI, M. Elisabeth Noelle-Neumann and the Mysteries of Solitude. In: DONSBACH, W.; SALMON, C.T. & TSFATI, Y. (eds.). *The Spiral of Silence:* New Perspectives on Communication and Public Opinion. Londres/Nova York: Routledge, 2014, p. 213-218.

DONSBACH, W.; TSFATI, Y. & SALMON, C. The Legacy of Spiral of Silence Theory: An Introduction. In: DONSBACH, W.; SALMON, C.T. & TSFATI, Y. (eds.). *The Spiral of Silence*: New Perspectives on Communication and Public Opinion. Londres/Nova York: Routledge, 2014, p. 1-18.

FOX, J. & WARBER, K.M. Queer Identity Management and Political Self-Expression on Social Networking Sites: A Co-Cultural Approach to the Spiral of Silence. *Journal of Communication*, vol. 65, n. 1, 2015, p. 79-100.

KEPPLINGER, H. Three Contexts of the Spiral of Silence Theory. In: DONSBACH, W.; SALMON, C.T. & TSFATI, Y. (eds.). *The Spiral of Silence*: New Perspectives on Communication and Public Opinion. Londres/Nova York: Routledge, 2014, p. 44-54.

MIYATA, K.; YAMAMOTO, H. & OGAWA, Y. What Affects the Spiral of Silence and the Hard Core on Twitter? – An Analysis of the Nuclear Power Issue in Japan. *American Behavioral Scientist*, 2015, p. 1.129-1.141.

NOELLE-NEUMANN, E. Public Opinion and Social Control. In: DONS-BACH, W.; SALMON, C.T. & TSFATI, Y. (eds.). *The Spiral of Silence*: New Perspectives on Communication and Public Opinion. Londres/Nova York: Routledge, 2014, p. 19-32.

_____. Interview: Was ist das Wichtigste im Leben, Frau Noelle-Neumann? *Die Welt*, 26/12/2006 [Disponível em http://www.welt.de/politik/article704802/ Was-ist-das-Wichtigste-im-Leben-Frau-Noelle-Neumann.html – Acesso em 01/07/2015].

_____. *La espiral del silencio*. Barcelona: Paidós, 1995.

_____. Public Opinion and the Classical Tradition: A Re-evaluation. *Public Opinion Quarterly*, vol. 43, n. 2, 1979, p. 143-156.

_____. The spiral of silence a theory of public opinion. *Journal of Communication*, 24 (2), 1974, p. 43-51.

PETERSEN, T. et al. In Memoriam Elisabeth Noelle-Neumann. *International Journal of Public Opinion Research*, 22 (2), 2010, p. 151-152.

VISWANATH, K. *Elisabeth Noelle-Neumann (1916-)*. In: SIGNORIELLI, N. *Women in communication*: A biographical sourcebook. Portsmouth: Greenwood Publishing Group, 1996, p. 300-311.

Sites consultados

http://noelle-neumann.de

https://www.daad.de/alumni/netzwerke/vip-galerie/deutschland/12665.en.html

http://www.ifd-allensbach.de/

http://www.welt.de/politik/article704802/Was-ist-das-Wichtigste-im-Leben-Frau-Noelle-Neumann.html

Edgar Morin (1921-)

Iluska Coutinho*

Construir um perfil ou apresentação de Edgar Morin e de suas contribuições para o campo da comunicação é uma tarefa que parece conjugar duas palavras, conceitos-chave ao longo da trajetória desse autor: compreensão e complexidade. Assim, esse texto compreende como essenciais alguns princípios do pensamento complexo proposto por Morin, como a incompletude, o não acabamento e a parcialidade do conhecimento. Ao reconhecer a impossibilidade de apresentar uma visão completa do pensamento do estudioso francês, autor de mais de 50 livros, assume-se o lugar de um sujeito-observador que busca perceber e destacar os conceitos-chave de Edgar Morin para pensar a comunicação e suas relações com a sociedade, esta cada vez mais midiatizada.

Nascido em 8 de julho de 1921, o filho de Vidal Nahoum e Luna Beressi teria experimentado dificuldades de definição já em seu nascimento e infância de acordo com Maria da Conceição de Almeida: "[...] quando o pequeno Edgar precisa dizer sua origem e, mais precisamente, de onde viera seu pai [...]. Essa ausência de origem unitária o acompanha até hoje" (2004). Em um itinerário do pensamento do autor apresentado em um ciclo de estudos sobre a obra *O método*, Almeida argumenta que essas marcas teriam contribuído para que Morin se constituísse como um sujeito mestiço, não sendo possível atribuir um pertencimento único, particular ao autor.

Interessado por literatura e cinema desde sua infância, durante a Segunda Guerra Mundial ele se engaja na Resistência Francesa e assume o sobrenome Morin, em lugar do judaico Nahoum. Depois da guerra Edgar Morin trabalhou como redator em jornais do Partido Comunista, onde começou a enfrentar atritos por sua postura crítica também ao comunismo (sua filiação ao Partido Comunista ocorre no período entre 1941 e 1949). Em 1946, o autor publica sua primeira obra, *O ano zero da Alemanha*, marcada pelo diálogo entre vários saberes, pela cultura transdisciplinar que caracteriza também sua formação.

---

* Professora do Programa de Pós-Graduação em Comunicação da Universidade Federal de Juiz de Fora. Doutora em Comunicação Social (Umesp).

Criador na década de 1960 do Centro de Estudos de Comunicação de Massa, vinculado à Escola de Altos Estudos em Ciências Sociais, Edgar Morin também foi um dos responsáveis pela fundação de duas revistas científicas, *Arguments* e *Communications*; a primeira, voltada aos estudos sociopolíticos, circulou entre 1956 e 1962, enquanto a outra publicação, dirigida aos temas da comunicação e questões culturais, foi publicada de 1961 até 2013 pelo atual Centro Edgar Morin.

Licenciado em História, Geografia e Direito, ele se autointitularia um "contrabandista de saberes". Segundo Maria da Conceição de Almeida (2004), isso ocorreria na medida em que Morin transitaria por diferentes divisões disciplinares, arbitrariamente estabelecidas, ao tentar articular de maneira ampla o pensamento que teria sido excessivamente fragmentado pela superespecialização. Essa multiciplicidade de formações, e de perspectivas, também estaria presente no discurso da mídia sobre o autor, onde ele é apresentado algumas vezes como sociólogo, outras como filósofo e ainda como antropólogo.

Para o campo de estudos da comunicação, uma das formas de apresentação possível de Edgar Morin seria a de autor da obra inaugural da corrente denominada Teoria Culturológica por Mauro Wolf (1994: 89). Oposta à *communication research*, a linha de estudos que privilegia o estudo da cultura de massa, coloca em crítica também os meios de comunicação como objeto de estudo preferencial na pesquisa administrativa. A proposta seria apresentada na obra *L'Esprit du temps* (*O espírito do tempo*), de 1962: "[...] não diz diretamente respeito aos *mass media* e, muito menos, aos seus efeitos sobre os destinatários: o objeto de análise que, programaticamente, se procura atingir é a definição da nova forma de cultura da sociedade contemporânea" (WOLF, 1994: 89).

Na França, a publicação da obra ocorre nos anos de 1960, quando Morin torna-se integrante do CNRS, Conselho Nacional de Pesquisa Científica, onde desenvolve e coordena investigações desde então. Em 1974, ano em que ocorre a terceira edição de *Cultura de massa no século XX* publicada no Brasil, o autor já percebe um deslocamento do eixo daquela forma cultural, um novo "espírito do tempo". Apesar disso, segundo relata no prefácio da obra, avalia que muitas características descritas quando da redação da obra ainda se mantinham, ainda que houvesse "[...] muito que acrescentar" (MORIN, 1997: 7).

As pesquisas e propostas de Edgar Morin passam por um processo de "reorganização genética", com sua participação no Instituto Salk, na Califórnia. É a partir de 1968, quando o pesquisador passa a atuar nos Estados Unidos, que ele passa a incorporar as contribuições da cibernética, da biologia e da Teoria dos Sistemas. O projeto da Teoria da Complexidade, um método de conhecimento transversal, organiza-se a partir da publicação dos seis volumes do *método*.

O lugar da comunicação

O artigo "A comunicação pelo meio" (Teoria Complexa da Comunicação) foi publicado em 2003 no Brasil e propõe-se como uma reflexão concebida dialogicamente entre Morin e seu tradutor, o Professor Juremir Machado. O texto busca estabelecer o lugar da comunicação na obra do pesquisador francês, um *locus* que não seria prioritário, de partida: "De alguma maneira, eu nunca me interessei pela comunicação em si mesma, embora tenha tratado de temas adjacentes em livros como *O cinema e o homem imaginário, Cultura de massa no século XX* e *As estrelas*" (MORIN, 2003: 7). O mais importante, segundo o autor, seria a reflexão sobre a cultura de massa, ainda que esta dependesse da mídia para se desenvolver. Assim, a existência de um sistema de comunicação de massa ou midiático estruturado interessava a Morin na medida em que tornaria possível criar alternativas artísticas ou industriais, para o cinema e a televisão, por exemplo.

Tema do livro *As estrelas: mito e sedução no cinema*, a mitologia em torno dos integrantes do *stars system* seria tributária da existência de uma cultura de massa que emergiria com o desenvolvimento da mídia, e de novos meios.

> Esse cruzamento é que sempre me interessou e continua me parecendo muito importante do ponto de vista de pesquisa e de compreensão da complexidade comunicacional e cultural contemporâneas. O tema da comunicação permanece decisivo, mas só faz plenamente sentido quando é tomado em conexão com outros fenômenos socioculturais e políticos: O que significa comunicar? Como se comunicar? (MORIN, 2003: 7).

O autor alerta para o risco de atribuir-se excessivo determinismo ou centralidade aos aspectos comunicacionais, ainda que nos processos de desenvolvimento dos meios e do acesso a eles tenha desempenhado um papel relevante no fenômeno de globalização experimentado no final do século XX. Morin advoga para a importância de pensar a comunicação associada a outros problemas, de forma não fragmentada, como propõe o paradigma da complexidade, ou recorrendo a uma expressão largamente utilizada no início do século XXI, de forma a permitir "[...] sempre o exame da interface da comunicação com outras áreas do conhecimento. Por isso, nunca me tornei um comunicólogo" (MORIN, 2003: 8).

Outro risco seria o predomínio do que denomina como o mito da comunicação, no qual a reflexão cederia lugar a *slogans* e reducionismos, como o embutido nas expressões "sociedade da informação", "sociedade da comunicação" e "sociedade do conhecimento". De acordo com Morin, experimentaríamos diversas aplicações da Teoria da Informação e da Cibernética em nosso cotidiano, mas a informação, mesmo no sentido jornalístico da palavra, não é conhecimento, pois o conhecimento é o resultado da organização da informação" (2003: 8). E, se haveria um excesso de informações na contemporaneidade, as dificuldades de organizá-las evidenciariam uma carência de conhecimento; a despeito do maior desenvolvimento dos meios de comunicação, na perspectiva do autor haveria menos compreensão entre as pessoas.

Sem estar ligada à materialidade da comunicação, mas a aspectos da vida social e política, entre outras coisas, a compreensão como forma de conhecimento demandaria uma relação subjetiva, de simpatia com o Outro. Essas relações seriam, segundo hipótese de Morin, eventualmente potencializadas pelas ações de projeção e de identificação via consumo de produtos culturais, "[...] como ocorre quando vamos ao cinema ou lemos romances e simpatizamos com os personagens. A compreensão, mais do que a comunicação, ou em consequência desta, é o grande problema atual da humanidade" (MORIN, 2003: 8). Sem equivaler à compreensão, a comunicação não bastaria para que esta se realize. Como condição de base, técnica ou formal (códigos, língua), a comunicação afeta ou auxilia a compreensão, embora não seja capaz de garantir sua ocorrência. Para Morin, a compreensão seria um problema de cunho filosófico, de fins e não de meios, como a comunicação, que deste é dependente em sua perspectiva.

A partir daí o autor critica o que considera uma concepção vulgar do marxismo que projetou um excessivo poder à mídia, e segundo a qual esta seria um instrumento de alienação, que impediria os trabalhadores, impedindo-os de tomar consciência dos seus próprios problemas. Futebol e telenovela, vistos criticamente por intelectuais, não impediriam um posicionamento consciente dos cidadãos.

> As coisas são simplesmente mais complexas [...] As teorias da alienação pela comunicação e pelo entretenimento são frágeis e têm enfrentado revisões e refutações constantes. Pesquisas já mostraram que a mídia pode influenciar na vida das pessoas, mas que ela não desempenha um papel determinante no essencial (MORIN, 2003: 9).

Para o autor é preciso falar claramente de comunicação, sem rebuscamento e adesão a teorias obscuras, buscando a compreensão dos fenômenos em suas relações com a(s) sociedade(s). Compreender a comunicação demandaria o enfrentamento dos problemas de civilização, e o reconhecimento de que as necessidades buscadas nos meios de comunicação, que de orientação e/ou de relaxamento estão relacionadas à forma de organização do tempo, também do trabalho e do lazer.

> O problema é mesmo de civilização. [...] Precisamos, portanto, ter uma visão multidimensional da realidade humana. Na vida, no cotidiano, a mídia desempenha um papel, porém não se trata do papel central nem mesmo de um só papel. A sua influência depende de contexto, de filtros, de situações históricas, de percursos individuais e de uma série de outros fatores (MORIN, 2003: 9-10).

Morin atribui competência àqueles que experimentam as relações de identificação, apostando em sua capacidade de perceber as distinções entre realidade e ficção. Para o autor todos teríamos uma consciência complexa, organizada a partir de suas vivências e de sua racionalidade, aptidões intelectuais. "A educação formal é apenas uma das possibilidades de educação dos sentidos. Existe uma sabedoria não acadêmica" (MORIN, 2003: 10). O autor ainda aponta um excesso de discussão sobre o papel da mídia e paradoxalmente uma ausência de clareza quanto à sua efetiva influência no cotidiano dos cidadãos.

Morin retoma no texto a importância de, mais do que denunciar a manipulação, compreender a relação da mídia com nossos imaginários. Essa temática está presente em algumas obras consideradas chave na história dos estudos em comunicação, como *Cultura de massas no século XX* e *As estrelas*.

Naquele momento, quando o autor iniciaria a corrente conhecida como Teoria Culturológica, mas também nos primeiros anos do século XXI, Morin salienta a importância de considerar a comunicação em situações concretas, e seus contextos, um processo sempre multidimensional e complexo, que exigiria não assumir como ponto de partida a eficácia do emissor, mas sim o reconhecimento da competência, também midiática, do emissor.

Ao enunciar sua proposta de refletir sobre a nova forma de cultura que emergia no início dos anos de 1960, Morin já advogava a necessidade de um pensamento mais complexo, embora então ainda não enunciado como Teoria da Complexidade, mas por meio do método da totalidade.

Cultura de massa nos séculos XX e XXI

Publicada no início dos anos de 1960 a obra *O espírito do tempo*, cuja tradução brasileira foi estruturada em dois volumes – *Neurose* e *necrose* – e tratava de transformações na configuração cultural das sociedades, com reflexos na chamada cultura de massas. De acordo com Morin, já no prefácio à terceira edição brasileira, a problemática central era a da cultura, de estabelecimento de uma mitologia da felicidade, um processo que teria início no que o autor considera a segunda industrialização, a do espírito: "[...] a que se processa nas imagens e nos sonhos. A segunda colonização, não mais horizontal, mas desta vez vertical, penetra na grande reserva que é a alma humana" (MORIN, 1997: 13).

Conceito-chave na obra do autor, a *cultura de massa* é entendida como uma terceira cultura, que emergiria pós-Segunda Guerra Mundial. Esse período é caracterizado como de amplo progresso da técnica, tempo em que o ser humano seria atravessado por mercadorias culturais, produzidas e difundidas maciçamente por meio da mídia de massa. Assim, a cultura de massa seria o equivalente cultural da sociedade de massa, embora Morin denuncie uma excessiva limitação da noção de massa.

> [...] uma cultura constitui um corpo complexo de normas, símbolos, mitos e imagens que penetram o indivíduo em sua intimidade, estruturam os instintos, orientam as emoções. Esta penetração se efetua segundo trocas mentais de projeção e identificação polarizadas nos símbolos, mitos e imagens da cultura [...] (MORIN, 1997: 15).

Nascida nos Estados Unidos, embora com vocação cosmopolita e expansão planetária, a cultura de massa forneceria pontos de apoio práticos à vida imaginária. Esses atalhos para o imaginário seriam ofertados em meio ao consumo cotidiano de mercadorias. Ao propor o conceito de cultura de massa, Morin também argumenta em favor de um método de estudo e investigação mais amplo, com a crítica do que denomina de cultura cultivada: "Qualquer que seja o fenômeno estudado, é preciso primeiramente que o observador se estude, pois o observador ou perturba o fenômeno observado, ou nele se projeta de algum modo" (1997: 19). A essa proposta de autocrítica do pesquisador da cultura, soma-se a da totalidade e da participação do observador na fruição do objeto observado, seria necessário seguir a cultura de massa em seus movimentos e processos.

Talvez por essa proposta de abordagem, o autor pareça evitar um excessivo fechamento conceitual.

> O termo cultura de massa não pode ele mesmo designar essa cultura que emerge com fronteiras ainda fluidas, profundamente ligadas às técnicas e às indústrias, assim como à alma e à vida cotidiana. São os diferentes estratos de nossas sociedades e de nossa civilização que estão em jogo na nova cultura (MORIN, 1997: 20).

Na dinâmica de produção da indústria cultural seria importante ainda observar os reflexos do tipo de intervenção estatal nos próprios conteúdos gerados. Segundo o autor, enquanto o sistema privado seria vivo, divertido ao tentar adaptar sua cultura ao público, que se converteria em audiência, o sistema de Estado seria forçado, com uma busca em direção contrária, de adaptar o público à sua cultura. Por outro lado, mesmo no campo não estatal, as estruturas de produção, já então marcadas pela "concentração técnico-burocrática" (e qualquer semelhança com os atuais conglomerados de mídia não seria mera coincidência), também conformariam a cultura de massa. Entre os resultados percebidos por Morin estariam "[...] a tendência à despersonalização da criação, à predominância da organização racional de produção (técnica, comercial, política) sobre a invenção, à desintegração do poder cultural" (1997: 25). A tensão entre as estruturas padronizadas e a originalidade, inscrita em seu próprio funcionamento, deveria ser constantemente superada pela indústria cultural. "A contradição invenção-padronização é a contradição inerente da cultura de massa. É seu mecanismo de adaptação ao público e de adaptação do público a ela. É sua vitalidade" (MORIN, 1997: 28).

Ao propor a saída do paradoxo de uma organização burocrática industrial da cultura, Morin aborda outro tema-chave para compreender o espírito do tempo, o de *imaginário*, e sua estrutura. Estruturado segundo arquétipos, o imaginário se assentaria em figurinos-modelo do espírito humano responsáveis por ordenar os sonhos, especialmente os racionalizados, com temática mítica ou romanceada. "Regras, convenções, gêneros artísticos impõem estruturas exteriores às obras, enquanto situações-tipo e personagens-tipo lhes fornecem as estruturas internas" (MORIN, 1997: 27). De acordo com o autor, a indústria cultural padronizaria os grandes temas de romance, e ofereceria clichês dos arquétipos em estereótipos com o apelo, tensionamento pela padronização.

Como indústria cultural, a imprensa de massa sofreria mais os impactos da burocratização que o cinema. Este procuraria unir o arquétipo ao desejo e busca individuais por meio da figura da *vedete*, compreendida como "o melhor antirrisco da cultura de massa, e, principalmente, do cinema" (MORIN, 1997: 28). Apesar disso, mesmo a utilização de vedetes acaba por se tornar um padrão da cultura de massa, assim como a divisão do trabalho de produção e a racionalização. As mercadorias da cultura de massa teriam as marcas dessas limitações produtivas: "[...] verdadeiros moldes espaçotemporais [...] os grandes temas do imaginário (romances, filmes) são eles mesmos, em certo sentido, arquétipos e estereótipos constituídos com padrão" (MORIN, 1997: 30-31).

Vedete e autor participariam desse processo de padronização/individuação, esta entendida como busca por diferenciação. Dois polos desse processo, vedete e autor teriam uma dialética que o autor considera na maioria das vezes repulsiva na medida em que, quanto mais aumentasse a individualidade da primeira (vedete), mais diminuiria a do autor. O próprio Morin identifica o que seria uma crise do autor com sua obra, nos casos em que haveria vergonha ou recusa da autoria, sobretudo em função do constrangimento pela obrigatoriedade da vedete, ou pela padronização. Mas o próprio sistema cultural teria brechas, áreas de escape para essa problemática: "[...] existe uma zona marginal e uma zona central da indústria cultural" (MORIN, 1997: 34).

Como tende ao público universal, variado, a indústria cultural busca um denominador comum em suas mercadorias, variedade sistematizada e homogeneizada. O movimento duplo real-imaginário/imaginário-real, é outro dos pontos-chave da proposta de compreensão da cultura de massa por Edgar Morin. "Essa dupla contaminação do real e do imaginário [...], esse prodigioso e supremo sincretismo se inscreve na busca do máximo de consumo e dão à cultura de massa um de seus caracteres fundamentais" (MORIN, 1997: 37).

Em direção e busca do homem médio, espécie de universal, o mercado comum da mídia de massa aboliria as fronteiras culturais. A linguagem adaptada a esse *anthropos* seria a audiovisual, "[...] linguagem de quatro instrumentos: imagem, som musical, palavra, escrita. Linguagem que é tanto mais acessível na medida em que é envolvimento politônico de todas as linguagens" (MORIN, 1997: 45).

Mas no reino do homem médio, do público de massa (anônima), criado pela própria produção cultural também se manteria o impulso de criação, invenção. O cinema seria a arte por excelência, entre fabricações e padronizações, a despeito dos clichês predominantes na indústria cultural. A existência da contracorrente, à qual poderíamos associar os movimentos de contracultura e contra-hegemônicos, seria condição de funcionamento do próprio sistema dominante, que secretaria seus próprios antídotos, ao mesmo tempo em que impediria seu uso. A corrente negra, que fermentaria perguntas e contestações fundamentais, permaneceria fora da indústria cultural, "o antipróton da cultura".

Por seu caráter massivo, e nivelador, em certa medida a cultura de massa permitiria a ampliação do acesso aos bens culturais; a "democratização da cultura cultivada" não seria a corrente principal segundo a compreensão de Edgar Morin. O autor enumera quatro processos elementares de vulgarização cultural: simplificação, modernização, maniqueização, atualização.

A *simplificação* ocorreria em romances e suas adaptações cinematográficas, por meio de fenômenos como: esquematização da intriga, redução do número de personagens e das características e nuanças destes em nome de uma psicologia clara. Em linhas gerais, para atender o espectador médio, haveria a retirada de qualquer conteúdo que poderia ser pouco inteligível. Por sua vez o *maniqueísmo* seria percebido ao potencializar o antagonismo bem-mal para aumentar a participação afetiva do espectador (MORIN, 1997). "A *atualização* introduz a psicologia e a dramatização moderna no seio da obra do passado [...] Mais radical que a atualização, a *modernização* opera a transferência pura e simples da ação do passado para o tempo presente" (MORIN, 1997: 55). Esses quatro processos contribuiriam para aclimatar obras de alta cultura ao universo da cultura de massa, e criar híbridos culturais vistos com maus olhos pelos intelectuais, ainda que eles celebrassem a democratização, segundo crítica do autor.

Ao analisar o romance burguês, Morin destaca o papel de *Madame Bovary* (obra de Gustave Flaubert), em que a dominante se tornou feminina, e o amor tema ou objeto de identificação. O autor denomina como bovarismo o sentido de identificação entre o romanesco e o real, integrado na cultura de massa desde 1930. Nesse sentido ganham relevo as relações de *projeção-identificação*, que ocupam também lugar relevante na reflexão do autor sobre a cultura de massa. Essas integrações e interconexões entre real e imaginário (e vice-versa), imaginário popular e imprensa, teria nos folhetins também um centro de intercâmbio entre as correntes burguesa e popular: "Essas duas correntes se misturam, como se misturam na leitura do jornal os leitores burgueses e agora os leitores populares, onde dominam os leitores pequeno-burgueses" (MORIN, 1997: 59).

O autor evidencia diferenças entre a literatura burguesa, que tenderia ao psicologismo, e a corrente popular com sua preferência pelo melodrama, presente na imprensa popular e no cinema mudo. A integração entre as duas tendências teria se iniciado nos Estados Unidos, no período pré-Segunda Guerra Mundial, e com a inserção de novos elementos. Assim é apresentado um novo conceito, o de sincretismo, "[...] que vai dar à cultura de massa suas características originais. [...] A cultura de massa integra esses novos conteúdos, mas para logo desintegrá-los e operar uma nova metamorfose" (MORIN, 1997: 61). O sincretismo seria a chave para outro tensionamento percebido pelo autor, entre a cultura industrial e aquelas locais, enraizadas; a cultura de massa seria a cultura do lazer, e da integração por excelência, em uma nova vida privada, urbana, e sobretudo na dimensão do consumo. Seria por meio do lazer que o homem moderno se afirmaria como indivíduo privado, um processo de individualização realizado em aparente oposição com a perspectiva de série, que seria a marca do ambiente produtivo.

Por meio das telas, do cinema e da televisão, o telespectador acompanharia particularmente por meio do espetáculo, forma preferencial da cultura de massa, os dramas e emoções a distância, ainda que em um plano aproximado em *zoom* (ou numa lente teleobjetiva), sem a sensação do toque. Sua participação no espetáculo da cultura de massa ocorreria sempre por intermédio "[...] do corifeu, mediador, jornalista, locutor, fotógrafo, *cameraman*, vedete, herói imaginário" (MORIN, 1997; 70). Nesse cenário os olimpianos modernos emergiriam como heróis da cultura de massa, promovidos a vedetes em lugar das antigas celebridades: "[...] propõem o modelo ideal de vida de lazer, sua suprema aspiração. Vivem segundo a ética da felicidade e do prazer, do jogo e do espetáculo" (MORIN, 1995: 75).

Por meio das relações de projeção-identificação, o universo imaginário adquiriria vida para o leitor especialmente pelo contato e consumo com as mercadorias culturais, vasos comunicantes entre real e imaginário. Em contato com os produtos da cultura de massa o homem médio "[...] se projeta e se identifica com os personagens em situação, se ele vive neles e se eles vivem nele. Há um desdobramento do leitor (ou espectador) sobre os personagens, uma interiorização dos personagens dentro do leitor" (MORIN, 1997: 78). Os espetáculos seriam assim uma forma de acesso e consumo desse mundo imaginário. De acordo com Morin a cultura de massa seria a primeira cultura da história mundial a ser plenamente estética, uma cultura profana em que a tônica seria o (uso) fruir individual.

Mídia central no Brasil do século XX e ainda com papel de destaque nas duas primeiras décadas do século XXI, a televisão, como indústria, estaria sujeita a duas formas de concentração, técnica e burocrática. Organizada de forma a garantir uma produção racional, com ênfase na norma em relação à invenção, a TV seria marcada por uma "tendência à despersonalização", exigida pelo sistema industrial e ao mesmo tempo pela demanda imperativa por um produto novo e individualizado. Talvez por isso, na contemporaneidade, inicialmente uma das tentativas de inovação parece ter sido o investimento na personalização e aproximação das vedetes televisivas, e em direção oposta uma vedetização do homem comum, sobretudo a partir do acesso às tecnologias de gravação, edição e circulação de vídeos em redes sociais digitais. Essa dupla, e contraditória exigência, assim como a identificação dos "vasos comunicantes", do duplo real-imaginário, é recorrente nas análises de Morin, e permanece uma chave importante para pensar as relações entre mídia e sociedade em nosso cotidiano.

Entendido pelo autor como um sistema projetivo, constituído a partir de um universo espectral que permitiria "[...] a projeção e a identificação mágica, religiosa ou estética" (MORIN, 1997: 81), o imaginário ofereceria mitos e modelos de cultura em processos que podem ser revisitados à luz dos novos atores do cenário cultural, e de novas formas de produção e consumo do audiovisual, por exemplo. Afinal, segundo Edgar Morin: "A dialética da projeção-identificação se abre a possibilidades infinitamente variáveis e divergentes" (1997: 83).

A complexidade da/na comunicação

A partir dos anos de 1970 Edgar Morin volta suas reflexões sobre as premissas e fundamentos da ciência, que deveria segundo o autor ser realizada de forma sempre consciente. Assim, defesa de uma reforma do pensamento, o autor acaba por propor o que se denomina como *Teoria da Complexidade*, um método transversal e multidimensional, estruturado e apresentado em seis volumes: *A natureza da natureza* (1977); *A vida da vida* (1980); *O conhecimento do conhecimento* (1986); *As ideias* (1991); *A humanidade da humanidade: a identidade humana* (2001) e *Ética* (2004).

Segundo Maria da Conceição de Almeida, Morin não se preocuparia em transpor modelos, articularia operadores cognitivos que permitem compreender da complexidade, observar

> [...] no fenômeno singular, ao mesmo tempo sua originalidade e sua macroidentidade [...] Morin não oferece ao conhecimento científico uma tábua de mandamentos, mas insufla o cientista a, de posse de princípios fundamentais e gerais, ensaiar seus próprios caminhos técnicos e metodológicos no fazer ciência, educação e pesquisa (ALMEIDA, 2004).

Já Edgard de Assis Carvalho (2014) argumenta que os seis volumes de *O método* evidenciam uma insatisfação do autor com o paradigma ocidental e sua tendência ao estabelecimento de dualidades nas quais a construção do saber estaria limitada, compartimentada, mutilada. Três eixos articulariam a proposta da complexidade: 1) a dialogia vida-obra; 2) a não separação sujeito-conhecimento; e 3) a aposta na antropoética. "O método não é um conjunto de regras e procedimentos, mas uma estratégia apta a relacionar, dialogar disciplinas que foram separadas pela visão cartesiana" (CARVALHO, 2014: 434).

Morin propõe que o pesquisador perceba a unidade na diversidade e a diversidade na unidade, os processos de simbiose, complementaridade e hibridação. De certa forma essas premissas estão presentes na leitura que o autor faz da cultura de massa, das formas de acionamento dos eixos real-imaginário, nos vasos comunicantes, nos fenômenos e produtos híbridos reconhecidos na análise do folhetim, da literatura, do cinema e da televisão. Da perspectiva da complexidade emergiriam os seguintes operadores cognitivos: a dialogia (reconexão entre o que foi separado); a recursividade (com a circulação causa-efeito) e o holograma (a indissociabilidade entre parte/todo e local/global).

As estratégias epistemológicas articuladas na Teoria da Complexidade poderiam ser utilizadas em diversas áreas de conhecimento, entre elas a comunicação. Em lugar de tomar a proposta como modo de investigação de um objeto ou temática específica, comunicacional, a proposta seria de colocar em diálogo e circulação diferentes disciplinas e saberes, inserindo a competência disciplinar no mundo da vida.

Assim, na perspectiva da dialogia entre vida e obra proposta por Morin, anteriormente apresentada, destaca-se seu envolvimento na reforma do ensino médio na França, na qual tenta por meio da complexidade enfrentar o modelo da fragmentação e dos domínios disciplinares e fechados. Os sete saberes necessários à educação do futuro (2000) apresentam ideias-guia, princípios para a educação dos educadores.

O sexto saber apontado por Morin permanece ainda um alerta para pensar a complexidade da comunicação: o desafio da compreensão. Entendida como necessidade planetária, a compreensão estaria ausente das instituições, midiáticas inclusive, e precisaria ser ensinada, ainda que isso demande uma mudança de concepções.

A inexistência do ato de ensinar a compreensão, suas raízes, tipos e efeitos, teria relações com o mal-estar da cultura, mas sobretudo com os processos de (in)comunicação, nas redes de comunicação massiva ou nas mídias que se organizam por demanda, como canais e redes digitais. A constatação na contemporaneidade de que há cada vez mais formas de circulação e acesso de informação, em diferentes linguagens e suportes, e de forma paradoxal também menos capacidade de diálogo, troca e reflexão, menos conhecimento, parecem reforçar a avaliação de Edgar Morin quanto a não equivalência entre comunicação e compreensão. Evidenciam ainda que para compreender a comunicação e suas implicações na(s) sociedade(s) contemporâneas é preciso adotar a postura de ciência com consciência, das limitações e cegueiras, reconhecer que erro e ilusão integram o processo de conhecimento, e comunicação.

Obras de Edgar Morin

1962. *L'esprit du temps*. Paris: Grasset.

1977. *A natureza da natureza*.

1980. *A vida da vida*.

1986. *O conhecimento do conhecimento*.

1989. *As estrelas: mito e sedução no cinema*.

1991. *As ideias*.

2001. *Cultura de massa no século XX: Necrose*. 3. ed.

2001. *A humanidade da humanidade: a identidade humana*.

2004. *Ética*.

2007. *Introdução ao pensamento complexo*.

Referências

ALMEIDA, M.C. *Um itinerário do pensamento de Edgar Morin* [Palestra no Ciclo de Estudos sobre "O método" de Edgar Morin, promovido pelo Instituto Humanitas Unisinos. São Leopoldo, 14/04/2004. Disponível em http://www.uesb. br/labtece/artigos/Um%20itiner%C3%A1rio%20do%20pensamento%20de%20 Edgar%20Morin.pdf – Acesso em 10/02/2015].

CARVALHO, E.A. Teoria da Complexidade. In: CITELLI, A. et al. (orgs.). *Dicionário de Comunicação*: escolas, teorias e autores. São Paulo: Contexto, 2014, p. 430-439.

CITELLI, A. et al. (orgs.). *Dicionário de Comunicação*: escolas, teorias e autores. São Paulo: Contexto, 2014.

COUTINHO, I. *Telejornalismo e encenação*: quando a reportagem vira *show*. Sipec Sudeste, 2001 [Disponível em http://intercom.org.br/papers/viii-sipec/gt05/36_ Iluska%20Coutinho_trabalho%20completo.htm – Acesso em 03/02/2016].

MORIN, E. *Introdução ao pensamento complexo*. 3. ed. Porto Alegre: Sulina, 2007.

_____. A comunicação pelo meio (Teoria Complexa da Comunicação). *Revista Famecos*, n. 20, abr./2003. Porto Alegre: PUCRS, 2003.

_____. *Cultura de massa no século XX:* necrose. 3. ed. Rio de Janeiro: Forense Universitária, 2001.

WOLF, M. *Teorias da comunicação.* 3. ed. Lisboa: Presença, 1994.

Noam Chomsky (1928-)

*Célia Maria Ladeira Mota**

O teórico da comunicação e seu tempo

Noam Chomsky é, certamente, um dos intelectuais mais brilhantes do século XX. Suas ideias contribuíram para a compreensão dos problemas gramaticais da linguística e permitiram o surgimento de uma grande área científica, hoje chamada de ciências cognitivas. Além de cientista de densidade teórica, foi também um crítico da política externa do seu país, os Estados Unidos, e, ao mesmo tempo, um estudioso dos meios de comunicação de massa e do seu papel na construção de um consenso social alinhado com as diretrizes do poder.

Neste capítulo, estas três áreas de atuação de Chomsky serão analisadas separadamente, embora revelem, no seu conjunto, o intelectual que escolheu seguir os ideais políticos do Iluminismo. Considerado a personalidade mais destacada da chamada esquerda norte-americana, influenciou em grande parte os movimentos de esquerda em todo mundo, embora não tenha assumido credos comunistas ou socialistas. Impregnado pelos conceitos libertários de John Dewey, com os quais entrou em contato ainda na escola primária, Chomsky iniciou a militância política aderindo ao sionismo e ao anarquismo baseado no racionalismo iluminista.

O Iluminismo levou-o a centrar suas concepções políticas nos direitos fundamentais do indivíduo, reavivando os ideais dos pais fundadores dos Estados Unidos. É reconhecido como um leitor radical da Declaração de Independência e da Constituição do seu país. Durante a Segunda Guerra, viu os Estados Unidos se tornarem uma potência mundial. Hoje, é um crítico dos instrumentos de manutenção de poder e das intervenções bélicas do país em várias partes do mundo. Na primeira contribuição relevante à prestigiosa revista *The New York Review of Books*, em 1967, ele escreveu um longo artigo, "A responsabilidade dos intelectuais". Nele, Chomsky lembra que, 20 anos antes, lera um texto decisivo

* Professora do Programa de Pós-Graduação em Comunicação da Universidade de Brasília. Doutora em Comunicação Social (UnB).

225

em sua formação, de Dwight MacDonald (1906-1982), jornalista de esquerda que formulava perguntas como:

> [...] até que ponto os britânicos e americanos somos responsáveis pelos aterrorizantes bombardeios sobre civis, executados como uma simples técnica por nossas democracias ocidentais culminando em Hiroshima e Nagasaki, certamente um dos mais indizíveis crimes da história?

Esse artigo reforçou a noção de qual deveria ser a tarefa central dos intelectuais, para Chomsky: "Os intelectuais têm condições de denunciar as mentiras dos governos e de analisar suas ações, suas causas e suas intenções escondidas. É responsabilidade dos intelectuais dizer a verdade e denunciar as mentiras" (CHOMSKY, 1967).

Corria o ano de 1967, e os Estados Unidos estavam em guerra com o Vietnã. Neste ano, seguiu a tarefa a que se impôs e escreveu que a fraude e a distorção que cercavam a invasão americana no Vietnã estavam tão domesticadas que perderam seu poder de chocar. E completou: "É, portanto, útil recordá-las, embora estejamos atingindo novos níveis de cinismo a toda hora e os evidentes motivos desse horror estejam sendo aceitos, com silenciosa cumplicidade, em nossos lares" (CHOMSKY, 1967). Na época, os horrores da guerra não eram censurados e sua exibição nos telejornais noturnos chocava os norte-americanos, que começaram a reagir contra a presença no Vietnã.

Chomsky fazia coro, com suas posições, ao conceito de "banalidade do mal" utilizado pela cientista política alemã Hannah Arendt, que defendia que o sentido da política é a liberdade e que a ação política deve regular o convívio dos diferentes, garantindo igualdade de direitos. O julgamento do nazista Adolf Eichmann, em Israel, fez Arendt levantar uma antiga questão: Quem é o responsável, o dedo que dispara a bala ou quem está no comando? Quem dá a ordem, quem a executa ou cada um tem sua parcela de responsabilidade? Esta questão ajudou Arendt a formular a expressão "banalidade do mal", para caracterizar ações de assassinatos, torturas e violências entre grupos e entre nações. No entendimento de Arendt a monstruosidade não está na pessoa, mas no sistema, e alguns sistemas banalizam o mal.

Desde 1964, o intelectual Chomsky começara a lutar contra o envolvimento norte-americano na Guerra do Vietnã. Em 1969, publicou *American Power and the New Mandarins*, que alcançou grande repercussão. Chomsky passou a dar palestras e divulgar suas ideias políticas a plateias cada vez mais numerosas. Conquistou tanto seguidores, muitos deles no campo da mídia, quanto detratores, que consideraram sua visão de mundo simplória. Em 1978, publicou *Human Rights and Foreign Policy*, outra obra de grande popularidade. Atacando a política externa norte-americana, Chomsky tornou-se uma referência nos meios políticos de esquerda. Da mesma forma, denunciou que a grande imprensa louvou o êxito dos métodos adotados pelo exército norte-americano em apoio ao exército do governo da Nicarágua. "A ação deixou os nativos da Nicarágua exauridos, com pontes desabadas, estações de energia sabotadas e fazendas arruinadas. E tudo provocou a seguinte declaração pelo *New York Times*: "Ficamos deliciados com este resultado final" (CHOMSKY, 2011).

Depois dos atentados de 11 de setembro de 2001, as intervenções de Chomsky viram-se ainda mais valorizadas, com questões como terrorismo e intervencionismo na ordem do dia. O livro *11 de setembro*, publicado no Brasil em 2011, apresenta uma série de entrevistas de Chomsky em que analisa as intervenções militares dos Estados Unidos em diversas regiões. Ele começa por lembrar que seu país, durante os últimos séculos, exterminou as populações indígenas, conquistou metade do México, conquistou o Havaí e as Filipinas, matando milhares de filipinos, e, nos últimos 50 anos, valeu-se da força para se impor a boa parte do mundo.

> No início, os Estados Unidos usaram a palavra "cruzada", mas logo ficou claro que isto era um erro. A retórica mudou e adotou-se a palavra "guerra". A Guerra do Golfo foi chamada de "guerra". O bombardeio na Sérvia foi chamado de "intervenção humanitária". Mais recentemente, as ações militares são chamadas de "guerra ao terrorismo" (CHOMSKY, 2011).

Os movimentos populares de ocupação de espaços públicos para demonstração contra políticas governamentais, que aconteceram entre 2012 e 2013, atraíram a atenção de Chomsky, que foi convidado a proferir uma palestra no acampamento Occupy Boston, na Dewey Square. Sua apresentação foi parte da Howard Zinn Memorial Lecture Series, uma série de palestras organizadas pela Universidade Livre do Occupy Boston em memória de Howard Zinn. Zinn foi um historiador, ativista e autor de *A People's History of the United States*. Chomsky começou lembrando Zinn e lamentando que ele não estivesse vivo para participar de um movimento que foi o sonho de sua vida. E elogiou o movimento:

> Eu nunca tinha visto algo sequer semelhante ao movimento Occupy, seja em sua dimensão ou em sua natureza, aqui ou em qualquer outra parte do mundo. As frentes do movimento estão tentando criar comunidades cooperativas que poderiam ser justamente a base para as organizações duradouras necessárias à

superação das futuras barreiras e da reação que já está se formando. Parece apropriado que o movimento Occupy seja sem precedentes. Agora, há um sentimento de desesperança, por vezes de
desespero. É algo bastante novo em nossa história. Na década
de 1930, os trabalhadores sabiam que a oferta de emprego volta-
ria. Hoje, se você trabalha no setor industrial, com os níveis de
desemprego quase iguais aos da Grande Depressão, você sabe
que, caso persistam as políticas atuais, esses empregos podem
não mais voltar (CHOMSKY, 2012).

Essa mudança de perspectiva dos norte-americanos sofreu uma evolução
a partir dos anos de 1970. Em uma súbita mudança de direção, séculos de industrialização transformaram-se em desindustrialização. A indústria obviamente
continuou, mas no exterior e muito lucrativa, ou seja, prejudicial à força trabalhadora. Chomsky chamou a atenção para a tendência de uma divisão mais
profunda entre os ricos, a plutonomia, e todos os demais, pessoas que vivem uma
existência precária na periferia da sociedade. E advertiu:

> A reviravolta histórica na confiança das pessoas em relação ao
> futuro é um reflexo das tendências que podem se tornar irrever-
> síveis. Os protestos do Occupy são a primeira reação popular de
> grande porte que podem tornar possível a mudança na dinâmica
> das coisas.

> Pela primeira vez na história da humanidade foram colocadas
> ameaças reais à sobrevivência da espécie humana. Desde 1945
> temos armas nucleares, e parece ser um milagre que tenhamos
> sobrevivido a elas. Mas as políticas do Governo Obama e de seus
> aliados estão incentivando essa derrocada (CHOMSKY, 2012).

Percursos e influências

Avram Noam Chomsky nasceu em 7 de dezembro de 1928, em Filadélfia,
Pensilvânia. Seu pai era William (originalmente, Zev) Chomsky, judeu russo que
emigrou para a América em 1913, para não ser obrigado a servir ao Exército.
Sua mãe se chamava Elsie Simonofsky. Os dois tinham profundas relações com
a tradição judaica e William logo se tornou especialista na gramática do hebraico. Esta opção influenciou o filho Avram, que aprendeu a falar em inglês e
hebraico, simultaneamente.

Dos 2 aos 12 anos, o pequeno Avram foi aluno de uma escola (Oak Lane
Country Day School) e do Central High School, que seguiam as ideias de John
Dewey, o filósofo americano que pregava um ensino livre de avaliações formais.

Considerado um dos maiores pedagogos norte-americanos, Dewey foi um dos pioneiros em psicologia funcional e principal nome de uma corrente filosófica que ficou conhecida como pragmatismo ou instrumentalismo. O filósofo defendia a educação progressiva, na qual o objetivo é educar a criança como um todo, visando seu crescimento físico, emocional e intelectual. Com Dewey, atividades criativas ganharam espaço no currículo escolar e os alunos eram estimulados a desenvolver as próprias ideias.

Democracia e liberdade de expressão foram dois conceitos fundamentais da obra de Dewey que se tornaram marcantes para o jovem Chomsky, que vivenciou um ambiente escolar onde se adotava as teses inovadoras de Dewey sobre a filosofia, o pensamento reflexivo e a escola como instrumento de transformação social. Nesse ambiente de alta provocação intelectual, Noam escreveu seu primeiro artigo, para o jornal da escola, sobre a queda de Barcelona, foco de resistência dos anarquistas, durante a Guerra Civil espanhola. Tinha então 10 anos.

O gosto pela leitura se desenvolveu quando, aos 13 anos, começou a visitar os parentes que moravam em Nova York. Um dos tios era dono de uma banca de revistas, que funcionava como centro cultural informal. Levado pelos parentes, Noam frequentou círculos anarquistas, convivendo com imigrantes judeus recém-chegados da Europa, gente com ótima formação cultural. Foi uma companhia positiva que serviu de contraponto ao choque de passar a frequentar uma escola tradicional na adolescência. Na nova escola, Noam enfrentaria os testes de avaliação formais e empobrecedores. Pior do que a didática atrasada da escola, no entanto, foi entrar em contato com uma doutrinação ideológica, que ele passou a combater de corpo e alma.

Anos depois, em carta a seu biógrafo, Chomsky comentava a consciência que começou a desenvolver ao descobrir-se torcedor do time de futebol da escola. "Por que eu estou torcendo por esse time? Eu não conheço essa gente, e eles não me conhecem. Então, por que eu torço? Bem, é o tipo da coisa que você é treinado para fazer. É uma coisa incutida em você. É uma coisa que leva ao ufanismo e à subordinação mental."

Sua experiência anterior libertária o isolava. Na semana de agosto de 1945 em que os Estados Unidos bombardearam Hiroshima e Nagasaki, Chomsky estava em férias numa colônia da escola. Enquanto seus colegas comemoravam, o jovem de 17 anos se sentiu horrorizado, como afirmou mais tarde.

Foi pesquisador-assistente na Universidade de Harvard, onde realizou a maior parte de suas pesquisas relacionadas à linguística, entre os anos de 1951 e de 1955. Estudou na Universidade da Pensilvânia, onde se tornou Ph.D., publicando uma tese com mais de mil páginas. Na universidade, caminhou entre a filosofia e a linguística, sem nunca perder de vista o debate e a prática da esquerda libertária sem necessariamente adotar o comunismo. Aprendeu árabe. Em 1947, quando estava decidindo sua especialidade, conheceu Zellig Harris, linguista e pensador judeu americano que foi para ele um parâmetro moral, político e científico. Na época, Harris desenvolvia um estudo sobre gramática transformacional e estava utilizando, pela primeira vez, o conceito de análise de discurso. A metodologia de Harris se voltava para o estudo da relação entre forma e significado das sentenças.

Influenciado pelos amigos judeus imigrantes, ele passou a apoiar o sionismo, um movimento religioso e político, originado no século XIX, que pregava o restabelecimento, na Palestina, de um Estado judaico. Em 1948, ano de fundação do Estado de Israel, Chomsky tinha 20 anos e comemorou intensamente o surgimento do novo país. Ser sionista, na época, era como pertencer a um movimento de esquerda, libertário, transformador. Os sionistas de então acreditavam que Israel seria uma sociedade solidária, com matizes socialistas que se configuraram nos kibutzim, colônias de produção coletiva e de cooperação entre os palestinos e os judeus. Conheceu o que era um kibutz em 1953, quando passou algumas semanas num deles. A experiência despertou no jovem Noam a vontade de emigrar para o país, mas o destino colocou em seu caminho uma namorada, Carol Schatz, que se tornou depois sua esposa. Em vez de viajar, decidiu seguir uma carreira acadêmica, casar e ficar nos Estados Unidos.

A universidade escolhida foi o prestigiado instituto americano Massachusetts Institute of Technology (MIT), onde ingressou em 1955. Sua formação superior combinava matemática, psicologia, filosofia e linguística. Ele se envolveu numa atividade de que discordava, o desenvolvimento de uma máquina de tradução, para decodificar comunicações cifradas, na Guerra Fria. A pesquisa tinha patrocínio de nada menos que o Exército, a Marinha e a Aeronáutica americanas, mais a Nasa, a agência espacial. Em seu primeiro trabalho produzido no MIT, o hoje clássico *Aspectos da Teoria da Sintaxe*, em 1957, ele cita seus financiadores e declara que é permitida a reprodução daquele trabalho para "qualquer finalidade do governo dos Estados Unidos".

O estudo da linguística, na primeira metade do século XX, vivia uma intensa transformação quando se passou a dar maior ênfase ao estudo da linguagem em si mesma e ao seu caráter sociocultural, opondo-se aos estudos tradicionais concentrados na descrição histórica da língua. As novas orientações linguísticas estiveram representadas fundamentalmente pelo estruturalismo, cujos expoentes foram Ferdinand de Saussure, na Europa, e Leonard Bloomfield, nos Estados

Unidos. As principais ideias de Saussure, publicadas postumamente sob o título *Cours de linguistique générale* (1916; Curso de linguística geral), tiveram forte influência nos estudos linguísticos. Em sua obra, Saussure estabeleceu uma série de definições e distinções sobre a natureza da linguagem, que se pode resumir nos seguintes pontos: 1) a diferenciação entre *langue* (língua), sistema de signos presente na consciência de todos os membros de uma determinada comunidade linguística, e *parole* (discurso), realização concreta e individual da língua num determinado momento e lugar por cada um dos membros da comunidade; 2) a consideração do signo linguístico, elemento essencial na comunidade humana, como a combinação de um significante (ou expressão) e um significado (conteúdo), cuja relação arbitrária se define em termos sintagmáticos (entre os elementos que se combinam na sequência do discurso) ou paradigmáticos (entre os elementos capazes de aparecer no mesmo contexto).

Ao separar a língua da fala, Saussure estabeleceu ao mesmo tempo um objeto científico, ao discriminar o que é geral e social do que é exclusivamente individual, e um objeto especificamente linguístico, deslocando para o estudo do âmbito individual todas as questões em torno do sujeito falante. Um conceito importante, decorrente desta separação entre os estudos da língua e os da fala, foi o da compreensão, proposto em 1953 por Wittgenstein. Ele afirma que na vida e na língua de todos os dias a compreensão funciona ora como interpretação, ora como explicação, ora como tradução. Compreensão, para Wittgenstein, seria, portanto, uma habilidade extrínseca, não uma operação puramente psicológica, mas uma operação no mundo.

Principais conceitos

As ideias de Saussure e Wittgenstein influenciaram Noam Chomsky, que percebeu a influência dos novos conceitos linguísticos para os estudos da gramática. Pode-se dizer que a Gramática Gerativa nasceu em 1957, quando Chomsky lançou seu livro *Syntact Structures*, inaugurando uma perspectiva mais naturalista dos estudos sobre a linguagem. A Teoria Gerativa é, portanto, uma teoria que se propõe a estudar a linguagem levando em conta as propriedades da mente humana e a relação destas com a organização biológica da espécie. O texto causou grande agitação nos meio linguísticos porque representava um desafio aos fundamentos das gramáticas estruturais e também às teorias behavioristas de aquisição da linguagem. No primeiro capítulo, intitulado *Aspects*, ele afirma que a aprendizagem da língua não é uma questão de hábito e condicionamento, mas um processo criativo, uma atividade cognitiva e racionalista, e não uma resposta a estímulos externos.

Em *Aspects*, Chomsky elaborou um programa de pesquisa que lidava, entre outras, com duas questões intimamente relacionadas, traduzidas nos seguintes termos: 1) Qual é a natureza do conhecimento que temos representado em nossa mente e que nos permite produzir e entender as sentenças da língua? 2) Como esse conhecimento é adquirido? Surge assim o principal conceito da obra linguística de Chomsky, a Gramática Gerativa, mais tarde chamada de Gramática Gerativa Transformacional. Segundo esta teoria, a linguagem humana se assenta sobre a manifestação de estruturas abstratas universais, que tornam possível a aprendizagem de sistemas particulares de línguas. A manifestação da linguagem dependeria, dessa forma, do estímulo do contexto linguístico e do emprego de estruturas universais, subjacentes aos seres humanos.

Para uma melhor compreensão dos pressupostos nos quais se assenta o gerativismo, Chomsky defende a ideia de que o conhecimento da língua seja considerado como internalizado. Mais uma vez, aqui, o autor separa língua, enquanto sistema, de fala, enquanto prática social. A Gramática Gerativa diferencia o estudo da língua do estudo do uso efetivo que cada indivíduo faz da língua quando fala. Nesta perspectiva, temos os conceitos de *Competência*, representando um modelo de conhecimento de língua internalizado, e *Desempenho*, designando o uso concreto que um falante faz de sua língua em uma situação real de comunicação.

O objetivo da Gramática Gerativa é, portanto, estudar a competência linguística do falante, a partir da concepção de que uma gramática interiorizada consistiria de um dicionário mental das formas da língua e de um sistema de princípios e regras atuando de maneira computacional sobre essas formas, ou seja, construindo representações mentais constituídas por combinações categorizadas das formas linguísticas. A gramática determinaria igualmente o modo como essas representações se articulam com outros sistemas conceptuais da mente humana ou com o sistema neuromuscular que determina a pronúncia das expressões.

Para isto, Chomsky propôs dois tipos de gramáticas: a Gramática Universal e a Gramática Particular. A Gramática Universal seria o estado inicial da linguagem, que capacitaria qualquer criança a adquirir qualquer língua, sempre que exposta a dados dessa língua. A evolução desse conhecimento resultaria na gramática final ou na Gramática Particular, que corresponderia às características próprias dos falantes de cada língua. Desta forma, os elementos da língua fariam parte da primeira, enquanto a ordem como esses elementos são organizados seriam parte do estudo da Gramática Particular.

Chomsky discute posteriormente (1986 e 1988) os conceitos de Língua-I, ou seja, língua internalizada, e de Língua-E, que é a língua externa. A Língua-I seria o estágio inicial, também conhecido como competência gramatical, um sistema computacional ou gramática internalizada, constituindo-se um fenômeno individual, um sistema representado na mente-cérebro de um indivíduo particular. É, assim, um objeto mental, o próprio saber que as pessoas têm de sua língua, enquanto língua materna. Ao contrário, a Língua-E pode ser entendida como o conjunto de estruturas partilhadas por uma comunidade de fala, ou seja, é o conhecimento linguístico compreendido independentemente das propriedades da mente-cérebro do falante nativo de determinada língua. Portanto, a Língua-E pode ser definida como a totalidade de enunciados que um indivíduo é capaz de aprender numa comunidade de fala.

Um dos aspectos fundamentais da Teoria Gerativa é que ela procura fazer a descrição do que se passa com os falantes no que diz respeito ao trabalho criativo da língua, demonstrando clara capacidade de generalização e pondo em evidência regularidades subjacentes antes ignoradas. Por exemplo, a Gramática Gerativa não utiliza critérios de correção ou incorreção no uso da língua como propõem as gramáticas tradicionais. Chomsky oferece a dicotomia "frase bem-formada / mal-formada". Para distinguir uma da outra é preciso verificar o uso da língua por falantes diversos, com usos regionais e sociais diferentes. As intermináveis aulas tentando impor regras únicas gramaticais, que são o terror de alunos no mundo inteiro, são, para a Gramática Gerativa, uma violência contra os estudantes, que poderiam estar aprendendo a observar e compreender o uso que cada um faz da própria língua.

Chomsky se afasta do estruturalismo ao desenvolver o conceito de criatividade, que corresponde à capacidade que o falante tem de emitir juízos de gramaticalidade, ou seja, dizer se um enunciado pertence ou não à língua que fala. Segundo o autor, um modelo gramatical empiricista ou tradicional não conseguiria jamais representar formalmente as características do saber linguístico do falante. Não dispõe de recursos para dar conta da criatividade: vê diferenças onde o falante percebe igualdades; e vê igualdades onde o falante vê diferenças. Um exemplo concreto seriam os significados iguais que o falante percebe ao comparar estruturas ativas ou passivas. Tome duas frases: "João comprou o caderno" e "O caderno foi comprado por João". Para um estruturalista, que só trabalha com a língua manifestada, observável diretamente, as frases são muito diferentes. Já para Chomsky elas seriam muito próximas, porque descrevem a mesma ação, mudando a ênfase – a primeira começa a frase pelo agente da ação, enquanto a segunda inicia com o objeto.

Por isso Chomsky descartou o modelo do chamado estruturalismo norte-americano e propôs outra linguística, atribuindo-lhe como objeto o saber linguístico do falante e como tarefa a construção de um modelo formal capaz de representar esse saber. Num balanço do último meio século, Chomsky e seus seguidores desenharam e redesenharam as estruturas sintáticas num verdadeiro exercício de criatividade científica. Pode-se dizer que a Teoria Gerativa Transformacional aprofundou a compreensão dos fenômenos sintáticos e, em especial, de sua complexidade.

Considerações da ensaísta

Num texto voltado para estudantes de faculdades de Comunicação, é importante destacar que, além da sua contribuição científica ao estudo da linguística, Chomsky dedicou um bom tempo de sua vida para a análise dos meios de comunicação de massa e de sua influência na vida política e econômica dos Estados Unidos. Para os estudiosos da comunicação, sua análise crítica desnuda práticas que nem sempre são visíveis aos leitores de jornais ou telespectadores de noticiários de televisão. Uma de suas frases sempre lembradas é a de que "a propaganda representa para a democracia aquilo que o cassetete (i. é, a polícia política) significa para o estado totalitário". No livro *A manipulação do público,* escrito em parceria com Edward Herman, Chomsky desenvolve o tema e apresenta um modelo da propaganda dos meios de comunicação baseado no estudo de casos.

A teoria de Herman e Chomsky rejeita os modelos conspiratórios que estiveram em voga nas décadas de 1980 e de 1990, influenciados pela Teoria Crítica da Escola de Frankfurt, quando se atribuía aos meios de comunicação uma função política de controle do público. Para Chomsky este controle é fruto de um viés sistêmico, causado pelas estruturas econômicas das empresas. Esse viés deriva da existência de cinco filtros que todas as notícias precisam ultrapassar antes de serem publicadas e que, combinados, distorcem sistematicamente a cobertura das notícias pelos meios de comunicação. São eles:

1) O primeiro filtro – o da propriedade dos meios de comunicação – deriva do fato de que a maioria dos principais meios de comunicação pertence às grandes empresas.

2) O segundo filtro: quem financia. Ele deriva do fato de que os principais meios de comunicação obtêm a maior parte de sua receita não de seus leitores, mas da publicidade (que, claro, é paga pelas grandes empresas). Para Chomsky, os meios de comunicação são empresas privadas orienta-

das para o lucro a partir da venda de seu produto – a notícia – para outras empresas – os anunciantes. Logo, os jornais e revistas publicam notícias que reflitam valores de mercado, ou seja, os desejos e as expectativas das grandes empresas.

3) O terceiro filtro é o fato de que os meios de comunicação dependem fortemente das indústrias e das instituições governamentais como fonte de informações para a maior parte das notícias. Isto interfere na seleção de notícias, nem sempre visando o interesse social.

4) O quarto filtro é a crítica realizada por vários grupos de pressão que procuram as empresas de comunicação para pressioná-las caso elas saiam de uma linha editorial que esses grupos acham a mais correta (i. é, mais de acordo com seus interesses do que de toda a sociedade).

5) O quinto filtro se refere às normas da profissão de jornalista, e incluem os conceitos compartilhados pelos profissionais de imprensa, que têm uma ideologia iluminista, levando o jornalista a revelar os fatos, a contar toda a verdade, a ser imparcial na relação com as fontes.

Esses filtros, definidos no trabalho de Herman e Chomsky, mostram como existe um choque de interesses que se dá na prática interna das redações de jornalismo, onde a notícia dos fatos mais importantes e de maior interesse para a sociedade em geral tem que abrir seu espaço entre interesses particulares de grupos empresariais ou de pressão social.

Esta visão crítica da prática do jornalismo é plenamente atual e pode ser observada na cobertura diária dos acontecimentos. O chamado "enquadramento" do fato leva em conta os agentes sociais envolvidos e seu grau de autoridade institucional ou governamental. Num regime de democracia plena, no entanto, o "enquadramento" não distingue entre ricos e pobres e procura revelar as várias versões de um acontecimento, seja ele social, econômico ou político. Mas para Chomsky e Herman, o que existe é um "consenso" entre a elite da sociedade sobre os assuntos de interesse público, consenso este que estrutura o debate sobre os acontecimentos dando a eles a aparência de consentimento democrático que atende aos interesses dessa elite. Para os autores, o sistema de propaganda não é conspiratório em si, porque as pessoas que dele fazem parte não se juntam expressamente com o objetivo de lesar a sociedade, mas é isso mesmo que acabam fazendo em função dos filtros descritos por Herman e Chomsky em seu modelo.

Herman e Chomsky testaram sua Teoria dos Filtros num caso que foi considerado um bom exemplo de imprensa livre: a cobertura dos meios de comunicação da ofensiva do Tet durante a Guerra do Vietnã. Mesmo neste caso, eles encontraram evidências de que a imprensa estava se comportando de modo subserviente aos interesses da elite. Ao analisar mais recentemente a cobertura da mídia em relação ao 11 de setembro, Chomsky escreveu:

> A cobertura da mídia não é tão uniforme como os europeus costumam pensar, talvez porque estejam apenas considerando o *New York Times*, ou a National Public Radio. Mesmo o *New York Times* reconheceu que as opiniões em Nova York são bastante diferentes das que têm sido divulgadas. O *Times* agora noticia que "o toque dos tambores conclamando à guerra mal é ouvido nas ruas de Nova York". Mas trata-se de uma atitude absolutamente típica da grande mídia e das classes intelectuais em geral alinhar-se ao poder num momento de crise e tentar mobilizar a população para esta causa (CHOMSKY, 2011: 31).

O apoio da imprensa às ações militares dos Estados Unidos ou de seus aliados tem sido constante, conforme Chomsky observou várias vezes. Ele se sentiu horrorizado e fez uma crítica contundente à cobertura da imprensa americana ao massacre de camponeses na Indonésia, declarando que "o massacre, comparado aos crimes de Hitler, Stalin e Mao, segundo a CIA, foi noticiado com uma incontrolável euforia pela mídia nacional" (2011: 35). Ele se referia à ação do exército indonésio, apoiado pelos Estados Unidos, e que resultou na matança de centenas de milhares de pessoas, na maioria camponeses. Recentemente, em artigo publicado em um blog no UOL, Chomsky, que já abandonara o sionismo, abordou a atuação do governo israelense na Faixa de Gaza:

> Dificilmente é preciso mais do que um dia em Gaza para sentir como é tentar sobreviver na maior prisão a céu aberto do mundo, onde cerca de 1,5 milhão de pessoas, em uma faixa de terra de aproximadamente 360 quilômetros quadrados, são submetidas a terror aleatório e punição arbitrária, sem nenhum propósito a não ser humilhar e degradar. Essa crueldade visa assegurar que as esperanças palestinas por um futuro decente sejam esmagadas, e que o apoio global esmagador por um acordo diplomático que conceda direitos humanos básicos seja anulado. A liderança política israelense ilustrou dramaticamente esse compromisso nos últimos dias, alertando que "enlouquecerá" caso os direitos palestinos recebam até mesmo um reconhecimento limitado pela ONU (CHOMSKY, UOL: 2012).

Em manifesto, linguistas do mundo inteiro, entre eles Chomsky, denunciaram a manipulação do noticiário pela grande imprensa para camuflar o massacre do povo palestino, apelando a jornalistas para que não sirvam de joguetes e para que as pessoas se informem pela mídia independente. A denúncia atingia a maioria da mídia norte-americana e inglesa:

> Enquanto países na Europa e América do Norte relembravam as baixas militares das guerras presentes e passadas, em 11 de novembro, Israel estava alvejando civis. Em 12 de novembro, leitores que acordavam para uma nova semana tiveram já no café da manhã o coração dilacerado pelos incontáveis relatos das baixas militares passadas e presentes. Não havia, porém, nenhuma ou quase nenhuma menção ao fato de que a maioria das baixas das guerras modernas de hoje são civis. Era também difícil alguma menção, nessa manhã de 12 de novembro, aos ataques militares a Gaza, que continuaram pelo final de semana. Um exame superficial comprova isso na CBC do Canadá, no *Globe and Mail*, na *Gazette* de Montreal e na *Toronto Star*. A mesma coisa no *New York Times* e na BBC (Manifesto, 2012).

Numa entrevista exclusiva ao jornalista Daniel Mermet do jornal *Le Monde Diplomatique*, em agosto de 2007, Noam Chomsky debateu o papel da mídia na preservação do capitalismo. Começou abordando sua pesquisa sobre os filtros da mídia, a que chamou de "a grande fábrica do consenso". Citou como exemplo a eventualidade de uma guerra contra o Irã: "75% dos norte-americanos acham que os Estados Unidos deveriam pôr fim às ameaças militares e privilegiar a busca de um acordo pela via diplomática" (CHOMSKY, 2007). Lembrou as pesquisas conduzidas por institutos ocidentais mostrando que a opinião pública dos Estados Unidos e a do Irã convergiam também sobre certos aspectos da questão nuclear:

> [...] a esmagadora maioria das populações dos dois países acha que a zona que se estende de Israel ao Irã deveria estar totalmente livre de artefatos nucleares, inclusive os que hoje estão nas mãos das tropas norte-americanas na região. Ora, para se encontrar esse tipo de opinião na mídia, é preciso procurar por muito tempo. Quanto aos principais partidos políticos norte-americanos, nenhum defende esse ponto de vista. Se o Irã e os Estados Unidos fossem autênticas democracias, no seio das quais a maioria realmente determinasse as políticas públicas, o impasse atual sobre a questão nuclear estaria, sem dúvida, resolvido (CHOMSKY, 2007).

O jornalista do *Le Monde Diplomatique* quis saber o que o intelectual pensava sobre o controle do pensamento em uma sociedade democrática. E Chomsky respondeu que, quando os jornalistas são questionados, eles respondem que escrevem o que querem e não sentem pressão. E isso é verdade, disse Chomsky, que acrescentou:

Apenas deveríamos dizer que, se os jornalistas assumissem posições contrárias à norma dominante, não escreveriam mais seus editoriais. Não se trata de uma regra absoluta, é claro. Eu mesmo sou publicado pela mídia norte-americana. Os Estados Unidos não são um país totalitário. Mas ninguém que não satisfaça exigências mínimas terá chance de chegar à posição de comentarista respeitável. Essa é, aliás, uma das grandes diferenças entre o sistema de propaganda de um Estado totalitário e a maneira de agir das sociedades democráticas. Com certo exagero, nos países totalitários, o Estado decide a linha a ser seguida e todos devem se conformar. As sociedades democráticas funcionam de outra forma: a linha jamais é anunciada como tal; ela é subliminar. Realizamos, de certa forma, uma "lavagem cerebral em liberdade". Na grande mídia, mesmo os debates apaixonados se situam na esfera dos parâmetros implicitamente consentidos – o que mantém na marginalidade muitos pontos de vista contrários.

O sistema de controle das sociedades democráticas é mais eficaz: ele insinua a linha dirigente como o ar que respiramos. Não percebemos, e, por vezes, nos imaginamos no centro de um debate particularmente vigoroso. No fundo, é infinitamente mais teatral do que nos sistemas totalitários (CHOMSKY, 2007).

No auge da Guerra Fria, mais precisamente em 1971, em debate com Michel Foucault na TV holandesa, Chomsky afirmava que na mídia de massa norte-americana ele não conseguia encontrar um único jornalista socialista. Do ponto de vista ideológico, considerou os meios de comunicação 100% a favor do capitalismo de Estado. E concluiu: "Na sociedade capitalista, os meios de massa são instituições capitalistas" (CHOMSKY, 2007). O livro sobre o debate com Foucault foi publicado em 2007, quando ele confirmou tudo o que havia dito anteriormente.

Referências

Seleção de livros de Noam Chomsky publicados em inglês

Sintact Structures. The Hague: Mouton, 1957.

Aspects of theory of syntax. Cambridge: MIT Press, 1965.

American Power and the New Mandarins. Nova York: Pantheon Books, 1967.

Human Rights and Foreign Policy. Nottingham: Spokesman Books, 1978.

Lectures on government and binding. Dordrecht: Foris Publications, 1981.

Knowledge of language: Its nature, origin, and use. Cambridge: MIT Press, 1986.

Pirates and Emperors. Califórnia: Claremont Colleges Library, 1986.

Culture of Terrorism. Brooklyn, NY: South End Press, 1988.

The minimalist program. Cambridge: MIT Press, 1995.

Manufacturing Consent. Nova York: Pantheon Books, 1998 [com Edward Herman].

Profit over People: Neoliberalism and Global Order. Nova York: Seven Stories Press, 1999.

Livros de Chomsky publicados em português

CHOMSKY, N. *Onze de Setembro*. Rio de Janeiro: Bertrand Brasil, 2011.

_____. *Razões de Estado*. Rio de Janeiro: Record, 2008.

_____. *O governo no futuro*. Rio de Janeiro: Record, 2007.

_____. *Rumo a uma nova Guerra Fria* – Política externa dos EUA, do Vietnã a Reagan. Rio de Janeiro: Record, 2007.

_____. *O poder americano e os novos mandarins*. Rio de Janeiro: Record, 2006.

_____. *Piratas e imperadores, antigos e modernos* – O terrorismo internacional no mundo real. Rio de Janeiro: Bertrand Brasil, 2006.

_____. *Novos horizontes no estudo da linguagem e da mente*. São Paulo: Unesp, 2006.

_____. *Poder e terrorismo*. Rio de Janeiro: Record, 2005.

_____. *Controle da mídia* – Os espetaculares feitos da propaganda. Rio de Janeiro: Graphia, 2003.

_____. *Contendo a democracia*. Rio de Janeiro: Record, 2003.

_____. *Uma nova geração define o limite*. Rio de Janeiro: Record, 2003.

_____. *O lucro ou as pessoas?* – Neoliberalismo e ordem global. Rio de Janeiro: Bertrand Brasil, 2002.

_____. *Propaganda e consciência popular*. Bauru: Edusc, 2002.

_____. *O programa minimalista*. Portugal: Caminho, 1999.

_____. *Linguagem e mente*. Brasília: Editora da UnB, 1998.

_____. *A minoria próspera e a multidão inquieta*. Brasília: Editora da UnB, 1997.

_____. *Segredos, mentiras e democracia*. Brasília: Editora da UnB, 1997.

_____. *O conhecimento da língua*: sua natureza, origem e uso. Portugal: Caminho, 1994.

CHOMSKY, N. & BARSAMIAN, D. *Propaganda e consciência popular*. São Paulo: Edusc, 2003.

CHOMSKY, N. & DIETERICH, H. *A sociedade global* – Educação, mercado e democracia. Blumenau: Editora da Furb, 1999.

CHOMSKY, N. & HERMAN, E. *Banhos de sangue*. São Paulo: Difel, 1976.

Artigos e entrevistas

A responsabilidade dos intelectuais. Artigo em *The New York Reviews of Books*, 1967.

Le Monde Diplomatique. Entrevista a Daniel Mermet, 2007.

Entrevista a David Barsamian em *Alternative Radio*, 2008.

Ocupar o futuro. Artigo publicado na revista eletrônica *Carta Maior*, pela Boitempo Editorial, 2012.

Manifesto dos linguistas com Chomsky contra cobertura midiática em Gaza. Divulgação em jornais e revistas, e no site UOL, 2013.

Pesadelo em Gaza. Artigo publicado em *Outras Palavras*, 2014.

O *New York Times* é pura propaganda. Artigo publicado em *Alter Net*, 2015.

Jürgen Habermas (1939-)

Adilson Vaz Cabral Filho
*Eula Dantas Taveira Cabral**

Introdução

A obra de Habermas é usualmente associada à Escola de Frankfurt, em função de sua crítica ao papel da mídia enquanto indústria cultural, maturada ao longo do século XX, na conformação da esfera pública burguesa, dando novos contornos à ideia e à compreensão de opinião pública a partir de sua afirmação.

Através de sua vasta obra, Habermas busca resgatar o papel da ação comunicativa para evidenciar a contribuição da participação social em processos deliberativos que dizem respeito a todos, não apenas a governantes, opressores ou quaisquer segmentos de privilegiados. Sua crítica está diretamente relacionada ao papel de interferência da mídia nessa dinâmica, bem como à conformação dos diferentes atores na afirmação dos processos deliberativos em torno da esfera pública.

Ao estabelecer seus estudos em torno dessas áreas de interesse, seus escritos acabam se aproximando de diversos campos do conhecimento, como a filosofia (do direito) ou a (comunicação) política, que serão fundamentais para melhor compreender a trajetória aqui apresentada, que parte de uma análise mais detalhada a respeito dos conceitos fundamentais de sua obra, o de esfera pública e o de ação comunicativa, para, em seguida, compreender sua relação de proximidade e distanciamento com a Escola de Frankfurt, seus principais autores, conceitos e teorias e, por fim, compreender o vigor da contribuição de Habermas na atualidade.

Desse modo, este texto pretende ressaltar a contribuição da crítica presente na obra de Habermas, a despeito de não diretamente associado ao pessimismo da primeira geração de escritores frankfurtianos, mas que, ao afirmar a necessidade de condições equivalentes de participação entre os distintos setores sociais, coloca em evidência o papel das mediações em termos mais complexos

* Adilson Vaz Cabral Filho: professor dos Programas de Pós-Graduação em Mídia e Cotidiano e de Política Social da Universidade Federal Fluminense e doutor em Comunicação Social (Umesp).
• Eula Dantas Taveira Cabral: pesquisadora do Instituto Brasileiro de Informação em Ciência e Tecnologia e doutora em Comunicação Social (Umesp).

e dinâmicos que os de simples ações entre indivíduos destituídos de história ou posicionamento político, estabelecendo as devidas distinções entre atores envolvidos e a ausência de diálogo, de competência comunicativa, de atuação política e, por consequência, de justiça.

Por outro lado, a disposição normativa presente na obra de Habermas, que demanda transparência na compreensão do papel e da atuação desses atores, traz a necessidade de salientar aspectos recorrentemente trabalhados na compreensão de cenários políticos, presentes tanto na análise do envolvimento da sociedade, seus segmentos e organizações, como na da atuação desta em mídias sociais.

Habermas: ação comunicativa na esfera pública

Publicado originalmente em 1962, *Mudança estrutural da esfera pública* é um livro que propõe a afirmação de uma categoria que perpassa distintos campos do conhecimento, dada a sua própria dimensão estrutural. Sua ambição era compreender a conformação da noção de público como emergida a partir da articulação da sociedade burguesa em formação, evidenciando seu descolamento do Estado como projeto de sociedade e, a partir daí, entender as implicações dessa esfera pública em particular e de seu modo de afirmação na sociedade em geral e, especificamente, na formulação e implementação de processos deliberativos. Para Lubenow (2007: 109), "ao aplicar a dualidade sistema-mundo da vida ao problema da sociedade civil, o resultado é uma estrutura diferente da concepção marxista de mediação entre sociedade civil e Estado", também contribuindo para que Habermas recebesse certas críticas nos círculos marxistas[1].

Nessa análise, cabia à imprensa o papel de influenciar a opinião pública para a tomada de decisões ou mesmo a participação nos debates cotidianos. A continuidade da obra de Habermas deriva para uma análise mais detida desse processo, com a *Teoria do Agir Comunicativo*, livro publicado em 1981, que se envereda pela compreensão de uma teoria sistêmica que dê sustentação à capacidade de entendimento mútuo entre indivíduos autônomos, mas a partir de uma análise derivada da racionalização e da colonização do mundo da vida, já resultantes de sua compreensão da esfera pública burguesa, tal como anteriormente apresentada.

Já em *Direito e democracia*, de 1992, o autor busca enfatizar as dimensões de sua teoria no campo do direito, no tensionamento promovido em torno da afirmação da viabilidade do projeto democrático. Apesar de tratar recorrentemente do Estado democrático de direito, seus avanços e contradições, Habermas não deixa de recorrer à comunicação como pano de fundo que viabiliza e fomenta a tessitura necessária para sua afirmação, bem como implicações de sua não existência a partir da racionalização burocrática de processos que afirmam o distanciamento da sociedade em relação ao Estado e o direito, enfatizando justamente aí a ação comunicativa como contraponto, mas buscando aperfeiçoá-la e torná-la mais compreensível a partir desses novos escritos.

Sem a pretensão de esgotar a vasta produção de Habermas, mas sim servir para despertar a atenção para sua importância e oferecer um fio condutor adequado para dar sustentação à proposta deste texto, buscando aqui apresentar, sinteticamente, a contribuição de cada uma de suas obras de referência[2].

A esfera pública nunca mais foi a mesma

Resgatando os conceitos de esfera pública, Habermas reconstitui a trajetória da esfera pública burguesa, culminando na distinção entre público e privado, ou ainda entre Estado e sociedade, em que se constituem tanto a sociedade civil burguesa quanto o modo de produção capitalista. Com essa transformação, a imprensa passa a se fortalecer como atividade social na aliança com o comércio, formando assim um processo de legitimação através da compreensão da opinião pública.

A definição de opinião pública é referencial e determinante na obra de Habermas: o duplo sentido da *Öffentlichkeit* sinalizada por ele acaba sendo semelhante ao que configura a tensão entre propaganda e publicidade. Há uma dimensão relacionada à transparência, que afirma sua contribuição nas relações políticas e sociais, e outra relacionada à assimilação de ideias, sem a distinção, hoje recorrente, entre o consumo de mensagens relacionadas a produtos / serviços ou pessoas / políticos (mesmo que tratados como objetos de consumo). Nos dizeres de Habermas, "A publicidade dos debates parlamentares garante à esfera pública a sua influência, assegura a conexão entre deputados e eleitores como partes de um único público" (HABERMAS, 1984: 104).

Através da afirmação da esfera pública burguesa, a sociedade conseguiu se legitimar junto ao poder público em torno de suas organizações, estabelecendo bases para aquilo que veio a ser compreendido como Estado democrático de direito. Ao perceber e se debruçar sobre essa transformação, Habermas passa a se colocar como um autor de referência no campo crítico da comunicação, pensada a partir de sua dimensão política na sociedade contemporânea.

Ação comunicativa como condição emancipatória

A partir da racionalização do mundo da vida, Habermas propõe uma teoria que compreende um conceito de sociedade e sua evolução a partir do papel da comunicação exercida entre sujeitos que praticam a ação comunicativa. Para o autor, a ação comunicativa se trata de uma "forma de interação social em que os planos de ação dos diversos atores ficam coordenados pelo intercâmbio de atos comunicativos, fazendo, para isso, uma utilização da linguagem (ou das correspondentes manifestações extraverbais) orientada ao entendimento" (HABERMAS, 1997a: 418).

Ou seja, a ação comunicativa ocorre a partir de relações interpessoais que buscam alcançar compreensão sobre o que motiva a interação entre os envolvidos, bem como sobre o entendimento que implica o desdobramento em futuras ações.

O enfrentamento necessário à afirmação e à persistência da ação comunicativa diante do mundo da vida resulta na compreensão da integração através de um consenso normativo ou comunicativo (estritamente social), ou ainda, através de mecanismos de autorregulação como o mercado ou a burocracia (compreendida como sistêmica). Esta distinção é determinante na obra de Habermas, que propõe um entendimento da sociedade em suas dimensões de mundo da vida e de sistema, separando a racionalização do mundo da vida da interação complexa dos sistemas sociais.

Aqui compreende-se um certo pessimismo na obra do autor, de ordem distinta da presente nos escritos dos primeiros frankfurtianos, presente tanto na compreensão do mundo da vida em distinção ao mundo sistêmico, como se o último não se fizesse também pelas interações interpessoais e pelas organizações e estruturas compreendidas pelos próprios integrantes do mundo da vida. No entanto, esse tensionamento constante é compreendido como referência tanto para a atuação das instituições como para a competência comunicativa dos atores sociais em suas múltiplas interações.

Comunicação: é preciso fazer Direito

Um movimento decorrente da formulação da Teoria da Ação Comunicativa é sua aplicabilidade ao campo do direito. Para Habermas, essa movimentação se dá como decorrência natural da compreensão da necessidade da vinculação do diálogo entre sujeitos esclarecidos e competentes do ponto de vista comunicativo, como princípio para a afirmação da democracia.

Nessa movimentação do autor existe um primeiro deslocamento da filosofia para o direito, no sentido de constituir um sistema de direitos a partir da ação comunicativa, entendido o direito como categoria de mediação social entre faticidade (existência do fato) e validade (legitimação social de sua existência).

Desse modo, seu olhar crítico direciona-se para o Estado democrático de direito, estabelecendo o poder comunicativo como um de seus mais significativos pilares. Para Habermas (1997b: 19),

> [...] se transportarmos o conceito de razão para o *medium* linguístico e o aliviarmos da ligação exclusiva com o elemento moral, ele adquirirá novos contornos teóricos, podendo servir aos objetivos descritivos de reconstrução de estruturas da competência e da consciência, além de possibilitar a conexão com modos de ver funcionais e com explicações empíricas.

O mundo da vida, nesse contexto, prescinde da organização de uma sociedade civil em diálogo com o Estado, a partir de uma esfera pública que busque afirmar sua legitimidade tanto em relação ao mundo sistêmico quanto à sociedade em geral. Habermas trata desse assunto em especial, compreendendo aí as estruturas de poder decorrentes da constituição e da consolidação da esfera pública, bem como evidenciando as limitações e contradições do sistema político.

Aproximações com a Escola de Frankfurt e a Teoria Crítica

O breve resgate das principais obras relacionadas ao campo da comunicação já permite compreender possíveis aproximações e distinções de Habermas com outros pensadores relacionados à Escola de Frankfurt. Se há efetivamente uma disposição de vinculação crítica ao viés teórico estabelecido por Habermas, em sua análise sobre o papel da comunicação para a sociedade de um modo geral e suas relações com o direito, é sua visão sobre o mundo sistêmico que permite identificar uma certa aproximação com o cenário descrito por Adorno e Horkheimer. Por outro lado, é na capacidade de compreensão do papel da sociedade civil, na construção de diálogos possíveis com o Estado e suas estruturas burocráticas, bem como no fortalecimento do Estado democrático de direito, que Habermas oferece desejáveis pontos de fuga para além de um possível pessimismo em torno da pioneira obra frankfurtiana.

Tendo trabalhado diretamente com Adorno, Habermas estruturou em outras bases o pensamento frankfurtiano, invertendo a agenda negativa em sua compreensão sobre a sociedade e abrindo conexões em vários campos do conhecimento. Mesmo a formulação da colonização do mundo da vida, tal como proposta pelo autor, chama a atenção para determinadas patologias presentes nas sociedades capitalistas contemporâneas, mas proporciona, ao mesmo tempo, subsídios para tentativas de enfrentamento pela sociedade.

Uma das explicações plausíveis para essa distinção é justamente o tempo histórico em que a obra de Habermas pode ser formulada: após o pós-guerra, ao longo da reconstituição dos estados-nação e da efetivação de instrumentos de deliberação a partir da Organização das Nações Unidas e suas agências multilaterais constitutivas. Em tal contexto histórico, a despeito de contradições internas e conflitos recorrentes, vêm sendo trabalhadas as sucessivas tentativas de afirmação de modelos de estados democráticos de direito presentes na sociedade ocidental.

Nessa tensão se apresenta de extrema relevância o descolamento que Habermas promove entre o mundo da vida e o sistema, em torno do qual o Estado moderno conforma um *modus operandi* próprio, distanciado, elitista e intangível ao cidadão comum, feito com a necessidade de afirmar e perpetuar poder, além de aplicável a vários setores da sociedade. Nos dizeres de Habermas (1997b: 172),

> [...] a ideia do Estado de direito exige que as decisões coletivamente obrigatórias do poder público organizado, que o direito precisa tomar para a realização de suas funções próprias, não revistam apenas a forma do direito, como também se legitimem pelo direito corretamente estatuído. Não é a forma do direito, enquanto tal, que legitima o exercício do poder constituído, e sim a ligação com o direito legitimamente estatuído. E no nível pós-tradicional de justificação, só vale como legítimo o direito que conseguiu aceitação racional por parte de todos os membros do direito, uma formação discursiva da opinião e da vontade.

Em *Técnica e ciência como ideologia*, outra obra de referência de Habermas, esse processo fica mais claro em relação ao meio acadêmico e à produção de conhecimento, que também não é alheio a essa estruturação na medida em que a esfera pública atua e é afetada também sob o foco da integração do progresso técnico em áreas do mundo da vida, bem como a redução das tarefas prático-políticas a uma solução de racionalidade técnica da "cientificização da política". Habermas afirma (1968: 63-64) que

> [...] a racionalidade dos jogos linguísticos religada à ação comunicativa vê-se confrontada, no limiar da Modernidade, com uma racionalidade das relações fim/meio, que está ligada à ação instrumental e estratégica. Logo que se chega a esta confrontação, instaura-se o princípio do fim da sociedade tradicional: entra em colapso a forma da legitimação da dominação.

Por outro lado, como a ação comunicativa das pessoas comuns se desloca da efetivação de ações em torno do sistema, faz-se necessária a compreensão de formas distintas de atuação para deliberação de medidas de interesse da sociedade. Tais dinâmicas resultam de aproximações do mundo da vida ao mundo sistêmico ou de autonomia e busca de legitimidade da sociedade aos processos burocráticos e que não necessariamente dizem respeito ao que a sociedade demanda.

Como a evolução social, segundo Habermas, leva a uma racionalização crescente do mundo da vida, implicando a coordenação de uma ação que exige expansão de demanda, os mecanismos mediados linguisticamente para alcançar o entendimento tendem a uma superexposição e ao desgaste. Com isso, meios como dinheiro, mercado e burocracia administrativa protagonizam ações e deslocam as práticas dialógicas para a periferia desses processos. As estruturas simbólicas do mundo da vida são então reificadas pelos imperativos sistêmicos que se tornaram autossuficientes, o que conforma o que Habermas denomina *colonização do mundo da vida*.

É possível compreender aí o papel da mídia, no sentido de reforço desse deslocamento, quando implica a defesa das estruturas engendradas pelo sistema e organizada em torno de um sistema com suas lógicas próprias, atreladas a outros sistemas. Por outro lado, compreendido em torno da defesa do desvelamento cotidiano de situações que deveriam agregar valor pela sua publicidade, ou seja, pela transparência ao acesso dos cidadãos.

A independência dos profissionais de mídia para o desempenho de suas funções seria uma condição essencial para a afirmação de práticas comunicativas capazes de viabilizar processos deliberativos democráticos. No entanto, tal como a própria afirmação da contribuição das práticas jornalísticas na vida cotidiana, está em questão a disposição dos profissionais em serem integrados ou não ao sistema, na medida do respaldo à vinculação dos meios de comunicação de massa aos sistemas político e econômico estruturados hegemonicamente, conformando a "sociedade mediática".

Ao que afirma Habermas (2008: 17):

> O poder dos media é baseado na tecnologia das comunicações de massa. Aqueles que trabalham em setores politicamente relevantes do sistema dos media (i. é, repórteres, colunistas, editores, diretores, produtores e proprietários) não podem fazer nada além de exercer o poder, porque eles selecionam e processam um conteúdo politicamente relevante e, desse modo, intervêm tanto na formação de opiniões públicas quanto na distribuição de interesses influentes.

Comunicação: de objeto a lugar

A aproximação com o campo da comunicação que Habermas faz em sua obra é significativamente peculiar. Tal como seus predecessores, mas de modo particular, Habermas trata da comunicação não somente como objeto de estudos, foco de preocupações, mas como campo de conhecimento. Compreende dimensões da comunicação política como processo, refletindo o papel da mídia na esfera pública como fator de influência na legitimação de deliberações. Para tal condição, concebeu a necessidade de um sistema autorregulador independente, não pelos agentes do mercado, mas da sociedade, o que acabaria conformando uma dimensão pedagógica de conscientização da sociedade sobre a contribuição potencial da comunicação, proporcionando interações entre o discurso do sistema e o das organizações sociais.

Para Habermas, a capacidade de estabelecer conexões entre distintos atores sociais na esfera pública se constituía num pressuposto básico para um sistema midiático autorregulador, capaz de articular sociedade civil e suas organizações constitutivas, bem como o centro do sistema político. Além disso, o acesso ao sistema midiático pela sociedade civil precisaria permitir-lhe a participação na afirmação de discursos e na contraposição a discursos que lhe são contraditórios na medida em que a própria comunicação não poderia ser fruto de processo semelhante de colonização. Tal como afirma Lubenow (2007: 110),

> [...] como as estruturas do mundo da vida (solidariedade, cultura e identidade) podem esboçar um movimento contrário não apenas de "resistência", mas também de "efetivação" de uma prática social discursiva nos contextos sistêmico-institucionais (apesar dos novos movimentos sociais), de como o processo político poderia ser submetido ao controle democrático institucionalizado.

Pensar a comunicação como processo nos diversos campos do conhecimento e atribuir a ela uma dimensão crítica como componente de um processo de transformação visando a emancipação da sociedade é uma proposta que revitaliza e dá fôlego ao legado crítico da Escola de Frankfurt. Ao mesmo tempo, ao privilegiar o visível do discurso e dos posicionamentos discursivos no processo comunicacional, Habermas deixa escapar uma dimensão de complexidade necessária às implicações dos efeitos da comunicação nos campos distintos de atuação social que analisa, incluindo aí os silêncios e artimanhas discursivas, o que vem a ser abordado mais atentamente por outros autores, tais como Foucault, Deleuze e Guatari. Entretanto, sua obra não se invalida, na medida da disposição em estabelecer a contribuição da comunicação para a realização de processos deliberativos adequados. Além disso, de compreender distinções entre atores sociais que não podem ser colocados em patamares comuns, identificando-os em torno de processos relacionados à definição do mundo da vida e de sistemas que o colonizam.

Embora tal divisão pareça simplória, a abordagem habermasiana e seu legado estão longe de serem, proporcionando um amplo legado a contribuições que demandem investigações capazes de compreender a comunicação num cenário multifacetado, mas ao mesmo tempo de conformação de distintas convergências nos campos econômico, político e cultural.

Desafios políticos e tecnológicos diante do legado habermasiano

A contribuição de Habermas para pensar o Estado democrático de direito dentro de sua estrutura de compreensão da comunicação o possibilitou propor uma teoria social do direito, bem como ser referenciado nesse campo específico, aprimorando a compreensão de práticas deliberativas para o exercício da democracia. Desse modo, sua compreensão do tema e da área é fundamental e, ao mesmo tempo, extremamente atual na sociedade contemporânea de múltiplas convergências e dissensos.

Do ponto de vista normativo, Habermas propõe uma institucionalidade que se compreenda equânime, na qual membros individuais da sociedade civil tenham proteção igual e disponham de um sistema de garantias de liberdade concebida a todos. Isso inclui o acesso a tribunais independentes, nos quais a proteção seja igualmente assegurada, compreendendo a devida separação – e ausência de influências – entre os poderes Legislativo, Executivo e Judiciário. A participação política deve ser tal que permita garantir a maior quantidade de cidadãos interessados, através de direitos iguais de participação e comunicação.

Em relação aos processos eleitorais, a inclusão ampla deve ser também a tônica, num ambiente em que distintos partidos, plataformas e programas possam se defrontar e o princípio de deliberação pela maioria possa ser exercido diante da inviabilidade do consenso. A formação de opinião pública prescinde de uma concepção que distingue Estado (voltado ao público na oferta de direitos e deveres) de sociedade (com base na livre-iniciativa de mercado, o que não a livra de ser regulada pelo primeiro). Nesse contexto, os direitos de comunicação e livre-expressão são essenciais, visando à capacidade de regulação da estrutura de poder da esfera pública, assegurando-os aos meios de comunicação de massa diversificados e independentes, bem como o amplo acesso à participação em processos de debate e deliberação pelo conjunto das audiências. Para Habermas (2008: 18),

> [...] o tipo de comunicação política que conhecemos em nossa então chamada sociedade mediática se posiciona na direção contrária aos requerimentos normativos da política deliberativa. Contudo, o uso empírico recomendado do modelo deliberativo nos fornece um impulso crítico: ele nos permite ler os dados contraditórios como indicadores de entraves contingentes que merecem uma séria investigação.

Não é impossível imaginar a grandeza do desafio da proposta de Habermas, mas esta não pode ser considerada no campo das utopias. Trata-se de uma possibilidade a ser compreendida como projeto e a ser construída politicamente. É compatível como avanços no sentido da afirmação da democracia em sociedades ocidentais, a despeito de contradições internas, no sentido de possibilitar a expressão de mais atores sociais no processo de elaboração e definição de políticas. As próprias críticas estabelecidas às limitações da democracia representativa tomam como referência tais princípios estabelecidos por Habermas, entre outros atores que assumem uma perspectiva crítica, mas democrática.

Esse debate assume uma complexidade ainda mais ampla com a chegada da internet. Não apenas pela dimensão tecnológica e suas possibilidades de interação, mas pela legitimidade que, por um lado, questiona e, por outro, busca reforçar e estabelecer um modo de construção política na afirmação de esfera pública política com características peculiares, o que chegou a ser compreendido como uma necessidade de estabelecer em outras bases as teses estabelecidas por Habermas em relação à mudança estrutural na esfera pública.

É bem verdade que redes já vinham se estruturando em escala global há mais tempo, mas a internet não apenas acelerou essa transformação, como viabilizou diversas formas de organização de ideias, dados, informações e articulações entre atores sociais, trazendo outros temas para o debate político, econômico e sociocultural. As mídias sociais, organizadas a partir de empreendimentos corporativos, foram instrumentos mais eficientes no agenciamento desses coletivos e suas formas de interação, ao mesmo tempo em que fazem emergir a intolerância e intensificam formas de controle e de exposição à privacidade. Por sua vez, o papel da mídia convencional vem sendo fortemente questionado e formas periféricas de produção e circulação midiática vêm aparecendo, não necessariamente em oposição ao convencional, mas valendo-se de sua penetração já estruturada para se legitimar socialmente.

A respeito da internet, Habermas teceu interessante comentário sobre seus mecanismos e potencialidades. Para o autor,

> [...] a internet certamente reativou as ações cívicas de um público igualitário de escritores e leitores. Contudo, a comunicação mediada por computador através da internet pode demandar méritos democráticos inequívocos somente para um contexto especial: ela pode desafiar a censura imposta por regimes autoritários que tentam controlar e reprimir a opinião pública. [...] Através de esferas públicas nacionais estabelecidas, os debates online entre os utilizadores da web promovem uma comunicação política somente quando novos grupos se cristalizam em torno de pontos focais sobre a qualidade da imprensa, por exemplo, jornais nacionais e revistas políticas (HABERMAS, 2008: 13).

As questões críticas que se colocam para futuros desdobramentos, em torno dos quais a contribuição de Habermas segue sendo de extrema vitalidade, se concentram na representação social que os debates engendram, além da legitimidade para proporcionarem mudanças políticas efetivas do ponto de vista deliberativo. O ambiente da internet redimensiona e revigora a capacidade do desenvolvimento de mecanismos de consultas públicas e demais iniciativas de cogestão. Por outro lado, a competência comunicativa, bem como o distanciamento entre atores que dominam recursos e plataformas de manifestação em rede e a sociedade em geral, ainda indicam o tanto a caminhar no desbravamento da distância comunicativa sinalizada por Habermas desde seus primeiros trabalhos.

Para Habermas, a comunicação (ou sua ausência) contribui para a afirmação (ou não) do Estado democrático de direito. Ao desenvolver seus trabalhos em torno dessa formulação, identifica a competência comunicativa como componente determinante para a participação da sociedade na esfera pública, considerada aí não apenas a capacidade de formulação, mas a de interação e elaboração de entendimentos que visem a elaboração e a implementação de políticas.

Assim, Habermas coloca esse entendimento como resultante dos discursos em confronto, mas que necessariamente convergem na disposição em realizar os debates. Para o autor:

> [...] o caráter discursivo da formação de opinião e da vontade na esfera pública política e nas corporações parlamentares implica, outrossim, o sentido prático de produzir relações de entendimento, as quais são "isentas de violência", no sentido de H. Arendt, desencadeando a força produtiva da liberdade comunicativa (HABERMAS, 2008: 191).

Se para a legitimação dos atores sociais integrantes dos debates públicos a competência comunicativa é determinante para a deliberação em patamar de igualdade, a esfera pública política deveria minimizar as distâncias de capacitação para o enfrentamento do debate, mas também de discernimento aos potencialmente envolvidos para que os discursos se expressem em múltiplos participantes, com a desejada qualidade.

O domínio dos meios de comunicação tradicionais em relação à esfera pública e à tomada de decisão acaba deturpando significativamente a opinião pública e o esclarecimento a respeito dos fatos. As pesquisas de opinião pública servem como o retrato de um determinado momento social, a partir da repercussão de assuntos nos diferentes veículos de grande veiculação e, mais recentemente, da repercussão dos temas nas mídias sociais.

Em *Mudança estrutural da esfera pública*, Habermas critica radicalmente a validade das pesquisas de opinião a respeito de temas mais complexos e seus desdobramentos. Atualmente a competência desse mecanismo de aferição, em determinados contextos, pode mudar resultados eleitorais, derrubando ou promovendo candidatos e/ou parlamentares, bem como direcionar posicionamentos da população a respeito dos mais variados temas, do mais simplório ao mais relevante, o que coloca tanto a necessidade de regulamentar seu uso quanto a de promover capacitação e agenciamentos de sociabilidade para a promoção de acessos, veiculação e compartilhamento de conteúdos mais qualificados.

A comunicação serve às forças que controlam o poder estabelecido tanto na atuação destas no seio da máquina do Estado quanto em relação a quem se organiza determinantemente para disputá-lo ou influenciá-lo. Ao mesmo tempo, apropriada pela sociedade, pode servir como instrumento de conscientização e transformação, assumindo dimensão pedagógica intensamente trabalhada por Paulo Freire.

O pensamento habermasiano trabalha essa distinção ao distinguir processos genuínos de comunicação pública, dotados de funções "críticas", e aqueles subvertidos pelo poder, que empreendem funções "manipulativas". Mais uma vez, a despeito da necessidade de compreensão mais complexa do cenário apresentado, tratam-se de dimensões que se superpõem, se alternam e são descontínuas em situações cotidianas de variados contextos, o que não invalida tais categorias de análise como referência. Por outro lado, a obra de Habermas deixa em aberto a possibilidade de implementação de estratégias para a preservação de princípios normativos da esfera pública, questão essencial no tocante a uma possível repolitização da esfera pública.

O que está evidenciado em Habermas é a capacidade de

> [...] redes associativas da sociedade civil e grupos de interesse especiais traduzirem a tensão ativada por problemas sociais pendentes e demandas conflitantes por justiça social, em questões políticas. Os atores da sociedade civil articulam interesses políticos e afrontam o Estado por meio de demandas provenientes dos mundos da vida de vários grupos. Com a sustentação legal dos direitos de voto, essas demandas podem ser reforçadas através da ameaça de interromper a legitimação (HABERMAS, 1997c: 15).

Desse modo, segue ainda o enfrentamento necessário do desafio de compreender o modelo crítico como um padrão confiável de medida de legitimidade, através da identificação de estratégias necessárias para a preservação do princípio da esfera pública crítica por parte das sociedades capitalistas avançadas, sob as presentes condições, mas não com as formas burguesas que intensificam a colonização do mundo da vida.

Tal questão permanece em suspenso em função da necessidade de elaboração uma teoria (da crise) do capitalismo avançado, em torno da qual diversos teóricos vêm atualmente se debruçando. Para tanto, é necessário avançar, tanto no exercício da produção de conhecimento quanto na formação para o exercício profissional, na compreensão das complexidades envolvidas no pensamento que Habermas contribuiu significativamente para desvendar.

Conclusão

A vasta contribuição apresentada por Jürgen Habermas coloca-o entre os principais pensadores que conformaram uma melhor compreensão da comunicação na sociedade contemporânea. Sua trajetória intelectual, movida pela crença de uma ação comunicativa na sociedade, nos coloca diante de um desafio que se renova nas mais diferentes épocas e gerações. Se teve a Escola de Frankfurt como referência, bem como outras influências, hoje encontra diálogo em diferentes escolas do pensamento social.

O que se buscou compreender neste texto não foi apenas a vitalidade das principais preocupações e teorias habermasianas, mas apresentar sua contribuição a um debate com amplas implicações nos processos decisórios sobre definições em torno da comunicação, do direito e da política, que incidem diretamente nos modos como se configuram os processos de formação e atuação ética e profissional no campo da comunicação.

Ou seja, sua obra não deve se restringir a uma dimensão meramente disciplinar, mas fundamental para melhor situar criticamente futuros profissionais em seus futuros espaços de atuação. Como qualquer trabalho científico, ela deixa caminhos a serem trilhados, mas os aponta com precisão. São necessários novos olhares atentos na produção de conhecimento e no fazer profissional para oferecer ferramentas de análise e novas compreensões para o enfrentamento das temáticas propostas.

Buscou-se salientar algumas delas aqui em relação ao denso trabalho científico de Habermas: as contradições entre público e privado; entre Estado e sociedade (e o importante papel que desempenha a comunicação nos processos de entendimento); os limites e contribuições da democracia deliberativa em virtude dos potenciais da emergente democracia direta a partir da afirmação da internet, que, por sua vez, oferece outro campo de estudos ainda a ser explorado. Assim, convida-se a explorar novos contornos de suas obras, mas, ao mesmo tempo, a tomar seus referenciais como contribuição para melhor poder compreender a complexidade desse admirável e turbulento mundo novo.

Notas

1. Cf. a esse respeito: TAVARES, F.M.M. *Para além da democracia deliberativa*: uma crítica marxista à Teoria Política habermasiana. UFMG, 2013 [Tese de doutorado. Disponível em http://www.academia.edu/4081288/Para_Além_da_Democracia_Deliberativa_ uma_cr%C3%ADtica_marxista_à_teoria_pol%C3%ADtica_habermasiana – Acesso em 20/02/2016].

2. Outras obras de Jürgen Habermas podem ser vistas em seu verbete no Wikipedia: https://pt.wikipedia.org/wiki/Jürgen_Habermas

Referências

HABERMAS, J. Comunicação política na sociedade mediática: o impacto da Teoria Normativa na pesquisa empírica. In: *Revista Líbero*, ano XI, n. 21, jun./2008 [Disponível em http://www.revistas.univerciencia.org/index.php/libero/article/viewArticle/ 5394 – Acesso em 28/10/2015].

_____. *Teoría de la acción comunicativa*: complementos y estudios previos. 3. ed. Madri: Catedra, 1997a.

_____. *Direito e democracia*: entre faticidade e validade. Vol. I. Rio de Janeiro: Tempo Brasileiro, 1997b.

_____. *Direito e democracia*: entre faticidade e validade. Vol. II. Rio de Janeiro: Tempo Brasileiro, 1997c.

_____. *Mudança estrutural da esfera pública*: investigações quanto a uma categoria da sociedade burguesa. Rio de Janeiro: Tempo Brasileiro, 1984.

_____. *Técnica e ciência como ideologia*. Lisboa: Ed. 70, 1968.

LUBENOW, J.A. A categoria de esfera pública em Jürgen Habermas: para uma reconstrução da autocrítica. In: *Cadernos de Ética e Filosofia Política*, 2007 [Disponível em http://filosofianreloanda.pbworks.com/f/A%2Bcategoria% 2Bda%2BEsfera %2BP%25C3%25BAblica%2Bem%2BJurgen%2BHabermas.pdf – Acesso em 31/07/2014].

Guy Debord (1931-1994)

Anita Leandro e Isabel Castro★

Guy Debord e seu tempo

Teórico, cineasta e ensaísta, Guy Debord é autor de textos e filmes que fazem uma crítica contundente à imprensa, à televisão, à publicidade, às artes e ao papel central da imagem na vida política e econômica das sociedades. Bem mais do que uma teoria da comunicação, sua obra, composta por documentários, livros e diversas publicações coletivas e independentes, foi uma forma radical de atividade política, à margem das organizações partidárias. O próprio Debord teria dito ao seu amigo Giorgio Agamben que se considerava, sobretudo, um "estrategista" (AGAMBEN, 1998). Debord buscou, em toda a sua obra, abolir as fronteiras entre a vida e a produção intelectual, entre a ação política e a ação criadora. Escrever um livro, um panfleto, fazer um filme, ocupar espaços urbanos, se apropriar de textos e imagens já existentes, passando por cima dos direitos autorais, se necessário, são atividades equivalentes quando o objetivo do trabalho não é produzir obras, mas um aparato crítico para o enfretamento do que ele definiu como a "sociedade espetacular" (DEBORD, 1997), ou seja, o mundo abstrato e violento do capital transubstanciado em imagem.

Guy Ernest Debord nasceu no ano de 1931, em Paris, e suicidou-se em 1994, no Departamento de Haute-Loire, na França. Durante sua vida, ele dialogou com seus contemporâneos, propondo uma reflexão sobre os acontecimentos mais importantes do século XX: a Segunda Guerra Mundial (1939-1945), que ele vivenciara na infância; a chamada "Guerra Fria", que se seguiu, e a guerra civil sem nome, na qual Debord e seus amigos encontravam-se engajados; a emergência do comunismo na China (no final da década de 1940); a Guerra de Independência da Argélia (1954-1962); a Guerra do Vietnã (1955-1975); os movimentos pelos direitos civis dos negros nos Estados Unidos (a partir dos anos de 1960);

★ Anita Leandro: professora do Programa de Pós-Graduação em Comunicação e Cultura da Universidade Federal do Rio de Janeiro e doutora em Estudos Cinematográficos e Audiovisuais (Université Paris III/Sorbonne-Nouvelle). • Isabel Castro: doutoranda do Programa de Pós-Graduação em Comunicação e Cultura da Universidade Federal do Rio de Janeiro.

as insurreições internacionais de 1968, em particular o Maio de 68, na França, de que foi um dos precursores; a queda do muro de Berlim (1989); e o fim da União Soviética (1991). Todos esses grandes acontecimentos foram analisados e problematizados em seus livros, artigos, filmes e entrevistas.

A época em que Debord viveu foi internacionalmente marcada pela polaridade entre sociedades capitalistas e socialistas. Mas, desde o início dos anos de 1950, seu pensamento vai se situar à margem das disputas ideológicas suscitadas pela Guerra Fria. Sua independência política faz de Debord alvo de ataques tanto da direita quanto das esquerdas organizadas em partidos e sindicatos. Provocador, ele se considerava "anti-ideológico". Para Debord, a ideologia pressupõe a separação hierárquica entre pensadores e executores, o que fortalece a burocracia e a existência de classes dominantes (evidentes nas sociedades capitalistas, mas, também, segundo ele, camufladas nos modelos socialistas vigentes na época). Debord se lança, assim, na busca do desenvolvimento de uma teoria revolucionária moderna que, influenciada por Marx e Bakounine, visava pensar a questão da luta de classes do seu tempo e as formas de insurreição possíveis. No lugar da ideologia, Debord vai propor uma teoria prática, anticapitalista, que deveria ser vivida coletivamente, no cotidiano. "A Teoria Revolucionária é agora inimiga de toda ideologia revolucionária, *e sabe que o é*", escreve Debord na tese 124, do livro *A sociedade do espetáculo* (DEBORD, 1997: 86).

A sociedade do espetáculo é o título da obra mais conhecida e influente de Debord, traduzida em diversos idiomas. Publicado originalmente em 1967, às vésperas dos acontecimentos de maio de 1968 na França, o livro reúne, em capítulos temáticos, 221 teses curtas, apresentadas em forma de fragmentos, que buscam definir a sociedade espetacular e analisar seus aspectos e modos de funcionamento. O ensaio propõe uma leitura crítica radical das sociedades modernas e terá grande repercussão, sobretudo na França, devido ao contexto histórico de sua publicação, marcado por greves massivas, forte mobilização estudantil, ocupação de fábricas e de universidades. Guy Debord e a vanguarda situacionista, grupo que ele integrava e do qual foi o principal líder, são considerados precursores e influências marcantes no simbólico Maio de 68 francês.

Na verdade, a elaboração e exposição do pensamento crítico presente na *Sociedade do espetáculo* começam bem antes da publicação do livro. Ainda em 1953, aos 22 anos de idade, Debord teria pichado, nos muros de Paris, o conhecido *slogan* "não trabalhe nunca" (*ne travaillez jamais*), retomado nas manifestações de Maio de 68. Admirador dos movimentos surrealista e dadaísta, Debord é uma figura importante e ativa nas vanguardas artísticas do seu tempo, desde o início da década de 1950. Sua trajetória é marcada por encontros, pela formação de grupos e pela elaboração de pensamentos coletivos. Primeiramente, ele integra o movimento letrista (em 1951) e, mais tarde, será um dos criadores da Internacional Situacionista (em 1957). No contexto dos grupos que integrou, Debord realiza filmes de montagem extremamente inovadores, participa de intervenções artísticas, que chamavam de "situações", e publica inúmeros manifestos, artigos e panfletos, muitos deles assinados coletivamente.

Debord realizou sete documentários[1], alguns deles integralmente feitos a partir da reapropriação de imagens, textos e sons já existentes, como *Hurlements en faveur de Sade* (1952), *La société du spectacle* (1973) e *In girum imus nocte et consumimur igni* (1978). Em outros, ele confronta suas próprias imagens ao grande acervo da sociedade do espetáculo, como acontece em *Sur le passage de quelques personnes à travers une assez courte unité de temps* (1959) e *Critique de la séparation* (1961). Debord quase não filmou e preferiu apostar num cinema de montagem, feito, sobretudo, de imagens já existentes, fossem elas da televisão, do cinema, da publicidade, da pintura ou da literatura, imagens às quais ele impôs um desvio de função, distanciando-as de seu contexto original de produção, para melhor analisá-las.

Entre as obras mais importantes de Guy Debord podemos citar, ainda, *Comentários sobre a sociedade do espetáculo*, livro publicado em 1988, e *Panegírico*, cujo primeiro volume é publicado em 1989, e o segundo, postumamente, em 1997. Em *Comentários*, escrito 20 anos depois da publicação de sua primeira grande síntese sobre o tema, Debord faz uma atualização de sua Teoria do Espetáculo, num momento em que esse fenômeno capitalista passa a ser "bem mais poderoso do que era antigamente" (DEBORD, 1997: 169). Com o mesmo formato de teses curtas, divididas em capítulos, *Comentários* foi, na edição brasileira, publicado como um anexo da *Sociedade do espetáculo,* uma única edição reunindo, assim, dois momentos do pensamento do autor sobre o espetáculo.

Já o *Panegírico* é uma obra autobiográfica. Originalmente, a palavra refere-se a um discurso público de elogio ou louvor a alguém. "Mais que um elogio, [...] o panegírico não comporta nem censura nem crítica", diz a referência à definição de dicionário, na abertura do livro (DEBORD, 2002: 7). De maneira irônica, Debord muda o sentido da palavra "panegírico", a fim de elaborar uma obra de memórias e anunciar, logo no título, o seu tom irreverente. "Toda minha vida transcorreu em tempos turbulentos, de extremas perturbações na sociedade e imensas destruições. Tomei parte nesses tumultos. Tais circunstâncias são suficientes, sem dúvida, para impedir que até o mais transparente dos meus atos ou raciocínios receba aprovação universal. Mas também acredito que numerosos entre eles podem ter sido malcompreendidos" (DEBORD, 2002: 9). Assim começa o texto do primeiro volume do *Panegírico*, livro em que Debord percorre os acontecimentos de sua vida, buscando esclarecer alguns desses mal-entendidos. Como escreve Pablo Gobira em sua tese intitulada *Guy Debord, jogo e estratégia*, "podemos considerar que o *Panegírico*, tanto em seu primeiro quanto em seu segundo volume, é como um sumário das atividades do autor e, ao mesmo tempo, um manual afirmativo e explicativo sobre aquela vida: um guia para entendê-la" (GOBIRA, 2012: 132). No segundo volume do livro são reunidas fotografias e citações que, em conjunto, tecem uma complexa rede de referências do autor. Um terceiro volume completaria a obra, porém, por vontade do autor, os manuscritos foram queimados após a sua morte.

Percursos e influências

O encontro com o poeta romeno Isidore Isou e a rápida ligação com o Movimento Letrista assinalam o início da trajetória intelectual e política de Debord. O chamado "letrismo", um dos principais movimentos de vanguarda do pós-guerra, propõe uma arte baseada nas letras e nos fonemas, interessada pela poética dos sons, pela música das letras, pela graça das onomatopeias, mais próxima da *performance* do que da literatura. Independente em relação à palavra, a letra é convocada no poema letrista em seu valor sonoro e plástico intrínseco. Debord se filia a esse movimento em 1951, ano de lançamento do célebre filme de Isou, *Traité de bave et d'éternité* (Tratado de baba e de eternidade, Isidore Isou, 1951). Com sua montagem disjuntiva, que produz uma separação entre imagem e som, essa obra vai marcar época, influenciando o rumo dos filmes letristas, do futuro cinema de Debord e, posteriormente, do cinema experimental americano, como a obra de Stan Brakhage, por exemplo. É no contexto do movimento letrista que Debord realiza seu primeiro filme, *Hurlements en faveur de Sade* (Urros a favor de Sade, 1952), considerado o ponto alto da pesquisa estética e política do grupo. Filme sem imagens, cuja banda visual é composta apenas pela sucessão de telas brancas e telas pretas, durante 64 minutos, *Hurlements* constrói uma banda sonora *non-sense*, que vai da *performance* letrista (declamação de vogais por Isidore Isou) à colagem de citações variadas e sem ligação entre si, tais como um diálogo sem nexo, uma leitura enfadonha da lei do trânsito francesa, trechos de filmes, barulhos. Um dos filmes mais radicais da história do cinema, *Hurlements en faveur de Sade* marca o início da atividade criadora daquele que foi, segundo o artista Asger Jorn, "o grande inspirador secreto da arte mundial, durante uma dezena de anos" (JORN, 2001: 301). *Hurlements* se antecipou, por exemplo, ao silêncio introduzido por John Cage na música moderna.

Ainda no ano de 1952, devido a divergências com o pensamento de Isou, Guy Debord, Gil Wolman, Serge Berna e Jean-Luc Brau se separam do Movimento Letrista para fundar a Internacional Letrista. Eles proclamam que "o mais urgente exercício de liberdade é a destruição dos ídolos" (BERNA; BRAU; DEBORD & WOLMAN, 1952). O estopim da ruptura com o letrismo de Isou havia sido o ataque público do grupo a Charles Chaplin, num panfleto distribuído na ocasião da coletiva do diretor burlesco à imprensa, em Paris, para promoção do filme *Luzes da ribalta*. O texto se referia a Chaplin como um "trambiqueiro sentimental" e um "fascista primário" (BERNA; BRAU; DEBORD & WOLMAN, 1952). Partidária da provocação e do escândalo, a dissidência letrista vai além da desconstrução da palavra e propõe uma superação ainda mais radical da arte.

Um texto importante será escrito por Debord, a seguir, em coautoria com Gil Wolman. Publicado no número 8 da revista *Les lèvres nues*, de maio de 1956, "Modes d'emploi du détournement" (Manual de instruções do desvio), é uma espécie de tutorial crítico que inicia o leitor na técnica da retomada das imagens e textos já existentes (DEBORD & WOLMAN, 1956). O manual aponta, já nesse momento, o caminho a ser trilhado pelo novo cinema imaginado por Debord, um cinema que opta por não acrescentar novas imagens ao mundo. Em vez disso, Debord se servirá em seus filmes dos filmes dos outros, de imagens jornalísticas e de revistas em quadrinhos, desvinculadas de seu sentido inicial. Aliás, como lembra Asger Jorn, o recurso aos quadrinhos tornar-se-ia, logo depois, a "força de impacto da nova pintura americana" (2001: 301). O manifesto, em grande parte inspirado em Lautréamont (*Les Chants de Maldoror*), para quem o plágio era necessário e a poesia deveria ser feita por todos, define o desvio como um instrumento cultural poderoso e propõe diversas formas de uso dessa técnica, sobre a qual voltaremos mais adiante.

A principal publicação da Internacional Letrista foi a revista *Potlatch*, editada entre os anos de 1954 e de 1957. O nome da publicação faz referência a um ritual originário de culturas ameríndias, que consiste na renúncia a bens materiais acumulados, geralmente através da troca de presentes, o que permite, entre outras coisas, uma redistribuição das riquezas. Nesse ritual, os homens rivalizam em generosidade, numa grande "festa de comunismo", como o *potlatch* foi definido na antropologia (MAUSS, 1995: 149-153). Em consonância com seu título, o boletim de informação da Internacional Letrista foi sempre distribuído gratuitamente. Na abertura do seu primeiro número, lemos: "*Potlatch* é a publicação mais engajada do mundo: nós trabalhamos pelo estabelecimento consciente e coletivo de uma nova civilização" (INTERNATIONALE LETTRISTE, 2007: 7). A frase anuncia a escolha política do grupo, que considera a arte como algo que deve ser integrado à vida cotidiana e imbuído de uma forte responsabilidade crítica.

Em 1957, a Internacional Letrista se funde com os grupos Movimento Internacional para uma Bauhaus Imaginista (Mibi), a Associação Psicogeográfica de Londres (APL) e pintores do grupo CoBrA, para formar a Internacional Situacionista. Um dos textos fundadores do movimento é o *Rapport sur la construction des situations et sur les conditions de l'organisation et de l'action de la tendance situationniste internationale* (Relatório sobre a construção das situações e sobre as condições da organização e da ação da tendência situacionista internacional), que serviu como base de discussão para os membros dos grupos que se uniam naquele momento e como instrumento de divulgação de suas ideias. O relatório reafirma o anseio do movimento por uma profunda transformação social, através de experiências que buscam explorar novas formas de desejos e comportamentos humanos e, assim, expandir a vida. Nas palavras de Debord, era necessário empreender, a partir dali, "um trabalho coletivo e organizado, destinado ao emprego unitário de todos os meios de agitação da vida cotidiana" (DEBORD, 1989: 8). A principal publicação do grupo é a revista *Internationale Situationniste*, editada entre 1958 e 1969.

Guy Debord é considerado a grande liderança da Internacional Situacionista, da qual ele participa desde a sua fundação até o seu fim, em 1972. Os primeiros anos do movimento são marcados pela colaboração entre ele e o artista dinamarquês Asger Jorn, parceria que resultou, entre outras produções, em dois importantes livros de colagem, *Fin de Copenhague* (JORN, 1957) e *Mémoires* (DEBORD, 1959), obras que os autores chamam de "ensaios de escrita desviada" (*essais d'écriture détournée*), às quais Anselm Jappe faz referência em seu livro sobre Debord (1999: 91). O desvio e a experimentação cultural serão, assim, as bases das primeiras práticas situacionistas.

Entre 1960 e 1961, Debord faz uma rápida, porém decisiva, passagem pela organização revolucionária francesa Socialismo ou Barbárie, criada em 1948 por Cornelius Castoriadis e Claude Lefort, de orientação marxista antistalinista. Socialismo ou Barbárie, nome inspirado de uma expressão de Rosa de Luxemburgo, propunha um comunismo de conselhos, inspirado no movimento spartakista alemão, em oposição ao comunismo de partido. Já em 1949, o grupo francês se antecipava às duras críticas que seriam posteriormente formuladas à burocracia soviética (e, pouco depois, à burocracia chinesa), e também à ideia de um partido revolucionário. Contra formas de organização hierárquicas, que distanciam os que dão ordens dos que as seguem, Socialismo ou Barbárie propunha a democracia direta, através de conselhos, organizações espontâneas, feitas nos locais de trabalho, nas quais os representantes, eleitos coletivamente, são permanentemente substituídos por outros em novos conselhos. Para desenvolver e amadurecer os posicionamentos políticos centrais da Internacional Situacionista, Guy Debord vai retomar a ideia de conselhos e suas críticas às formas de organização hierarquizadas.

A partir dos anos de 1960, a Internacional Situacionista liderada por Debord vai, cada vez mais, delinear um projeto político revolucionário, em que as questões relacionadas à cultura e à arte são relegadas ao segundo plano. Dali em diante, como lembra Anselm Jappe, para descobrir uma nova forma de comunicação, os projetos artísticos, como os livros coescritos por Debord e Jorn, serão deixados de lado. O grupo percebe que, na sociedade do espetáculo que ele visava destruir, mesmo a sua própria produção estaria fadada a tornar-se mercadoria (JAPPE, 1999: 92). O movimento busca, ainda mais radicalmente, "superar a dicotomia entre momentos artísticos e momentos banais", em direção a formas artísticas "anônimas e coletivas" (JAPPE, 1999: 94). As novas orientações da Internacional Situacionista provocam desentendimentos, rupturas e expulsões polêmicas, que passam a ser frequentes na trajetória da organização.

Após Maio de 68, a Internacional Situacionista ganha grande popularidade, mas sua forte repercussão acaba contribuindo para uma crise do grupo e sua dissolução em 1972. O último número da revista *Internationale Situationniste*, publicado em setembro de 1969, abre com o texto "Le commencement d'une époque" (O começo de uma época), uma leitura detalhada dos eventos de 1968. Paradoxalmente, esse começo marca o início do fim do grupo e o texto termina da seguinte forma: "A continuação virá por todos os lados. E se nós, de certa forma, no retorno deste movimento, escrevemos nosso nome, não é para conservar algum momento ou para tirar proveito dele. Nós estamos, a partir de agora, seguros de um desenlace satisfatório de nossas atividades: a IS será ultrapassada" (DEBORD, 2004: 917). Esse trecho contém dois argumentos ligados ao fim da IS (Internacional Situacionista): de um lado, a ideia de que o grupo já havia cumprido o seu papel e, de outro, o problema das distorções que a popularidade do movimento começava a suscitar. Para Debord, a apropriação das ideias da IS por grupos de intelectuais e estudantes pró-situacionistas, transformando-as em ideologia radical, teria como consequência a inserção dessas ideias na sociedade do espetáculo, o que era preciso evitar. Os últimos anos da Internacional Situacionista serão, assim, turbulentos, marcados por novos ingressos e expulsões, até sua completa extinção, em 1972.

No início dos anos de 1970, Debord se aproxima de Gérard Lebovici, produtor, distribuidor e editor, dono da Editora Champs Libre, com quem ele desenvolve uma parceria duradoura e uma relação de amizade. Lebovici patrocina os filmes de Debord e cria uma sala exclusiva para projetá-los, enquanto a Champs Libre publica várias de suas obras. Em 1984, Lebovici é assassinado em circunstâncias misteriosas. Acusado pela mídia de envolvimento no assassinato do amigo, Debord reage com a proibição imediata da projeção de todos os seus filmes, enquanto ele vivesse. Em 1985, ele publica o livro *Considerações sobre o assassinato de Gérard Lebovici*, manifestando seu repúdio às calúnias sofridas e mostrando a leviandade dos propósitos dos jornalistas, intelectuais e políticos franceses que o acusaram.

Guy Debord se suicida no dia 30 de novembro de 1994 e seu filme *A sociedade do espetáculo*, adaptado do livro de mesmo nome, é, então, difundido pela televisão francesa, no Canal Plus. Com a morte de Debord, a poeta Alice Becker-Ho, sua esposa por mais de 20 anos, autora do livro *Le jeu de la guerre* (O jogo da guerra), publicado em 1987 pela editora de Gérard Lebovici, passa a ser detentora dos direitos das obras do marido e responsável pelas publicações póstumas. Entre 1999 e 2010 são publicadas, em oito volumes, as correspondências de Guy Debord, organizadas por períodos cronológicos (entre 1951 e 1994). Em 2005, seus filmes são novamente distribuídos em salas de cinema e lançados em DVD[2].

Polêmico e, muitas vezes, incômodo, Debord suscita diálogos, atualizações e fortes críticas. Mas essas críticas nem sempre oferecem aos leitores a ocasião de um aprofundamento da análise do conjunto do projeto debordiano. Os filmes de Debord, por exemplo, são, muitas vezes, ignorados, o que demonstra, inclusive, um certo apriorismo em relação ao seu pensamento. O filósofo Jacques Rancière, por exemplo, que compara a Teoria da Imagem, de Debord à de Platão, o faz, curiosamente, sem retomar nenhum dos filmes do cineasta ou mesmo seus escritos sobre o cinema e as artes. Rancière viu na crítica do espetáculo de Debord uma reformulação anacrônica da oposição platônica entre *choreía* (*performance* dos corpos) e teatro (simulacro do espetáculo). Ao contrário da abordagem de Debord, haveria, na visão de Rancière, uma certa positividade nesse espetáculo refutado, no entanto, em bloco pelo situacionista: "a contemplação que Debord denuncia é a contemplação da aparência separada de sua verdade" (RANCIÈRE, 2008: 13). E, de acordo com Rancière, os dispositivos contemporâneos uniriam de tal forma imagem e realidade viva, público teatral e comunidade, que a crítica da separação ou do espectador passivo não teria mais, hoje, razão de ser. Mas um retorno aos textos e filmes de Debord mostra que o "espectador emancipado" imaginado por Rancière para o espaço contemporâneo, capaz de apropriar-se criticamente das imagens existentes e de produzir suas próprias imagens, já se encontrava no centro do debate situacionista desde o pós-guerra, de maneira precursora. Debord dedicou sua vida a um inventário crítico das imagens do espetáculo e à invenção de formas adequadas ao debate político em torno desse grande acervo. E, ao contrário da tradição platônica, a estética situacionista não é avessa às imagens nem pressupõe, nelas, uma negatividade nata. Simplesmente, para os situacionistas, a positividade das criações humanas não lhes é intrínseca, e se constitui numa relação viva. Ao contrário de Platão, Debord não parece diminuir o poeta face ao filósofo. A poética debordiana é apenas deslocada e, por isso mesmo, menos evidente. Ela não está no objeto de arte. Os objetos, as imagens, são só um ponto de encontro, um simples meio, um pretexto para se criar situações provisórias e sem nenhum valor de troca: "Nossas situações serão sem futuro, serão lugares de passagem. O caráter imutável da arte, ou de qualquer outra coisa, não entra em nossas considerações, que são sérias. A ideia de eternidade é a mais grosseira que um homem possa conceber a propósito de seus atos" (DEBORD, 1989: 13).

Diversas leituras contemporâneas reconhecem a contribuição do pensamento debordiano. Elas são feitas, entre outros, por Giorgio Agamben, Anselm Jappe, Antonio Negri, Michael Hardt, Robert Kurz, Franco "Bifo" Berardi e Paolo Virno (GOBIRA, 2012). Agamben não só escreve sobre Debord em textos como "O cinema de Guy Debord" e "Glosas marginais aos *Comentários sobre a sociedade do espetáculo*", prefácio da edição italiana do livro, como se apoia em suas reflexões para o desenvolvimento de conceitos centrais, em seu trabalho atual, como o de "estado de exceção". Jappe, especialista na obra de Debord, é autor do livro *Guy Debord*, publicado em português e, como Kurtz, retoma Debord para pensar o trabalho, ou o fim do trabalho, nas sociedades contemporâneas. A definição das noções de "império" e "multidão", de Michael Hardt e Antonio Negri, bem como o pensamento sobre multidão de Berardi e Virno, também têm influência das ideias debordianas acerca do espetáculo[3]. A lista poderia ainda ser acrescida por vários outros autores que escreveram especificamente sobre o cinema de Debord. O livro de Antoine Coppola, *Introduction au cinéma de Guy Debord et de l'avant-garde situationniste* (2003), por exemplo, é uma referência sobre as técnicas utilizadas pelo cineasta, em particular a do desvio. Sobre a obra de Debord, com enfoque maior no cinema, podemos citar ainda os livros *Guy Debord, de son cinéma en son art et son temps*, de Guy-Claude Marie (2009), que oferece uma análise cuidadosa dos filmes *Hurlements en faveur de Sade* e *La société du spectacle*; *Le cinéma de Guy Debord (1952-1994)*, de Fabien Danesi (2001), um estudo sobre a refutação, a negação, a deriva e o desvio, como formas de reapropriação da vida; e *Guy Debord – La revolution au service de la poésie*, de Vincent Kaufmann (2001), entre outros, mais voltados para especificidades de sua obra, como *Guy Debord ou la beauté du negatif*, de Shigenobu Gonzalvez (1998); *Guy Debord an the Situationist International*, de Tom McDonough; e *Debord ou la diffraction du temps*, de Stéphane Zagdanski (2008).

As ideias de Guy Debord continuam atuais, como vemos. Releituras de seus textos são feitas por pesquisadores não só no campo da filosofia ou do cinema, mas também da comunicação social, das ciências sociais, das letras, das artes visuais ou do *design*. Fora das disciplinas acadêmicas, sua obra é, também, retomada por artistas e ativistas políticos, o que parece coerente com a trajetória de um teórico-cineasta-ativista, como foi Debord. A retomada de algumas das ideias e conceitos centrais na obra de Debord ajudam, talvez, a entender melhor as razões da atualidade do seu projeto.

Principais conceitos debordianos

Espetáculo

A noção de "espetáculo" é, como já foi dito, central na obra de Debord. Ela provém, inicialmente, de uma retomada do primeiro capítulo de *O capital*, de Karl Marx, dedicado ao estudo da mercadoria e à gênese de sua mística, ou seja, seu caráter de fetiche, seu "segredo" que, ao longo da evolução do capitalismo, fez com que o valor abstrato de troca do produto do trabalho se sobrepusesse ao seu valor concreto de uso. Marx vai mostrar que a mercadoria não tem nada de misterioso, se a consideramos "sob o aspecto de que se destina a satisfazer necessidades humanas" ou "sob o ângulo de que só adquire essas propriedades em consequência do trabalho humano" (MARX, 2002: 93). Ele dá como exemplo a transformação da madeira em mesa. A mesa ainda é madeira. "Mas, logo que se revela mercadoria, transforma-se em algo ao mesmo tempo perceptível e impalpável" (MARX, 2002: 93). Esse revelar-se mercadoria, a que Marx se refere, é a sua transformação em imagem. O caráter enigmático do produto do trabalho surge a partir do momento em que ele toma a forma da mercadoria. Marx chega a essas conclusões na aurora da industrialização e não tem tempo, ou interesse, de desenvolver a Teoria Estética que suas conclusões descortinam. Isso será feito por Debord, um século depois, em diálogo com seus contemporâneos, em particular György Lukács.

Como aponta Jappe, o livro *História e consciência de classe*, de Lukács, originalmente publicado em 1923, tem grande repercussão na década de 1960 e é uma referência importante para Debord (JAPPE, 1999: 38). Lukács é o primeiro autor a retomar, no século XX, a ideia marxista de fetichismo da mercadoria, cunhando o termo "reificação", para falar dos desdobramentos da noção marxiana. Em sua leitura de Marx, ele enfatiza e critica a fragmentação crescente da vida social e a atitude contemplativa dos indivíduos, próprias da relação mercantil. A ideia de totalidade é importante em Lukács, e sua perda em prol de um desmembramento do trabalho é considerada um problema que leva à falta de consciência e à contemplação. Debord cita *História e consciência de classe* na abertura do segundo capítulo de *A sociedade do espetáculo*: "Quanto mais aumentam a racionalização e a mecanização do trabalho, tanto mais a atividade do trabalhador perde seu caráter de atividade para tornar-se uma atitude contemplativa" (LUKÁCS, apud DEBORD, 1997: 27). A crítica debordiana à separação promovida pelo espetáculo, bem como a necessidade de entender o espetáculo como um todo (a ser destruído) e a ideia do espectador compreendido como aquele que contempla as imagens do espetáculo, sem participar ou viver; dialogam diretamente com as leituras de Marx elaboradas por Lukács.

A noção de espetáculo atravessa toda a obra ensaística e fílmica de Debord, aparecendo de forma mais claramente elaborada em *A sociedade do espetáculo* (o livro e o filme), no filme *In girum imus nocte et consumimur igni* e no livro *Comentários sobre a sociedade do espetáculo*. Para Debord, o espetáculo não é um apanágio exclusivo dos veículos de comunicação de massa, como a televisão ou o cinema. Mais do que isso, ele é uma forma de organização da sociedade e das relações interpessoais, que encontra na mídia de massa um instrumento importante. Lugar de redução da experiência viva à imagem dessa experiência, o espetáculo transforma em mercadoria consumível até mesmo a arte, que a partir do barroco já havia começado a desconectar-se da linguagem comum e da vida. O espetáculo, segundo Debord, é o reino dessa desconexão, que só é possível enfrentar com a criação de situações novas.

"A abstração de todo o trabalho particular e a abstração geral da produção como um todo traduzem perfeitamente o espetáculo, cujo *modo de ser concreto* é justamente a abstração" (DEBORD, 1997: 23). A sociedade do espetáculo é o mundo de imagens, das representações tomadas como realidade, em que os indivíduos se tornam espectadores, inclusive, de suas próprias vidas. Nela, novas mercadorias são constantemente forjadas como objetos comuns de desejo, unindo falsamente os indivíduos, cada vez mais solitários e isolados uns dos outros. "Quando o mundo real se transforma em simples imagens, as simples imagens tornam-se seres reais e motivações eficientes de um comportamento hipnótico" (DEBORD, 1997: 18).

Para Debord, "a separação é o alfa e o ômega do espetáculo" (DEBORD, 1997: 21). Desde a Revolução Industrial, há um "refinamento incessante da divisão do trabalho em gestos parcelares" (DEBORD, 1997: 22). Essa separação se multiplica em várias esferas da vida, entre quem pensa e quem faz, entre produtor e produto, entre tempo de trabalho e tempo de lazer, levando a uma perda de comunicação entre os indivíduos, que tornam-se espectadores, distanciados e passivos diante da vida. Nesse cenário, o espetáculo monopoliza a comunicação humana. Ele "reúne o separado, mas o reúne como separado" (DEBORD, 1997: 23). Na crítica de Debord ao espetáculo, as imagens não são um problema em si. Como escreve Jappe, "o problema está na independência atingida por essas representações, que escapam ao controle dos homens e lhes falam sob a forma de monólogo, banindo da vida qualquer diálogo" (JAPPE, 1999: 21). Com sua crítica ao espetáculo, Debord propõe novas formas de relações sociais, menos hierárquicas e mais participativas, baseadas em relações interpessoais mais ricas entre os indivíduos, de forma que eles possam viver plenamente, sem a mediação da imagem-mercadoria.

Situação

Ligada à ideia situacionista de superação da arte, a noção de "situação" começa a aparecer em textos da revista *Potlatch* ainda em 1954, em referência a pequenos atos cotidianos de compartilhamento de experiências, que visam colocar em prática a fusão entre a arte e a vida. Para o grupo, a arte deveria acontecer no cotidiano e não como uma instância separada. Uma vez obtida a integração entre a arte e a vida, o *status* de obra de arte, os museus e outros espaços de exposição e de contemplação tornar-se-iam, por consequência, inoperantes. Ao ser questionada sobre o sentido que atribui à palavra poesia, a Internacional Letrista responde: "A poesia está na forma das cidades. [...] A nova beleza será DE SITUAÇÃO, ou seja, provisória e vivida" (INTERNATIONALE LETTRISTE, 2007: 25; grifo original). Em outro número da revista, os autores esclarecem: "A Internacional Letrista propõe estabelecer uma estrutura apaixonante de vida. Nós experimentamos comportamentos, formas de decoração, de arquitetura, de urbanismo e de comunicação capazes de provocar situações atraentes" (INTERNATIONALE LETTRISTE, 2007: 53).

A centralidade da ideia de situação no pensamento de Guy Debord é observável pelo nome dado ao movimento que liderou entre 1957 e 1972: Internacional Situacionista. Proveniente, em grande parte, do diálogo de Debord com a ideia de revolução da vida cotidiana de Henri Lefebvre (1958), o modesto termo "situações" remete, na verdade, à produção de experiências que despertam o espectador, longe das amarras e regras da sociedade do espetáculo. Para viver plenamente, e não através da mediação de imagens, é preciso ocupar os espaços urbanos, sair da rotina, estabelecer relações de troca entre as pessoas, experimentar novas formas de comunicação. As situações são, para os situacionistas, um lugar possível de resistência e revolução, partindo da vida e do dia a dia. Com esse intuito, os situacionistas criam nas ruas de Paris situações lúdicas, passageiras, escandalosas e, sobretudo, aleatórias, como a experimentação da deriva.

Deriva

Andar à deriva, perambular, caminhar ao sabor do acaso. Essa prática, produtora de encontros, foi inaugurada e sistematizada pela Internacional Situacionista antes que ela se tornasse, mais tarde, um *leitmotiv* nos filmes da Nouvelle Vague francesa. A deriva é uma tática de produção de situações novas, que Debord definiu da seguinte forma:

> Entre os diversos procedimentos situacionistas, a deriva se define como uma técnica da passagem rápida por ambiências variadas. O conceito de deriva é indissoluvelmente ligado ao reconhecimento de efeitos de natureza psicogeográfica e à afirmação de um comportamento lúdico-construtivo, o que o opõe em todos os pontos às noções clássicas de viagem e de passeio. Uma ou várias pessoas se entregando à deriva renunciam, por uma duração mais ou menos longa, às razões de se mover e de agir que elas geralmente conhecem, às relações, aos trabalhos e aos lazeres que lhe são próprios, para se deixar levar pelas solicitações do terreno e dos encontros que lhes correspondem (DEBORD, 1956).

Debord começa, assim, a definição dessa prática em seu texto *Théorie de la derive* (Teoria da Deriva), publicado em 1956, no número 9 da revista *Les lèvres nues*. A deriva é uma tática situacionista que permite o desvio de funções preestabelecidas do espaço urbano. Se a arquitetura aparece no projeto situacionista de sociedade como a única arte que merece ser poupada, é porque ela constrói espaços de travessia, estabelece ligações entre as pessoas e entre a rua e os espaços interiores, favorecendo a deriva e as vivências afetivas que ela pode proporcionar.

A compreensão do alcance político e social da deriva passa, nesse sentido, por uma psicogeografia, ciência inventada pelos situacionistas para estudar o meio geográfico, em sua relação com as emoções e o comportamento dos indivíduos (DEBORD, 1955).

Desvio

Em francês, como em português, "desviar" (*détourner*) é tirar uma coisa de um lugar e colocá-la em outro. É também atribuir a uma coisa um movimento circular contrário àquele que lhe foi inicialmente atribuído[4]. A técnica do desvio, que permite ver de novo e, sobretudo, ver de outra forma, está no centro do projeto estético e político de Debord. Tal como a deriva, o desvio é uma tática de resgate dos espaços de experiência. Diante do grande volume de imagens do espetáculo, Debord elege o cinema como espaço privilegiado para a sua prática desse resgate. Desviar as imagens do espetáculo pressupõe, assim, um trabalho de remontagem, que inscreve essas mesmas imagens num novo contexto, que inclui o espectador. E embora o reemprego de imagens de arquivo no cinema já fosse praticado desde os anos de 1920, pelos construtivistas russos, foi Debord que revigorou essa prática com um método rigoroso, baseado no recurso sistemático à técnica do desvio.

Num artigo inteiramente voltado para esta questão, ao qual já nos referimos (LEANDRO, 2012), lembramos que o desvio é praticado por Debord desde o seu primeiro filme, *Hurlements en faveur de Sade*, com sua mistura aleatória de sons e textos já existentes. Os princípios do emprego dessa técnica são sistematizados a partir de 1952 por Guy Debord e Gil Wolman, num texto publicado em maio de 1956, no número 8 da revista *Les Lèvres nues*, intitulado *Mode d'emploi du détournement* (Manual de instruções do desvio), uma espécie de tutorial para o desvio de imagens no campo das artes, com fins subversivos. O manual convida a empregar a herança literária e artística da humanidade em propaganda de guerrilha ou na ação direta, como fizeram em 16 de janeiro de 1963 os estudantes revolucionários de Caracas, ao atacarem à mão armada uma exposição de arte francesa, levando cinco quadros a serem trocados por presos políticos.

Antecipando em mais de meio século alguns aspectos da discussão atual em torno do *copyright*, Debord e Wolman propõem, com a ideia de desvio, acabar com a noção de propriedade pessoal em matéria de arte: qualquer elemento, apanhado em qualquer lugar, pode ser objeto de novas aproximações (DE-BORD & WOLMAN, 1956). E não basta citar. Para além da citação, o desvio demanda uma real intervenção nas obras apropriadas, corrigindo-as, renovando o que, nelas, estiver ultrapassado. O desvio foi, assim, definido por eles como uma espécie de paródia séria, na qual a acumulação de elementos desviados, longe de querer suscitar a indignação ou o riso, remetendo a uma ideia de obra original, marca, ao contrário, a indiferença em relação a um original vazio de sentido e esquecido. Todos esses aspectos do desvio são tratados no manual de Debord e Wolman.

A Teoria do Desvio vai ser ainda desenvolvida em outros artigos de Debord e no livro *A sociedade do espetáculo*. O filme homônimo, de 1973, no qual Debord desloca de seu contexto original imagens distantes umas das outras, justapondo-as, na montagem, em corte seco, é a realização prática dessa teoria. Ideia recorrente nas teses eisensteinianas da montagem e retomada no manual de Debord e Wolman, o elemento desviado mais longínquo é também aquele que contribui de maneira mais eficaz para dar a impressão de conjunto. Quanto maior o choque dialético entre os elementos justapostos, mais complexa parecerá ser a relação entre eles.

"O mundo já foi filmado. Trata-se, agora, de transformá-lo." A frase, considerada um desvio de um pensamento de Marx, para quem o mundo já teria sido pensado e que seria preciso, então, passar à prática, figura numa das cartelas do filme *A sociedade do espetáculo*. O desvio é uma intervenção no presente, concebida para incomodar a ordem existente. Aquilo que o espetáculo tomou da realidade, o cinema deve pegar de volta. Os expropriadores de imagens serão, assim, por sua vez, expropriados. Debord não quer mais "fazer cinema". Ele quer "fazer uso" do cinema, projetar as imagens do espetáculo "em direção a um estudo do presente como problema histórico" (COPOLLA, 2003: 19). O desvio permite, assim, a atualização das imagens, seu retorno ao presente. Essa possibilidade de ver de novo e, sobretudo, de ver de outra forma, restituirá ao espectador uma experiência do tempo e do espaço.

Como dissemos acima, o elenco de noções e conceitos debordianos aqui proposto não é exaustivo e carece de precisão, visto que na própria obra de Debord essas ideias flutuam de um texto a outro e através dos sete filmes, sendo ainda muitas vezes evocadas como sinônimos uma da outra. Há, na obra teórica e cinematográfica de Debord, uma circulação de sentido que lhe permitiu, por exemplo, escolher, numa ordem totalmente aleatória, fragmentos do livro *A sociedade do espetáculo*, para a construção do comentário do filme de mesmo nome. O interesse por essa estrutura palindrômica, presente no título de *In girum imus nocte et consumimur igni*, que pode ser lido de trás para frente, reiterando no conteúdo e na forma o mesmo sentido (Giramos na noite e somos consumidos pelo fogo), provém da ligação visceral de seu projeto estético e político à vida. Os conceitos, como as formas, são energias em constante circulação. Ao leitor, então, o trabalho de entrar no jogo, outra ideia cara a Debord, integrando a esse breve elenco outros conceitos e noções dispostos em sua obra.

Considerações finais

O pensamento de Guy Debord é profundamente marcado por uma postura de enfrentamento, contra algo que é preciso destruir. Isso lhe valeu a alcunha de artista maldito[5]. Ao propor uma crítica total do espetáculo, o autor almeja seu desaparecimento, pois só o seu fim permitirá o resgate de novas formas de vida. O que Debord chama de "crítica espetacular do espetáculo" não é suficiente para enfrentar o espetáculo e ele conclama uma crítica que saia radicalmente das lógicas espetaculares (DEBORD, 1997: 127). Nenhuma conciliação com o espetáculo deve ser, então, tolerada, ainda que isso leve à autodestruição. Podemos entender, nessa perspectiva, o fim da Internacional Situacionista ou mesmo o gesto radical de seu primeiro filme, *Hurlements en faveur de Sade*. Um cinema sem imagens, concebido como um pretexto para manifestações de rua ou para o desencadeamento do debate com os espectadores presentes na sala de projeção. A mesma lógica se aplica a suas reflexões sobre a arte ou a cultura. "A cultura como esfera separada é obrigada a negar a si própria" (DEBORD, 1997: 119). Distanciadas da vida, arte e cultura tornam-se objetos mortos e, cada vez mais, desaparecem. Seria preciso, portanto, suprimir esta separação através da superação da própria arte, ou seja, negando a arte tal como a conhecemos, para que ela possa voltar, assim, a existir verdadeiramente, em fusão com a vida. Essa arte a ser buscada "é forçosamente de *vanguarda*, e *não existe*. Sua vanguarda é seu desaparecimento" (DEBORD, 1997: 124; grifos originais).

Se para Debord o espetáculo é uma "negação da vida" (DEBORD, 1997: 16) e "a *verdade* dessa sociedade (espetacular) nada mais é do que a *negação* dessa sociedade" (DEBORD, 1997: 129), o que ele propõe é uma necessária negação da negação, ao defender que é preciso superar as negações do espetáculo. Assim, dois meses antes do lançamento de *Hurlements en faveur de Sade*, em abril de 1952, os letristas fizeram várias manifestações contra a 5ª edição do Festival de Cannes: interrupção de sessões oficiais, provocando brigas; pichações com o *slogan* "O cinema está morto", sobre cartazes do festival; distribuição de um panfleto intitulado *Fini le cinéma français* (Acabou o cinema francês). O objetivo dessa negação não era, no entanto, acabar com o cinema, mas criar as condições de possibilidade para a sua reinvenção. Como diz Asger Jorn, parceiro de Debord, sem *Hurlements* e toda a mobilização dos letristas contra o cinema no início dos anos de 1950, podemos nos perguntar se um filme como *Hiroshima mon amour*, de Resnais, teria sido possível sete anos depois, com tamanho sucesso (JORN, 2001: 299).

A noção de "sociedade do espetáculo" naturalizou-se e é hoje utilizada e discutida mundialmente em diversos meios, sem que seja preciso citar Debord, tamanha é a precisão e a eficácia da fórmula premonitória, cunhada por ele na aurora de 1968. No entanto, no Brasil, justamente onde a sociedade do espetáculo encontrou um contingente tão vasto de espectadores, Guy Debord ainda é conhecido principalmente por seu livro *A sociedade do espetáculo*. Embora o livro tenha sido adaptado posteriormente para o cinema, o filme homônimo e o restante da obra cinematográfica e teórica de Debord ainda não ocupam o seu devido lugar no debate sobre as imagens. Esperamos que esse breve cotejamento de sua obra permita ao leitor estabelecer pontes entre as ideias de Debord e algumas questões contemporâneas importantes para o campo da comunicação, como a da autoria das imagens produzidas e a do desvio das imagens arquivadas. Nosso intuito foi assinalar as frentes de intervenção possíveis que a teoria debordiana é capaz de inscrever nos espaços de produção do visível. Procuramos, assim, tornar mais claras, as estratégias políticas que fundamentaram sua crítica do espetáculo e seu projeto de dissolução das "bela-artes", em nome da arte de viver. Suas ideias, bastante atuais, ajudam a pensar não só o campo da comunicação, mas o espaço contemporâneo como um todo, cada vez mais marcado pela ingerência do capital em nosso cotidiano, na forma abstrata de imagem, ou seja, da propaganda, mas igualmente cada vez mais ocupado por novas formas de vida e de comunicação, que surgem à margem do espetáculo.

Notas

1. A filmografia completa de Guy Debord encontra-se no final do capítulo.

2. Atualmente, os filmes de Debord estão disponíveis na internet.

3. É notável o legado do pensamento de Debord na Itália, devido ao período em que o autor viveu no país e à estreita relação e interlocução que estabeleceu com intelectuais italianos ou radicados na Itália. Para os interessados na recepção brasileira das obras de Guy Debord, Gobira também faz, em sua tese, um levantamento crítico de obras sobre o autor, ou influenciadas por ele, publicadas no Brasil até 2012.

4. Sobre a técnica do desvio, remetemos o leitor ao artigo "Desvios de imagens", publicado na revista *E-Compós*, e que retomamos aqui, em parte (LEANDRO, 2012).

5. A questão é analisada por Asger Jorn no ensaio intitulado "Guy Debord et le problème du maudit", publicado em 1964, em *Guy Debord: contre le cinéma*, e incluído, depois, no livro *Discours aux pingouins et autres écrits* (JORN, 2001).

Obras de Guy Debord

Livros

Fin de Copenhagen. Copenhague: Bauhaus Imaginiste, 1957 [Livro de Asger Jorn com colaboração de Guy Debord (que assina como "conselheiro técnico para o desvio" (*conseiller technique pour le détournement*].

Mémoires – Structures portantes d'Asger Jorn. Copenhague: Bauhaus Imaginiste, 1959 [Paris: Les Belles Lettres, 1993].

La société du spectacle. Paris: Buchet-Chastel, 1967 [Guy Debord adicionou novos prefácios às edições posteriores: Paris: Champ Libre, 1979. • Paris: Gallimard, 1992. Edição brasileira: *A sociedade do espetáculo*: comentários sobre a sociedade do espetáculo. Rio de Janeiro: Contraponto, 1997].

Enragés et situationnistes dans le mouvement des occupations. Paris: Gallimard, 1968 [reed. em 1998. Obra coletiva dos membros da Internacional Situacionista, em particular Guy Debord, Mustapha Khayati, René Riesel, Raoul Vaneigem e René Viénet].

La véritable Scission dans l'Internationale. Paris: Champ Libre, 1972 [Paris: Artheme Fayard, 1998] [Em coautoria com Gianfranco Sanguinetti, Rene Riesel e Raoul Vaneigem].

Oeuvres cinématographiques completes, 1952-1978. Paris: Champ Libre, 1978 [Paris: Gallimard, 1994].

Ordures et décombres déballés a la sortie du film "In girum imus nocte et consumimur igni". Paris: Champ Libre, 1982.

Considérations sur l'assassinat de Gérard Lébovici. Paris: Gérard Lebovici, 1985 [Paris: Gallimard, 1993].

Le "Jeu de la guerre": relevé des positions successives de toutes les forces au cours d'une partie. Paris: Gérard Lebovici, 1987 [Paris: Gallimard, 2006] [em coautoria com Alice Becker-Ho].

Commentaires sur la société du spectacle. Paris: Gérard Lebovici, 1988 [Edição brasileira: *A sociedade do espetáculo*: comentários sobre a sociedade do espetáculo. Rio de Janeiro: Contraponto, 1997].

Panégyric, tome premier. Paris: Gérard Lebovici/Champ Libre, 1989 [Paris: Gallimard, 1993. Edição brasileira: *Panegírico.* São Paulo: Conrad, 2002].

In girum imus nocte et consumimur igni. Paris: Gérard Lebovici, 1990 [Paris: Gallimard, 1999].

"Cette mauvaise réputation..." Paris: Gallimard, 1993.

Des contrats. Cognac: Le Temps Qu'il Fait, 1995.

Panégyrique, tome second. Paris: Artheme Fayard, 1997.

Filmes

Hurlements en faveur de Sade, preto e branco, 80 minutos. França, 1952.

Sur le passage de quelques personnes a travers une assez courte unité de temps, preto e branco, 20 minutos. França, 1959.

Critique de la séparation, preto e branco, 18 minutos. França, 1961.

La société du spectacle, preto e branco, 88 minutos. França, 1973.

Réfutation de tous les jugements, tant élogieux qu'hostiles, qui ont été portés sur le film La société du spectacle, preto e branco, 20 minutos. França, 1975.

In girum imus nocte et consumimur igni, preto e branco, 105 minutos. França, 1978.

Guy Debord, son art, son temps, realizado por Brigitte Cornand para Canal +, em parceria com Guy Debord, a cores, 60 minutos. França, 1994.

Referências bibliográficas do capítulo

AGAMBEN, G. Le cinéma de Guy Debord. In: *Image et mémoire.* Paris: Hoëbeke, 1998.

BERNA, S.; BRAU, J.; DEBORD, G.. & WOLMAN, G. Finis les pieds plats e Position de l'Internationale lettriste. In: *Internationale lettriste,* n. 1, dez. 1952. Paris [Disponível em http://debordiana.chez.com/francais/il.htm – Acesso em 31/10/2015].

COPOLLA, A. *Introduction au cinéma de Guy Debord et de l'avant-garde situationniste.* Arles: Sulliver, 2003.

DANESI, F. *Le cinéma de Guy Debord (1952-1994)*. Paris: Editions Paris Experimental, 2001.

DEBORD, G. Le commencement d'une époque. *Internationale Situationniste*, n. 12, 1969. In: *Œuvres*. Paris: Gallimard, 2004, p. 917-963.

_____. *Panegírico*. São Paulo: Conrad, 2002.

_____. *A sociedade do espetáculo*. Rio de Janeiro: Contraponto, 1997.

_____. Rapport sur la construction des situations et sur les conditions de l'organisation et de l'action de la tendance situationniste internationale. *Inter*: art actuel, n. 44, 1989, p. 1-11. Quebec.

_____. Théorie de la derive. In: *Les Lèvres nues*, n. 9, nov./1956. Bruxelas [Disponível em http://debordiana.chez.com/francais/is2.htm#theorie – Acesso em 31/10/2015].

_____. Introduction à une critique de la géographie urbaine. In: *Les Lèvres nues*, n. 6, 1955. Bruxelas [Disponível em http://www.larevuedesressources.org/introduction-a-une-critique-de-la-geographie-urbaine,033.html – Acesso em 31/10/2015].

DEBORD, G. & WOLMAN, G. Mode d'emploi du détournement. In: *Les Lèvres nues*, n. 8, mai./1956, p. 6. Bruxelas.

GOBIRA, P. *Guy Debord, jogo e estratégia*: uma teoria crítica da vida. Belo Horizonte: UFMG, 2012, 257 p. [Tese de doutorado, 2007].

GONZALVEZ, S. *Guy Debord ou la beauté du negative*. Paris: Mille et Une Nuits, 1998.

INTERNATIONALE LETTRISTE. *Potlatch (1954-1957)*. Chicoutimi: 2007, 174 p. [Collection "Les classiques des Sciences Sociales"] [Disponível em http://classiques.uqac.ca/contemporains/internationale_lettriste/Potlatch/IL_Potlatch.pdf – Acesso em 31/11/2015].

JAPPE, A. *Guy Debord*. Petrópolis: Vozes, 1999.

JORN, A. *Discours aux pingouins et autres écrits* – "Guy Debord et le problème du maudit". Paris: École Nationale des Beaux-Arts, 2001.

KAUFMANN, V. *Guy Debord* – La revolution au service de la poésie. Paris: Arthème Fayard, 2001.

LEANDRO, A. Desvios de imagens. *E-Compós*, vol. 15, n. 1, jan.-abr./2012. Brasília.

_____. Politiques du montage chez Guy Debord. In: BOLTER, T. (org.). *Expressions du politique au cinéma*. Bordeaux: Sciences Po Bordeaux/Pleine Page, 2006.

LEFEBVRE, H. *Critique de la vie quotidienne*. Paris: L'Arche, 1958.

McDONOUGH, T. *Guy Debord an the Situationist International*. Cambridge/Londres: The Hit Press, 2004.

MARIE, G.-C.M. *Guy Debord, de son cinéma en son art et son temps*. Paris: Vrin, 2009.

MARX, K. *O capital*: crítica de economia política. Livro I. Rio de Janeiro: Civilização Brasileira, 2002 [Trad. Reginaldo Sant'Anna].

MAUSS, M. Essai sur le Don – Forme et Raison de l'échange dans les sociétés archaïques. In: *Sociologie et anthropologie*. Paris: PUF, 1995.

RANCIÈRE, J. *Le spectateur émancipé*. Paris: La Fabrique, 2008.

ZAGDANSKI, S. *Debord ou la diffraction du temps*. Paris: Gallimard, 2008.

Umberto Eco (1932-2016)

*Gabriela Machado Ramos de Almeida**

Este capítulo já estava em produção quando foi divulgada a notícia da morte de Umberto Eco, aos 84 anos, no dia 19 de fevereiro de 2016. A repercussão mundial do falecimento de um dos mais profícuos intelectuais do século XX reflete não apenas o modo como os universos acadêmico, midiático e das letras se dobra às suas contribuições às áreas da semiótica, da estética, da linguística, da comunicação de massa, da narratologia, da Teoria Literária e dos Estudos Medievalistas. Diz também, em alguma medida, de como Eco se tornou uma figura *pop* que transitou entre diversos saberes e que, nas últimas três décadas, foi mais conhecido pelo público não acadêmico como escritor de *best-sellers* e como autor de frases polêmicas e irônicas – típicas de sua verve – mas que foram apropriadas pela lógica por vezes simplificadora das redes sociais e transformadas em *memes* nem sempre condizentes com a sua *persona*.

Alguns exemplos deste fenômeno foram as falas recorrentes de Eco sobre o excesso de informação na internet e a necessidade de algum tipo de filtro para que se faça delas um bom uso, além de uma outra declaração, mais apocalíptica do que as suas manifestações públicas habituais, sobre o direito à palavra daqueles a quem chamou de "uma legião de imbecis", os antigos "idiotas da aldeia", agora providos de um espaço de fala de amplo alcance em função das redes sociais[1].

Este texto visa apresentar parte do percurso intelectual de Umberto Eco, destacando alguns conceitos centrais à leitura da sua obra, de modo que talvez seja possível compreender, ao final, uma certa curiosidade que reside na apropriação, pela lógica das redes sociais, justamente de alguém tão interessado pela cultura de massa.

É importante admitir, no entanto, o caráter necessariamente restritivo do capítulo, uma vez que a obra de Eco é bastante extensa e comporta um conjunto

---

* Professora do Curso de Comunicação Social da Universidade Luterana do Brasil. Doutora em Comunicação e Informação (UFRGS).

277

vasto de assuntos, em sua maioria bastante complexos. O objetivo é que o texto possa apresentar algumas chaves que proporcionem uma entrada no pensamento do autor e, principalmente, permitam perceber como esse pensamento se pôs em movimento ao longo da sua numerosa obra.

O capítulo se organiza, assim, a partir de dados biográficos e de alguns temas principais: 1) a formação de Eco e seus primeiros livros publicados (especialmente *Obra aberta* e *A definição da arte*); 2) o interesse pela cultura de massa e pelas narrativas populares anunciado por *Apocalípticos e integrados* e levado adiante em todo o seu percurso intelectual; 3) o seu aporte à semiótica, intensificado nos livros publicados ao longo da década de 1970[2].

As contribuições iniciais de *A definição da arte* e *Obra aberta*

Umberto Eco nasceu no dia 5 de janeiro de 1932 em Alexandria, na região italiana de Piemonte. Filho de um casal de comerciantes e criado segundo preceitos católicos, chegou a participar da Gioventù Italiana di Azione Cattolica (Juventude Italiana de Ação Católica, em tradução livre), mas acabou por se afastar da Igreja durante o período de doutoramento (BONDANELLA, 1997: 2). No entanto, alguns temas relacionados à Igreja e à fé permaneceram em seu espectro de interesses e Eco nunca deixou de mencionar, em parte de sua obra e também em entrevistas, a sua formação católica[3].

Em 1954, concluiu os estudos em filosofia medieval e literatura na Universidade de Turim, sob a orientação de Luigi Pareyson, com uma tese sobre a estética em Santo Tomás de Aquino. Este texto corresponde também ao primeiro livro lançado por Eco, em 1956, e ainda inédito no Brasil[4], intitulado *Il problema estetico in San Tommaso*. Em 1966, Eco assume uma cadeira de comunicação visual na Faculdade de Arquitetura da Universidade de Florença, e depois, em 1971, torna-se professor de Semiótica da Universidade de Bolonha[5], entidade à qual a sua trajetória como professor acaba definitivamente vinculada[6] (BONDANELLA, 1997: 20).

Alguns motivos em torno dos quais as contribuições de Pareyson aos campos da estética e da filosofia da arte se organizam também e ocupam um lugar relevante na trajetória intelectual de Eco, especialmente nos livros *Obra aberta* (publicado em 1962 e até hoje um dos seus trabalhos de maior repercussão) e *A definição da arte*, de 1968. Considerando-se que os capítulos que compõem *A definição da arte* foram escritos entre 1955 e 1963 – imediatamente após o período de estudos sob orientação de Pareyson, portanto – é compreensível a influência, nestes dois volumes, da Teoria da Formatividade e do Ambiente em que Eco conduziu seus primeiros estudos de maior fôlego.

A investigação de Pareyson em torno da produção artística parte da noção de "modo de formar": para ele, não apenas a contemplação da obra é fundamental, mas especialmente a sua produção, que reflete o estilo do artista, entendido como manifestação mesma da sua espiritualidade. Ao se debruçar sobre o fazer artístico, Pareyson afirma: "Aquele objeto físico e sensível que é a obra de arte foi formado por uma série de gestos que eram esta mesma sensibilidade toda tornada modo de formar, e, por isso, agora a contém, denuncia, declara, revela, exprime" (PAREYSON, 1997: 62-63). Ou seja, a obra exala a personalidade e a espiritualidade do artista e, para Eco, em *A definição da arte*, o estilo decorrente deste modo de formar é "reencontrável em cada leitura interpretante" (ECO, 1972: 17). Cada obra convoca, deste modo, uma relação que envolve necessariamente o objeto artístico em si, seu criador (com intenções que se tornam o seu "modo de formar") e o indivíduo que a frui e interpreta.

Ao mesmo tempo em que, influenciado pelo orientador, Eco recusa uma concepção idealista da arte e se apoia em um conceito de arte como *forma* (ou seja, como materialização de produtos da cultura que expõe a intencionalidade de um autor que a produziu), ele também considera que a estética de Pareyson pode ser lida como uma fenomenologia da interpretação. Estas duas chaves constituem pontos de partida para o pensamento de Eco que se desdobram de diferentes modos ao longo de sua obra, centrada na materialidade dos objetos que observa e também nos processos interpretativos e nas relações estabelecidas entre autor, obra e leitor (ou seja, conferindo sempre uma grande importância à instância de fruição).

A definição da arte tem início com um apurado exame da Teoria da Formatividade, de Pareyson, e segue com a reprodução de uma versão inicial do texto *O problema da obra aberta*, apresentada por Eco em 1958 no XII Congresso Internacional de Filosofia, em Veneza. Neste primeiro ensaio, ele aponta uma sensibilidade comum à sua época, que diz respeito à aspiração por obras de arte conscientes das suas inúmeras possibilidades de leitura e, por isso, propensas a interpretações mais livres. Para Eco, este mote se apresenta na literatura de Franz Kafka, na poesia de Mallarmé, nos móbiles de Alexander Calder ou mesmo na música de Stockhausen, entre outros exemplos, e é o argumento central em torno do qual ele trabalha no livro *Obra aberta: forma e indeterminação nas poéticas contemporâneas*, publicado em 1962 e ainda bastante influente[7].

O conceito de obra aberta corresponde a um modelo teórico que parte do pressuposto de que toda obra de arte é uma mensagem necessariamente ambígua. A fruição responde tanto a um conjunto de orientações presentes no objeto artístico, que são decorrentes do modo de formar adotado pelo autor, quanto às condições individuais do fruidor. Visa, também, dar conta de poéticas caracterizadas por uma deliberada intenção de ambiguidade, por um desejo de abertura maior do que aquele que já é próprio a qualquer processo interpretativo. Trata-se de obras em que esta ambiguidade se torna uma das suas finalidades explícitas, "um valor a realizar de preferência a outros" (ECO, 2003: 22). Ou seja, em seu *modo de formar*, o artista opta por abrir espaço a uma interpretação mais livre:

> Visando à ambiguidade como valor, os artistas contemporâneos voltam-se consequentemente e amiúde para os ideais de informalidade, desordem, casualidade, indeterminação dos resultados; daí por que se tentou também impostar o problema de uma dialética entre "forma" e "abertura": isto é, definir os limites dentro dos quais uma obra pode lograr o máximo de ambiguidade e depender da intervenção ativa do consumidor, sem contudo deixar de ser "obra" (ECO, 2003: 22-23).

Sempre que um indivíduo se coloca em relação com uma obra de arte, independente da linguagem na qual ela tenha sido produzida, decorrerá daí um tipo de experiência estética que pode ser – e provavelmente será – diferente de um sujeito para outro. O que Eco quer dizer, no entanto, é que a arte contemporânea lida com essa abertura à interpretação de forma menos prescritiva.

Para exemplificar: é possível que a experiência diante de um filme narrativo com duas horas de duração, que responde a um gênero já bastante codificado e cujas convenções são conhecidas pelo público (a exemplo do horror ou da comédia romântica), seja muito diferente daquela que se dará em relação a um documentário de cunho ensaístico, a uma exposição interativa de videoarte em que o visitante é convidado a participar fisicamente da obra ou, ainda, a um livro como *Jogo de amarelinha*, de Julio Cortázar.

Eco se refere sempre à obra de arte como uma forma acabada em si e a um caminho interpretativo que a obra sugere (embora não condicione irremediavelmente). Mesmo assim, foi obrigado a voltar à questão em diversas ocasiões e inclusive em alguns de seus livros posteriores, como *Os limites da interpretação* (1990) e *Interpretação e superinterpretação* (1993). A reação inicial ao modelo da obra aberta, em alguns círculos intelectuais, foi a de considerá--lo um convite à desconstrução total e à possibilidade de atribuição de qualquer significado aos objetos artísticos, independente de como as obras em si se apresentam ao público.

Diferente disso, no entanto, o que Eco sugere é que a arte contemporânea opera no sentido de promover no fruidor o que chama de atos de liberdade consciente, ao demandar um processo de fruição mais ativo:

> Neste sentido, portanto, uma obra de arte, forma acabada e *fechada* em sua perfeição de organismo perfeitamente calibrado, é também *aberta*, isto é, passível de mil interpretações diferentes, sem que isso redunde em alteração da sua irreproduzível singularidade. Cada fruição é, assim, uma *interpretação* e uma *execução*, pois em cada fruição a obra revive dentro de uma perspectiva original (ECO, 2003: 40).

Ainda na década de 1960, de forma concomitante aos ensaios em torno da arte e das obras abertas, Eco se dedica também à cultura de massa e às narrativas populares. Para Bondanella (1997: 6), o interesse do autor pelo universo da comunicação massiva se intensificou em função do período em que trabalhou na empresa de TV e rádio estatal RAI (Radiotelevisione Italiana), em Milão, quando atuou na difusão de conteúdos culturais logo após o doutoramento, entre 1954 e 1958. A carreira na TV foi abandonada em pouco tempo em função das atividades que começou a desenvolver em universidades e também da colaboração fixa com o grupo editorial Bompiani, que deteve os direitos das suas obras até a sua morte e para o qual Eco se tornou o mais rentável autor, em função de sua produção de romances (BONDANELLA, 1997: 19).

Mas foi também em função do trabalho na RAI que Eco se aproximou do coletivo de intelectuais que participavam do Gruppo 63, reunião de artistas, músicos e escritores ligados a um movimento de neovanguarda que florescia na Itália naquele período. Segundo Bondanella (1997: 23), houve inclusive quem tomasse *Obra aberta* como um manifesto do Gruppo 63, o que em sua visão não se sustenta, ainda que Eco tenha sido flagrantemente influenciado pelo contexto da época e pela troca com os integrantes do grupo.

O interesse pela cultura de massa e pelas narrativas populares

Os ensaios em torno da indústria cultural e da cultura de massa que compõem o livro *Apocalípticos e integrados* (1964), escritos no contexto do contato de Umberto Eco com o Gruppo 63, correspondem a um período em que o autor se dedicou especialmente ao estudo dos meios de comunicação de massa em diálogo com seus interesses e investigações anteriores no campo da estética.

Os termos "apocalípticos" e "integrados" dizem respeito a duas mentalidades em relação à cultura massiva que eram comuns à época em que os textos foram escritos, e que na verdade até hoje não foram totalmente abandonadas. Para os apocalípticos, representados pela Escola de Frankfurt, a cultura de massa é uma anticultura e surge num momento em que a presença das massas no tecido social é um fenômeno inevitável. Por isso, segundo Eco, os apocalípticos decretam que a cultura de massa não é uma "aberração transitória e limitada", mas sim "o sinal de uma queda irrecuperável, ante a qual o homem de cultura (último supérstite da pré-história, destinado a extinguir-se) pode dar apenas um testemunho extremo, em termos de Apocalipse" (ECO, 2004: 8).

Do outro lado, os integrados, representados sobretudo por autores norte-americanos da Teoria Funcionalista, adotam uma postura muito mais otimista que, para Eco, pouco teoriza e assume, tanto quanto os apocalípticos, uma visão fetichista em relação ao conceito de "massa":

> [...] já que a televisão, o jornal, o rádio, o cinema e a estória em quadrinhos, o romance popular e o *Reader's Digest* agora colocam os bens culturais à disposição de todos, tornando leve e agradável a absorção das noções e a recepção de informações, estamos vivendo numa época de alargamento da área cultural, onde finalmente se realizam em nível amplo, com o concurso dos melhores, a circulação de uma arte e de uma cultura "popular" (ECO, 2004: 8-9).

Eco crê que estes dois olhares em relação à indústria cultural e à cultura de massa denunciam uma discussão que é perpassada por conceitos de classe e ideologia, por juízos valorativos sobre os fenômenos e pela busca por distinção. Sugestivamente, intitula a primeira seção do primeiro capítulo de *Apocalípticos e integrados* de "A cultura de massa no banco dos réus". Para os apocalípticos, a indústria cultural promove a decadência da cultura. Para os integrados, a sociedade de massa permite um acesso mais democrático à cultura e com isso contribui para a dissolução da luta de classes: "A imagem do apocalipse ressalta dos textos *sobre* a cultura de massa; a imagem da integração emerge da leitura dos textos *da* cultura de massa" (ECO, 2004: 9).

Na exposição dos seus argumentos e na crítica que faz às duas vertentes, em busca de outras atribuições possíveis à cultura de massa, ele vai dizer que o apocalíptico não se atém aos produtos da indústria cultural e às maneiras como eles são consumidos, mas os nega de antemão:

> O apocalíptico não só reduz os consumidores àquele fetiche indiferenciado que é o homem-massa, mas – enquanto o acusa de

reduzir todo produto artístico, até o mais válido, a puro fetiche – reduz, ele próprio, a fetiche o produto de massa. E ao invés de analisá-lo, caso por caso, para fazer dele emergirem as características estruturais, nega-o em bloco (ECO, 2006: 18-19).

Já o integrado assume o conceito de massa com certa indulgência, inclusive tomando para si a resposta que a própria indústria cultural dá aos seus detratores: "A massa, superadas as diferenças de classe, é, agora, a protagonista da história, e portanto sua cultura, a cultura produzida para ela, e por ela consumida, é um fato positivo" (ECO, 2004: 18). Neste sentido, para o autor, parte da crítica apocalíptica tem razão de ser, ao afirmar que existe "má-fé" na ideologia otimista dos integrados. Mas esta crítica se esvazia, por outro lado, quando considera que há um conjunto de indivíduos capazes de se distinguir da banalidade por meio da recusa a pertencer à massa e a ceder à vulgaridade dos seus produtos: "No limite, a comunidade reduzidíssima – e eleita – de quem escreve e de quem lê, nós dois, você e eu, os únicos que compreendem, e estão salvos: os únicos que não são massa" (ECO, 2004: 9).

A crítica de Eco aos apocalípticos passa pelo excesso de preocupação com o ambiente (midiático e massivo) de produção, circulação e consumo dos bens culturais e pela ausência de compromisso com os produtos em si, uma vez que a relação que os apocalípticos estabelecem com eles é de pura negação. Na visão do autor, os meios de comunicação adequam seus produtos às possibilidades interpretativas de um público médio, pois o objetivo é que os produtos circulem amplamente e agradem ao público. Por isso a importância de considerar circunstâncias concretas e analisar produtos caso a caso, ao invés de tentar atuar criticamente no nível de uma cultura "ideal" que a indústria cultural estaria empenhada em destruir:

A existência de uma categoria de operadores culturais que produzem para as massas, usando na realidade as massas para fins de lucro, ao invés de oferecer-lhes reais ocasiões de experiência crítica, é um fato assente: e a operação cultural deve ser julgada pelas intenções que manifesta e pelo modo de estruturar suas mensagens. Mas, ao julgarmos esses fenômenos, ao apocalíptico (que nos ajuda a fazê-lo) devemos sempre opor, contudo, a única decisão que ele não assume, aquela mesma que Marx sempre opunha aos teóricos da massa: "Se o homem é formado pelas circunstâncias, devemos tornar humanas as circunstâncias" (ECO, 2004: 19).

A partir da assunção de que a indústria cultural é um dado do seu tempo e de que é necessário considerar o que ela efetivamente produz no nível das formas e das mensagens, Eco tentará ainda neste mesmo livro exercitar uma análise de produtos da cultura popular massiva, como o Mito do Super-homem e o romance consolatório.

Para o autor, o romance popular e o público se relacionam numa dinâmica de retroalimentação em que a obra não proporciona situações necessariamente originais, mas sim trabalha a partir de um repertório de situações já conhecidas e aceitas pelo público, mais interessado num consumo voltado ao lazer do que em experiências muito distantes daquelas a que associam à leitura de um livro de literatura. Eco considera que o prazer extraído da experiência com o romance popular decorre do retorno ao já conhecido, motivo pelo qual este tipo de obra opera frequentemente buscando produzir no leitor identificação. Por meio do investimento que faz na análise de fórmulas bem-sucedidas no romance popular, Eco chega na seguinte estrutura:

> O autor de um romance popular jamais encara problemas de criação em termos puramente estruturais ("Como fazer uma obra narrativa?"), mas em termos de psicologia social ("Que problemas é preciso resolver para construir uma obra narrativa destinada a um vasto público e visando despertar o interesse das massas populares e a curiosidade das classes abastadas?").

> Esta seria uma resposta provável: tomar uma realidade cotidiana existente, onde se voltam a encontrar os elementos de uma tensão não resolvida (Paris e sua miséria[8]); acrescentar um elemento resolutório em luta com a realidade inicial, e que se opõe a esta como solução imediata e consolatória das contradições iniciais. Se a realidade inicial for efetiva e não contiver, em si mesma, as condições que permitam resolver as oposições, o elemento resolutório deverá ser fantástico (ECO, 2004: 190-191).

Os assuntos que os ensaios contidos em *Apocalípticos e integrados* percorrem anunciam um conjunto de interesses diferente daquele presente em *A definição da arte* e *Obra aberta*, embora complementar, uma vez que a abordagem de Eco da indústria cultural e dos seus produtos nunca renunciou a um olhar estético. Alguns "grandes temas" presentes nas investigações do autor aparecem em vários de seus livros e indicam uma circularidade: são assuntos que vão e voltam ao longo de toda a sua obra, seja acadêmica ou literária.

Além do romance consolatório, outro motivo sobre o qual se detém com afinco é o personagem nas narrativas que circulam na cultura de massa, especialmente a figura do super-homem (a que ele dedicaria, em 1978, também o livro *O super-homem de massa: retórica e ideologia no romance popular*).

O Mito do Super-homem é tomado com um verdadeiro sintoma do que pode o consumo cultural no seio de uma indústria dos bens simbólicos. Produzido como modelo para uma massa de leitores, ele é construído em cima da fórmula do romance de folhetim. Ainda que o herói dotado de poderes superiores já tenha aparecido em outros momentos da história da literatura, Eco considera o super-homem como o mito do leitor da narrativa popular:

> [...] numa sociedade particularmente nivelada, onde as perturbações psicológicas, as frustrações, os complexos de inferioridade estão na ordem do dia; numa sociedade industrial onde o homem se torna número no âmbito de uma organização que decide por ele, onde a força individual, se não exercitada na atividade esportiva permanece humilhada diante da força da máquina que age pelo homem e determina os movimentos mesmos do homem – numa sociedade de tal tipo, o herói positivo deve encarnar, além de todo limite pensável, as exigências de poder que o cidadão comum nutre e não pode satisfazer (ECO, 2004: 246-247).

Em *O super-homem de massa*, Eco volta ao super-homem e ao romance consolatório imbuído da tarefa de olhar com mais rigor os produtos da indústria cultural, e passa a fazê-lo imerso nas ferramentas fornecidas pela Semiótica (disciplina à qual dedicará grande parte dos seus esforços teóricos a partir da década de 1970). Ao descrever seu processo de trabalho, Eco afirma que pretende contribuir para uma "sociologia da narratividade", baseando-se em métodos semióticos e narratológicos, e empreendendo sua investigação na busca por correlações entre modelos narrativos assemelhados, que se revelem a partir da análise de textos e nos "confrontos de artifícios narrativos com sistemas externos de condicionamento comercial, com universos ideológicos e com estratégias estilísticas" (ECO, 1978: 15).

Em síntese, Eco coloca em *Apocalípticos e integrados* e leva adiante em *O super-homem de massa* uma questão sobre os desafios na produção do romance popular, que segue tentando resolver ao longo de sua obra e que, de alguma maneira, vai nortear a sua própria produção como autor de literatura de ficção, a partir de *O nome da rosa* (1980).

O investimento na semiótica

A obra teórica de Umberto Eco se encadeia de forma orgânica, ainda que seus interesses pareçam dispersos. Se a sua produção de ensaios (depois reunidos em livros) da segunda metade da década de 1950 até o final da década de 1960 abrangeu da Teoria da Formatividade ao romance consolatório e ao super-homem, sem que tenha havido "quebras" ou mudanças drásticas de caminho, o mesmo acontece com a sequência de livros sobre semiótica que Eco lança a partir de 1968 (o primeiro deles é *A estrutura ausente*).

Já na nota introdutória de *A definição da arte* (publicado no mesmo ano de 1968, porém composto por textos escritos alguns anos antes, como já foi informado), Eco afirma que após 1963 sua pesquisa passa a se orientar por uma abordagem da comunicação com instrumentos semiológicos, e que a parte final do livro, chamada de *Problemas de método*, é uma espécie de introdução ao que vai se apresentar em *A estrutura ausente*.

Seguem-se à *A estrutura ausente* outros livros que constituem a parte considerada mais dura dos seus escritos, ao mesmo tempo a faceta mais conhecida da sua carreira acadêmica, a de semioticista: *As formas do conteúdo* (1971), *Tratado geral de semiótica* (1975), *Lector in fabula* (1979) e, posteriormente, *Semiótica e filosofia da linguagem* (1984). Em *A estrutura ausente*, Eco questiona a validade da pesquisa semiológica e apresenta noções de semiologia para uma abordagem baseada nos signos visuais, na mensagem estética e na ideia de "quantidade de informação", colhida na cibernética. Para o autor, é fundamental considerar como tarefa da semiologia o conhecimento do mundo histórico, uma vez que os códigos correspondem a sistemas de expectativas que possuem correspondência no mundo dos comportamentos psicológicos e dos modos de pensamento (ECO, 2001).

Já *Tratado geral de semiótica* é, segundo o próprio Eco, um livro que concretiza o amadurecimento de todas as suas pesquisas semiológicas anteriores, após oito anos de trabalhos em torno do assunto[9]. Inspirado mais por Charles Sanders Peirce (especialmente pela noção de semiose ilimitada) do que pela linha semiológica francófila derivada de Ferdinand de Saussure, Eco busca delinear uma teoria semiótica geral, que compreende uma teoria dos códigos e uma teoria da produção sígnica.

Neste percurso, discute a definição de signo e a diferença entre comunicação e significação. Eco afirma que um processo comunicativo se define como "a passagem de um Sinal (que não significa necessariamente 'um signo') de uma Fonte, através de um Transmissor, ao longo de um Canal, até um Destinatário (ou ponto de destinação)" (ECO, 1975: 5). Já a significação pressupõe a demanda por uma "resposta interpretativa" do destinatário, de modo que em um processo de comunicação entre máquinas, por exemplo, o sinal não alcança nenhuma função significante, embora haja passagem de informação. Para Eco, o processo de significação só ocorre quando existe código, pois um sinal transmitido só é decodificado caso exista uma convenção que norteie a decodificação. Como explica Edgar Kirchof:

> A *significação* se dá exatamente no nível desse processo de *decodificação*, a partir de uma relação de *substituição*, característica dos *códigos*. [...] A principal diferença entre *significação* e *comunicação* reside no fato de que a primeira jamais ocorre sem *convenção cultural*, estabelecida pelo código, pois, para que algo seja substituído por outra coisa de forma a gerar significados para alguém, deve haver uma convenção prévia que permita que esse algo seja interpretado como X e não como Y, ou, em outros termos, deve haver uma convenção que correlacione um determinado significante a um determinado significado (KIRCHOF, 2003: 169-170; grifos do autor).

A partir do *Tratado geral de semiótica*, Eco dedicará esforços à releitura da obra de Peirce e, segundo Kirchof (2003: 183), a uma nova elaboração dos termos signo e código que abrirá caminho para uma abordagem pragmática da interpretação. Tal perspectiva constitui o mote de *Lector in fabula*, livro no qual Eco desenvolve as noções de cooperação textual e de leitor-modelo.

Associando uma abordagem semiótica à retomada de questões que estavam colocadas desde *Obra aberta*, Eco discute a dialética entre as estratégias adotadas pelo autor na constituição da obra, o horizonte de expectativas delas decorrentes e a interpretação que é feita pelos leitores. O leitor-modelo, deste modo, está construído pelo próprio texto e corresponde a um leitor ideal que nem sempre será condizente com o leitor-empírico. Se o leitor-modelo e o leitor-empírico não correspondem, no entanto, é possível que haja maus usos ou superinterpretações do texto. O leitor-modelo diz respeito a um "conjunto de condições de êxito, textualmente estabelecidas, que devem ser satisfeitas para que um texto seja plenamente atualizado no seu conteúdo potencial" (ECO, 1979: 45).

Em *Lector in fabula*, Eco revisa as limitações dos seus escritos iniciais, nos quais colocava em diálogo conceitos semânticos, informacionais e procedimentos fenomenológicos, baseado nos subsídios que Pareyson fornecia para uma teoria da intepretação. Ele diz, no entanto, que Pareyson não dispunha dos instrumentos necessários à análise das estratégias textuais, e por isso vai buscá-los no formalismo russo, na linguística, em Jakobson e Barthes, entre outros autores e correntes. Conforme Eliana Antonini:

> Desde *Obra aberta* e concretizando-se no *Tratado geral de semiótica*, Eco delineia a ideia de que a cultura é um sistema de signos, que merece ser interpretada por um arquétipo de leitor, capaz de

conhecer de modo ideal os princípios da semiose ilimitada. Debruçando-se sobre a semiótica da literatura, o autor desenvolve em *Lector in fabula* (1979), *The role of the reader* (1979), *Os limites da interpretação* (1995), *Interpretação e superinterpretação* (1996) e em *Seis passeios pelos bosques da ficção* (1994) seu próprio contraponto à *Obra aberta*. Nesses textos, a obra literária não será mais aberta a qualquer tipo de interpretação, mas exigirá um equilíbrio entre a infinidade de interpretações que pode gerar e uma hermenêutica normativa, em que o papel do autor e do receptor serão fundamentais. A interpretação feita pelo receptor estará implícita no próprio texto; o autor deixará na obra os caminhos para a sua leitura e o receptor modelo deverá seguir princípios da semiótica peirceana para chegar à total descoberta da mensagem (ANTONINI, 2001).

Apesar de ter se tornado uma referência para a disciplina Semiótica, a contribuição de Eco ao campo não é unanimidade entre autores da área[10]. É interessante observar, no entanto, o modo como a sua obra contém sempre uma reflexão sobre o seu próprio andamento, um nível de autorreflexividade que a torna metalinguística em vários níveis: tem-se um autor empregando um determinado conjunto de códigos para falar sobre a própria linguagem, ao mesmo tempo em que experimenta um determinado modo de agrupar estes códigos que leva em consideração o seu conhecimento sobre os processos de interpretação; um intelectual que pensou a cultura de massa e a narrativa popular, que se torna ele mesmo parte dela, com um primeiro livro de ficção que remonta parte de seus interesses teóricos (a Idade Média, o universo das letras e da literatura, o leitor).

A circularidade com que o que chamei de "grandes temas" aparece ao longo da obra de Eco revela um autor sempre muito autoconsciente, que se aproveitou de todo o estudo empreendido em torno das estruturas narrativas e usou este domínio quando começou a escrever seus próprios romances. Seus últimos empreendimentos intelectuais, no entanto, passam distantes da tentativa de "reduzir ao osso as estruturas lógicas de uma narrativa", como Eco descreve suas investigações na introdução de *O super-homem de massa*.

Especialmente desde que se tornou uma figura pública para além de círculos intelectuais, Eco estreitou sua relação com o universo midiático e ao longo das últimas três décadas conciliou as atividades acadêmicas em sentido mais estrito, a carreira literária e a publicação de textos em periódicos. Deste processo são oriundos, por exemplo, livros como *Em que creem os que não creem*, que já foi mencionado, e *Não contem com o fim do livro*, de 2009, que reúne conversas entre

Eco e Jean-Claude Carrière sobre as transformações nos hábitos dos leitores e no mercado editorial em função do livro eletrônico, mediadas pelo jornalista Jean-Philippe de Tonac.

Eco chegou a afirmar em *Não contem com o fim do livro* que acreditava no desenvolvimento de novas competências intelectuais nos indivíduos para lidar com o excesso de informação oferecido pela internet, mas acabou assumindo posteriormente um discurso bem mais apocalíptico como o que foi citado no início deste capítulo. Aquela fala sobre os imbecis das redes sociais foi de certo modo apropriada pelos apocalípticos do presente, mas é possível que Eco não tenha se importado, já que estendeu ao presente a sua observação sobre a indústria cultural.

Seu último livro, *Número zero*, apresenta uma incursão pelo jornalismo para narrar uma história envolvendo um jornal que existe para difamar e que, embora seja ambientada em 1992, foi recebida na época do lançamento, em 2015, como sintoma do mau jornalismo dos dias atuais. Eco deixou um livro inédito, *Pape Satàn Aleppe*, compilação de textos publicados na coluna que manteve no jornal *L'Espresso* desde 1985. O livro é o primeiro a ser lançado pela Editora La Nave di Teseo, fundada por Eco em parceria com alguns outros escritores e com Elisabetta Sgarbi, que cuidou da sua carreira na Bompiani, casa que publicou o autor desde a década de 1960. A saída da Bompiani e a criação de uma nova editora foi uma resposta à venda da empresa ao Grupo Mondadori, controlado pela família de Silvio Berlusconi e detentor de grande parte do mercado editorial italiano[11].

Notas

1. Declarações amplamente repercutidas pela imprensa internacional, inclusive no Brasil, onde geraram também respostas divergentes [Disponível em http://bit.ly/1n6OEtr e http://bit.ly/1OENXxJ].

2. Em função da proposta deste capítulo e do livro do qual faz parte, bem como das limitações de tamanho do texto, não será abordada aqui a produção literária de Eco, iniciada em 1980 com *O nome da rosa* (que ganhou adaptação homônima para o cinema, em 1986, dirigida por Jean-Jacques Annaud). A popularidade do livro e, posteriormente, do filme, transformou Eco em romancista *best-seller*, motivo pelo qual se tornou conhecido por um público massivo fora do campo acadêmico. Ele publicou outros livros de literatura, que foram lançados no Brasil pela Editora Record: *O pêndulo de Foucault, A ilha do dia anterior, Baudolino, A misteriosa chama da rainha Loana, O cemitério de Praga* e *Número zero*. Entre suas publicações que também não serão abordadas aqui estão ainda alguns livros de

ensaios ou compilações de conferências que ministrou, bem mais livres e menos duros que suas obras teóricas, como *Seis passeios pelos bosques da ficção*, *Sobre a literatura*, *Quase a mesma coisa*, *A vertigem das listas* e *A memória vegetal* e outros escritos de bibliofilia.

3. A respeito, cf. o livro *Em que creem os que não creem?*, assinado em coautoria com o Cardeal Carlo Maria Martini, e que reúne um diálogo epistolar travado entre Eco e Martini no jornal italiano *Liberal*, no período entre 1995 e 1996, em torno de temas como o Apocalipse, o valor da vida e o aborto, o papel da mulher na Igreja e a ética.

4. Uma lista com as principais obras publicadas pelo autor no país está disponível em apêndice no final deste capítulo.

5. Em Bolonha, funda a Escola Superior de Estudos Humanísticos (Scuola Superiore di Studi Umanistici), em 2000.

6. Ele se estabelece na cidade de Milão, no imóvel onde viveu até a morte e no qual manteve um acervo de 30 mil livros, entre eles algumas obras raras. Numa outra casa, em Rimini, guardava outros 20 mil títulos, reza a lenda em torno da sua famosa biblioteca.

7. Em entrevista à *Folha de S. Paulo* em 1991, Eco informa que a edição brasileira de *Obra aberta* foi a terceira a ser lançada no mundo entre as estrangeiras, depois apenas da espanhola e da romena. Nesta entrevista, inclusive, ele está acompanhado pelo poeta e professor brasileiro Haroldo de Campos, que havia escrito em 1955 um texto chamado *A obra de arte aberta*, em torno das mesmas questões. Campos e Eco se conheceram pessoalmente em 1964, na Itália.

8. Aqui Eco se refere especificamente ao livro *Os mistérios de Paris*, de Eugène Sue, que é analisado por ele em trechos dos dois livros mencionados.

9. Eco esclarece, em nota de rodapé logo no início do *Tratado*, que tomará o termo "semiótica" como equivalente de "semiologia", apesar da origem diferente das duas expressões (1975: 1).

10. Parte desta crítica está sintetizada nos argumentos contidos neste texto de Winfired Nöth: http://www.riototal.com.br/coojornal/academicos017.htm [Acesso em 25/02/2016].

11. Cf. detalhes em http://espresso.repubblica.it/plus/articoli/2015/11/30/news/a-bordo-con-umberto-chi-c-e-nella-nuova-casa-editrice-voluta-da-eco-e-elisabetta-sgarbi-1.241467 [Acesso em 27/02/2016].

12. As informações de título e ano de lançamento da edição original foram extraídas das fichas catalográficas das edições brasileiras dos livros.

13. Das versões em circulação no país no presente, em 2016.

14. Publicado originalmente em 1959, com o título *Sviluppo dell'estetica medievale*, como parte da antologia *Momenti e problemi di storia dell'estetica*. A edição brasileira, no entanto, é traduzida desta versão de 1987 em que o texto de Eco é publicado como livro autônomo.

Referências

ANTONINI, E.P. *Líbero*, Ano IV, v. 4, n. 7-8, 2001, p. 38-43.

BONDANELLA, P. *Umberto Eco and the open text*: semiotics, fiction, popular culture. New York: Cambridge University Press, 1997.

ECO, U. *Número zero*. Rio de Janeiro: Record, 2015.

_____. *A estrutura ausente*. São Paulo: Perspectiva, 2005.

_____. *Interpretação e superinterpretação*. São Paulo: Perspectiva, 2005.

_____. *Apocalípticos e integrados*. São Paulo: Perspectiva, 2004.

_____. *Os limites da interpretação*. São Paulo: Perspectiva, 2004.

_____. *Obra aberta*. São Paulo: Perspectiva, 2003.

_____. *O super-homem de massa*. São Paulo: Perspectiva, 1991.

_____. *Semiótica e filosofia da linguagem*. São Paulo: Ática, 1991.

_____. *Tratado geral de semiótica*. São Paulo: Perspectiva, 1991.

_____. *O nome da rosa*. Rio de Janeiro: Record, 1986.

_____. *Lector in fabula*. São Paulo: Perspectiva, 1979.

_____. *A definição da arte*. Lisboa: Ed. 70, 1972.

ECO, U. & CARRIÈRE, J.-C. *Não contem com o fim do livro*. Rio de Janeiro: Record, 2010.

ECO, U. & MARTINI, C.M. *Em que creem os que não creem?* Rio de Janeiro: Record, 1999.

KIRCHOF, E. *Estética e semiótica*: de Baumgarten a Umberto Eco. Porto Alegre: EDIPUCRS, 2003.

PAREYSON, L. *Os problemas da estética*. São Paulo: Martins Fontes, 1997.

Apêndice

Principais livros de Umberto Eco publicados no Brasil[12]:

Título da edição brasileira	Editora no Brasil[13]	Título e ano de lançamento da edição original
Obra aberta: forma e indeterminação nas poéticas contemporâneas	Perspectiva	*Opera aperta*, 1962
Diário mínimo	Record	*Diario minimo*, 1963
Apocalípticos e integrados	Perspectiva	*Apocalittici e integrati*, 1964
A definição da arte	Record	*La definizione dell'arte*, 1968
A estrutura ausente: introdução à pesquisa semiológica	Perspectiva	*La struttura assente*, 1968
As formas do conteúdo	Perspectiva	*La forme del contenuto*, 1971
Tratado geral de semiótica	Perspectiva	*Trattato di semiotica generale*, 1975
Como se faz uma tese	Perspectiva	*Come si fa una tesi di laurea*, 1977
O super-homem de massa: retórica e ideologia no romance popular	Perspectiva	*Il superuomo di massa (Retorica e ideologia nel romanzo popolare)*, 1978
Lector in fabula: a cooperação interpretativa nos textos narrativos	Perspectiva	*Lector in fabula – La cooperazione interpretativa nei testi narrativi*, 1979
O nome da rosa	Record	*Il nome della rosa*, 1980
Viagem na irrealidade cotidiana	Nova Fronteira	*Viaggio nella irrealità quotidiana*, 1983
Semiótica e filosofia da linguagem	Ática	*Semiotica e filosofia del linguaggio*, 1984
O signo de três: Dupin, Holmes, Peirce (organizado em coautoria de Thomas A. Sebeok)	Perspectiva	*The Sign of Three: Dupin, Holmes, Peirce*, 1984
Sobre o espelho e outros ensaios	Nova Fronteira	*Sugli specchi e altri saggi*, 1985

Arte e beleza na estética medieval	Record	*Arte e bellezza nell'estetica medievale*, 1987[14]
O pêndulo de Foucault	Record	*Il pendolo di Foucault*, 1988
Os limites da interpretação	Perspectiva	*I Limiti dell'Interpretazione*, 1990
Segundo diário mínimo	Record	*Il secondo diario minimo*, 1992
Interpretação e superinterpretação	Perspectiva	*Interpretation and Overinterpretation*, 1993
A busca da língua perfeita	Edusc	*La ricerca della lingua perfetta nella cultura europea*, 1993
A ilha do dia anterior	Record	*L'isola del giorno prima*, 1994
Seis passeios pelos bosques da ficção	Companhia das Letras	*Six walks in the fictional woods*, 1994
Em que creem os que não creem? (coautor: Carlo Maria Martini)	Record	*In cosa crede chi non crede?*
Kant e o ornitorrinco	Record	*Kant e l'ornitorinco*, 1997
Cinco escritos morais	Record	*Cinque scritti morali*, 1997
Entre a mentira e a ironia	Record	*Tra mezogna e ironia*, 1998
Baudolino	Record	*Baudolino*, 2000
Sobre a literatura	Record	*Sulla Letteratura*, 2002
Quase a mesma coisa	Record	*Dire quasi la stessa cosa*, 2003
A misteriosa chama da rainha Loana	Record	*La misteriosa fiamma della regina Loana*, 2004
História da beleza	Record	*Storia della bellezza*, 2004
História da feiura	Record	*Storia della bruttezza*, 2007
Da árvore ao labirinto: estudos históricos sobre o signo e a interpretação	Record	*Dall'albero al labirinto: studi storici sul segno e l'interpretazione*, 2007
A vertigem das listas	Record	*The infinity of lists*, 2009
Não contem com o fim do livro (coautor: Jean-Claude Carrière)	Record	*N'espérez pas vous débarrasser des livres*, 2009
O cemitério de Praga	Record	*Il cimitero di Praga*, 2011
A memória vegetal e outros escritos de bibliofilia	Record	*La memoria vegetale e altri scritti di bibliofilia*, 2011
História das terras e lugares lendários	Record	*Storia delle terre e dei luoghi leggendari*, 2013
Número zero	Record	*Numero zero*, 2015

Jesús Martín-Barbero (1937-)

*Marcos Paulo da Silva**

O teórico da comunicação e seu tempo

Uma juventude com densa formação intelectual e cultural em moldes que muitas vezes se distanciavam do formalismo escolar. O contato precoce com o terreno da literatura e especialmente com o mundo da poesia. O amadurecimento e a erudição construídos em um cotidiano de deslocamentos geográficos, mas sobretudo intelectuais. Esses três universos resumem em certo sentido o princípio da longa trajetória do pensador espano-colombiano Jesús Martín-Barbero, da infância em um pequeno povoado localizado entre Madri e Ávila, na Espanha, ao protagonismo no cenário acadêmico em toda a América Latina.

Autor de livros que décadas mais tarde influenciariam o conjunto do chamado "pensamento comunicacional latino-americano", Martín-Barbero, então um jovem estudante secundarista, teve como primeira obra publicada um livro de poesias incentivado pelo escritor espanhol Luís Rosales – um de seus influenciadores na juventude, como ele mesmo relata. Aos 17 anos e sem os percalços que seriam naturais para a pouca idade, transitou entre o conjunto da obra de autores como Albert Camus e Jean-Paul Sartre. Esse contato prematuro com as ideias de escritores consagrados e, sobretudo, com uma intelectualidade progressista na Espanha dos anos de 1950 viria de encontros – muitas vezes clandestinos – com professores e pensadores da época. Frutos colhidos, nas palavras de Martín-Barbero, de uma "juventude muito estranha" e de "uma vida cultural muito rica, mesmo tendo nascido numa cidadezinha pequena"[1].

A primeira grande *desterritorialização* – termo utilizado pelo próprio autor – ocorreu em 1963. Após a conclusão da Faculdade de Filosofia em Madri, veio a decisão da mudança inicial para a Colômbia, pois, justificaria Martín--Barbero à frente, "a vida intelectual na Espanha estava muito aborrecida e, além do mais, perigosa"[2]. Não casualmente, esse primeiro deslocamento geo-

---

* Professor do Programa de Pós-Graduação em Comunicação da Universidade Federal de Mato Grosso do Sul. Doutor em Comunicação Social (Umesp).

gráfico, de um lado a outro do Oceano Atlântico, marcou o princípio de uma trajetória de sucessivas mudanças, em diferentes sentidos, autodenominada "extraviada aventura pelos caminhos da comunicação". Na sequência vieram outros tantos deslocamentos que levaram o pensador espanhol de Bogotá a Bruxelas, em 1969, e dois anos depois a Paris. De volta à Colômbia, em 1973, viveu já não mais no "altiplano bogotano", mas na "Tropical Cali", a cidade onde teve sua mais longa estadia. E desde Cali, como rememora, passou um ano em Madri, outro em Porto Rico, justamente no período "em que caiu o muro de Berlim", e um semestre em Barcelona. O retorno de Cali para Bogotá consolidou-se em 1996. Mais tarde, já no horizonte do século XXI e no alto de sua maturidade acadêmica, redigiu da mexicana Guadalajara, novamente num autoproclamado exílio, o livro *Ofício de cartógrafo*, obra de fôlego na qual traça um novo "mapa noturno" – com a necessária humildade dos que transitam pela noite, como costuma relatar em metáfora – do campo teórico da comunicação na América Latina (MARTÍN-BARBERO, 2004: 28).

O mergulho retrospectivo de Martín-Barbero no *charco* comunicacional, entretanto, teve origem no início dos anos de 1970 com a tese doutoral *Palavra e ação por uma dialética da libertação* – "metade tese de Filosofia, metade de Literatura", em sua própria definição[3] – defendida no tradicional Instituto de Filosofia de Lovaina, na Bélgica. O amadurecimento intelectual decorrente da pesquisa e do contato com associações que ajudavam latino-americanos exilados na Europa fez com que o retorno ao cotidiano colombiano na sequência se configurasse não somente natural, mas culminasse também noutra *des-territorialização* muito mais profunda do que o já distante deslocamento geográfico percorrido: o desembarque, como professor e pesquisador, no campo teórico da comunicação e, no interior dele, a "mudança de olhar" – a ruptura metodológica – das pesquisas sobre os meios massivos para as mediações culturais, percurso que uma década mais tarde resultaria em *Dos meios às mediações*, a mais influente obra de Martín-Barbero.

Nesse ínterim, o pensador estabeleceu as bases de suas contribuições em diferentes frentes, um mosaico que vai das "teorias da linguagem à filosofia, passando pela história, estética, política, educação e cultura". Mais do que isso, como sintetiza Claudia Barcelos, Martín-Barbero também consolidou-se como protagonista para que a designação "estudos latino-americanos de comunicação" passasse a possuir uma "marca distintiva" demonstrada a partir da importância "das práticas e processos comunicativos dentro dos marcos da Modernidade cultural e econômica" em toda a realidade da América Latina[4].

Percursos e influências

No plano epistemológico, Martín-Barbero desenvolve ao longo de sua trajetória intelectual uma proposta de ruptura de face dupla voltada tanto ao chamado "autismo tecnicista" quanto à "hegemonia gerencial", posição acadêmica com reflexos inevitáveis no campo político (MARTÍN-BARBERO, 2004: 10). Em outros termos, pode-se afirmar que o crivo crítico do autor recai ao mesmo passo sobre o eventual reducionismo do pensamento comunicacional dos funcionalistas norte-americanos e sobre os dogmas de parcela dos intelectuais marxistas que acostumaram-se a analisar a comunicação "com uma postura puramente denuncista", de mera negação do funcionalismo sob o argumento que reduz a comunicação "a um pífio reflexo das relações econômico-sociais". Tais posições, conforme observa Lima Filho (1992: 132), conferiram a Martín-Barbero a crítica de ambos os lados: "de ser um mero estruturalista", dos marxistas ortodoxos, e "de ser um suspeito de maquinações comunistas", das correntes mais conservadoras.

A resposta do teórico espano-colombiano às dicotomias do campo da comunicação situa-se em sua identificação com o marxismo dialético, "que nega uma causa unilateral para ordenar as relações sociais", e encontra respaldo em um de seus principais influenciadores, o pensador marxista italiano Antonio Gramsci[5]. O conceito gramsciano de hegemonia, aliás, constitui um dos focos da obra *Dos meios às mediações*, cujo propósito localiza-se na tentativa de "mudar o lugar das perguntas, para tornar investigáveis os processos de constituição do massivo para além da chantagem culturalista, que os converte inevitavelmente em processo de degradação cultural" (MARTÍN-BARBERO, 2003: 29).

Ao estabelecer seu "mapa noturno" para o entendimento das "novas complexidades nas relações constitutivas entre comunicação, cultura e política", Martín-Barbero coloca em perspectiva o pensamento dicotômico atrelado às tradicionais formas de dominação. Em *Dos meios às mediações*, afirma:

> O que busco com esse mapa é reconhecer que os meios de comunicação constituem hoje espaços-chave de condensação e intersecção de múltiplas redes de poder e de produção cultural, mas também alertar, ao mesmo tempo, contra o pensamento único que legitima a ideia de que a tecnologia é hoje o "grande mediador" entre as pessoas e o mundo, quando o que a tecnologia medeia hoje, de modo mais intenso e acelerado, é a transformação da sociedade em mercado, e deste em principal agenciador da mundialização (em seus muitos e contrapostos sentidos) (MARTÍN-BARBERO, 2003: 20).

Já em *Ofício de cartógrafo*, o autor traça sua complementação em referência ao chamado "monoteísmo ideológico":

> A ruptura com o monoteísmo ideológico, o da única clave para compreender o todo unificado pelo motor, o ator e o antagonismo, não serve para mapear uma multiplicidade de processos fortemente articulados entre eles próprios, porém regidos por diversas lógicas e muito diferentes temporalidades: a homogeneidade e a velocidade com as quais se movimenta a rede financeira são certas, mas a heterogeneidade e a lentidão dos modos como operam as transformações culturais também o são (MARTÍN-BARBERO, 2004: 15).

Para o autor espano-colombiano, o debate teórico proporcionado pelo italiano Antonio Gramsci possibilita ao marxismo o desbloqueio da questão cultural e da dimensão de classe na cultura popular. Em última análise, Martín-Barbero chama atenção ao fato de a concepção de hegemonia implicar uma dupla ruptura de caráter epistemológico: 1) com o positivismo tecnologicista, que reduz a comunicação a um problema de meios; e 2) com o etnocentrismo culturalista, que assimila a cultura de massa ao problema da degradação da cultura (MARTÍN-BARBERO, 2003: 137). Nessa perspectiva, segundo o teórico, o conceito de hegemonia permite "pensar o processo de dominação social já não como imposição a partir de um exterior e sem sujeitos, mas como um processo no qual uma classe hegemoniza, na medida em que representa interesses que também reconhece como seus as classes subalternas" (MARTÍN-BARBERO, 2003: 116). No mais, como sublinha o próprio autor em *Ofício de cartógrafo*:

> O que estamos tentando pensar então é, de um lado, a *hegemonia comunicacional* do mercado na sociedade: a comunicação convertida no mais eficaz motor do desligamento e inserção das culturas – étnicas, nacionais ou locais – no espaço-tempo do mercado e das tecnologias globais. Pois o que o fatalismo tecnológico acaba legitimando é a *onipresença mediadora do mercado*, e com ela a perversão do sentido das demandas políticas e culturais que encontram de algum modo expressão nos meios, ademais da deslegitimação de qualquer questionamento de uma ordem social à qual só o mercado e as tecnologias permitiriam dar-se forma (MARTÍN-BARBERO, 2004: 35).

Martín-Barbero debruça-se, assim, à questão do popular na cultura e reconhece – em posição semelhante à de Stuart Hall (1977) – que a "concepção fatalista mecânica da dominação" ofusca-se, a partir da perspectiva gramsciana, em detrimento de uma trama mais ampla:

Nem toda assimilação do hegemônico pelo subalterno é signo de submissão, assim como a mera recusa não é de resistência, e que nem tudo que vem "de cima" são valores da classe dominante, pois há coisas que vindo de lá respondem a outras lógicas que não são as da dominação (MARTÍN-BARBERO, 2003: 119).

Nessa conjuntura, o pensador espano-colombiano cunha em *Dos meios às mediações* a expressão "longo processo de enculturação" como um dos aspectos das chamadas "matrizes históricas da mediação de massa" e ajuda a explicitar o complexo processo de inscrição cultural pelo qual historicamente passa a sociabilidade moderna. História, aliás, que – como campo das ciências humanas e sociais – constitui uma das marcas reconhecidamente estruturantes da pesquisa que dá origem ao livro. Relata o autor: "a História me deixou uma marca muito forte, que se pode ver em *Dos meios às mediações*. Realmente a História foi minha segunda formação. Autodidaticamente, li muita história, que liguei com a Sociologia e a Antropologia"[6].

Outros reconhecidos influenciadores, em diferentes momentos e circunstâncias no percurso intelectual de Martín-Barbero, são o filósofo francês Maurice Merleau-Ponty (1908-1961), cuja matriz fenomenológica é tida como uma das bases do pensamento do teórico espano-colombiano; o filósofo marxista de origem tcheca Karel Kosík (1926-2003), autor de *Dialética do concreto*, uma das principais referências na tese doutoral *Palavra e ação por uma dialética da libertação*; e o filósofo francês de origem argelina Louis Althusser (1918-1990), pensador ao qual o então jovem pesquisador Martín-Barbero se dedicou à tradução no período de doutoramento na Europa. Os semiologistas francês Roland Barthes (1915-1980) e italiano Umberto Eco também são considerados, pelo próprio teórico, referências no início da carreira como docente de comunicação na Colômbia.

No campo das ideias, os diálogos teórico-conceituais são vastos ao longo da carreira de Martín-Barbero. Conceitos trabalhados por autores de diferentes escolas, tradições e nacionalidades, como Pierre Bourdieu, Walter Benjamin, Michel de Certeau, Raymond Williams, Jürgen Habermas, Néstor García Canclini e o brasileiro Paulo Freire são alusões de destaque em obras como *Dos meios às mediações* (1987), *Os exercícios do ver* (1999) e *Ofício de cartógrafo* (2002).

Jesús Martín-Barbero localiza-se, por exemplo, como um dos responsáveis por propor a importante articulação entre as ideias de Antonio Gramsci e Pierre Bourdieu, embora este último tenha desenvolvido sua teoria do poder simbólico em uma área de ação que não necessariamente coincida com as preocupações políticas e teóricas do marxista italiano. Dentre outros aspectos, tal aproximação é viabilizada na obra de Martín-Barbero pelo diálogo entre a concepção gramsciana de hegemonia e o conceito bourdieusiano de *habitus*[7] – nas palavras do teórico espano-colombiano, "o produto da interiorização dos princípios de um expediente cultural capaz de perpetuar nas práticas os princípios do expediente interiorizado". Pierre Bourdieu, nesse contexto, desenvolve a tese de que o capital econômico não representa a única variável atribuidora da dominação no sistema capitalista – ponto de vista teórico que, a exemplo do vértice gramsciano trabalhado por Martín-Barbero, rompe com o economicismo que caracteriza o marxismo ortodoxo.

Outra aproximação conceitual de fôlego trabalhada pelo pensador espano-colombiano consiste na crítica à concepção frankfurtiana da *razão instrumental* e no olhar em perspectiva que projeta para a ideia habermasiana da *razão comunicativa*. No contexto histórico de profundas contradições que caracteriza o século XX, os pensadores alemães Theodor Adorno, Herbert Marcuse e Max Horkheimer problematizam a dimensão racional oriunda dos eventuais progressos técnico-científicos da sociedade e lançam mão da expressão *racionalidade instrumental* para criticar o afloramento de um padrão de "instrumentalização da razão" ligado ao desenvolvimento capitalista. No prefácio de *Dialética do esclarecimento*, Adorno e Horkheimer (1985: 13) abordam o assunto ao alertar para o fato de que o "pensamento cegamente pragmatizado perde seu caráter superador e, por isso, também sua relação com a verdade". Além disso, destacam os teóricos frankfurtianos, o processo de instrumentalização da razão acaba por reforçar uma tendência formal pela qual os próprios indivíduos desaparecem frente ao "aparelho" a que passam a servir.

Ao interpretar desde os anos de 1970 a comunicação como um "enclave estratégico do pensar" – a propalada "mudança no lugar das perguntas" –, Jesús Martín-Barbero, por seu turno, procura enfatizar os limites tanto de seu diálogo com a tradição da Escola de Frankfurt quanto da sobreposição de sua ideia de *razão comunicacional* em relação à semelhante semântica de Jürgen Habermas:

> Pois, primeiro, o que denomino *razão comunicacional* se acha em oposição flagrante ao *consenso dialogal* no qual o frankfurtiano Habermas vê emergir a "razão comunicativa", magicamente descarregada da opacidade discursiva e da conflitividade política que introduzem a mediação tecnológica e mercantil. E, segundo, a crítica que fazemos da *razão comunicacional* não pode ser confundida com a condenação que Adorno e Horkheimer fizeram da técnica como parte constitutiva "da racionalidade do próprio domínio" (MARTÍN-BARBERO, 2004: 34-35).

O autor espano-colombiano, todavia, concorda com a crítica de Habermas sobre a "fragilidade das explicações globais" e sobre a necessidade de se atribuir "uma maior ênfase aos processos de comunicação" para a compreensão das relações sociais (LIMA FILHO, 1992: 133). No contexto das reflexões de Martín-Barbero (2003), todo o processo acima descrito, para além da racionalidade técnica, está inscrito em uma dinâmica histórica complexa e de longa duração presente no terreno da cultura. Tal processo, por sua vez, decalca-se na Modernidade, em especial, a partir de duas dinâmicas históricas: as "rupturas no sentido de tempo" e as "transformações no modo de saber".

Para o autor, a linearidade instaurada no sentido de tempo pelas mediações que posteriormente se tornariam massivas rompe com a temporalidade cíclica que caracterizava as festas e outras manifestações populares nas sociedades que a antecedem. Diz Martín-Barbero (2003: 142): "As festas, com sua repetição, ou melhor, com seu retorno, balizam a temporalidade social nas culturas populares. Cada estação, cada ano, possui a organização de um ciclo em torno do *tempo denso* das festas". Por outro lado, "a aparição do relógio possibilita a *unificação* dos tempos, e a 'descoberta' pelo mercador do *valor* do tempo dá origem a uma nova moral e a uma nova piedade". O tempo-vivido, ressalta, é substituído pelo tempo-valor, "o tempo valorizado, ou melhor, a fonte do valor, já não é o da circulação do dinheiro e das mercadorias, mas o da produção, o do trabalho enquanto tempo irreversível e homogêneo" (MARTÍN-BARBERO, 2003: 143).

Tal redefinição no sentido de temporalidade pode ser encarada, portanto, como sintoma de um processo de mutação cultural, afinal, como ressalta Muniz Sodré (2009: 61), "é cada vez mais próprio da Modernidade ocidental tomar o tempo como 'fonte para a solução dos problemas'" – ou seja, trata-se da tarefa moderna de pautar o fato pelo "atual" e singularizá-lo para esclarecê-lo. Nessa nova caracterização da temporalidade na Modernidade, norteada pelo solapamento do "tempo denso", do "tempo-vivido", respalda-se ainda uma nova marcação rítmica que caracteriza a experiência cotidiana da sociedade massiva.

Entretanto, para além dos aspectos temporais, a experiência racional moderna caracteriza-se ainda por uma fundamental "transformação nos modos de saber": a valorização do conhecimento objetivo na compreensão da realidade. Entendida como outro componente essencial do que Martín-Barbero (2003) denomina de "longo processo de enculturação", a valorização do conhecimento racional-objetivo nos modos de sociabilidade moderna projeta-se diretamente nas "transformações do saber e dos modos populares de sua transmissão" (MARTÍN-BARBERO, 2003: 144). Martín-Barbero utiliza-se da personagem popular "bruxa", imagem criada em torno das antigas feiticeiras (mulheres que dominavam um tipo particular de saber transmitido de geração a geração) – bem como do processo de perseguição ao "saber mágico" na sociedade moderna – para tornar clara sua argumentação sobre a nova concepção de sociabilidade:

> A bruxa sintetiza para os clérigos e os juízes civis, para os homens ricos e cultos, o mundo que é preciso abolir. Porque é um mundo descentrado, horizontal e ambivalente que entra em conflito radical com a nova imagem do mundo que esboça a razão: vertical, uniforme e centralizado (MARTÍN-BARBERO, 2003: 144-145).

Em sentido semelhante, prossegue Martín-Barbero (2003: 145), a escola desempenha "papel preponderante" no solapamento dessa consciência popular e do "tempo denso", cíclico, substituído pelo tempo cronológico da racionalidade moderna:

> A aprendizagem da nova sociabilidade começa pela substituição da nociva influência dos pais – principalmente da mãe – na conservação e transmissão das superstições. E passa sobretudo pela mudança nos modos de transmissão do saber. Antes se aprendia pela imitação de gestos e através de iniciações rituais; a nova pedagogia neutralizará a aprendizagem ao intelectualizá-la, ao convertê-la em uma transmissão desapaixonada de saberes separados uns dos outros e das práticas (MARTÍN-BARBERO, 2003: 145-146).

Portanto, a segmentação do tempo em unidades cronológicas e métricas (voltadas a um futuro "unidimensional e contínuo"), bem como do conhecimento em unidades intelectualizadas e objetivas, marca a nova sociabilidade de uma sociedade que passa a responder por moderna.

Martín-Barbero ainda refere-se, nesse cenário, ao "novo lugar da cultura na sociedade", quando, em suas palavras, a mediação tecnológica da comunicação "deixa de ser puramente instrumental para espessar-se, densificar-se e se converter em estrutural". Isto é, no raciocínio do autor,

> [...] a *tecnologia* remete hoje não a novas máquinas ou aparelhos, mas a novos modos de *percepção* e de *linguagem*, a novas sensibilidades e escritas, [...] borrando-se as fronteiras entre razão e imaginação, saber e informação, natureza e artifício, arte e ciência, saber perito e experiência profana" (MARTÍN-BARBERO, 2004: 35-36).

Complementarmente, conforme relataria mais tarde em entrevista, Martín-Barbero também observa na Modernidade uma espécie de paradoxo entre a *racionalização do pensar* e o descolamento das noções de conhecimento e certeza. O autor apregoa que a incerteza intelectual vê-se atualmente atravessada por uma sensação de receio do futuro, pois, para valer-se de seus próprios termos, vive-se "uma espécie de volta ao medo dos pré-modernos, que era o medo da natureza, da insegurança, de uma tormenta, um terremoto. Agora vivemos em uma espécie de mundo que nos atemoriza e desconcerta"[8].

Principais conceitos

Mestiçagem, mediação cultural e *resistência*. Três conceitos que emergem desde o final dos anos de 1980 como os principais articuladores do pensamento comunicacional de Jesús Martín-Barbero. Tais concepções, entretanto, não constituem compartimentações estanques que, somadas umas às outras, permitem compreender o pensamento comunicacional do teórico europeu naturalizado latino-americano (LIMA FILHO, 1992: 133). Pelo contrário, entender a proposta de abordagem da comunicação a partir do ponto de vista de Martín-Barbero conduz a também depreender as interfaces entre todos esses conceitos e a perspectiva ampla que o autor desenvolve para a própria compreensão da cultura:

> Afirmamos que cultura não é apenas o que a sociologia chama de cultura, que são aquelas atividades, aquelas práticas, aqueles produtos que pertencem às belas-artes e às belas-letras, à literatura. Há uma concepção antropológica de cultura que está ligada às suas crenças, aos valores que orientam sua vida, à maneira como é expressa sua memória, os relatos de sua vida, suas narrações e também a música, atividades como bordar, pintar, ou seja, alargamos o conceito de cultura. Pensar naquela noção que servia para chamar o povo de inculto, como se não ter a mesma cultura da elite fosse não ter cultura. Então, começamos a dizer que há culturas diversas, são diversas por causa das regiões, por causa da história, por causa das idades, dos gêneros, no homem e na mulher, porque há uma diferença cultural muito grande que determinou que a mulher se dedicasse a uma coisa e o homem a outras. Isso é cultura, seja bom ou mau. Com uma noção de cultura diferente, começamos a entender que, se era cultura, estava dentro da vida cotidiana[9].

No conjunto deste olhar antropológico para a noção de cultura, a ideia de *mestiçagem* desenvolvida pelo autor vincula-se à valorização da cultura popular e à própria metáfora da formação do tipo físico da população latino-americana – historicamente um rico emaranhado de culturas que parte das diferentes etnias indígenas locais, passando pelas inúmeras culturas africanas que aportaram no continente sob a força armada dos colonizadores europeus; e pelas próprias variações das culturas hegemônicas europeias em diálogo com as demais etnias. Nessa perspectiva, ao evocar sua concepção de *mestiçagem*, Martín-Barbero afirma em *Dos meios às mediações* que:

> Se diante do índio a tendência mais forte é pensá-lo como primitivo e, portanto, como um outro, fora da história, diante do popular urbano a concepção mais frequente é negar pura e simplesmente sua existência cultural. [...] Contra tais identificações maniqueístas, que minam por dentro tanta investigação e tanta crítica cultural, começa a surgir uma nova percepção sobre o popular como trama, entrelaçamento de submissões e resistências, impugnações e cumplicidades (MARTÍN-BARBERO, 2003: 277-278).

Situa-se nesse cenário a mais cara concepção teórica empregada pelo pensador espano-colombiano no decorrer de sua trajetória intelectual: a ideia de *mediação cultural*. Destaque no título de sua principal obra – *Dos meios às mediações* –, o conceito ratifica a proposta metodológica de Martín-Barbero de oposição à visão hegemônica de se estudar a comunicação a partir dos efeitos dos meios (numa crítica aberta à proposta de pesquisa da escola funcionalista norte-americana). Em entrevista, o autor busca recurso no didatismo para explicar o que compreende pela ideia de *mediação*:

> O que eu comecei a chamar de mediações eram aqueles espaços, aquelas formas de comunicação que estavam entre a pessoa que ouvia o rádio e o que era dito no rádio. Não havia exclusivamente um indivíduo ilhado sobre o qual incidia o impacto do meio, que era a visão norte-americana. [...] Mediação significava que entre estímulo e resposta há um espesso espaço de crenças, costumes, sonhos, medos, tudo o que configura a cultura cotidiana[10].

Depura-se deste fio condutor, por conseguinte, a concepção de *resistência* defendida por Martín-Barbero. Conceito enfaticamente empregado por décadas pelos estudiosos da comunicação na América Latina, a ideia de *resistir* na perspectiva do teórico espano-colombiano possui um caráter mais transitivo e complexo que a livra de um mero denuncismo dicotômico (a ideia de enfrentamento direto a um dominador hegemônico). Isto é, para Martín-Barbero, a ação de resistência do povo latino-americano localiza-se em uma "cotidiana e constante reelaboração simbólica" que transforma e molda suas próprias matrizes culturais a partir da apropriação e do uso de outras fontes de cultura – entre elas as fontes massivas (LIMA FILHO, 1992: 134). Em outros termos, constitui uma resistência cotidiana que se operacionaliza a partir da apropriação dos produtos massivos e de seus respectivos usos e transformações no interior das culturas subalternas.

Outra contribuição vinculada à tríade de conceitos mencionada reside na valorização e no encorajamento articulados por Martín-Barbero para o desenvolvimento dos estudos de recepção midiática no âmbito da América Latina. O autor situa-se, nesse contexto, como um dos principais estudiosos do continente a proporcionar um arcabouço teórico-conceitual capaz de respaldar as pesquisas sobre *os exercícios do ver* – para utilizar-se do título de uma de suas mais influentes obras a respeito das relações entre as *lógicas de produção* e as *lógicas de recepção* na comunicação. Nas palavras do próprio pensador espano-colombiano, a importância da concepção de *mediação* para a compreensão dos estudos de recepção está no deslocamento do olhar dos formatos industriais para as matrizes culturais:

> Comecei investigações sobre como as pessoas se comunicam numa feira de bairro, a diferença de como se comunicavam num supermercado, como se comunicavam num cemitério mais popular e num cemitério com jardins. [...] Mas eu sempre parti do ponto de que a comunicação não era apenas os meios e que, para a América Latina, era muito mais importante estudar o que acontecia na igreja aos domingos, nos salões de baile, nos bares, no estádio de futebol. Ali estava realmente a comunicação das pessoas. Não podíamos entender o que o povo fazia com o que ouvia nas rádios, com o que via na televisão, se não entendíamos a rede de comunicação cotidiana[11].

Tal ruptura metodológica no conjunto da obra de Martín-Barbero remete também à valorização de objetos muitas vezes relegados ao segundo plano – a um espaço inferior – pelas pesquisas acadêmicas tradicionais. Trata-se, notadamente, de formatos populares como o *melodrama* e a *telenovela*. Para o autor, dentre outras interfaces, existe uma convergência profunda entre o cinema e o melodrama que geralmente é desprezada pelos estudos convencionais da comunicação. O mesmo ocorre com as telenovelas frente aos formatos comunicacionais historicamente relegados ao rótulo da "alta cultura". Argumenta Martín-Barbero:

> Desprezar o melodrama e, nos últimos anos, a telenovela tem sido um dos modos como a elite de direita e esquerda se distingue/distancia dos *humores* do populacho. Distanciamento que vem de longe: confundindo iletrado com inculto, as elites ilustradas, desde o século XVIII, ao mesmo tempo em que afirmavam o *povo* na política e o negavam na cultura, fazendo da incultura o traço intrínseco que configurava a identidade dos setores

populares, e o insulto com que tapavam sua interessada capacidade de aceitar que, nesses setores, poderia haver experiências e matrizes de *outra cultura* (MARTÍN-BARBERO, 2004: 26).

Dessa forma, Jesús Martín-Barbero coloca-se como um pesquisador sintonizado com as ressignificações possíveis que os formatos tratados como populares na cultura – aqueles que não devem ser confundidos com os estereótipos de *incultos* – podem desenvolver num cenário latino-americano caracterizado pela ideia de alteridade. Mais do que isso, a defesa do pluralismo na comunicação – e seu diálogo com o fortalecimento da noção plural de comunidade – coloca-se para o autor como uma espécie de necessidade estratégica para o desenvolvimento do continente. Afinal, conforme alerta Martín-Barbero:

> Enquanto nos países centrais o elogio da diferença tende a significar dissolução da sociabilidade, na América Latina, como afirma [Norbert] Lechner, "a heterogeneidade produzirá dinâmica social ligada a alguma noção de comunidade". Certamente não a ideia de comunidade resgatada de algum idealizado passado e sim àquela a partir da qual nos é possível recriar hoje as formas de convivência e deliberação cidadã, sem reassumir a moralização dos princípios ou a absolutização das ideologias, refazendo melhor as identidades e os modos de simbolizar os conflitos e os pactos a partir da opacidade e da complexidade das hibridizações e das reapropriações (MARTÍN-BARBERO, 1997: 47).

Finalmente, as complexas, porém indispensáveis interfaces entre os campos da comunicação e da cultura debatidas por Martín-Barbero ao longo de sua vida intelectual culminam – sobretudo na maturidade intelectual do autor – na defesa da também necessária articulação estratégica com o campo da educação. Essa guinada da comunicação e da cultura ao campo formal do saber na América Latina justifica-se, nas palavras do próprio teórico, pois a "empatia dos jovens com as novas tecnologias é uma empatia cognitiva"; isto é, constituem modos de relação com o saber que remetem também a uma modalidade expressiva de afinidade: "novos modos de dizer, novos modos de narrar, que passam por estas novas sensibilidades"[12].

A severa crítica de Martín-Barbero nesse sentido recai na tradição da escola formal de submissão dos jovens "a uma aprendizagem linear, completamente segmentada, em termos de pacotes de saber"; o que, em seus termos, revela um profundo desconhecimento de "todos os outros modos de organização, de difusão, de contato com o conhecimento que o adolescente está adquirindo". Para o autor espano-colombiano, portanto, "o problema básico da escola é abrir-se para novas linguagens" sem que o processo se constitua de forma "instrumentalizada, mecânica, modernizante, apenas como adorno"[13]. Daí novamente o papel estratégico da articulação entre os modos formais de se pensar o saber e as questões teóricas – mas também as práticas – da comunicação e da cultura.

Considerações do ensaísta

O trabalho de construção de um ensaio analítico-descritivo sobre a trajetória intelectual de um teórico nos moldes singulares de Jesús Martín-Barbero remete, ao mesmo passo, a desafios e benesses. Desafios que são evidentes e que não se descolam da complexidade das ideias trabalhadas no decorrer de sua vida pelo autor europeu radicado na América Latina. Benesses, pois o percurso intelectual ímpar do pensador, aliado à valorização por ele das manifestações da cultura e do conhecimento que se situam à margem dos padrões da erudição, liberta o ensaio de alguns grilhões formais tais como aqueles dos quais foram libertados no decorrer da história as narrativas populares, os cordéis e os melodramas tão prestigiados pelo teórico em questão.

Martín-Barbero constitui um pensador não avesso ao didatismo (paradoxo que deveria ser sempre incongruente a todos aqueles que se dedicam ao conhecimento). Deriva daí o fato de que parte significativa da disseminação pelo continente de suas ideias e propostas teórico-metodológicas localizar-se em espaços muitas vezes alternativos – ainda que também acadêmicos – do saber: entrevistas, conferências e na práxis cotidiana das posições universitárias que galgou no decorrer de uma vida de mudanças e deslocamentos. Tais espaços de difusão do conhecimento – aqui valorizados –, todavia, não retiram dos principais livros do autor – especialmente aqueles traduzidos no Brasil, *Dos meios às mediações*, *Os exercícios do ver* e *Ofício de cartógrafo* – o valor de obras de referência para o desenvolvimento do campo acadêmico da comunicação.

Do último título citado, aliás, faz-se pertinente o destaque da clareza analítica empregada pelo autor como decorrência de sua maturidade intelectual. Martín-Barbero é preciso, nesse sentido, ao aprimorar seu "mapa noturno" a partir da elaboração de uma cartografia de caráter histórico dos modos de relação entre os estudos acadêmicos latino-americanos e os chamados "modelos de comunicação hegemônicos". As pesquisas em comunicação na América Latina, de acordo com o pensador, aportam em três modelos principais de relação com os paradigmas mais amplos do campo: a *dependência* (a aplicação para a realidade latino-americana de escopos teórico-conceituais e metodológicos que não levam em consideração as particularidades mestiças do continente); a *apropriação* (definida por Martín-Barbero como "o direito e a capacidade de fazer *nossos* os modelos e teorias, venham de onde venham, geográfica e ideologicamente"); e, por fim, a *invenção*, prática essencial na perspectiva do autor, "começando por in-disciplinar os saberes diante das fronteiras e dos cânones, des-pregando a escrita como meio de *expressividade categorial*, que é aquilo que torna pensável o que até agora não foi pensado, abrindo novos territórios ao pensamento" (MARTÍN--BARBERO, 2004: 19).

Mesmo nos últimos tempos, com uma carreira consolidada, Jesús Martín--Barbero não foge do embate que é fruto de sua proposta metodológica de "mu-dança de olhar". Nesse cenário, questionado jornalisticamente sobre o futuro dos meios de comunicação numa era de incertezas qualificada como "convergência midiática", não titubeia ao cravar uma vez mais a necessidade de salto da pers-pectiva destes – dos meios – para as mediações culturais:

> [...] não sei para onde vamos, mas em muito poucos anos a tele-visão não terá nada a ver com o que temos hoje. [...] Essa rela-ção que os meios tiveram com a vida cotidiana, organizada em função do tempo, a manhã, a tarde, a noite, o fim de semana, as férias, isso vai acabar.

Afinal, ensina o próprio autor no decorrer de suas tantas *des-territorializa-ções*, o que entra em crise na história recente não são os formatos industriais da comunicação, mas a organização das subjetividades e das temporalidades num cenário atravessado pela Modernidade tardia.

Notas

1. Sujeito, Comunicação e Cultura. Entrevista de Jesús Martín-Barbero a Roseli Fígaro e Maria Aparecida Baccega. *Revista Comunicação & Educação*, 1999, p. 63. São Paulo: ECA/USP, 1999.

2. Ibid., p. 64.

3. Ibid., p. 66.

4. Comunicação e Mediações Culturais. Entrevista de Jesús Martín-Barbero a Claudia Barcelos. *Revista Brasileira de Ciências da Comunicação*, 2000, p. 163. São Paulo: Intercom.

5. Antonio Gramsci (1891-1937) é responsável por construir uma produção in-telectual num modo bastante peculiar, posição que o diferencia da maior par-

te dos teóricos de seu tempo. Preso pelo regime fascista na Itália em 1926, ele desenvolve suas observações teórico-conceituais de maneira fragmentária em manuscritos elaborados no interior do cárcere. Entre suas preocupações figuram o entendimento sobre como a classe trabalhadora italiana se organiza num modo não revolucionário no período posterior à Primeira Guerra Mundial e sobre como a organização desses trabalhadores é anulada pelo fascismo – debates que colocam em evidência a ideia de dominação hegemônica. O teórico marxista é considerado o primeiro pensador do século XX a desenvolver de modo específico o conceito de hegemonia. De modo sintético, a ideia de hegemonia existe quando uma classe dominante (ou uma aliança de frações da classe dominante) é capaz não somente de exercer coerção sobre uma classe subordinada conforme seus interesses, mas também de estabelecer uma "autoridade social" sobre essas classes a partir da penetração da ideologia (ideias e pressupostos) nas práticas cotidianas. Cf. Gramsci, 2004; Hall, 1977.

6. Sujeito, Comunicação e Cultura. Entrevista de Jesús Martín-Barbero a Roseli Fígaro e Maria Aparecida Baccega. *Revista Comunicação & Educação*, 1999, p. 63. São Paulo: ECA/USP.

7. De forma sintética, a ideia de *habitus* situa-se como parte na tríade que sustenta a chamada "Sociologia dos Campos", de Pierre Bourdieu. Ao lado das noções de "campo" e de "capital", a concepção integra o quadro conceitual que, segundo a perspectiva do pensador francês, permite explicar as problemáticas intrínsecas do mundo social. A pertinência da conceituação, no entanto, não impede que recaia sobre ela uma série de críticas a respeito de sua simplicidade estrutural. Resumidamente, o conceito remete às disposições inconscientes – à interiorização subjetiva – que estão presentes em diferentes sujeitos, levando-se em conta que tais disposições são resultado da interiorização de complexas estruturas objetivas presentes numa sociedade. Cf. Bourdieu, 1974, 1977.

8. Comunidades falsificadas. Entrevista a Renato Essenfelder. *Folha de S. Paulo* – Caderno Mais!, 23/08/2009, p. 10.

9. Comunicação e Mediações Culturais. Entrevista de Jesús Martín-Barbero a Claudia Barcelos. *Revista Brasileira de Ciências da Comunicação*, 2000, p. 157. São Paulo: Intercom.

10. Ibid., p. 154.

11. Ibid., p. 153.

12. Sujeito, Comunicação e Cultura. Entrevista de Jesús Martín-Barbero a Roseli Fígaro e Maria Aparecida Baccega. *Revista Comunicação & Educação*, 1999, p. 74. São Paulo: ECA/USP.

13. Ibid., p. 76.

Obras de Jesús Martín-Barbero

1978 – *Comunicación masiva*: discurso y poder. Quito: Ciespal.

1979 – *Comunicación educativa y didáctica audiovisual*. Cali: Sena.

1981 – *Introducción al análisis de contenido*. Madri: Incisex.

1987 – *De los medios a las mediaciones*, Barcelona: Gustavo Gili [trad. brasileira: *Dos meios às mediações*. Rio de Janeiro: UFRJ, 1997].

1988 – *Procesos de comunicación y matrices de cultura*. México: Gustavo Gili.

1992 – *Televisión y melodrama*. Bogotá: Tercer Mundo.

1995 – *Pre-textos*: conversaciones sobre la comunicación y sus contextos. Cali: Univalle.

1998 – *Mapas nocturnos*. Bogotá: Siglo del Hombre/Diuc.

1999 – *Los ejercicios del ver*. Barcelona: Gedisa [coautoria com Gérman Rey] [trad. brasileira: *Os exercícios do ver*. São Paulo: Senac, 2001].

2000 – *Contemporaneidad latinoamericana y análisis cultural*. Madri: Iberoamericana/Vevuert [coautoria com Hermann Herlingahus].

2001 – *Al sur de la modernidad* – Comunicación, globalización y multiculturalidad. University of Pittsburgh/Instituto Internacional de Literatura Iberoamericana.

2002 – *Oficio de cartógrafo*. México: Fondo de Cultura Económica [trad. brasileira: *Ofício de cartógrafo*. São Paulo: Loyola, 2004].

Referências

ADORNO, T.W. & HORKHEIMER, M. *Dialética do esclarecimento*: fragmentos filosóficos. Rio de Janeiro: Zahar, 1985.

BOURDIEU, P. *Outline of a theory of practice*. Cambridge: Cambridge University Press, 1977.

_____. *A economia das trocas simbólicas*. São Paulo: Perspectiva, 1974.

GRAMSCI, A. *Cadernos do cárcere* – Introdução ao estudo da filosofia e *A filosofia de Benedetto Croce*. Vol. 1. 3. ed. Rio de Janeiro: Civilização Brasileira, 2004.

HALL, S. Culture, the Media and the Ideological Effect. In: CURRAN, J.; GUREVITCH, M. & WOOLLACOTT, J. (orgs.). *Mass media and society*. Londres: Edward Arnold/Open University Press, 1977.

LIMA FILHO, D.T. Mediações sobre o projeto mediador de Jesús Martín-Barbero. *Revista Brasileira de Ciências da Comunicação*, vol. 15, n. 2, jul.-dez./1992. São Paulo: Intercom.

MARTÍN-BARBERO, J. Comunidades falsificadas – Entrevista a Renato Essenfelder. *Folha de S. Paulo* – Caderno Mais!, 23/08/2009, p. 10.

_____. *Ofício de cartógrafo*: travessias latino-americanas da comunicação e da cultura. São Paulo: Loyola, 2004.

_____. *Dos meios às mediações*: comunicação, cultura e hegemonia. 2. ed. Rio de Janeiro: UFRJ, 2003.

_____. Comunicação e mediações culturais – Entrevista a Claudia Barcellos. *Revista Brasileira de Ciências da Comunicação*, vol. 23, n. 1, jan.-jun./2000. São Paulo: Intercom.

_____. Sujeito, comunicação e cultura – Entrevista a Roseli Fígaro e Maria Aparecida Baccega. *Revista Comunicação & Educação*, n. 15, mai.-ago./1999. São Paulo: ECA-USP.

_____. Comunicação plural: alteridade e sociabilidade. *Revista Comunicação & Educação*, n. 9, mai.-ago./1997. São Paulo: ECA-USP.

MARTÍN-BARBERO, J. & REY, G. *Os exercícios do ver*: hegemonia audiovisual e ficção televisiva. 2. ed. São Paulo: Senac, 2004.

SILVA, M.P. Um longo processo de enculturação: a contribuição de Jesús Martín-Barbero para uma compreensão culturalista da "razão instrumental". In: *Anais do XVI Colóquio da Escola Latino-Americana de Comunicação*. Bauru, 2012.

SODRÉ, M. *A narração do fato*: notas para uma teoria do acontecimento. Petrópolis: Vozes, 2009.

Eliseo Verón (1935-2014)

*Maria Cristina Gobbi**

O teórico da comunicação e o seu tempo

Eclético, cosmopolita e aguerrido na pesquisa em comunicação, a trajetória de Eliseo Verón foi marcada pelo desenvolvimento de conceitos a partir de diálogos com diversas correntes de pensamento, especialmente as oriundas dos Estados Unidos e da Europa, mas sem perder o espírito crítico, que define a personalidade acadêmica dos pesquisadores latino-americanos. Sua marca inovadora está traçada a partir da interface entre a academia e o mercado, presente de maneira mais acentuada entre as décadas de 1970 a 1990. Mas foi com a "Teoria da Semiose Social", ligada aos estudos da imprensa e do poder exercido por ela que Eliseo Verón marcou de forma indelével sua trajetória no campo dos estudos comunicativos na América Latina.

Considerado um dos mais influentes pesquisadores latino-americanos na área da ciência da comunicação, suas pesquisas dialogam de forma muito regular no âmbito acadêmico e na prática profissional. Escreveu dezenas de livros, centenas de artigos, além de ter realizado diversas atividades no domínio da academia e na prática profissional, especialmente nos espaços da semiótica e da comunicação.

Suas primeiras incursões datam de 1967, quando organizou em Buenos Aires um simpósio sobre teorias da comunicação e modelos linguísticos, em ciências sociais. Durante a atividade trouxe uma nova perspectiva para os estudos comunicativos na região, apresentando não somente uma teoria, mas sua aplicação à análise do discurso da imprensa. As diversas propostas apresentadas por Verón durante o evento foram posteriormente compiladas e publicadas, juntamente com outros ensaios do autor, no livro *Conduta, estrutura e comunicação*, no ano de 1968, sendo esta sua primeira incursão acadêmica em livro.

Demonstrando interesse pela investigação científica, mesmo antes de sua formação acadêmica, entre 1956 e 1960, atuou como assistente de pesquisa no

* Professora dos Programas de Pós-Graduação em Comunicação e em Mídia e Tecnologia da Universidade Estadual Paulista. Doutora em Comunicação Social (Umesp).

Instituto de Sociologia da Universidade de Buenos Aires, onde faz graduação em filosofia, no ano de 1961. "Na mesma universidade, de 1957 a 1966, ensina nos departamentos de filosofia, sociologia e psicologia, primeiramente como assistente e depois em graus mais elevados da carreira docente. Simultaneamente, em 1961, vincula-se à Universidade do Litoral, também na Argentina, como professor de Psicologia Social" (GONÇALVES, 1996: 143). Nesse mesmo período recebe bolsa do Conselho Nacional de Pesquisa Científica e Técnica da Argentina (Conicet), para um estágio de aperfeiçoamento no Laboratório de Antropologia Social do Collège de France, sendo aluno de Claude Lévi-Strauss.

Em 1962 participa do seminário de Roland Barthes na Escola Prática de Altos Estudos, onde se aproximou das teorias de Ferdinand de Saussure. Mas foi na semiótica de Charles Sanders Peirce que encontrou o ponto inicial de suas pesquisas.

Em 1963, de volta à Argentina, passa a atuar como pesquisador do Conselho Nacional de Pesquisa Científica e Técnica, até 1970. Em parceria com Carlos Sluzki desenvolve uma série de investigações sobre psiquiatria e passa a integrar o Comitê de Pesquisas em Psiquiatria e Sociologia da Associação Internacional de Sociologia, inicialmente como primeiro secretário, em 1966, depois, em 1970, como diretor de programa.

No ano de 1966 assume o cargo de professor-associado no Departamento de Sociologia da Universidade de Buenos Aires e de San Andrés, na Argentina. Em 1967 vincula-se ao Centro de Pesquisas Sociológicas do Instituto Torcuato Di Tella, em Buenos Aires. Nos anos de 1970 assume a direção do Centro de Estudos Sociológicos deste Instituto, função que exerceu até 1971. Ainda nos anos de 1970 oferece classes de sociologia na Universidade de Salvador, em Buenos Aires. Integra o comitê científico de várias revistas na França e edita a coleção "El Mamífero Parlante" do editorial Gedisa, em Barcelona, na Espanha.

Em 1969, algumas mudanças teóricas começam a ficar evidentes em suas produções acadêmicas. Um exemplo é o trabalho de análise do discurso *Ideologia e comunicação de massas: a semantização da violência política*, onde Verón realiza uma análise sobre o assassinato ocorrido em 13 de maio de 1966 de Rosendo García[1], que durante os anos de 1960 foi dirigente sindical da Unión Obrera Metalúrgica (UOM) da Argentina. Na mudança teórica e na aplicação prática das análises propostas por Verón "[...] o que se configura é a possibilidade de tirar a problemática ideológica da moldura clássica da sociologia do conhecimento [...] para inscrevê-la no espaço da comunicação através do conceito de significação como dimensão dos fatores sociais". Assim, Verón caracteriza a ideologia como

"[...] o modo natural de existência da dimensão significativa dos sistemas de relações sociais" (MARTÍN-BARBERO, 2004: 55-56).

Em 1971 regressa à França, onde realiza seu doutorado na Universidade de Paris VIII, recebendo o título de doutor em Linguística no ano de 1985. Por essa época, assume a direção da Escola de Estudos Avançados em Ciências Sociais e lá permanece até 1980. Também filia-se ao Centro de Estudos Transdisciplinares (sociologia, antropologia, semiologia), preside a Associação Argentina de Semiótica, integra o grupo de pesquisadores da Associação Internacional de Semiótica, realiza diversos trabalhos de coprodução radiofônica no Ateliê de Criação Radiofônica de Cultura Francesa – inclusive tinha um programa sobre música popular e sociedade urbana no Brasil (1976), entre muitas outras atividades.

Na França participa de diversos institutos e universidades, quer como pesquisador e/ou professor, dentre os quais: Instituto de Estudos do Desenvolvimento Econômico e Social, na Universidade de Paris I (1971-1989); Instituto Francês de Imprensa – Universidade de Paris III (1983-1984); Universidade de Paris IV – Sorbonne (depois de 1987); Instituto de Estudos Políticos de Paris – Sociologia dos Meios (1990); Instituto Franco-Ibérico de Comunicação (1990-1992); Universidade de Bordeaux III (1992-1993); Escola Superior de Comércio de Toulouse (1990-1992); professor da Universidade de Paris VIII (a partir de 1992), além de ser membro do comitê científico do Instituto de Estudos e Pesquisas Publicitárias. Ao mesmo tempo, dirige o curso de doutorado em Ciências da Informação e da Comunicação, vinculado à Universidade de Paris VIII.

Em seu regresso à Argentina em 1995, após quase duas décadas vivendo no exterior, dirige uma consultoria em estratégias de comunicação. Professor emérito do Departamento de Ciências Sociais da Universidad de San Andrés, Victoria, retorna às salas de aula como professor da Pós-Graduação em Ciências da Comunicação da Universidade Hebrea, Argentina Bar Ilán. É um dos grandes responsáveis pela redefinição do perfil do jornal Clarín. Através de suas empresas, *Causa Rerum França* e *Causa Rerum Argentina*, desenvolve diversas pesquisas, nas mais variadas temáticas.

No ano de 2006 recebe o Konex de Platina da Fundação Konex e o título de Doutor *Honoris Causa* da Universidade Nacional de Rosário, na Argentina.

Esteve no Brasil em várias ocasiões, dentre as quais no ano de 1974, na Universidade Federal do Rio de Janeiro (UFRJ) e na Pontifícia Universidade Católica do Rio de Janeiro (PUC-Rio). Em 1975, Universidade de São Paulo (USP), Universidade de Brasília (UnB), e na Pontifícia Universidade Católica de Minas Gerais (PUCMG). No ano de 1978, no Centro de Estudos Baianos (Salvador) e

Centro Unificado Profissional (Rio de Janeiro). Em 1981, no Centro Unificado Candido Mendes (Rio de Janeiro) e na Universidade Federal de Fortaleza (UniFor). Em 1995 na UnB, Universidade Federal de Minas Gerais (UFMG), na UFRJ, USP e na Pontifícia Universidade Católica de Porto Alegre (PUCRS), entre outros espaços.

Cidadão do mundo, Verón difundiu suas ideias em cursos, conferências, seminários em diversos países. Pesquisador pertencente à corrente de pensamento da Escola Latino-Americana de Comunicação foi homenageado em 2007, quando a Cátedra Unesco de Comunicação para o Desenvolvimento Regional, sob a égide do Professor José Marques de Melo e a coordenação da Professora Maria Cristina Gobbi, com o apoio do Professor Antônio Luiz Oliveira Heberlê realizam, na Universidade Católica de Pelotas (Rio Grande do Sul), o Colóquio Internacional de Estudos sobre a Escola Latino-Americana de Comunicação. O foco central do encontro foi o de resgatar as ideias do pesquisador pioneiro, oferecendo aos participantes a oportunidade de um diálogo com a presença de seu protagonista. Com o tema "Gêneros comunicacionais: teoria e prática", a atividade evidenciou o perfil forte de Verón, que sempre foi o de aliar os conhecimentos empírico e acadêmico. O resultado desse evento gerou a publicação *A diáspora comunicacional que se fez Escola Latino-Americana: as ideias de Eliseo Verón*, editada pela Universidade Metodista de São Paulo, no ano seguinte.

Também no Brasil, no ano de 2007, juntamente com Antonio Fausto Neto e outros pesquisadores, fundou o Centro Internacional de Semiótica e Comunicação (Ciseco), com sede em Alagoas, uma região litorânea de belíssimas praias, no município de Japaratinga. O Centro possibilitou que um grupo formado por pesquisadores de diversos países se reunissem anualmente para dialogar com o mestre.

Com uma vasta e variada produção bibliográfica, entre livros, artigos, ensaios etc., suas publicações mais conhecidas são: *Conducta, estructura y comunicación* (1968); *Construir el acontecimiento* (1983); *Esto no és un libro y Efectos de Agenda* (1999), *El cuerpo de las imágenes* (2001); *Espacios mentales; Efectos de agenda* (2001); *Fragmentos de un tejido*, que é uma recompilação de suas pesquisas sobre análise do discurso (2006); *Sémiotique ouverte: itinéraires sémiotiques en communication*, com Jean-Jacques Boutaud (2007). Suas últimas publicações foram: *Papeles en el tiempo* (2011) e *La semiosis social* (2013).

Sintetizando o percurso intelectual de Verón (se isso é possível), sua marca mais notória é a pluralidade de referenciais na construção de seus métodos e teorias. Formado em filosofia e em sociologia, estudou antropologia com Lévi-Strauss, fez intercâmbios em Palo Alto (EUA), buscou a compreensão da semiologia francesa, definindo assim a interdisciplinaridade como horizonte de investigação. Como afirma Maldonado (2015, web): "[...] Todo esse conjunto de conhecimentos constata-se nas suas argumentações, nos seus textos e nas suas propostas metodológicas, que o tornam um construtor de métodos e pensamento em comunicação".

Nos últimos anos Verón comprou uma casa paroquial no pequeno povoado italiano de Monte Crignone. "Em frente, Umberto Eco havia comprado um convento, que tinha uma cancha de bocha. Ali Verón se reunia com o autor de *O nome da Rosa* para jogar bocha. "O Vaticano os vende porque ficaram vazios por falta de fiéis", explicava Verón sobre os imóveis (PERTOT, 2014: 12).

Não conseguiu vencer o câncer e morre, em 15 de abril de 2014, na cidade de Buenos Aires, aos 78 anos.

Percursos e conexões: as influências de Verón na comunicação

É possível observar o percurso e as influências de Eliseo Verón sob muitos pontos de vista. Em relação aos seus discípulos, sua autoridade intelectual pode ver analisada pelo estímulo, incentivo constante para a reflexão crítica e renovação das práticas de pesquisa, resultante da confrontação com teorias conservadoras e consolidadas, que precisam ser, invariavelmente, adaptadas às novas dimensões da realidade, especialmente na América Latina.

Verón teve como alicerce básico de formação intelectual pesquisadores de referência, especialmente a partir de sua experiência na França nos anos de 1960, sobretudo Lévi-Strauss e Roland Barthes, dos quais recebeu as primeiras concepções sobre as correntes do estruturalismo e da semiologia. Esse foco está evidenciado em suas produções, notadamente na primeira década de suas incursões teórico-metodológicas, mas já era possível assinalar, por essa época, outra característica marcante dos estudos de Eliseo Verón, a interdisciplinaridade. Suas teorias e metodologias receberam influência de notáveis mestres, como: Gottlob Frege (1848-1925), considerado "pai" da filosofia analítica e suas contribuições para a lógica e a filosofia da linguagem, em especial seus estudos sobre a Teoria da Referência, de Antoine Culioli, e sua Teoria das Operações Enunciativas, definida de forma básica como o estudo da atividade de linguagem por meio da linguagem natural; Charles Sanders Peirce e a categorização *firstness*, *secondness* e *thirdness*, e de Claude Lévi-Strauss, nos estudos do estruturalismo e nas análises dos fenômenos culturais, incluindo as relações familiares, por exemplo. Há outros estudiosos igualmente extraordinários encontrados como referência nos textos de Verón, como Émile Benveniste, Roland Barthes, Jacques Lacan, Michel Foucault, Oswald Drucrot, Julien Greimas, Alain Touraine, Pierre Bourdieu, Georges Vignaux e muitos outros. É nesse rico manancial de teorias e conceitos que está parte considerável das construções teórico-práticas de Eliseo Verón.

Sua trajetória é sublinhada por um percurso multifacetado. As influências de Eliseo Verón em relação aos seus contemporâneos e discípulos, especialmente no cenário da América Latina, bem como as opções metodológicas e o pioneirismo frente à Escola Latino-Americana de Comunicação estão abalizadas, de forma finda, em toda sua produção.

> Dado o nível de complexidade que as teorias de Verón alcançaram já na primeira década de produção de suas pesquisas (1965-1975) e considerando sua posição política crítica, porém defensora do rigor e da autonomia da produção científica, constatou-se como inevitavelmente esbarrou com o radicalismo ortodoxo de boa parte da intelectualidade de esquerda; confrontando-se também com o conservadorismo funcionalista e com o reformismo ortodoxo dos intelectuais que concebiam a práxis científica nos estreitos limites do realismo socialista e do capitalismo selvagem. Verón construiu na sua configuração epistêmica uma práxis combinativa enriquecida de *corpus* teórico que contribuíram para iniciar a produção teórica em comunicação na América Latina (MALDONADO DE LA TORRE, 2015, web).

O ecletismo de Verón é evidente em sua produção intelectual. Para compreender o pensamento e as contribuições do pesquisador para o campo da comunicação e da semiótica é fundamental entender, igualmente, qual era seu lugar de fala. Portanto, é importante destacar que a trajetória teórico-metodológica de Eliseo Verón foi construída, especialmente, a partir de três espaços representativos de participação: a Faculdade de Filosofia e Ciências Sociais da Universidade de Buenos Aires, até o início dos anos de 1970, onde o foco estava nos estudos sobre o funcionalismo; na revista *Lenguajes* (criada por Verón e pelos semiólogos Oscar Steimberg e Oscar Traversa), pautada nos contextos da semiótica e no estudo dos receptores sociais e, finalmente, no Instituto Torcuato Di Tella, onde as pesquisas de Verón se caracterizavam pela dimensão social.

A diversidade de suas investigações também pode ser observada na parceria com Carlos E. Sluzki, diretor do Centro de Pesquisas Psiquiátricas do serviço de Neuro-Psiquiatria da Policlínica de Lanús, a partir de 1963, depois dos estudos de Verón na França. As análises tinham como foco a linguagem, o comportamento social e as formas de como estas se relacionavam com os conceitos da psicanálise e com os estudos teóricos da comunicação. Foram cinco anos de investigação (1963-1968) sobre comportamento linguístico e os transtornos neuróticos. Com a crise política na Argentina agravada, culminando no golpe militar em 1966 que derrubou o governo do Presidente Arturo Illia (União Cívica Radical do Povo), a tensão na universidade se torna evidente, e reduz consideravelmente os investimentos em pesquisa. "A pesquisa em psiquiatria, incompleta e sem apoio institucional, encontra abrigo e condições de continuidade no Centro de Pesquisas Sociais do Instituto Di Tella, que se encarrega, mais tarde, também da publicação do livro", que ocorreu somente em 1970 e teve como título *Comunicación y neurosis* (GONÇALVES, 1996: 149).

Em 1967 realizou o seminário "Teoria da Comunicação e modelos linguísticos em ciências sociais", onde apresentou o trabalho sobre a representação da violência política que tinha como título *Ideologia e comunicação de massas – a semantização da violência política*. Os textos apresentados nesse simpósio foram organizados por Verón, em 1969, no livro: *Lenguaje y comunicación social*.

É importante assinalar que o Instituto Di Tella possibilitou a ampliação dos focos de interesse de Verón. Assim, resultado do relacionamento com artistas e intelectuais propiciados pelo Instituto, desenvolveu alguns estudos sobre a obra de arte a partir de conceitos da linguística e da semiologia. É também nesse espaço de intercâmbio que nasce seu interesse pelos estudos ligados aos meios de massa, focados especialmente na importância da comunicação e suas características ideológicas. Publica, por essa época, o livro *Imperialismo, luta de classes e conhecimento: 25 anos de sociologia na Argentina*, em 1974.

Verón também preside a Associação Argentina de Semiótica e encontra neste cenário o reforço para seus estudos sobre os meios de comunicação. O mais conhecido é *Construir o acontecimento*, que trata sobre o acidente nuclear de Three Miles Island, ocorrido nos Estados Unidos, perto da cidade de Harrisburg, capital da Pensilvânia. Nesta pesquisa, a partir dos telegramas emitidos pelas agências noticiosas, analisa como se pauta um acontecimento na cena pública através dos meios de comunicação, os formatos discursivos presentes nas mensagens e a importância dos dispositivos informacionais para a cena narrada, trazendo o conceito de que a mídia não descreve, mas constrói a realidade, assim os acontecimentos passam a existir quando estão na mídia.

Com Silvia Sigal, em 1986, publica *Perón ou morte: os fundamentos discursivos do fenômeno peronista*, onde faz uma análise sobre o discurso político de Perón. No trabalho "[...] postula a não linearidade da circulação do sentido (que sempre está sujeito a perdas) e a ideia de que o peronismo é um dispositivo de enunciação. Em um famoso ensaio de 1987 (A palavra adversativa), Verón indicou que o adversário era constitutivo de todo o discurso político" (PERTOT, 2014: 1-2).

A partir de meados dos anos de 1980 redireciona suas pesquisas, incorporando outros objetos de estudo e faz da recepção um novo olhar para a prática empresarial. Suas investigações de campo passam, então, a permear temas como: imprensa escrita, automobilística, cosmética e perfumaria, companhias aéreas, radiodifusão, além de investigações para órgãos governamentais, especialmente na França. Em seu retorno para a Argentina, no ano de 1995, passa a realizar pesquisas nessas linhas. Os últimos resultados publicados evidenciam o direcionamento ao estudo dos discursos sociais nos meios de comunicação.

Núcleo do pensamento do comunicativo: a circulação discursiva

Visitar as ideias pioneiras de Verón e perceber os desafios, sempre presentes, de entendimento sobre o movimento da vida social é acima de tudo compreender a complexidade na perspectiva do entendimento entre gramáticas de produção e de reconhecimento, que permitem a compreensão da não linearidade da comunicação e as bifurcações presentes nos processos comunicativos, que não se moldam dentro de um equilíbrio e sim na complexidade da sociedade.

Em um depoimento no ano de 2007, Verón assevera que na atualidade (início do século XXI) há dois momentos importantes. O primeiro faz referência ao campo conceitual e o outro, ao tecnológico. Nessa acepção, afirma ser fundamental (re)visitar os modelos abstratos de Peirce, sobre as teorias dos signos, aplicados a "contratos de leitura". "Os modelos de primeiridade, segundidade e terceiridade são modelos muito úteis quando há o interesse concreto nos objetos da comunicação" (VERÓN, 2008: 150).

Para Verón a questão da não linearidade ou como ele titulava "defasagem" de produção e reconhecimento "[...] indica que a circulação discursiva é uma das principais fontes da complexidade social (não é a única)". A compreensão da ideia de acoplamento, presente nos estudos de Luhmam, "[...] entre lógicas qualitativamente diferentes", na produção e na recepção dos discursos, apontam muito mais do que os aspectos negativos dessa relação. É o que Verón chama de circulação do discurso entre emissor e receptor, que "[...] se define como a defasagem, num dado momento, entre as condições de produção do discurso e a leitura feita na recepção. [...]. Não se trata de 'estudar a recepção'; é a articulação entre produção e recepção dos discursos a questão fundamental" (VERÓN, 2004: 53 e 274). E para isso é fundamental a incorporação dos conceitos de Émile Benveniste sobre a problemática da enunciação, que permite que o foco central não seja o conteúdo comunicado, mas a "[...] relação dos comunicadores com os conteúdos". Rever, compreender e transpor o "sujeito falante" de Benveniste para o modelo de ator social, desprendendo o conceito de enunciação da subjetividade, são fundamentais na semiótica e na pesquisa aplicada (VERÓN, 2008: 150). Assim, se por um lado os estudos iniciais do pesquisador encontram respaldo teórico no estruturalismo, foi na França, especialmente entre as décadas de 1950 e 1960, a expansão desse método como uma alternativa de rigor científico para as pesquisas acadêmicas, e Verón esteve presente no "centro do furacão" dessas discussões.

Em estudo recente (2008), o pesquisador Giovandro Marcus Ferreira faz uma síntese das ideias que marcaram e definiram as pesquisas de Verón sobre as mudanças na imprensa. No texto "Contrato de leitura", em uma alusão aos estudos do mestre datados a partir dos anos de 1980[2], há nas formas de análise utilizadas por Verón bases teóricas para avaliar o discurso da imprensa escrita a partir da noção dos espaços discursivos verbais e não verbais, disponíveis na mancha impressa dos jornais (FERREIRA, 2008: 118). Mas para a compreensão desses modelos teóricos – análise das invariantes discursivas do meio –, que teve sua origem na França, na década de 1980, é preciso considerar apreciações a "[...] complexidade discursiva para descrever o sentido engendrado nos suportes da imprensa". Neste caso, é primordial a observância dos sistemas de representações tanto institucionais como aqueles ligados aos destinatários. Identificar esse "contrato" é entender sob quais condições mídia e consumidores dialogam, de forma a preservar os hábitos de consumo. Para empreender essas perspectivas nos diagnósticos, Verón propõe a articulação entre a análise semiológica e a sociológica qualitativa, com entrevistas semidiretivas ou grupos de projeção, cujo foco direto deve envolver sempre a produção e a recepção (VERÓN, 2008: 119).

No que tange aos estudos na perspectiva do discurso-*media*, relação estabelecida por Verón e tratada por Ferreira (2008: 119), o mote central versa a respeito da apreensão das interfaces do discurso midiático, suas interações com a produção de sentido na relação com o discurso produzido, suas condições de produção e reconhecimento, fazendo do sentido uma materialização no tempo e no espaço. Utilizando esses conceitos em suas análises-comparações, Verón (2008) defende que a noção do discurso vai além da informação do texto e para a compreensão das matérias significantes, a análise pode ser realizada de forma sincrônica (reconhecimento que a imprensa não é dominada pelo imaginário, como na literatura, mas pela fidelidade) e diacrônica (representando o funcionamento do discurso, seu impacto na sociedade ou a ressonância sociocultural em uma perspectiva histórica da evolução do discurso).

Todavia, somente a partir dos anos de 1970, com o foco das análises de Verón centradas nos discursos sociais, que dois pontos-chave passam a definir a obra do pesquisador: a produção (sentido) e o envolvimento social (recepção).

Em seu trabalho *A produção social do conhecimento: o estruturalismo e a semiologia na Argentina e Chile*, as condições sociopolíticas e a ideologia evidenciam que os discursos na perspectiva semiótica são objetos heterogêneos, compostos de significantes e códigos, não podendo ser reduzidos meramente ao código linguístico. Assim, não é possível conceber uma teoria da produção social do sentido focada meramente na produção, pois é na recepção que a ideologia pode ser reconhecida através dos diferentes significantes. Para o pesquisador "Só há discursos situados" (VERÓN, 1980: 81). Do mesmo modo, para Verón, o sentido ocorre na recepção, por ser esta a probabilidade social. Presente nas respostas dos múltiplos atores sociais, esse sentido vem carregado de perspectivas das modificações ocorridas na produção, resultado das exigências dos receptores. Essas expectativas de análises – das instâncias da produção e da *semiosis* social (implicando a ação ou influência, fruto de três perspectivas: um signo, seu objeto e seu interpretante) –, podem ser encontradas no trabalho *Fundações*, de 1975, onde está caracterizado um conjunto de diferenças, a partir do reconhecimento das condições de produção.

É nesta tratativa que Verón traz a evolução de conceitos importantes, como aqueles presentes na semiologia francesa, que defendem que a significação está no código (imanente), pois o foco central das críticas considera o texto como cerne das análises. Para o pesquisador, a questão da produção deve ter como perspectiva que o código é atualizado nos diversificados contextos discursivos, possuindo, apenas, significações fluidas. E que, portanto, a produção e suas categorias, reveladas nos estudos de linguística textual, são "[...] determinadas pelas condições de reconhecimento – 'textos de fundação'" (GONÇALVES, 1996: 153-155).

Ao mesmo tempo, o conceito de "fundação" deve ser entendido como o conjunto das diferenças que caracterizam um sistema de determinação, que nasce do relacionamento da produção com o reconhecimento. Ou seja, o "[...] tecido intertextual de que está feita a história social dos discursos das ciências não tem fundador [...], pois [...] não está no nível dos sujeitos concretos da história, tampouco no nível (mais abstrato) dos sujeitos enunciadores dos discursos [...] é um processo que atravessa os sujeitos e a história" (VERÓN, 1993: 35). São os relacionamentos entre a produção de sentido e a ideologia que Verón chamou de superestrutura, sendo a produção condição fundamental para a cultura do conhecimento, não havendo, portanto, oposição entre ideologia e ciência.

Na França, a partir da década de 1980 passa a se dedicar, de forma mais aprofundada, aos estudos de recepção, especialmente para empresas de diversos segmentos de mercado, o que culminou em seus conceitos sobre "Contrato de leitura". Dentre os trabalhos realizados na França, podem ser citados: as análises semiológicas de percepção para indústrias como a Apple, Renault e Peugeot, Grupo Marie-Claire e Le Mond, revistas *Paris-Match, Elle, Le Monde, L'Oréal*, Air France, Rádio Monte Carlo, Conselho Nacional da Aids, Ministério da Cultura da França, Biblioteca pública Georges Pompidou, entre outros. Na Argentina, Grupo Clarín, bebidas Gancia e Terma, Correo Argentino, Aguar Argentinas, Telecom, Repsol-YPF e a produtora Endemol, onde realizou um estudo de recepção do *reality show* "Grande irmão".

Seguindo essa mesma corrente de apreciações dos trabalhos de Verón quanto às referências ao funcionamento discursivo (a produção e o reconhecimento), há igualmente estudos de fotojornalismo (De l'image sémiologique aux discursivités – le temps d'une photo, de 1994), análises do sentido socialmente produzidas pelos discursos, ideologia e poder presentes na Teoria dos Discursos Sociais, segmentação, concorrência, valorização do leitor etc. (FERREIRA, 2008).

Eliseo Verón trouxe da França, a partir de seus estudos, as concepções do estruturalismo e da semiótica, em um momento em que a América Latina padecia com a falta de pesquisas de qualidade e produção comunicacional ampla, que refletisse as singularidades culturais da região. Com um pensamento inovador, eclético e polêmico foi um crítico bastante contumaz das ideias consideradas por muitos teóricos como aparentemente sólidas. Então, a inovação conceitual é outra de suas marcas, sendo um pioneiro nos estudos comunicacionais latino-americanos.

Relevância dos estudos de Verón para o campo de pesquisas da comunicação

Pesquisador eclético e crítico, com uma ampla e variada obra, deixou como legado muitos desafios. Entre os pontos importantes da herança conceitual de Verón está sua concepção de ideologia e poder, na perspectiva sociológica, integrada ao modelo analítico da "*semiosis* social". As concepções sobre ideologia e poder discutidas e apresentadas em sua produção científica evidenciam a evolução de seu pensamento e podem ser divididas em três fases de sua carreira acadêmica. Em 1963, quando trata do "Poder de subordinação" de um indivíduo ou grupo a outro. Pelos idos de 1979 a 1988 o foco recai sobre o "Poder do discurso", especialmente tratado na perspectiva de suas análises sociossemióticas. Finalmente o "Poder político ou público e o poder dos meios de comunicação", que está presente notadamente nos textos produzidos entre 1991-2001. Mas para entender essas concepções não se pode perder de perspectiva suas percepções sobre o ideológico apresentadas como "[...] una dimensión de todo discurso, de toda producción de sentido que circula en una sociedad", sendo esta uma dimensão de análise do funcionamento social, que para ele é diferente do conceito de ideologia (TORRES, 2011: 4).

Igualmente importantes são seus estudos semióticos, suas pesquisas nas ciências sociais aplicadas, mais especificamente no campo da comunicação, e toda teoria crítica que embasou grande parte de sua produção, especialmente sobre as investigações centradas nos discursos, tendo a sociossemiótica como base conceitual. Eliseo Verón argumenta que o campo discursivo político é um espaço de enfrentamento e de luta entre os enunciadores, definindo a dimensão polêmica do discurso político. Para ele, sempre é possível identificar os adversários e correligionários, criando uma dualidade e o discurso político se dirige a ambos e ao mesmo tempo. Igualmente para o pesquisador o discurso não se reduz ao código linguístico, mas abarca sua dimensão social, onde o sentido é produzido na recepção. Assim,

> as maiores contribuições de Verón para as ciências sociais e para a comunicologia latino-americana foram: sua rigorosa formação intelectual, sua capacidade de vislumbrar percursos epistêmicos fortes – como é o caso da sua pluridisciplinaridade –, sua crítica profunda do funcionalismo – tanto metodológico como em nível de conteúdos – e a tentativa de aproximação metodológica do materialismo histórico ao estruturalismo antropológico, à psicanálise e à semiologia (MALDONADO DE LA TORRE, 2015, web).

Autor de uma vasta produção em diversos idiomas (espanhol, inglês, francês, italiano e português), sua trajetória foi marcada pela possibilidade do diálogo e na troca de conhecimentos. Ministrou cursos, conferências e seminários, participou de diversos eventos em universidades, instituições e em inúmeros países (Estados Unidos, México, Colômbia, Venezuela, Brasil, Peru, Uruguai, Chile, Espanha, Itália, Inglaterra, Portugal e Suíça).

Inovador em suas concepções, defensor de que a teoria não é meramente um rearranjo de discursos, mas que deve ser o resultado de uma complexidade de processos investigativos, que se bem estruturados são capazes de gerar hipóteses plausíveis sobre os desafios da comunicação na contemporaneidade, tendo como cerne tanto as abstrações oriundas dos enredamentos das metalinguagens quanto dos discursos sociais.

Suas formulações e concepções "[...] teórico-metodológicas constituem um referente indispensável de reflexão epistêmica, começando por seus estudos sobre conduta e comunicação, passando pela sociologia da comunicação e até a sua fundamentação de fragmentos de uma teoria dos discursos sociais" (MALDONADO DE LA TORRE, 2015, web). Autor de um conjunto de teorias, métodos, técnicas e práticas comunicativas, faz-se fundamental que seu legado seja (re)visitado, refletido, continuado e incorporado aos estudos dos processos comunicativos.

Hiante para as inovações, audacioso para fazer questionamentos de padrões hegemônicos e preestabelecidos, a carreira acadêmica desse pioneiro da comunicação na América Latina foi permeada por um trabalho científico sério, perpetuado em seus estudos sobre a realidade histórica, social, cultural e política das formações sociais principalmente na América Latina e Europa. O grande legado do mestre quer na produção teórica ou resultado de suas práxis investigativas forma um conjunto de desafios instigantes e obrigatórios de reflexões e de estudos.

Produção comunicativa

A obra de Eliseo Verón apresenta mais de uma centena de artigos, ensaios publicados em revistas de diferentes países, principalmente da Argentina e da França, trabalhos em congressos, entrevistas, relatos, entre outros. Cada pesquisa que desenvolveu ou coordenou deu origem a pelo menos um texto que se transformou em artigo. Esse arsenal de conhecimento traduz, para todos os estudiosos da comunicação, um constante esforço de releitura na busca do entendimento das propostas teórico-práticas defendidas por ele. O quadro 1, a seguir, lista uma parte de sua produção, entre livros de autoria, organizações, artigos, resultados de pesquisa etc., especialmente aqueles publicados no Brasil.

Notas

1. Esse caso também foi investigado por Rodolfo Walsh e documentado no livro *¿Quién mató a Rosendo?*

2. Foi no ano de 1983 em um congresso de Paris que Verón apresentou pela primeira vez a noção de "contrato de leitura".

Referências

Obras do autor

Quadro 1 Algumas produções bibliográficas, em ordem de ano de produção

Nome do livro ou artigo
La antropología hoy: una entrevista a Claude Lévi-Strauss. In: *Cuestiones de Filosofía*, ano I, 1962, p. 160-167. Buenos Aires.
Sociología, ideología y subdesarrollo. In: *Cuestiones de Filosofía*, ano I, n. 2-3, 1962, p. 13-40. Buenos Aires.
Comunicación y trastornos mentales: el aprendizaje de estructuras [em parceria com KORNBLIT, A.; MALFE, R. & SLUZKI, C.E.]. *Acta Psiquiátrica y Psicológica de América Latina*, vol. X, n. 3, 1964, p. 77-85 [Argentina].
Coloquio *Teoría de la Comunicación y Modelos Lingüísticos en Ciencias Sociales*. Buenos Aires: Instituto Torcuato Di Tella, 1967.
Conducta, estructura y comunicación – Escritos teóricos 1959-1973. Buenos Aires: Jorge Alvarez, 1968 [Buenos Aires: Tiempo Contemporáneo, 2. ed. ampl. e rev., 1972. • São Paulo: Cultrix, 1977. • Buenos Aires: Amorrortu, 3. ed. cor., 1995].
Lenguage y comunicación social. Buenos Aires: Nueva Visión, 1969.
Comunicación y neurosis [em parceria com SLUZKI, C.]. Buenos Aires: Ed. del Instituto, 1970.
Ideologia, estrutura, comunicação. São Paulo: Cultrix, 1970.
Lenguaje y Comunicación Social [em parceria com PRIETO, L.J.; EKMAN, P.; FRIESEN, W.V.; SLUZKI, C.E. & MASOTTA, O.]. Buenos Aires: Nueva Visión, 1971.
El proceso ideológico [dir. e comp.]. Buenos Aires: Tiempo Contemporáneo, 1971.
Imperialismo, lucha de clases y conocimiento: 25 años de sociología en Argentina. Buenos Aires: Tiempo Contemporáneo, 1974.
Acerca de la producción social del conocimiento: el estructuralismo y la semiología en Argentina y Chile. In: *Lenguajes*, 1, 1974, p. 96-125. Buenos Aires: Nueva Visón.
Comunicación de masas y producción de ideología: acerca de la constitución del discurso burgués en la prensa semanal. In: *Revista Latinoamericana de Sociología*, n. 1, 1974, p. 9-42. Buenos Aires: Paidós.
A produção de sentido. São Paulo: Cultrix, 1980.
Discurso, poder; poder del discurso. In: *Anais do Primeiro Colóquio de Semiótica*. São Paulo/Rio de Janeiro: Loyola/PUC, 1980, p. 85-98.
Coloquio con Eliseo Verón – Entrevista de José Enrique Finol. In: *Intertexto* – Revista de Semiótica y Psicoanálisis, n. 0, 1980, p. 85-93. Caracas.
Relato televisivo e imaginario social. In: *Lenguajes*, 5, 1980, p. 26-35. Buenos Aires: Tierra Baldía.
Construire l'événement – Les medias et l'accident de three mile island. Paris: De Minuit, 1981 [Buenos Aires: Gedisa, 1982].

Discurso, ideología y sociedad. In: *Cadernos de Comunicação e Realidade Brasileira*, 1982, p. 7-17. São Paulo: Ed. Universitária/UFPb/Funape.

Construir el acontecimiento. Buenos Aires: Gedisa, 1983.

L'analyse du contrat de lecture – Les médias, expériences, recherches actuelles, applications. Paris: Irep, 1983.

Hacia una semiología de la recepción. In: *Signo y Pensamiento*, 2, 1983, p. 21-31. Bogotá.

Ethnografie de l'exposition – L'espace, le corps et le sens [em colaboração com LEVASSEUR, M.]. Paris: Centre Georges Pompidou, 1984 [Paris: Centre Georges Pompidou, 1991, 2. ed. • Paris: Centre Georges Pompidou/Bibliothèque Publique d'Information, 1991, 3. ed.].

El análisis del "Contrato de Lectura": un nuevo método para los estúdios del posicionamiento de los soportes de los media". In: *Les médias*: experiences, recherches, actuelles, aplications. Paris: Irep, 1985.

Perón o muerte: los fundamentos discursivos del fenómeno peronista [em parceria com SIGAL, S.]. Buenos Aires: Legasa, 1986 [Buenos Aires: Eudeba, 2004, ed. rev.].

El discurso político – Lenguajes y acontecimientos. Buenos Aires: Hachette, 1987.

La sémiosis sociale – Fragments d'une theorie de la discursivité. Paris: Presses Universitaires de Vincennes, 1987 [México: Gedisa, 1988. • Barcelona: Gedisa, 1996. • Trad. cast.: *La semiosis social* – Fragmentos de una teoría de la discursividad. Barcelona: Gedisa].

Presse écrite et théorie des discours sociaux: production, réception, régulation. In: CHARAUDEAU, P. et al. *La presse*: produit, production, reception. Paris: Didier, 1988.

Semiosis de lo ideológico y del poder – La mediatización. Buenos Aires: Secretaría de Extensión Universitaria/Oficina de Publicaciones del CBC, 1995.

Investigación, semiología y comunicación: del estructuralismo al análisis en producción. In: *Causas y Azares*, n. 3, 1995, p. 7-23. Buenos Aires: La Crujía.

La semiosis social: fragmentos de una teoría de la discursividad. Barcelona: Gedisa, 1996.

Telenovela: ficción popular y mutaciones culturales [VERÓN, E. & CHAUVEL, L.E.). Buenos Aires: La Crujía, 1997.

Esto no és un libro. Barcelona: Gedisa, 1998.

Efectos de agenda. Barcelona: Gedisa, 1999.

Semiosis of mediatization. In: MENDES, C. & RODRIGUEZ LARRETA, E. (eds.). *Media and social perception*. Barcelona: Gedisa, 1999, p. 458-474.

Espacios mentales – Efectos de agenda 2. Barcelona: Gedisa, 2001.

O pensamento comunicacional de Eliseo Verón. In: *Revista PCLA*, vol. 3, n. 1, out-dez./2001. Cátedra Unesco de comunicação da Universidade Metodista de São Paulo [Disponível em http://www2.metodista.br/unesco/PCLA/revista9/perfis%209-1.htm – Acesso em abr./2015].

El cuerpo de las imágenes. Bogotá: Norma, 2001.
Lula presidente: televisão e política na campanha eleitoral [em colaboração com FAUSTO NETO, A.; VERÓN, E. & RUBIM, A.A.]. São Leopoldo: Hacker/Unisinos, 2003.
Fragmentos de un discurso. Barcelona: Gedisa, 2004.
Fragmentos de un tejido. Barcelona: Gedisa, 2004 [São Leopoldo: Unisinos, 2006].
La violencia política en la Argentina de los 70 [em parceria com Carlos Floria]. In: *Revista Critério*, vol. X, 2006. Buenos Aires: Fundación Criterio.
Sémiotique ouverte – Itineraires sémiotiques en communication [em parceria com BOUTAUD, J.J.]. Paris: Hermès Science, 2007.
La televisión, ese fenómeno "masivo" que conocimos, está condenada a desaparecer – Entrevista a Eliseo Verón realizada por Carlos Scolari e Paolo Bertett. In: BERTETTI, P. & SCOLARI, C. (orgs.). *Semiotica e analisi dei media in America Latina*. Turim: Cartman, 2007.
Do contrato de leitura às mutações na comunicação. In: MARQUES DE MELO, J.; GOBBI, M.C. & HEBERLÊ, A.L.O. *A diáspora comunicacional que se fez Escola Latino-Americana* – As ideias de Eliseo Verón. São Bernardo do Campo: Unesp, 2008.
Midiatização, novos regimes de significação, novas práticas analíticas. In: *Mídia, Discurso e Sentido* – Palestra de abertura do I Colóquio Internacional Discurso & Mídia, realizado em 17/06. Salvador: Universidade Federal da Bahia, 2009, p. 17-25.
Papels en el tiempo. Buenos Aires: Paidós, 2011.
Transformações da midiatização presidencial: corpos, relatos, negociações, resistências [em parceria com FAUSTO NETO, A.; MOUCHON, J. & VERÓN, E.]. São Paulo: Difusão, 2012.
La semiosis social, 2: ideas, momentos, interpretantes. Buenos Aires: Paidós, 2013.
Teoria da Midiatização: uma perspectiva semioantropológica e algumas de suas consequências. In: *Matrizes*, vol. 8, n. 1, jan.-jun./2014, p. 13-19. São Paulo: ECA-USP.
Currículo Lattes [Disponível: http://buscatextual.cnpq.br/buscatextual/visualizacv.do?id=K4252834E7].
Curriculum Vitae (2007) [Disponível em http://www.udesa.edu.ar/files/UAHumanidades/cvprofesores/veron.pdf].

Fonte: elaborado pela autora, 2015.

Outras obras

FERREIRA, G.M. Discurso, percurso e inovação: 10 ideias difundidas por Eliseo Verón para melhor compreender a imprensa. In: MARQUES DE MELO, J.; GOBBI, M.C. & HEBERLÊ, A.L.O. *A diáspora comunicacional que se fez Escola Latino-Americana* – As ideias de Eliseo Verón. São Bernardo do Campo: Unesp, 2008, p. 117-134.

GONÇALVES, E.M. Eliseo Verón: Ecletismo e polêmica. In: *Revista Comunicação & Sociedade*, n. 25, 1996, p. 144-163. São Bernardo do Campo: Umesp.

MALDONADO DE LA TORRE, A.E. América Latina: berço de transformação comunicacional no mundo. In: *Libertas* [Disponível em http://www.libertas. com.br/libertas/america-latina-berco-de-transformacao-comunicacional-no-mundo/ – Acesso em abr./2015].

MARTÍN-BARBERO, J. *Ofício de cartógrafo* – Travessias latino-americanas da comunicação na cultura. São Paulo: Loyola, 2004.

PERTOT, W.E.V. O nome da semiose social. In: *Clarín*, p. 12, 17/04/2014 [Trad. de André Langer] [Disponível em http://www.ihu.unisinos.br/noticias/530452-eliseu-veron-o-nome-da-semiose-social – Acesso em abr./2015].

TORRES, E. El traslado del poder a la recepción: análisis de una tesis de Eliseo Verón. In: *Razón y Palabra*, n. 11, ago.-out./2011 [Disponível em www. razonypalabra.org.mx – Acesso em abr./2015].

VERÓN, E. Do contrato de leitura às mutações na comunicação. In: MARQUES MELO, J.; GOBBI, M.C. & HEBERLÊ, A.L.O. *A diáspora comunicacional que se fez Escola Latino-Americana* – As ideias de Eliseo Verón. São Bernardo do Campo: Unesp, 2008, p. 117-134.

_____. *Fragmentos de um tecido.* São Leopoldo: Unisinos, 2004, p. 49-75, 273-284.

_____. *La semiosis social.* Barcelona: Gedisa, 1993, p. 135.

_____. *A produção do sentido.* São Paulo: Cultrix, 1980, p. 81.

Maxwell E. McCombs (1938-)

*Jan Alyne Barbosa Prado**

O teórico da comunicação e o seu tempo

Maxwell E. McCombs é bacharel em Jornalismo (1960) pela Universidade de Tulane, Nova Orleans. Na época da graduação, um de seus professores, Walter Wilcox, recomendou-lhe que fizesse um mestrado antes de iniciar a carreira como jornalista. McCombs cursou então o mestrado (1961) e o doutorado (1966) na Universidade de Stanford, na Califórnia. Dentre as disciplinas que contribuíram para a sua formação como pesquisador, merecem destaque Análise de Conteúdo, Estatística e Teoria da Aprendizagem. Após o primeiro ano do programa de doutorado em Pesquisa em Comunicação (*Communication Research*), voltou para Nova Orleans, para trabalhar no *New Orleans Times-Picayune*, entre 1961 e 1963. No entanto, à época, já tinha descoberto todo um universo de pesquisa, de modo que se considera ironicamente "vítima de uma conspiração benevolente" (In: SILVA, 2008) que o empurrou para o mundo acadêmico.

Precursor da Teoria da Agenda (ou *agenda-setting*)[1], já foi professor-assistente na Ucla (1966-1967), professor-assistente e professor-associado na Universidade da Carolina do Norte (1967-1973), diretor do Centro de Pesquisa da *American Newspaper Publishers Association* (Anpa) (1975-1984), diretor e professor do Centro de Pesquisa em Comunicação na Universidade de Syracuse (1973-1985), professor-visitante da Universidade Diego Portales (1998-1999) e da Universidade Católica (1998 até o presente), ambas em Santiago, Chile, professor-adjunto da Universidade de Navarra (1994 até o presente), professor da Universidade de Viena, Áustria, e atualmente ocupa a Centennial Chair Jesse H. Jones em Comunicação da Universidade do Texas, em Austin, onde dirige os assuntos de conteúdo *analysis*, *agenda-setting*, tendências contemporâneas em jornalismo e comunicação política.

Recebeu uma série de prêmios e homenagens, dos quais destacamos o Prêmio Murray Edelman, concedido pela *American Political Science Association*, em

* Professora do Programa de Pós-Graduação em Comunicação e Temporalidades da Universidade Federal de Ouro Preto. Doutora em Comunicação e Cultura Contemporâneas (UFBA).

1996, pela sua contribuição acadêmica na área de comunicação política. Seu livro intitulado *The Emergence of American Political Issues: The Agenda Setting Function of the Press*, publicado em parceria com Donald Shaw, em 1977, foi considerado pelo periódico *Journalism & Mass Communication Quarterly* um dos livros mais significativos do século XX. Cinco de seus artigos se encontram no topo dos 50 artigos mais citados do referido periódico. Seu artigo intitulado *The agenda-setting function of mass media* (1972), escrito em parceria com Donald Shaw, figura como o mais citado do mesmo periódico, entre 1937 e 2010. McCombs é Doutor *Honoris Causa* pela University of Antwerp (2002). Em 2011, recebeu o Prêmio Helen Dinerman, da Associação Mundial de Opinião Pública, de Amsterdã. Em 2013, Thomas J. Johnson fez uma homenagem ao autor, organizando um livro intitulado *Agenda Setting in a 2.0 World: A Tribute to Maxwell McCombs*. Para além de David e Donald Shaw, amigos de longa data e parceiros de pesquisa, McCombs menciona uma série de colaboradores na Europa, Ásia e América do Sul, que contribuíram para a difusão e aperfeiçoamento das pesquisas em *agenda-setting*:

> Correndo o risco de ser um professor esquecido e omitir inúmeros colaboradores, eu especialmente reconheço minha alegria pessoal de ter trabalhado durante longos períodos de tempo com Esteban Lopez-Escobar, Dixie Evatt, Salma Chanem, Spíro Kiousis, Dominic Lasorsa, Federico Rey Lennon, Juan Pablo Llamas, Paula Poindexter, Toshio Takeshita, Wayne Wanta e Jian-Hua Zhu. Reconhecimento especial é devido a James Dearing e Everett Rogers por seu livro *Agenda-setting*, um "obrigatório" na história e nas ideias básicas da Teoria da Agenda [...]. Há também um débito pessoal a meus professores Walter Wilcox da Tulane University, que me guiou aos estudos de pós-graduação na Universidade de Stanford, onde Chilton Bush, Richard Carter, Nathan Maccoby e Wilbur Schramm me iniciaram nesta trilha teórica. Mais recentemente, meus agradecimentos vão para Issa Luna, da Universidade Nacional Autônoma do México, e a colegas da Universidade de Navarra em Pamplona, Espanha, da Universidade Católica e Universidade Diego Portales em Santiago, Chile, que têm sido instrumentais na difusão da Teoria da Agenda na América Latina (McCOMBS, 2009: 14).

Em entrevista concedida por e-mail[2], McCombs ressaltou seu contentamento em continuar solucionando o "quebra-cabeças intelectual sobre o papel dos *media* na formação da opinião pública", não apenas porque a Teoria do Agendamento continua uma promissora área de pesquisa, mas também porque aprecia as amizades e parcerias que construiu com pesquisadores de vários continentes ao longo de mais de 40 anos. Tais desafios, segundo o pesquisador, são "um prazer, nunca uma tarefa", e se confundem com sua vida pessoal.

Percursos e influências

Através da revisão bibliográfica de estudos clássicos e pioneiros que lançaram bases teórico-metodológicas para o desenvolvimento do paradigma do agendamento, podemos dizer que as pesquisas em *Agenda-setting* se iniciam com um pequeno estudo na cidade de Chapel Hill, no Estado da Carolina do Norte, no verão de 1968, durante a eleição presidencial nos Estados Unidos.

Tal estudo testou uma hipótese que se expandiu para uma teoria, apresentando cinco fases distintas, das quais trataremos adiante. A obra do jornalista e comentarista social norte-americano Walter Lippmann, intitulada *Opinião pública*, em 1922, mencionada anteriormente como um dos trabalhos pré-paradigmáticos da Teoria da Agenda, propunha a tese de que os *media* são a ligação entre o mundo exterior e as imagens em nossa mente. Lippmann fez uma observação importante sobre como o comportamento das pessoas é uma resposta não ao ambiente, mas a um pseudoentorno. Em outras palavras, não conhecemos ou vislumbramos o mundo tal como ele é, mas sim produzimos uma imagem sobre ele. Formamos mapas sobre o entorno exterior e boa parte dessa formação é mediada pelos *media* de massas.

McCombs (2006) explica que, embora Lippmann nunca tivesse usado o termo *agenda-setting*, a ideia se referia essencialmente ao que agora se apresenta como tal. McCombs (In: SILVA, 2008) explica que o campo da comunicação realmente não começou a se desenvolver até 1930, mais especificamente na área de comunicação política, e geralmente considera que o início histórico da formação do campo se deu com o estudo da eleição de Erie County, nos Estados Unidos, em 1940, quase 18 anos após o livro de Lippmann ser publicado.

Na Escola de Columbia, Lazarsfeld e seus parceiros usaram uma abordagem muito diferente da de Lippmann para o estudo da comunicação de massa, de modo que as ideias de Lippmann não atraíam um grande número de pesquisadores. A escola de Lazarsfeld conduziu um número de estudos empíricos sobre os efeitos da comunicação de massa, nas décadas de 1940 e 50, até que, por volta de 1960, Joseph Klapper escreveu um livro intitulado *Os efeitos da comunicação de massa* (*The Effects of Mass Communication*), cujo argumento é, essencialmente, o de que os efeitos de comunicação de massa inexistem.

Em essência, tais resultados iam até onde o campo tinha avançado tanto teórica quanto empiricamente. Na época, uma série de estudos levados a cabo pelo grupo de Lazarsfeld não constatava nenhum efeito dos *media* sobre atitudes e opiniões. O argumento de Klapper para a inexistência de efeitos baseava-se na ideia de percepção seletiva, segundo a qual os *media* não influenciavam atitudes e opiniões porque as pessoas produziam barreiras psicológicas e resistiam à persuasão. Entretanto, o argumento de McCombs, à época, era o de que o principal objetivo do jornalismo é informar – e não persuadir –, e que talvez existissem outros tipos de efeitos que estavam fora da perspectiva de investigação dos pesquisadores da Escola de Columbia.

McCombs então se transfere da Ucla, em Los Angeles, para a Carolina do Norte, onde conhece Donald Shaw, historiador, seu colaborador de pesquisa e amigo há mais de 40 anos. McCombs e Shaw resolveram então testar a ideia de Lippmann, cujos esforços resultaram na metáfora sobre agendas, de modo que nas eleições presidenciais de 1968, levaram a cabo um pequeno estudo sobre a ideia que veio a ser chamada de *agenda-setting*. Se a percepção seletiva era a explicação para a ausência de efeitos, os pesquisadores decidiram então focar seu estudo em eleitores indecisos, acreditando que poderia haver algum tipo de influência, pois estes estariam mais abertos às mensagens dos *media*.

Os pesquisadores decidiram analisar a agenda de temas das eleições presidenciais, verificando possíveis evidências de influência sobre a importância dos temas difundidos pelos *media* na percepção dos eleitores indecisos. O tipo de influência em que esses pesquisadores estavam interessados diferia dos efeitos estudados pelo grupo de Lazarsfeld – ou seja, McCombs e Shaw não buscavam estudar influências dos *media* sobre as atitudes e opiniões dos eleitores indecisos, mas a percepção sobre a importância dos temas. O conceito-chave aí, portanto, era o de transferência de relevância, mencionado anteriormente.

Mais recentemente, McCombs e Kiousis (2003) discutem a relação entre distintos efeitos, a saber, a relevância de um tema (objeto de estudo nas pesquisas sobre *agenda-setting*) e atitude ou comportamento (próprios do estudo sobre os efeitos de persuasão) através da abordagem do modelo de hierarquia de efeitos (*hierarchy of effects model*). Segundo o modelo, a comunicação e a persuasão ocorrem através de uma série de estágios que englobam a cognição, o afeto (opinião) e o comportamento[3], precedidos pela atenção. No caso dos efeitos limitados encontrados pelo grupo de Lazarsfeld, McCombs (In: SILVA, 2008) explica que esses acadêmicos não constatavam a presença de efeitos fortes dos *media* porque observavam somente os últimos estágios descritos por esse modelo, enquanto, por outro lado, os processos de *agenda-setting* englobam a sequência desses estágios.

No estudo de Chapel Hill, a agenda midiática foi analisada através da descrição de padrões de cobertura dos temas da campanha. Os autores analisaram o conteúdo de nove *media* informativos aos quais os eleitores indecisos da cidade estavam expostos para entender o padrão de cobertura midiática das eleições, estabelecendo uma hierarquia com base nos temas mais proeminentes da campanha.

A agenda pública, por sua vez, geralmente pressupõe a realização de algum tipo de estudo ou sondagem, realizada por eles através de visitas às residências e chamadas telefônicas dirigidas a eleitores indecisos, em função do baixo orçamento que dispunham para conduzir o estudo. Para conhecer essa agenda, os pesquisadores se basearam na pergunta então difundida pelo instituto de pesquisa Gallup, na década de 1930: "Na sua opinião, qual é o problema mais importante que este país enfrenta hoje?" A partir da mensuração das duas agendas é que os pesquisadores puderam vislumbrar o efeito de *agenda-setting*, através de uma correlação quase perfeita entre ambas, como foi dito anteriormente. Embora não procurassem estabelecer uma relação de causalidade da agenda dos *media* para a agenda pública, os resultados mostravam o potencial promissor desta área de investigação.

Se a percepção seletiva poderia atenuar os efeitos de *agenda-setting*, os autores suspeitavam que o agendamento dos *media* só ocorria entre pessoas muito indecisas, de modo que decidiram voltar aos dados e incluir todos os tipos de eleitores indecisos (os que não sabiam em quem iam votar e aqueles que estavam inclinados a um candidato, mas que não estavam totalmente comprometidos), para testar uma outra hipótese nesse mesmo estudo: se o indivíduo estivesse inclinado a votar a favor do candidato republicano, a agenda à qual este faria menção corresponderia ao padrão total da cobertura midiática, em vez de somente à agenda do candidato favorecido por ele.

Tal hipótese (de efeitos de *agenda-setting*) concorria com a hipótese da percepção seletiva. O argumento da percepção seletiva para os efeitos de agendamento, nesse estudo, era o de que, se o eleitor estivesse inclinado a votar no candidato republicano, ele selecionaria conteúdos midiáticos cuja cobertura estivesse voltada para a agenda de seu candidato, e o mesmo valeria para os eleitores predispostos a votar em candidatos democratas. As evidências encontradas para testar essa segunda hipótese também deram suporte aos efeitos de *agenda-setting*.

Estudos como o de Chapel Hill fazem parte do que McCombs (2009) chama de fase ou estágio 1 das pesquisas em *agenda-setting*. Atualmente, existem cinco fases ou estágios de pesquisa em agendamento, embora não se tratem de etapas no mesmo sentido de fases históricas, porque todas elas permanecem arenas de investigação ativas.

Mas, na década de 1970, estudiosos desse paradigma começaram a romper com moldes estereotipados de condução de análises de conteúdo em um ponto no tempo da agenda midiática e de sondagens com audiência da agenda pública, de modo que passaram a observar a trajetória de um único tema (como, p. ex., o uso de drogas ou o meio ambiente) ao longo do tempo, como um processo de tempo ordenado.

É o caso da pesquisa realizada em 1972 por Shaw e McCombs (1977), durante a eleição presidencial seguinte, quando buscaram testar a ideia de causalidade, medindo tanto a agenda pública (entre eleitores da cidade de Charlotte, na Carolina do Norte) quanto a agenda midiática (da imprensa e da televisão) em vários estágios, além de determinar em que direção a influência ocorria. Os autores empregaram o método de painel (*panel studies*), pelo qual uma agenda é mensurada em diversos estágios no tempo, podendo fornecer informações sobre variações longitudinais (ao longo do tempo) e transversais (em um ponto no tempo) a respeito de uma agenda. Críticas sobre o uso desse método para o estudo do estabelecimento da agenda dizem respeito ao marco temporal em que as agendas são mensuradas (GONZENBACH & McGAVIN, 1997: 118-120).

Outro aspecto importante desse estudo foi a seleção de uma amostra aleatória de todos os eleitores – decididos e indecisos –, de modo que os resultados podiam ser extrapolados para populações maiores. As evidências atestavam claramente um efeito de *agenda-setting* dos *media* sobre a agenda pública e não o inverso[4].

A segunda fase das pesquisas em *agenda-setting* foi inaugurada com a replicação do estudo anterior na eleição presidencial de 1976, em três diferentes comunidades nos Estados Unidos, e nesse ponto as investigações começaram a se expandir muito rapidamente (WEAVER et al., 1981). O argumento dos autores foi o de que os *media* informativos tinham poder ilimitado em focalizar a atenção pública sobre determinadas questões, mas que tal constatação não significava um retorno às primeiras teorias da comunicação de massa, tais como a Teoria da Bala Mágica.

Havia algumas limitações relativas à influência dos *media* constatadas nesse estudo, e, em função disso, os autores começaram a definir certas condições, especificando determinados processos que conectam a agenda dos *media* à agenda do público. O aspecto essencial do processo de *agenda-setting*, nessa segunda fase, é o conceito psicológico de necessidade de orientação, que explica os limites da influência dos *media* sobre a agenda pública, através da ideia de que as pessoas precisam mapear ou entender o seu entorno. Na época do estudo de Chapel Hill, onde foram estudados apenas eleitores indecisos, tal conceito não tinha sido desenvolvido, e os autores supunham que o grupo selecionado tinha uma grande necessidade de orientação.

David Weaver, então aluno de Donald Shaw em Chapel Hill, trabalhou a partir desse conceito, isto é, de como as pessoas acessam os *media*. O primeiro aspecto da necessidade de orientação é que ninguém lê cada item de um jornal diário, porque não considera todos os elementos que o compõem como relevantes. Seu segundo aspecto é a incerteza, ou seja, se uma pessoa já sabe tudo o que deseja saber sobre um determinado tema, ela pode precisar ou desejar saber mais ou não sobre este.

Nesse sentido, o conceito de necessidade de orientação não pode ser mensurado, porque não existe um nível absoluto de certeza ou incerteza, como McCombs (In: SILVA, 2008: 139-140) exemplifica: "Algumas pessoas leem apenas dois fatos sobre um assunto e estão satisfeitas com isso. Outras leem doze livros sobre um certo tema e ainda assim sentem que não sabem o suficiente. Então a incerteza é definida por cada indivíduo". A ideia de necessidade de orientação, desenvolvida por Weaver (1977), explica em parte as razões para o efeito de *agenda-setting*, quando reconhece as diferenças individuais no processo de busca por pistas de orientação e de informação contextualizada.

Considerando os temas públicos, se a necessidade de orientação é muito baixa, é provável que não se encontre efeitos muito fortes de *agenda-setting*. Se a necessidade de orientação é moderada, encontram-se efeitos moderados, e se a necessidade de orientação é muito forte, os efeitos de *agenda-setting* também o são.

Além disso, a relevância de um tema para o público não é só uma questão de acessibilidade cognitiva. Envolve também aspectos referentes à relevância pessoal, cujas variáveis podem estar ligadas a condições contingentes ou variáveis intervenientes referentes a dimensões afetivas, tais como proximidade, relevância situacional, entre outras, de modo que a relevância pública é o resultado combinado do acesso às informações e da relevância pessoal (McCOMBS, 2006).

Essas contingências para os efeitos de *agenda-setting* foram introduzidas com a segunda fase da teoria, no início dos anos de 1970, como variáveis intervenientes e, por essa razão, encontram-se condicionadas às características das audiências e dos *media*. Durante mais de trinta anos de estudos empíricos sobre o estabelecimento da agenda, foi desenvolvida uma ampla literatura que faz referência exclusiva a esses fatores, de modo que não é possível enumerar todos eles.

Outras variáveis intervenientes se referem aos temas com os quais a audiência pode ou não contrastar de modo direto (*obtrusiveness*; *unobtrusiveness*); nesse sentido, a proximidade geográfica constitui uma variável interveniente para os efeitos de agendamento, uma vez que os *media* influenciam a percepção de importância da audiência quanto menor for a experiência direta da comunidade em relação a um tema. Por esse motivo, temas nacionais e internacionais difundidos através dos *media* informativos têm um poder de agendamento maior do que temas locais (McCOMBS, 2006).

A terceira fase emerge a partir da ideia do que está na agenda. Na maioria das discussões sobre o papel dos *media* informativos como configuradores da agenda, a unidade de análise para cada agenda é um objeto: um tema de preocupação pública. Os estudos de Chapel Hill (1972) e de Charlotte (1977) analisaram a agenda de objetos, isto é, o tema sobre o qual alguém tem uma opinião, de modo que a agenda de objetos torna-se proeminente na agenda pública.

A terceira fase se refere, então, ao modo como os temas aparecem na agenda, dado que os objetos possuem algumas características, isto é, os predicados que os definem. Quando os *media* informativos tratam de alguns objetos, eles o descrevem de algumas maneiras. E essa é a terceira fase (*attribute agenda-setting*), também chamada segundo nível de *agenda-setting*, que teve início na década de 1970.

Os efeitos de *agenda-setting* podem ocorrer, portanto, em termos de objetos ou de predicados (*attributes*). O método empregado na investigação do segundo nível de agendamento é relativamente semelhante ao do primeiro nível, com classificação hierárquica (baseada na percepção da importância do público) e análise de conteúdo, com o objetivo de verificar possíveis correlações entre a agenda do público e a agenda dos *media*.

Para medir a agenda de predicados do público, a pergunta utilizada por Weaver et al. (1981), em 1976, em três diferentes comunidades dos Estados Unidos, foi algo como: "Suponha que você tem um amigo que esteve longe por um longo tempo e não sabe nada sobre George Bush (ou outra figura política), o que você diria a ele?" McCombs (apud SILVA, 2008: 140) explica que esse tipo de pergunta não sugere qualquer predicado ao respondente. Os autores encontraram o mesmo tipo de efeito de *agenda-setting* para os enquadramentos, assim como constataram para os objetos.

Na quarta fase de pesquisas em *agenda-setting*, por sua vez, a agenda midiática deixa de ser uma variável independente, como seria considerada até então, e se torna uma variável dependente[5]. Historicamente, isso ocorre em 1980 e a pergunta central dessa linha de pesquisa é: Se a agenda pública é configurada pela agenda dos *media*, o que é que define a agenda midiática? De onde vem essa agenda?

McCombs (2006) utiliza a metáfora das cascas de cebola para compreender processos de formação da agenda dos *media*. Segundo o autor, uma cebola tem muitas camadas, e estas podem se tornar mais simples ou mais complexas teoricamente. A metáfora mais simples concebe uma cebola que possui cerca de três camadas: a camada externa, composta por eventos de grande repercussão ou impacto, tais como tufões ou desastres de aviões, e temas que obviamente viram notícia.

Pensando a construção de uma agenda de maneira mais deliberada, a outra camada seria então constituída através de esforços de campanhas políticas, assessorias de imprensa, ocupantes de cargos públicos, entre outros, que fornecem informações organizadas aos *media*, advindas de fontes de notícias tradicionais do jornalismo, ou ainda de outros meios de comunicação. Os valores e as práticas profissionais do jornalismo constituem a terceira camada da cebola, de modo que seus processos produtivos influenciam a construção da agenda midiática, especialmente os processos de *gatekeeping*, que dizem respeito aos mecanismos de produção e de controle de informação, que competem entre si para alcançar a atenção pública.

Trabalhos anteriores se referem a essa área como sociologia das notícias, que tipicamente remonta às tradições e à influência das fontes no jornalismo, e que começa a se relacionar com a *Teoria do Agenda-setting* dentro de uma tradição acadêmica estabelecida. Essa fase é muitas vezes referida como *Intermedia Agenda-setting*, ou seja, estabelecimento da agenda entre os *media* informativos, concentrando-se em pesquisas sobre a influência das organizações jornalísticas entre si[6].

A partir do momento em que os pesquisadores se destinam a verificar quais as imagens ou os predicados que as pessoas atribuem a certos temas, eles também começam a desenvolver pesquisas em direção às consequências dos efeitos de agendamento, que desencadeiam atitudes e opiniões, o que significa que o comportamento do público é uma resposta às imagens que este possui sobre um determinado objeto.

Na quinta fase, os pesquisadores voltam a considerar atitudes e opiniões, já que as pesquisas em *media-effects* da época constatavam, quarenta anos atrás, que os *media* não influenciavam as atitudes e opiniões do público. Nessa fase, volta-se à questão buscando matizar tais perspectivas, com o objetivo de compreender as condições sob as quais podemos observar a influência dos *media* sobre as atitudes e opiniões do público. Os pesquisadores passam a admitir que nem todos os conteúdos dos *media* produzem um impacto sobre as atitudes e opiniões das pessoas, mas apenas certos aspectos do conteúdo que as pessoas consideram pertinentes, como por exemplo o voto (McCOMBS, 2009).

Como recurso metodológico relacionado aos efeitos de *agenda-setting* nessa fase, destaca-se a ativação (*priming*) do público sobre os pontos de vista que posteriormente guiam os indivíduos na formação da percepção sobre determinados temas, geralmente conhecidos através de estudos experimentais. A base psicológica de ativação do público (*priming*) é a sua atenção seletiva. Nesse sentido, as pessoas não prestam atenção a tudo, nem podem fazê-lo, devido a uma limitação da capacidade cognitiva dos seres humanos (IYENGAR & KINDER, 1987) e da capacidade da agenda do público (McCOMBS & ZHU, 1995).

As pessoas lançam mão de fragmentos de informação que resultam relevantes no momento de se emitir um juízo de valor, ou seja, os cidadãos se valem da agenda de objetos e predicados relevantes que têm na mente, que os *media* de massa estabelecem em alto grau. Essa agenda é a que determina os critérios – às vezes, um único critério – nos quais a opinião se baseia, de modo que os efeitos de *agenda-setting* podem ter consequências diretas nas atitudes e opiniões do público (McCOMBS, 2006).

Mais recentemente, McCombs, Guo e Vu (2012) propõem uma terceira dimensão da teoria, para além da agenda de objetos e predicados, a saber: o modelo de *agenda-setting* em rede (*Agenda-setting Newtork Model*). Este modelo teórico utiliza o método de análise de redes (*network analysis*) e, com base em estudos empíricos iniciais, defende que os *media* podem agrupar conjuntos de objetos ou predicados, de modo a tornar esses feixes de elementos proeminentes na mente do público, de forma simultânea.

O terceiro nível da *agenda-setting* apresenta uma nova perspectiva mais abrangente, global e integrada sobre os efeitos da mídia, utilizando análise de redes sociais (*network analysis*) que foca na capacidade dos *media* para determinar como o público associa os seus vários elementos e mensagens, de modo a criar uma visão integrada dos assuntos públicos.

Esses são os estágios e níveis de pesquisa sobre *agenda-setting*, cujos domínios e definições não representam nada mais do que definições operacionais que abrem possibilidades para todos os tipos de novas aplicações, em que é possível observar relações entre duas ou mais agendas, à medida que a proeminência de um item em uma agenda pode influenciar a proeminência desse item em outra agenda. A pesquisa então se expande à medida que se pode observar qualquer agenda, qualquer conjunto de objetos e qualquer conjunto de predicados relativos a esses objetos.

Em outras palavras, a Teoria do Agendamento, como teoria que versa sobre a transmissão de relevância, não se limita, portanto, à influência da agenda midiática sobre a agenda pública, nem a uma agenda dos temas públicos. Na sociedade contemporânea coexistem múltiplos tipos de agendas (McCOMBS,

2006) e as pesquisas em *agenda-setting* têm ampliado seu escopo de investigação no sentido de considerar a agenda dos *media* como uma variável dependente, ou seja, a agenda pública pode ser influenciada por outros tipos de agendas (p. ex., agenda interpessoal, de uma comunidade etc.).

Principais conceitos

Falar de *agenda-setting* como anglicismo é referir-se a uma metáfora que explica um tipo de efeito, testado empiricamente (através de procedimentos de análise de conteúdo, para se conhecer a agenda dos *media*, e sondagens de opinião, para se conhecer a agenda pública), a partir do qual é possível vislumbrar a ideia de que os *media* são capazes de transferir a relevância de um tema de sua agenda para a agenda da sociedade.

Agenda-setting significa estabelecer ou configurar um conjunto de temas que compõem uma agenda, a partir da transferência de relevância desses temas. De acordo com Dearing e Rogers (1996), o processo de *agenda-setting* pode ser entendido como "uma permanente concorrência entre proponentes de temas, com o objetivo de ganhar a atenção dos *media*, do público, e de elites políticas", sendo os *media* de massa a "arena pública" partilhada, onde diferentes questões ganham e perdem importância ao longo do tempo[7] (1996: 1-2). Apesar de os autores situarem uma agenda em termos de um ponto existente no tempo, as agendas são o resultado de uma interação dinâmica. Como diferentes questões, que perpassam momentos de ascensão e queda de importância ao longo do tempo, as agendas fornecem representações dessa fluidez (1996: 2).

Dearing e Rogers definem uma agenda como "um conjunto de temas que comunicam, de acordo com uma hierarquia de importância, em um determinado momento no tempo". Um tema na agenda, por sua vez, é definido como "um problema social, conflitivo, que recebeu atenção dos media"[8] (1996: 3). Essa definição pode nos fornecer pistas úteis para compreender por que e como um tema ascende e declina em uma agenda, dado que a natureza potencialmente conflitiva de um tema ajuda a torná-lo interessante e que seus proponentes e opositores partilham-na em "espaços públicos" estabelecidos e disponíveis na sociedade contemporânea, dentre os quais estão os *media* de massa.

Na dinâmica dos processos de *agenda-setting*, os temas ganham mais ou menos destaque na agenda, concorrendo uns com os outros, a fim de ganhar atenção. Um dos paradigmas do estabelecimento da agenda postula que diferentes grupos da sociedade (quer sejam eles jornalistas, políticos ou públicos) determinam a posição de um tema na ordem do dia, deixando para trás outras questões, por conta da limitação de espaço e tempo na agenda dos *media* e em suas agendas (DEARING & ROGERS, 1996). Nesse sentido, o espaço e o tempo inerentes às características que compõem os *media* informativos se constituem como elementos que circunscrevem a formação e a disseminação das agendas, sejam estas de natureza midiática, pública ou política.

A Teoria do Agendamento postula que existem muitos problemas sociais que nunca chegam a atingir o *status* de "temas" pertencentes a uma agenda, embora seus proponentes e opositores existam, de modo que os temas por eles ou a eles opostos não conseguem atingir exposição através da cobertura nos *media* de massa (DEARING & ROGERS, 1996). Dito de outro modo, na acepção tradicional do estabelecimento da agenda, ainda que muitos temas disputem a atenção pública, somente poucos têm êxito de alcançá-la e os *media* informativos exercem uma grande influência sobre a nossa percepção de quais temas são mais relevantes, dado que "nenhuma sociedade pode prestar atenção em mais do que um punhado de temas a cada vez" (McCOMBS, 2006: 84-85).

O processo de *agenda-setting* é, portanto, concomitante à visão de mundo de que todo sistema social possui uma agenda, no sentido de que se priorizam os problemas de modo a agir sobre eles. Coloca-se, por essa razão, um processo político: se a definição da agenda é produto da concorrência entre proponentes, visando a atenção dos *media*, dos profissionais, do público e das elites políticas, as pesquisas sobre o agendamento buscam explicar por que as informações sobre determinadas questões, em detrimento de outras, ganham destaque nos *media*, entre o público (DEARING & ROGERS, 1996).

A capacidade de influenciar a percepção da relevância dos temas do repertório público é o que McCombs (2006: 24) chama de efeito de *agenda-setting* dos *media* informativos. Vale ressaltar que essa teoria não postula efeitos todo-poderosos dos *media*, mas lhes atribui um papel central na hora de dar início ao repertório da agenda pública.

A Teoria do Agendamento parte da premissa de que o público lança mão de pistas de relevância fornecidas pelos *media* de massa para organizar a sua própria agenda, configurada, por sua vez, a partir da percepção de importância dos temas, de modo que a agenda dos *media* informativos possui relação direta com a agenda pública. Nesse sentido, a maioria das pesquisas em *agenda-setting* estuda possíveis correlações entre as agendas midiática e pública.

Entretanto, ainda que a maior parte do nosso conhecimento sobre o processo de agendamento se centre na relação entre a agenda midiática e a pública, esse cenário é somente uma aplicação da teoria. A Teoria do Agendamento trata da transferência de relevância de uma agenda a outra. As partes mais desenvolvidas da teoria se centram no vínculo entre a agenda midiática e a pública, devido às suas raízes na investigação sobre a tradição empírica das sondagens de opinião e ao volume de pesquisas produzidas nesse âmbito. O foco de interesse global continua muito centrado nos *media*, mas é possível considerar muitas outras inter-relações e aplicações que perpassam essa teoria.

Do mesmo modo, a teoria não se limita somente à primeira dimensão (McCOMBS & EVATT, 1995), ou seja, não faz referência somente à transferência de relevância dos temas, mas também às imagens e perspectivas que compõem a opinião e o plano subjetivo das notícias. Esse aspecto é chamado segunda dimensão ou segundo nível do estabelecimento da agenda.

Na tentativa de sintetizar quatro perspectivas metodológicas distintas sobre o estabelecimento da agenda, McCombs (2006) propôs a tipologia de Acapulco, definida por duas dimensões em dicotomia, que são combinadas entre elas, como mostra o quadro a seguir. A primeira distingue duas maneiras de considerar as agendas. O foco de atenção pode incluir o conjunto inteiro de itens que definem a agenda ou limitar-se a um só item da agenda. A segunda dimensão distingue entre duas maneiras de medir a relevância pública dos itens da agenda: medições agregadas, que descrevem um grupo inteiro ou a uma população, frente às medições que descrevem as respostas individuais.

A perspectiva I engloba a agenda em sua totalidade e emprega medições agregadas do público a fim de estabelecer a relevância dos ditos temas. No estudo de Chapel Hill, McCombs e Shaw (1972) adotaram esta perspectiva, pois as agendas midiática e pública constavam de cinco temas principais naquelas eleições presidenciais americanas. A relevância relativa daqueles temas ficou determinada por duas medições agregadas no cenário eleitoral. Em relação à agenda midiática, a relevância dos temas ficava determinada pela porcentagem de artigos informativos sobre cada um deles, enquanto que a agenda pública era determinada pela porcentagem de votantes que pensavam que o governo deveria fazer algo a respeito de cada um dos temas. Esta perspectiva leva o nome de Competição (*Competition*), porque o que se examina é um conjunto de temas que competem por uma boa posição na agenda.

A perspectiva II, nomeada Autômata (*Automaton*), é semelhante aos primeiros estudos de *agenda-setting*, por se centrarem também na agenda completa de temas, mas desvia o foco em direção à agenda de cada um dos indivíduos. Se a perspectiva I se situa no nível do sistema ou de uma coletividade, a perspectiva II se localiza no nível do indivíduo. Quando se pede aos indivíduos que hierarquizem uma série de temas, há pouca evidência de algum tipo de correspondência entre suas hierarquias e a ênfase em que esses temas se colocam entre os *media* informativos. A perspectiva III, História Natural (*Natural History*), limita seu foco a um único tema da agenda. O normal é que as medições de relevância consistam no número total de notícias sobre o tema em questão e a porcentagem do público que cita o tema como o problema mais importante que a nação enfrenta. Finalmente, a perspectiva IV, chamada Retrato Cognitivo (*Cognitive Portrait*), volta a se concentrar no indivíduo, mas limita suas observações à relevância de um único item da agenda. Por exemplo, através de estudos experimentais, em que a relevância de um tema para o indivíduo se mede antes e depois de sua exposição a programas informativos, e se controla a quantidade de exposição a diversos temas (McCOMBS & EVATT, 1995; IYENGAR & KINDER, 1987).

Quadro Tipologia de Acapulco: quatro perspectivas em *agenda-setting*

	Medida de relevância entre o público	
	Dados agregados	Dados individuais
Foco de atenção de uma agenda na totalidade	Perspectiva I: Competição	Perspectiva II: Autômata
Único item de uma agenda	Perspectiva III: História natural	Perspectiva IV: Retrato cognitivo

Considerações da ensaísta

As pesquisas em comunicação no Brasil passam ao largo da tradição de pesquisas quantitativas e de base estatística, que historicamente tem fornecido as bases para a consolidação e expansão do paradigma do agendamento. Talvez por isso, as poucas obras que fazem referência à Teoria da Agenda se concentrem mais nos enunciados e conclusões de pesquisas ligadas à primeira e segunda fases da teoria, e menos nas bases epistemológicas que dão sustentação ao paradigma[9].

A contribuição de McCombs é inestimável para os estudos sobre *media-effects*, tanto no que tange à constância em relação ao desenvolvimento da teoria, precisão conceitual e metodológica acerca dos conceitos e definições operacionais que tangem o paradigma, quanto no que tange às possibilidades de expansão da Teoria da Agenda.

O próprio McCombs (2009) discorre sobre as potencialidades de expansão centrífuga (*outwards*) dos domínios relacionados ao paradigma do agendamento. É o caso, por exemplo, do novo Modelo de *Agenda-setting* em Rede (GUO; HU & McCOMBS, 2012), como mencionado anteriormente, do ponto de vista empírico, uma vez que os ambientes digitais favorecem a observação da transferência de relevância entre temas e predicados, considerando as relações entre diversas agendas, e do ponto de vista metodológico, por meio do uso de técnicas e métodos de análise direcionados às conexões estabelecidas entre diversas agendas, como é o caso da mineração de dados e da análise de redes (SILVA, 2010).

As perspectivas sistematizadas por McCombs, na tipologia de Acapulco, também encontram um terreno fértil para a expansão do paradigma, considerando a emergência de novas condições contingentes para os efeitos de agendamento, construções comunicativas e funcionalidades proporcionadas pelos sistemas e ambientes digitais na Web (SILVA, 2010).

A tendência de expansão centrípeta (*inwards*) do paradigma do agendamento, por sua vez, está voltada para a explicação e refinamento dos seus conceitos básicos (McCOMBS, 2009), proporcionando novas oportunidades para as pesquisas em *agenda-setting*. O potencial de refinamento dos conceitos básicos ligados ao paradigma (a exemplo de transferência de relevância, agenda, temas, predicados, proeminência, para citar alguns) se expande, em função da observação e do tratamento, mineração, (re)agrupamento de (meta)dados derivados de inúmeras possibilidades de ações comportamentais de indivíduos e organizações em rede (SILVA, 2010), configurando distintos modos de se conhecer as imagens que criamos sobre o mundo exterior.

Notas

1. Adotaremos o anglicismo *agenda-setting*, para além dos termos "agenda", "definição", "configuração", "agendamento" ou "estabelecimento da agenda" para nos referir ao efeito de *agenda-setting*.

2. Em 13 de abril de 2015.

3. Designa-se a sigla CAB, em inglês, para se referir a *cognition, affect, behavior*.

4. Algumas críticas dizem respeito ao fato de que, embora as correlações entre as agendas sejam estreitas, não se estabelece claramente uma direção causal em muitas pesquisas sobre *agenda-setting* (McLEOD; BECKER & BYRNES, 1974; SEVERIN & TANKARD, 1992).

5. Quando se diz que a agenda midiática deixa de ser uma variável independente e passa a ser dependente, significa ainda que as pesquisas em *agenda-setting* expandem seu escopo ao considerar proposições e hipóteses que posicionam a agenda dos *media* como não determinante ou não condicionante no processo de formação da agenda pública ou na formação de outras agendas (como, p. ex., agenda interpessoal ou agenda política).

6. Alguns estudos significativos relacionados a essa fase são: Weaver e Elliot, 1985; Reese e Danielian, 1989); Whitney e Becker, 1982).

7. No original: "[...] an ongoing competition among issue proponents to gain attention of media professionals, the public, and policy elites".

8. No original: "[...] is a set of issues that are communicated in a hierarchy of importance at a point in time". No original: "as a social problem, often conflictual, that has received mass media coverage".

9. Para conhecer alguns exemplos recorrentes de leituras enviesadas que atestam uma falta de rigor epistemológico em relação ao paradigma, cf. Silva, 2014.

Referências

DEARING, J. & ROGERS, E. *Agenda-setting*. Thousand Oaks: Sage, 1996.

GONZENBACH, W. & McGAVIN, L. A Brief History of Time – A Methodological Analysis of Agenda Setting. In: McCOMBS, M.; SHAW, D. & WEAVER, D. *Communication and Democracy* – Exploring the Intelectual Frontiers in Agenda Setting Theory. Londres: Lawrence Earlbaum Associates, 1997.

GUO, L. & McCOMBS, M. *The Power of Information Networks* – New Directions for Agenda Setting. Londres: Routledge, 2015.

GUO, L.; VU, H.T. & McCOMBS, M. An Expanded Perspective on Agenda-setting Effects – Exploring the third level of agenda setting. *Revista de Comunicación*, 11, 2012.

IYENGAR, S. & KINDER, D. *News that Matters*: Television and American Opinion. Chicago: University of Chicago Press, 1987.

KLAPPER, J. *The effects of mass communication*. Nova York: Free, 1960.

LIPPMANN, W. *Opinião pública*. Petrópolis: Vozes, 2008.

McCOMBS, M. *Teoria da Agenda* – A mídia e a opinião pública. Petrópolis: Vozes, 2009.

_____. *Estableciendo la agenda* – El impacto de los médios en la opinión pública y en el conocimiento. Barcelona: Paidós, 2006.

McCOMBS, M. & SHAW, D.L. The agenda setting function of mass media. *Public Opinion Quarterly*, n. 36, 1972.

McCOMBS, M. & ZHU, J.H. Capacity, diversity, and volatility of the public agenda – Trends from 1954 to 1994. *Public Opinion Quarterly*, 59, 1995, p. 495-525.

McCOMBS, M. & KIOUSIS, S. Agenda Setting Study: Agenda Setting effects and Strenght. *MIT Journal*, n. 142, 2003, p. 145-150.

McCOMBS, M. & EVATT, D. Issues and attributes: Exploring a new dimension in agenda setting. *Comunicación y Sociedad*, 8, 1995, p. 7-32.

McLEOD, J.; BECKER, L. & BYRNES, J. Another look at *Agenda-setting* Function of the Press. *Communication Research*, vol. 1, 1974, p. 131-166.

REESE, S.D. & DANIELIAN, L. Intermedia influence and the drug issue. In: SHOEMAKER, P. (org.). *Communication Campaigns about Drugs*. Hillsdale, NJ: Erlbaum, 1989, p. 29-46.

SEVERIN, W.J. & TANKARD, J.W. Agenda setting. In: SEVERIN, W.J. & TANKARD, J.W. (eds.). *Communication Theories*: Origins, methods, and uses in the mass media. Nova York: Longman, 1992, p. 207-229.

SHAW, D. & McCOMBS, M. *The emergence of American political issues*. St. Paul: MN, 1977.

SILVA, J.A.B. A expansão da *Teoria do Agenda-setting* em sistemas informativos da web. *Galáxia* [online], vol. 14, 2014, p. 262-273.

_____. Agenda-setting *assente em bases de dados e algoritmos*: bases conceituais e metodológicas para operacionalizar a relevância de temas, predicados e agendas entre usuários da web, 2010, 269 f. Salvador: Faculdade de Comunicação/Universidade Federal da Bahia, 2010 [Tese de doutorado].

_____. Interview with Maxwell McCombs. *Revista Estudos em Comunicação*, vol. 4, nov./2008, p. 1-28. Universidade da Beira Interior.

WEAVER, D.H. Political Issues and voter need of orientation. In: SHAW, D. & McCOMBS, M.E. (eds.). *The emergence of American political issues*: The agenda-setting function of the press. St. Paul, MN: West, 1977, p. 107-119.

WEAVER, D.H. & ELLIOT, S.N. Who sets the agenda for the media? – A study of local agenda-building. *Journalism Quarterly*, 62, 1985, p. 87-94.

WEAVER, D.H.; GRABER, D.; McCOMBS, M. & EYAL, C. *Media Agenda-setting in a Presidential Election*: Issues, Images and Interest. Westport: Greenwood, 1981.

WHITNEY, D.C. & BECKER, L. "Keeping the gates" for gatekeepers: the effects of wire news. *Journalism Quarterly*, 59, 1982, p. 60-65.

Néstor García Canclini (1939-)

Maria das Graças Pinto Coelho
*Sebastião Faustino**

Nasceu na cidade de La Plata, na Argentina, em 1939. É antropólogo de formação e fez doutorado em filosofia nas universidades de La Plata, Argentina (1975) e de Paris X Nanterre, França (1978). Atuou como professor nas universidades de La Plata e de Buenos Aires entre 1966 e 1975. Desde 1990 é professor da Universidade Autônoma Metropolitana do México e pesquisador emérito do Sistema Nacional de Pesquisadores do México.

Foi professor-visitante de inúmeras universidades como Austin, Duke e Stanford nos Estados Unidos, Barcelona (Espanha), Buenos Aires (Argentina) e São Paulo (Brasil). Uma das suas principais obras, *Culturas híbridas: estratégias para entrar e sair da Modernidade*, ganhou o Prêmio Book Award da Associação de Estudos Latino-Americanos (Lasa), no ano de 2002; e o livro *As culturas populares no capitalismo* foi premiado pela Organização Casa das Américas, em 1981.

É um dos intelectuais latino-americanos mais importantes na contemporaneidade e sua obra abrange temas variados com importantes aportes para a aquisição de conceitos, apreensão, apropriação e aplicação de sistemas específicos de significação simbólica para o campo da cultura. Canclini ao legar signos e respostas para os sistemas culturais como: hibridação, multiculturalismo, cultura e imaginário urbano, globalização, arte e estética, estudos de consumo e políticas culturais, entre outros, contribuiu com a renovação das estruturas conceituais do discurso científico no continente.

O pensamento

O trabalho de investigação e toda a empiria de García Canclini se desenvolvem na América Latina urbana e sua principal marca é a compreensão da cultura

* Maria das Graças Pinto Coelho: professora dos Programas de Pós-Graduação em Estudos da Mídia e em Educação da Universidade Federal do Rio Grande do Norte e doutora em Educação (UFRN). • Sebastião Faustino: professor do Departamento de Comunicação Social da Universidade Federal do Rio Grande do Norte e doutor em Educação (UFRN).

local. Ele foca a cultura como instância simbólica de produção e representação da sociedade latino-americana e rebate a noção dicotômica entre cultura espiritual (simbólica) e material, instâncias que muitas vezes são apresentadas, metodologicamente, divididas, como forma de desassociar a cultura da sociedade. Ele defende veementemente a imbricação complexa e intensa entre a cultura e a vida social.

Canclini estuda as culturas com uma visão transdisciplinar, atenta às convergências e distensões das interações culturais na América Latina. Suas investigações concentram-se nas transformações das identidades culturais com a emergência da modernidade latino-americana. Sobremaneira, entende essa complexificação buscando entender as relações entre etnias, meios de comunicação midiáticos, cultura popular, erudita, massiva e os processos de inter-relações culturais que perpassam todas essas variáveis do conceito de cultura no continente.

Sua obra faz a crítica sistemática ao *eurocentrismo* e rejeita a *doxa* presente nas análises de vários pensadores sobre a América Latina que compreendem a cultura local a partir dos referenciais europeus. Para o autor, essa percepção provoca uma visão destorcida sobre a cultura latino-americana, retratando-a como atrasada e pouco civilizada, o que desconsidera a complexidade e a diversidade cultural da região.

Culturas híbridas

Seu conceito de cultura híbrida contribuiu para uma transformação na reflexão acadêmica sobre a significação simbólica do campo da cultura. Antes dele, o discurso científico aceitava a representação cultural do continente como mestiça. O conceito de mestiçagem cultural representa no discurso latino-americano uma situação quase análoga ao conceito de *melting pot* posto no discurso norte-americano sobre a mistura das diferentes culturas que surgiram sob a pressão colonial.

O conceito de mestiçagem implica a homogeneização cultural, mesmo que, subliminarmente, se disfarce na crítica ao colonialismo. A ideia de homogeneização cultural permite que todas as etnias que habitam o continente se adaptem, solicitamente, a uma unidade cultural homogênea, sem diferenças aparentes de cor, classe social, gênero e identidades.

Antes de Canclini, ainda como resposta às limitações do conceito de mestiçagem, surgiu na América Latina o conceito de heterogeneidade cultural, que conduzia a um questionamento radical sobre a Teoria do Mestiço e permitia uma descrição plural da sociedade continental. Neste momento, década de 1970, surgem nos estudos sociais nos Estados Unidos e na Europa alguns trabalhos que construíam pontes entre os conceitos de mestiçagem e heterogeneidade no âmbito da interetnicidade.

No final dos anos de 1980, Néstor García Canclini transformou decisivamente a discussão sobre a cultura no continente com o seu conceito de culturas híbridas. Embora a ideia da mistura ainda permaneça no centro da sua concepção, ele sinaliza que a dicotomia tradicional entre modernidade e tradição não faz sentido e apresenta o paradigma do "híbrido" para explicitar sistemas e identidades culturais nas sociedades urbanas da América Latina.

Para entender o modelo de cultura híbrida ele avança na descrição de três processos compreensivos. O primeiro diz respeito à perda de hegemonia de alguns centros emissores de cultura. As rupturas e misturas das relações culturais e étnicas, que organizam os sistemas culturais em regiões urbanas do continente produzem diversidade cultural diante de migrações incessantes, que lançam interações contínuas de redes locais de comunicação com redes nacionais e transnacionais. Segundo: a desterritorialização dos processos simbólicos, onde os meios de comunicação modernos, como a televisão, jogam um papel cada vez mais importante nas relações simbólicas que se estabelecem no cotidiano da região. E o terceiro, ele classifica como a *expansão dos gêneros impuros*, onde, por exemplo, os espaços públicos de praças e ruas, tradicionalmente importantes para a interação social na América Latina, perdem significado.

Na compreensão desses fatores, surge uma cultura urbana reestruturada que cedeu sua função primordial no espaço público às tecnologias eletrônicas e digitais. A definição de cultura urbana hoje se baseia, segundo Canclini, na desintegração de bens simbólicos, que em relação ao espaço e ao tempo definem sistemas culturais contemporâneos.

Um pouco antes de García Canclini, Homi K. Bhabha (2002) introduziu o conceito de "híbrido" no discurso crítico colonial inglês, utilizado por ele como relevo para o mimetismo. Esse entendimento o diferencia de Néstor García Canclini porque na concepção europeia a hibridização da cultura é uma ameaça à cultura local e para a compreensão da cultura latino-americana o híbrido é a forma criativa com que a sociedade lida com as questões relativas à interculturalidade.

América Latina e o sistema cultural híbrido

O reconhecimento da importância do conceito de hibridação para o entendimento das dimensões culturais na América Latina pode permitir que as articulações que convergem em um determinado contexto cultural, no *ethos*, digamos, sejam entendidas na reflexão dos sistemas culturais do continente. Para García Canclini, as fronteiras entre países e grandes cidades são contextos que condicionam estilos e contradições de hibridação específica.

No entanto, o autor observa que as fronteiras culturais rígidas que tinham sido estabelecidos em estados modernos estão agora se desfazendo. Há poucas culturas que podem ser descritas como unidades estáveis ou herméticas, mesmo que a hibridação imponha limites à multiplicidade de articulações. Hibridização cultural acontece geralmente em condições históricas e sociais concretas entre os sistemas de produção e consumo, que, por vezes, funcionam como restrições, como podem ser evidenciados na realidade cotidiana de muitos migrantes do mundo. As cidades são instituições sociais que incentivam, mas também determinam a hibridação.

Para o autor, as grandes cidades multiculturais latino-americanas funcionam como centros de hibridização, pois seus conflitos encorajam uma maior criatividade cultural (GARCÍA CANCLINI, 1989: 23).

Consumo

Outro elemento que ambienta a compreensão de Néstor García Canclini para entender algumas questões de seu tempo é o consumo. Para ele, esse artifício seria uma das principais características da cultura contemporânea. O processo de globalização proporcionou um consumo de produtos "sem território" específico e que reordena as práticas culturais e consequentemente influencia na identidade cultural dos sujeitos consumidores. No centro desse processo estão os meios de comunicação, principalmente a televisão e o cinema. Canclini defende que as culturas têm suas formas endógenas de organização e características específicas.

Por isso, embora recebam uma infinita quantidade de influências diárias, resistem e ao mesmo tempo se reordenam. Sustenta que as pessoas consomem em cenários de escala diferente e com diferentes lógicas, essa diversidade abrange desde a loja da esquina até o supermercado e *shoppings centers*. No entanto, como os meios de comunicação permitem interações em convívio social e as reflexões sobre meios estão cada vez mais interligadas aos conceitos de interação social, torna-se necessário pensar sobre a dimensão das interações ou da mediação nos estudos do autor.

Globalização e interações

O autor em suas reflexões teóricas tem fornecido importantes contribuições sobre a noção de interações interculturais no continente. Para ele, a globalização processa o multiculturalismo para abrir mercados globais de materiais, serviços e ativos financeiros. Além disso, o autor salienta a ambiguidade na análise da globalização, que às vezes é vista como parte de um processo homogêneo de compartilhamento de bens materiais e simbólicos e outras vezes se destaca como parte de um fracionamento mundial de diferenças e desigualdades.

García Canclini acredita que os fluxos e as interações que ocorrem nesses processos têm ofuscado fronteiras realocadas e autonomia das tradições locais. Ao mesmo tempo, esse fluxo permite a gestação de formas híbridas de produção cultural, com grande influência no ambiente de comunicação e estilos de consumo. Ele afirma que as misturas simbólicas geradas pela influência das indústrias culturais, resultantes da migração, comércio e políticas de integração socioeducativas promovidas por estados-nação, são decisivas para a reordenação dos processos interativos e de sociabilidade na América Latina. Nesse tópico o autor associa os processos de interação à indústria cultural, que é outro elemento presente nos estudos de Canclini. As novas tecnologias de informação e comunicação, como a internet, abriram oportunidades para um processo de hibridação altamente dinâmico em seu potencial comunicativo em meio ao encontro intercultural.

Arte

García Canclini também reflete a arte contemporânea. Entende que a arte perdeu autonomia por incertezas entre ficção e realidade e devido ao acelerado processo de mercantilizarão da obra de arte. Com isso, o autor diz que "a obra de arte não é para dar à sociedade uma história para organizar a sua diversidade, mas o valor iminente onde a dissidência é possível" (CANCLINI, 2010: 251).

O texto que fala de estética como a *iminência de uma revelação*, ele o tomou emprestado da obra do poeta argentino Jorge Luis Borges (1899-1986), outro autor que também se debruçou para entender o devir da estética. Já a reflexão surgiu bem antes, em sua tese de doutorado sobre Merleau-Ponty (1908-1961), quando entendeu a noção de *iminência do mundo*, de que fala Merleau-Ponty, analisando a arte de seu tempo. Além disso, em seus artigos, ele revisou a noção de aura presente em Walter Benjamin (1892-1940). Canclini defende que a obra de arte não é como uma revelação ou um mensageiro, e isso é o que a diferencia da representação do real na comunicação midiática. Em sua percepção sobre arte, ele revisa uma escola crítica que apresentava a arte como modo de pensar as imagens, mas, para ele, as imagens não são definitivas. O original na obra de arte, quando existe, atua no cruzamento, ou na intersecção surpreendente entre o assombro e a busca dessa mesma originalidade dos objetos ou do traçado de uma imagem. O original surge na composição dos elementos ou na hora que conseguimos despossuí-los ao isolar um elemento, que antes estava em outro contexto, e apreciá-lo em sua pequena unidade com alegria e assombro.

Diálogos epistemológicos – Percursos e influências

Outro aspecto crítico a enfatizar é a sua proximidade às metodologias de análises dos estudos culturais, já que o conceito de híbrido se converte em uma proposta de explicação da identidade sociocultural latino-americana. Mesmo que Néstor García Canclini negue a importância dessa disciplina em sua obra. Nesse sentido, quando nega, ele diz não concordar com a indefinição do conhecimento disciplinar promovido pelos estudos culturais, especialmente como disciplina de Estudos Culturais. Em sua opinião, os Estudos Culturais como disciplina teria de ser reestruturado para incorporar o conhecimento de forma mais fluida e ser transdisciplinar e transversal, especialmente na formação da graduação.

O pensamento dos estudos culturais, mesmo negado pelo autor, está muito presente quando se pensa nas identidades pós-modernas, reflexão recorrente na obra de García Canclini. Os estudos culturais estão associados na contemporaneidade a Stuart Hall (1932-2014), teórico cultural jamaicano que viveu no Reino Unido. Hall, juntamente com Raymond Williams (1921-1988) e Richard Hoggart (1918-2014), foi fundador da escola de pensamento que hoje é conhecida como estudos culturais britânicos ou a escola de Birmingham dos estudos culturais.

Os estudos culturais surgiram na década de 1950, quando na época o debate entre teóricos culturais dizia que o modelo de pensamento vigente se revelava insuficiente para contemplar novas características sociais que surgiam. Tais características introduziam e valorizavam o estudo da cultura na ótica do *ethos*, da consciência e da experiência, ideias já concentradas na palavra cultura. Mas que naquele momento não atendiam questões diretamente propostas pelas grandes mudanças históricas que impeliam transformações na era industrial, na democracia e nas classes sociais, assim como nas representações que a estética e a arte respondiam. É um campo de estudos interdisciplinar e abrange aspectos da estética, da economia, da política e da sociedade como um todo no viés da análise cultural.

No âmbito dos estudos que relacionam cultura, sociedade e comunicação, a América Latina ainda apresenta alguns pensadores que se associam a Néstor García Canclini. Entre eles, está Jesús Martín-Barbero, semiólogo, antropólogo e filósofo colombiano, nascido na Espanha, mas que vive na Colômbia desde 1963. Barbero é pesquisador da comunicação e cultura e um dos expoentes nos estudos culturais contemporâneos. Formulador do conceito sobre mediações na comunicação, Martín-Barbero desconstrói a ideia de que as mediações sociais e culturais são direcionadas pelos meios de comunicação. Ele busca olhar a cultura e as mediações a partir das dimensões postas no processo comunicacional, sugerindo três lugares para a mediação: sociabilidade, ritualidade e tecnicidade.

Em sua principal obra, *Dos meios às mediações – Comunicação, cultura e hegemonia*, Jesús Martín-Barbero propôs o deslocamento do foco do olhar daqueles que emitem as mensagens (em larga escala, com ampla difusão), isto é, os meios de comunicação, para aqueles que se apropriam desses conteúdos. Esse movimento dava menos importância aos emissores, às mensagens, aos canais de transmissão (como nos modelos norte-americanos) e mais àqueles que exerciam mediação no conteúdo do qual se apropriavam. A ênfase recaía, a partir dessa virada, nas manifestações culturais reveladas nos processos comunicacionais. Talvez seja Martín-Barbero o mais próximo interlocutor de Néstor Canclini no continente latino-americano.

Também existem outras referências na área dos estudos sobre cultura no continente, como a argentina, professora de Literatura, Beatriz Sarlo. Ela trouxe suas ferramentas de crítica literária para as análises que realiza sobre cinema, teatro e as "cenas da vida pós-moderna": o mito da juventude, a cultura *shopping center*, a crença popular num "santo das causas perdidas", os catadores de papel, a televisão, a música *pop*, entre outros temas.

Como influência teórico-epistemológica esses autores latino-americanos e mesmo os ingleses dos estudos culturais carregam marcas do antropólogo Clifford Geertz (1926-2006), norte-americano que lecionava no Institute for Advanced Study de Princeton e se destacou pela análise da prática simbólica no fato antropológico. Escreveu *A interpretação das culturas* (2008), um clássico ao qual recorrem todos os teóricos da cultura, e a quem Néstor García Canclini presta referências.

A interpretação das culturas é uma coleção de 14 artigos escritos durante um perído de mais de 15 anos, entre 1957 e 1972, além de ser um primeiro estudo especificamente escrito como capítulo introdutório do livro intitulado *Descrição densa: rumo a uma teoria interpretativa da cultura*. Nele, Geertz faz um esforço para redefinir o que estava fazendo e dizendo durante todo esse período de tempo. Uma das metáforas preferidas, para Geertz, para definir o que faz a antropologia interpretativa, é a da leitura das sociedades como textos ou como análogas a textos. A interpretação se dá em todos os momentos do estudo, da leitura do "texto" cheio de significados que é a sociedade à escritura do texto/ensaio do antropólogo, interpretado, por sua vez, por aqueles que não passaram pelas experiências do autor do texto escrito. Todos os elementos da cultura analisada devem ser entendidos, portanto, à luz desta textualidade imanente à realidade cultural.

Com cerca de 20 livros publicados, Clifford Geertz foi um dos principais antropólogos do século XX, importante não apenas para a própria teoria e prática antropológica, mas também fora de sua área, em disciplinas como a Psicologia, a História e a Teoria Literária. Considerado o fundador de uma das vertentes da antropologia contemporânea – a chamada antropologia hermenêutica ou simbólica ou interpretativa, que surgiu depois dos anos de 1950 –, Geertz é a principal referência para estudiosos sobre a cultura em seu *ethos*, tal qual faz Néstor Canclini na América Latina.

Como parte da influência do pensamento de Canclini, também podemos citar o filósofo italiano, Antonio Gramsci (1891-1937). Gramsci era ativista político de esquerda e durante a sua prisão escreveu mais de 30 cadernos como *Cadernos do cárcere* e *Cartas do cárcere*. Todos apresentam conceitos originais de história e análises críticas sobre educação, cultura e política. Seus escritos têm forma fragmentária, com muitos trechos que apenas indicam reflexões a serem desenvolvidas.

Outro pensador que influencia a obra de Néstor García Canclini é Pierre Félix Bourdieu (1930-2002). Filósofo, filho de família camponesa de origem argelina, nascido na França, foi docente na École de Sociologie du Collège de France. Criou uma teoria social do imaginário, bastante reconhecida na Teoria Sociológica Contemporânea. Alguns elementos merecem destaque: a releitura dos clássicos, a construção de conceitos e a postura crítica do intelectual diante de uma tomada de posicionamento político, onde define a razão prática para desenvolver uma teoria sobre a ação no campo social. Sua ideia de campo, por exemplo, dialoga com a ideia de esferas, proposta por Max Weber (1864-1920) e, ainda, com o conceito de classe social de Karl Marx (1818-1883).

Canclini, quando pensa a globalização, também faz um diálogo exitoso com o antropólogo indiano Arjun Appadurai, nascido em Mumbai em 1949 e muito citado globalmente por suas reflexões sobre as *Dimensões culturais da globalização*. *A modernidade sem peias* (2004), que já se converteu em obra de referência no estudo de geografia humana. Nessa obra, Appadurai apresenta uma teoria de ruptura com o passado, a causa da modernidade, e anuncia o fim do Estado-nação, mas não do "Estado territorial".

Ainda podemos citar como próximo das epistemes desenvolvidas por García Canclini, o sociólogo reflexivo, filósofo e ensaísta polonês, Zygmunt Bauman (1925), que vive no Reino Unido e leciona na Universidade de Leeds. Sua obra traduz questões relacionadas às classes sociais, ao socialismo, ao holocausto, à hermenêutica, Modernidade e Pós-modernidade, consumo, globalização e nova pobreza. Bauman é muito nominado pelo conceito de "modernidade líquida", que desenvolveu ao se interessar pela natureza da Modernidade no tema da globalização.

Canclini e a interpretação de sua obra

O pensamento de Néstor García Canclini é muito difícil de ser situado em uma unidade temática. Sua produção intelectual está localizada na transdisciplinaridade. Articula elementos que passam entre, além e através das disciplinas, numa busca de compreensão da complexidade sociocultural latino-americana. Nesse contexto, de descentralização da Teoria Social diante do trânsito dos objetos e dos problemas, Canclini investiga e reflete a antropologia, a filosofia, a sociologia, a política e a semiótica em um viés que leva aos estudos da relação entre comunicação, cultura, meios, política e democracia na América Latina.

Uma de suas obras basilares, traduzida no Brasil: *Consumidores e cidadãos: conflitos multiculturais da globalização* (1995), enfoca diretamente a lógica do consumo como a principal questão que perpassa todas as relações socioeconômicas e de convívio na contemporaneidade. No entanto, outra nuança do consumo já foi revisada por ele em algumas entrevistas concedidas aos periódicos do México (2015), e o autor concebe o *acesso* ao consumo como a principal categoria cognitiva sobre o tema. Nesse ínterim os estudos da comunicação e, em alguns aspectos, os estudos sociais e culturais também se deslocaram para estudos com foco no acesso do consumidor. Em sua obra original ele também entende e reflete a questão do *acesso*, mas em lugares localizados: no cinema, no teatro, num concerto, em praças ou em um estádio. No entanto, na contemporaneidade, o *acesso* é concebido como uma forma de interação social por meio de mensagens, entretenimento, informações que circulam no mundo de uma forma transterritorial. Deslocado do tempo e do espaço por meio de redes digitais.

Esse é apenas um dos aspectos assertivos sobre as transformações na reflexão sobre cultura e comunicação que também se reflete nas relações entre as disciplinas. Antes se dizia que, esquematicamente, a Sociologia lidava com as superestruturas sociais, a Antropologia foi concebida mais como um estudo do local e a Comunicação era uma disciplina vicária, que dependia dos estudos de Linguagens, Psicologia e das Ciências Sociais, mas todas essas disciplinas transcendiam por pedir de empréstimo teorias e metodologias de outros recursos disciplinares. No entanto, na realidade, isso também mudou porque hoje não é muito claro qual é o objeto de estudo da Antropologia, Sociologia ou mesmo da Economia, e quais as perguntas que se fazem a essas três disciplinas. Chegamos a um estágio interseccional, intermedial e transnacional, em que nenhuma disciplina pode cobrir tudo. Então, Canclini pode ser reconhecido como um pioneiro em combinar estratégias de conhecimento para entender a cultura na sociedade contemporânea.

Ainda complementa o pensamento de Canclini e o faz mais presente nos estudos da América Latina, o forte interesse que existe na contemporaneidade sobre os estudos da mídia. Os modernos meios de comunicação se tornaram o maior foco das pesquisas por uma simples razão. Eles estão no centro organizando cada aspecto da vida contemporânea, desde o amplo mosaico das instituições sociais e dos sistemas culturais, até os encontros íntimos de todo dia e nos entendimentos pessoais dos indivíduos e o sentimento que eles nutrem por si próprios. Não podemos entender completamente os caminhos que percorremos agora sem entender a natureza dos meios de comunicação. Seu trabalho oferece aos pesquisadores midiáticos uma enorme contribuição para ampliar o conhecimento sobre o tema e para futuros debates.

Pensamento comunicacional

Os meios de comunicação, na compreensão de Canclini, interagem de forma singular nos vários campos da sociedade, tanto nos processos sociais, econômicos e culturais, o que, por consequência, arregimenta constantes alterações nas concepções dos sujeitos sobre a sociedade em que vivem. Especialmente, sobre as identidades dos cidadãos que são formadas e/ou reformuladas a partir da hibridização entre processos e produtos midiáticos oriundos das técnicas e discursos transnacionais e das empresas de capital internacional. Essa complexificação do campo dos estudos da comunicação social também é parte de intercâmbios financeiros globalizados, repertórios de imagens e informação criados para serem compartilhados e redistribuídos a todo planeta pelas indústrias culturais. Podemos dizer que a produção de sentido e as práticas sociais estão em permanentes transformações diante da expansão das mídias digitais em uma economia cada vez mais transnacional. E a sofisticação das mediações também altera a relação entre mídia, cultura e sociedade.

Para Canclini os meios de comunicação assumiram talvez mais do que a escola, o espaço de (in)formação sobre as trocas simbólicas e culturais, na América Latina. Por isso, o autor entende a comunicação como um campo que é necessário compreendê-lo cientificamente de forma transdisciplinar.

> A comunicação está constantemente recriando-se como disciplina, ainda que o uso frequente de recursos da Antropologia, Sociologia e outras ciências sociais, o interesse pela arte, *design*, arquitetura e questões sociais, fazem com que muitos autores se questionem se realmente é uma disciplina independente ou uma evolução das outras. Talvez devêssemos considerar a comunicação como uma área transdisciplinar (CANCLINI, apud HELLÍN, 2013: 115).

Para o autor os meios de comunicação tradicionais, na era das redes sociais, precisam se reordenar para que possam continuar com a mesma capacidade de influência adquirida nos últimos 60 anos.

> Os meios de comunicação estão obrigados a se redefinirem nesta época de comunicação digital em que as redes sociais estão nos dando, todo dia, informações para contradizer os poderes factuais privados. Os meios como a televisão, o rádio e a imprensa necessitam readequar-se a esta instância nova, esta ecoesfera da comunicação que está criando uma ecologia diferente.
>
> Se nós não fizermos isso, a imprensa, os meios audiovisuais ficam desalojados, sem muito sentido na vida social (CANCLINI, in: DINES, 2015).

Ciente do impacto dos meios de comunicação na sociedade, seja nas relações culturais, folclóricas, sociais, econômicas, políticas, entre outras, Canclini defende um melhor controle dos meios pelos cidadãos. "Justamente porque os meios de comunicação adquiriram tanto poder além da esfera da comunicação, é necessário vigiá-los, observá-los e limitar sua invasão de outros campos" (CANCLINI, in: DINES, 2015).

A vigilância à qual se refere Canclini diz respeito ao papel das empresas de comunicação que assumem compromissos com as corporações do capital internacional e interesses específicos, que determinam a produção de conteúdo de bens simbólicos que devem ser consumidos pelos sujeitos sociais, sem em muitos casos passar por uma reflexão mais densa sobre as consequências desse processo.

Então, estudar a comunicação, para ele, é intervir, agir socialmente. Assim, o processo comunicacional não está no ato de se assistir a TV, ler jornais e produzir conteúdo em redes sociodigitais, mas nas trocas que o sujeito faz com o sentido e as práticas sociais que se relacionam com a sua comunidade. Ele é um autor que acredita que a compreensão da relação entre produtos materiais e simbólicos podem melhorar as condições de vida das populações latino-americanas e potencializar sua comunicação com as demais culturas. Canclini se permite imaginar uma esfera pública transnacional que dê conta da diversidade cultural e política no mundo globalizado. Seu trabalho aponta para questões como hegemonia, ideologia e dominação, de forma a entender a potencialidade ou a importância da apropriação dos sujeitos das dimensões simbólicas da sociedade como forma de empoderamento.

Como sua empiria foi em parte concebida na observação da realidade dos artesãos e produtores da arte popular, Canclini sugere, por exemplo, que o consumo não é eco de uma política cultural ou de uma manipulação perversa do mercado, mas, antes de tudo, o efeito de coincidências e cumplicidades entre a sociedade civil e o Estado. A visão de que essa cumplicidade existe leva o autor a problematizar as condições de legitimidade e de validade do conhecimento popular, repelindo assim uma visão simplória sobre cultura *subordinada* na América Latina.

Influência de Néstor García Canclini na reflexão

> Os caudilhos continuam guiando as decisões políticas com base em alianças informais e relações rústicas de força. Os filósofos positivistas e a seguir os cientistas sociais modernizaram a vida universitária, diz Octavio Paz, mas o caciquismo, a religiosidade e a manipulação comunicacional conduzem o pensamento das massas. As elites cultivam a poesia e a arte de vanguarda enquanto as maiorias são analfabetas (CANLINI, 2000: 25).

A motivação dos autores para refletirem a obra de Canclini pode ser indiciada nessa epígrafe, que se estende, em nossa concepção, ao valor onipresente dos meios de comunicação nas relações cotidianas e na vida social brasileira. A onipresença da mídia, principalmente a noticiosa, no cotidiano social e mesmo nas agendas individuais é fato, nas culturas contemporâneas, já revisto pelo autor que referendamos. Assim como o é a notoriedade que ganham determinadas ocorrências, ideias e temáticas, tornando habitual o consumo de informações, nem sempre qualificadas no convívio social. Essa é a crítica que combinamos com Néstor García Canclini e que vamos desenvolver agora para que a obra dele também participe das nossas incursões sobre as relações da mídia com a sociedade brasileira.

Sabemos hoje que, mesmo estando presente em todas as atividades diárias, a mídia não registra e reflete a existência de um conjunto de transformações que é o mais relevante desde os anos de 1920 no Brasil, como o surgimento de novas classes sociais se inserindo nos costumes; novas ferramentas tecnológicas; o esgotamento do ciclo financeiro internacional; a diversidade das identidades transitórias e o retorno ao nacionalismo. Mais ainda: percebe-se que as novas tecnologias estão trazendo de volta a cultura regional, sem inserções valorativas na mídia local. Há uma produção riquíssima em curso no país que ainda não consegue chegar à tona por falta de visibilidade ou da espoleta, do elemento deflagrador. Procuram-se, inconformadamente, narrativas independentes e alternativas para mediar o processo de transformação que acontece no país. Assim, como se procura uma nova mídia. Mais interativa e que reproduza um pacto social sustentável para o país que nasce na intersecção das *culturas híbridas*.

A centralidade que a mídia ocupa na sociedade contemporânea, permeando outras esferas, sobretudo a da política, coloca-a na vanguarda para ressaltar a extensão social dos processos comunicacionais. Atualmente o que se vê é o contrário. Ela é pautada em sua maior parte por visões mercadológicas, políticas, institucionais e empresariais, que não atentam para os sentidos que envolvem relações de poder, ideologia, cultura, discursos e narrativas no seu valor-notícia.

Mas os estudos críticos da mídia podem ser centrais na reorganização de quase todos os aspectos da vida contemporânea e certamente oxigenariam tanto instituições sociais como sistemas culturais. Sabe-se que o processo de significação midiático, tanto local como global, representa um papel determinante para o desenvolvimento econômico, político e social de uma comunidade. Colocando o foco de visão mais além das práticas socioculturais contemporâneas, que decorrem das práticas midiáticas, aponta-se uma trifurcação entre cultura, política e economia acompanhando tais práticas. Essa relação tão próxima e muitas vezes promíscua vem sendo historicamente utilizada no Brasil para colocar na linha de frente da disputa ideológica pela opinião pública os interesses econômicos das empresas de comunicação – que, na maioria das vezes, não coincidem com os interesses da maioria da população. Antes de tudo, é preciso ressaltar que a comunicação é uma das mais importantes atividades econômicas mundial, hoje inserida na economia política da cultura.

Economia política da cultura – Consumo

Até 2013, o Brasil era o país da América Latina com o maior saldo positivo no comércio exterior de produtos e serviços ligados à indústria da cultura – que abrange áreas tradicionais da cultura (como música, TV, cinema e artes plásticas), mas também artesanato, comunicação, *design*, arquitetura e itens ligados às novas tecnologias.

Em 2008, as exportações brasileiras superaram as importações em US$ 1,74 bilhão, segundo o Relatório de Economia Criativa de 2010, publicado pelo Pnud (Programa das Nações Unidas para o Desenvolvimento) e pela Unctad (Conferência das Nações Unidas sobre Comércio e Desenvolvimento).

Ao longo dos seis anos abalizados nesse estudo o Brasil aumentou tanto o volume de exportação quanto o de importação de bens e serviços ligados à indústria da cultura. No período, o país foi sempre o que mais importou e mais exportou serviços da indústria da cultura na América Latina, e registrou superávit.

A novela é um dos produtos mais importantes da economia criativa latino-americana. "Na produção televisiva, há casos de sucesso, como a Televisa, no México, e a TV Globo, que são os maiores exportadores de programas de televisão – em sua maioria, novelas – para mercados mundiais", diz o texto do Pnud (2010).

Para referendar a importância desses dados sobre economia da cultura na América Latina, necessitamos também entender como relações são construídas no processo comunicacional. Saber qual é o papel do receptor e daqueles que dominam a economia, a política e a cultura é quase sempre um importante passo para se entender as relações de poder e dominação na sociedade. E compreender a natureza da mídia é, ainda, uma poderosa ferramenta de transformação social, como nos faz acreditar Néstor Canclini. Inverter o peso da construção do discurso em favor do cidadão comum parece ser também um fator de democratização, o que já acontece na proliferação de vozes que ocupam as redes sociodigitais. Seguramente, uma intervenção dessa natureza contribui radicalmente à construção da democracia social.

Existe uma complexa dialética entre o discurso midiático tradicional e as conversas que se estabelecem no cotidiano da sociedade. A mediação entre a construção do discurso público e o midiático é a chave de entendimento para se avaliar o poder de influência da mídia na construção do espaço público. A direção desse poder tem sido usada para alargar a tensão entre duas forças claramente contraditórias: objetivos privados e fontes públicas.

É por esta razão que a pesquisa do campo midiático deve ser construída muito além dos interesses sociopolíticos que rondam a sociedade local. O campo da mídia, como qualquer outro, tem suas peculiaridades que, aparentemente, podem ser observadas por todos, mas para que esta natureza se revele por inteiro os processos comunicacionais têm que estar pensados, repensados, monitorados e avaliados na arena pública.

Mas é importante observar que narrativas jornalísticas contemporâneas, por exemplo, apenas reproduzem a retórica neoliberal: governo demais é ruim; redução da regulamentação governamental e mercado livre são coisas boas. A vida é dura e somente os mais preparados prosperam. Essas são narrativas do "senso comum" que são usadas tanto por liberais como por conservadores, e popularizadas nos textos culturais, que ajudam a mobilizar o consentimento das posições políticas hegemônicas. São ações políticas que atendem, de fato, aos valores fundamentados no mercado. Tais narrativas produzem discursos racionais e ajudam as instituições de mídia a valorizarem seus interesses comerciais de larga escala, afetando os padrões tradicionais de interação social.

Estudos da mídia

Voltando a Néstor García Canclini e pensando o seu pioneirismo transdisciplinar teórico-metodológico para entender a vida social latino-americana a partir dos sistemas culturais, traçamos um roteiro sumário sobre os estudos da mídia na contemporaneidade. Cresce entre os pensadores da comunicação social o alerta para a imanência de uma nova disciplina: Estudos da Mídia. Como os intelectuais vão atender a este chamado depende em parte da maneira como eles interpretam o termo disciplina. Sinceramente, uma pesquisa em comunicação para valer a pena precisa ser muito mais rigorosa e disciplinada do que impressionista e desorganizada; e a evidência precisa ser coletada, analisada e apresentada de forma sistemática.

A grande força da mídia como campo de estudo reside no fato de que ela é um espaço interdisciplinário onde muitas disciplinas acadêmicas se encontram, trazendo junto com elas questões particulares, demandas e tradições intelectuais. Economistas, cientistas políticos e sociólogos, por exemplo, tendem em focalizar a mídia como um sistema institucional e sua relação com a economia e com a vida política. Psicólogos estão mais interessados no papel da mídia na formação do indivíduo, suas crenças e identidades; enquanto aqueles que vêm das disciplinas da área de humanas, tais como História, Crítica Literária e Antropologia

Cultural estão mais preocupados com o papel da mídia nos sistemas culturais da vida cotidiana. Essa fertilização, cruzada, provocada por estes encontros trans-disciplinares, é uma fonte essencial da dinâmica intelectual, sempre renovável, o que previne o estudo da mídia de permanecer elaborando imanências sobre dispositivos e meios. Permite que processos sociais e de comunicação venham se agregar à discussão. Desenhar uma margem em volta da análise da mídia em nome da nova disciplina teria um efeito oposto ao desejado, porque faria com que o estudo não observasse as nuanças dos entornos e contornos da disciplina.

Aliás, existe hoje uma visão que privilegia o estudo da mídia de forma indisciplinado no sentido de se preservar o papel da mídia como o palco inicial, onde acadêmicos vindos de diferentes tradições pudessem montar juntos um quebra-cabeças com o objetivo de dar sentido a complexas conexões entre os sistemas de comunicação e a organização da vida contemporânea tanto social como cultural. Esse quebra-cabeça já foi montado e desmontado por Néstor Canclini inúmeras vezes.

À primeira vista, os vários métodos disponíveis para pesquisas em estudos da mídia lembram o interior da caixa de ferramentas de um mecânico. Em parte, os métodos de pesquisa não são apenas ferramentas de troca. O método é o caminho que se utiliza para encontrar a evidência, através de definições que servem para legitimar e fazer valer a pena a proposta da investigação. Em nossa visão, muitas das mais interessantes questões que surgem durante uma pesquisa de mídia são mais bem dissecadas pela combinação de diferentes métodos de pesquisa. Mas esta não é uma visão universal. Muitos pesquisadores insistem que somente certos métodos são apropriados. Para entender o porquê da transdisciplinaridade nos estudos da mídia é preciso olhar rapidamente para a proposta de investigação social e cultural do positivismo; entender um pouco das propostas interpretativas e, finalmente, encontrar o realismo crítico. Essas são bases teórico-metodológicas que juntas ou separadas colocam o pesquisador em contato com as relações da mídia com a cultura e a sociedade, como o fez Néstor Canclini em seus mais variados textos.

O *Positivismo* se desenvolveu na metade do século XIX com os praticantes da emergente ciência social lutando para ficar longe da especulação e comentários pessoais; e estabelecer uma credencial de cientista igual àqueles que estavam trabalhando com as ciências naturais. Eles seguiam uma relação de argumentos básicos, e apesar de ter sido modificado várias vezes desde que foi lançado, o positivismo conseguiu preservar suas principais características.

Os positivistas começaram pela postulação de que a investigação do mundo social e cultural não é diferente da investigação do mundo natural e que os

361

mesmos procedimentos básicos podem ser aplicados em ambos os casos. Assim como nas ciências naturais, somente se poderia admitir como evidência científica o fato estabelecido pela sistemática observação pessoal. Entretanto, uma vez que as pessoas, diferente dos animais e pedras, podem também falar para os pesquisadores, os positivistas adicionaram questões simples e diretas para a metodologia deles.

Fazer sentido, interpretar – Estes estudos críticos brotam da segunda maior tradição intelectual da pesquisa contemporânea sobre comunicações e mídia: a tradição interpretativa que segue os caminhos da hermenêutica. A preocupação central não é estabelecer relações de causa e efeito, mas explorar os caminhos que contribuem para que as pessoas compreendam o sentido do mundo social em que vivem e como elas expressam este entendimento apesar da linguagem, do som, da imagem, do estilo pessoal e dos rituais sociais. O antropólogo Clifford Geertz explicou que:

> Acreditar [...] que o homem é um animal suspenso nas redes de significados que ele próprio criou, e supondo que o material destas redes é a cultura, então a análise disto não seria uma ciência experimental em busca de uma lei, mas a própria lei em busca de seu significado (GEERTZ, 2008: 5).

Defensores da pesquisa interpretativa dão ênfase em particular às práticas etnográficas desenvolvidas pelos antropólogos, onde o pesquisador fica imerso no espaço social da pesquisa, conhecendo as pessoas intimamente, observando como elas se organizam no dia a dia, o que conversam entre si, como elas veem o mundo e elas próprias.

Os positivistas falam sobre "produção" de pesquisa e "achados", como se os "fatos" sociais nos quais eles estão interessados em pesquisar sempre tivessem existido, apenas esperando para ser descobertos através do correto procedimento metodológico. Por outro lado, os pesquisadores interpretativos insistem que todo conhecimento social é coproduzido dentro e fora dos múltiplos encontros, conversas e discussões que eles têm com as pessoas pesquisadas. A pesquisa usando questões fechadas – "sim/não", "quando?", "quantas vezes?", – é um processo de mão única. E a entrevista etnográfica é o diálogo no qual o próprio analista também é investigado, junto com a pessoa que está sendo submetida ao processo investigativo (BOURDIEU, 1983: 18).

Escolhas e circunstâncias – Realismo crítico – Como nós pudemos perceber, a mídia contemporânea é a organização central do significado para ambos, tanto no nível pessoal como social. Consequentemente, e isto não é uma surpresa, que as propostas interpretativas, com o foco em fazer-sentido, são adotadas entusiasticamente pelos pesquisadores da comunicação. Então, nesta competição sobre métodos, há uma segunda alternativa para o positivismo: o *realismo crítico*.

Os defensores desta posição concordam com os acadêmicos interpretativos que o mundo social está sendo reproduzido e transformado na vida diária. Mas, eles insistem que a ação de todo dia não pode ser compreendida sem se levar em conta o enorme contexto das formações social e cultural que armazenam e moldam essa ação através dos significados, mídia, regras e recursos de todas as coisas que fazemos. Esta proposta se baseia em duas suposições. A primeira diz que as estruturas são sempre capazes de providenciar as condições e recursos para a ação bem como de armazená-las (impondo limites naquilo que é possível e praticável) (GIDDENS, 1999: 25). A segunda diz que as relações entre as ações situadas e as formações gerais, escolhas locais e circunstâncias que prevalecem são dinâmicas e acontecem nos dois sentidos – tanto "as estruturas são constituídas através das ações", bem como ao mesmo tempo "as ações estão constituídas estruturalmente" (GIDDENS, 1999: 161).

Tanto o realismo crítico como o positivismo crítico rejeitam o idealismo filosófico sustentado na proposição interpretativa de que a realidade social somente existe nos caminhos em que as pessoas escolhem imaginá-la, e ambos perseguem uma posição filosófica realista que aceite o fato de que as estruturas social e cultural moldam as opções das pessoas para agir, mas podem existir independente do conhecimento que se faça delas. Entretanto, como os positivistas não teorizam estruturas na relação para entender práticas sociais e/ou práticas midiáticas, isto faz com que os efeitos dos meios sejam vistos somente como um processo e não como eles mudam, nem como eles agem como agentes de transformação. O realismo crítico insiste que diferente das estruturas que organizam o mundo natural, as estruturas social e cultural traçaram carreiras históricas. Elas podem ser muito resistentes, mas não são permanentes. Elas emergem em tempos particulares, em um conjunto particular de circunstâncias e estão continuamente se modificando pela ação social até que eventualmente são transformadas em novas estruturas. Talvez estejam aí as respostas para as pesquisas sobre estudos da mídia no cenário contemporâneo, onde as tecnologias de comunicação e informação são muito abrangentes e sofisticadas.

A exposição sobre métodos de estudos da mídia tem como objetivo deixar claro os caminhos orientadores da reflexão do antropólogo Néstor Canclini e nossa contribuição é a de apresentar a reconfiguração dos estudos sobre consumo e mídia na América Latina a partir da apropriação dos processos de mediação e *midiatização* em um ambiente de sociabilidades conflitivas em conversações sobre política, costumes e acontecimentos sociais. Esse aporte revela uma orientação/direção que se ancora na reflexividade do contemporâneo como método. O diálogo com um autor como Néstor García Canclini representa várias visões antecipadas sobre cultura, política, economia e sociedade. O que tentamos aqui foi preservar uma construção lógica e racional dos passos dados pelo antropólogo para construir sua obra. Observamos desde a escolha dos conceitos e os significados que acompanharam a base teórico-analítica do seu texto, até a negociação reflexiva sobre os atores e contextos que compõem seu legado intelectual.

Obras de Néstor García Canclini traduzidas para o português e lançadas no Brasil

CANCLINI, N.G. *Latino-americanos*: à procura de um lugar neste século. São Paulo: Iluminuras, 2008.

_____. *Leitores, espectadores e internauta*. São Paulo: Iluminuras, 2008.

_____. *Diferentes, desiguais e desconectados*: mapas da interculturalidade. Rio de Janeiro: UFRJ, 2005.

_____. *A globalização imaginada*. São Paulo: Iluminuras, 2003.

_____. *Culturas híbridas*: estratégias para entrar e sair da modernidade. São Paulo: Edusp, 1999.

_____. *Consumidores e cidadãos*. Rio de Janeiro: Ed. da UFRJ, 1996.

_____. *As culturas populares no capitalismo*. São Paulo: Brasiliense, 1983.

Referências

APPADURAI, A. *Dimensões culturais da globalização*. Lisboa: Teorema, 2004.

BECK, U.; GIDDENS, A. & LASH, S. *A modernização reflexiva* – Política, tradição e estética na ordem social moderna. São Paulo: Unesp, 1999.

BHABHA, H. *El lugar de la cultura*. Buenos Aires: Manantial, 2002.

BOURDIEU, P. *Questões de sociologia*. Rio de Janeiro: Marco Zero, 1983.

CANCLINI, N.G. *La sociedad sin relato*: antropología y estética de la inminencia. Buenos Aires: Katz, 2010.

_____.*Culturas populares no capitalismo*. México: Grijalbo, 2002.

_____.*Culturas híbridas*. São Paulo: Edusp, 2000.

_____.*Culturas híbridas*: estrategias para entrar y salir de la modernidad. México: Grijalbo, 1989.

GEERTZ, C. *A interpretação das culturas*. Rio de Janeiro: LTC, 2008.

MARTÍN-BARBERO, J. *Dos meios às mediações* – Comunicação, cultura e hegemonia. Rio de Janeiro: Ed. UFRJ, 1997.

Na internet

DINES, A. Entrevista com Néstor García Canclini – *Observatório da Imprensa* [Disponível https://www.youtube.com/watch?v=PLDpo4K1FFM – Acesso em 11/06/2015].

HELLÍN, P. Não há um relato compartilhado que articule a nossa sociedade – Entrevista com Néstor García Canclini. *Revista MATRIZes*, vol. 6, n. 1-2, 2012, p. 113-124. São Paulo [Disponível em http://www.matrizes.usp.br/index.php/matrizes/issue/view/17 – Acesso em 26/06/2015].

http://www.banrepcultural.org/blaavirtual/cilelij/argentina/garcia-canclini

http://nestorgarciacanclini.net/index.php/la-creatividad-redistribuida

http://nestorgarciacanclini.net/index.php/entrevistas/127-del-consumo-al-accesoandamios [Acesso em 20/06/2015].

http://www2.cultura.gov.br/economiacriativa/wp-content/uploads/2013/06/relatorioUNCTAD2010Port.pdf [Relatório de Economia Criativa de 2010, publicado pelo Pnud (Programa das Nações Unidas para o Desenvolvimento) e pela Unctad (Conferência das Nações Unidas sobre Comércio e Desenvolvimento) [Acesso em 30/08/2015].

EDITORA VOZES

Editorial

CULTURAL

Administração
Antropologia
Biografias
Comunicação
Dinâmicas e Jogos
Ecologia e Meio Ambiente
Educação e Pedagogia
Filosofia
História
Letras e Literatura
Obras de referência
Política
Psicologia
Saúde e Nutrição
Serviço Social e Trabalho
Sociologia

CATEQUÉTICO PASTORAL

Catequese
Geral
Crisma
Primeira Eucaristia

Pastoral
Geral
Sacramental
Familiar
Social
Ensino Religioso Escolar

TEOLÓGICO ESPIRITUAL

Biografias
Devocionários
Espiritualidade e Mística
Espiritualidade Mariana
Franciscanismo
Autoconhecimento
Liturgia
Obras de referência
Sagrada Escritura e Livros Apócrifos

Teologia
Bíblica
Histórica
Prática
Sistemática

VOZES NOBILIS

Uma linha editorial especial, com importantes autores, alto valor agregado e qualidade superior.

REVISTAS

Concilium
Estudos Bíblicos
Grande Sinal
REB (Revista Eclesiástica Brasileira)
SEDOC (Serviço de Documentação)

VOZES DE BOLSO

Obras clássicas de Ciências Humanas em formato de bolso.

PRODUTOS SAZONAIS

Folhinha do Sagrado Coração de Jesus
Calendário de mesa do Sagrado Coração de Jesus
Agenda do Sagrado Coração de Jesus
Almanaque Santo Antônio
Agendinha
Diário Vozes
Meditações para o dia a dia
Encontro diário com Deus
Guia Litúrgico

CADASTRE-SE
www.vozes.com.br

EDITORA VOZES LTDA.
Rua Frei Luís, 100 – Centro – Cep 25689-900 – Petrópolis, RJ
Tel.: (24) 2233-9000 – Fax: (24) 2231-4676 – E-mail: vendas@vozes.com.br

UNIDADES NO BRASIL: Belo Horizonte, MG – Brasília, DF – Campinas, SP – Cuiabá, MT
Curitiba, PR – Florianópolis, SC – Fortaleza, CE – Goiânia, GO – Juiz de Fora, MG
Manaus, AM – Petrópolis, RJ – Porto Alegre, RS – Recife, PE – Rio de Janeiro, RJ
Salvador, BA – São Paulo, SP